Ann Moore

ABSCHIED VON IRLAND

Ann Moore

ABSCHIED VON IRLAND

Roman

Aus dem Englischen von
Franca Fritz und Heinrich Koop

List

Die Originalausgabe erschien 2002 unter dem Titel
Leaving Ireland
bei Penguin/Putnam, New York.

List ist ein Verlag
der Ullstein Buchverlage GmbH

ISBN-13: 978-3-471-79489-0
ISBN-10: 3-471-79489-1

Satz: Franzis print & media GmbH, München
Druck und Bindung: Pustet, Regensburg
Printed in Germany

Für Rick, der alles möglich macht

Und für Nigel und Gracelin – ich liebe euch sehr!

Denn ich bin hungrig gewesen, und ihr habt mir zu essen gegeben. Ich bin durstig gewesen, und ihr habt mir zu trinken gegeben. Ich bin ein Fremder gewesen, und ihr habt mich aufgenommen. Ich bin nackt gewesen, und ihr habt mich gekleidet. Ich bin krank gewesen, und ihr habt mich besucht. Ich bin im Gefängnis gewesen, und ihr seid zu mir gekommen.
Was ihr getan habt einem von diesen meinen geringsten Brüdern, das habt ihr mir getan.

MATTHÄUS 25,35-40

1

Die Irische See lag jetzt hinter ihnen. Dichter Nebel hüllte das Deck ein, während das kleine Schiff langsam den Mersey hinauffuhr. Es herrschte völlige Stille, nur vom gelegentlichen Umschlagen der Segel unterbrochen, wenn die Mannschaft versuchte, selbst die leichteste Brise einzufangen. Nur noch drei Meilen bis zum Hafen. Inzwischen standen sämtliche Passagiere an der Reling, hielten schweigend Ausschau und wappneten sich innerlich für das, was sie in dieser neuen Welt erwartete.

Als der schwache Lichtschein einer Fackel den Nebel durchbrach, ging ein Raunen durch die Menge. Im nächsten Moment war in einiger Entfernung das Flussufer zu erkennen, dann Reihen von Fackeln entlang des Kais und schließlich, während das Schiff sich den hoch aufragenden Docks näherte, die düsteren Umrisse der Lagerhäuser.

Gespenstische, von wogenden Schwaden umhüllte Schemen tauchten kurz aus dem Dunst auf und verschwanden wieder darin. Vollbeladene Wagen und Männer auf Pferden wurden einen Moment lang erleuchtet, während sie das flackernde Licht der Fackeln passierten. Die gedämpften Rufe von Seeleuten, Straßenhändlern, Einwanderern und Laufburschen drangen bruchstückhaft durch den Nebel, als wäre dies eine von Geistern und Gespenstern bevölkerte Stadt. Gracelin O'Malley beugte sich hinunter und schaute in die großen Augen ihrer kleinen Tochter.

»Liverpool«, flüsterte sie.

Die Passagiere drängten sich an die Reling, Taschen und Beutel mit eiskalten Händen ängstlich umklammernd. Mütter und

Väter zählten die Köpfe ihrer Kinder und wickelten sie noch fester ein, um sie vor der feuchten Kälte der Novembernacht zu schützen. Bei den meisten Passagieren handelte es sich um einfache Leute vom Land, die bereits der Anblick der irischen Städte überwältigt hatte. Auf das, was sie hier erwartete, waren sie nicht im Entferntesten vorbereitet.

Grace musterte ihre Landsleute, die sie nur zu gut kannte: die Alten, in deren Gesichtern sich eine Mischung aus Verwirrung, Erschöpfung und Gram spiegelte; die Familien mit acht, neun, zehn Kindern, von denen die ältesten ihre jüngeren Geschwister schützend an sich drückten; allein reisende Mütter mit Säuglingen im Arm, Kleinkindern auf der Hüfte und am Rockzipfel. Nicht zu vergessen die eifrigen jungen Mädchen, die einander untergehakt hatten und von einer Anstellung in herrschaftlichen Häusern träumten, von einem halben freien Tag im Monat, einem anständigen Ehemann mit regelmäßigem Lohn und Kindern, die nicht gleich starben. Die alten Jungfern dagegen hakten sich bei niemandem mehr ein – Fabrikarbeit, eine Ecke in einem Zimmer, eine Mahlzeit am Tag, das war alles, was sie wollten, mehr verlangten sie nicht. Von den jungen Männern, deren Mienen gespielte Tapferkeit zur Schau trugen, wurden sie keines Blickes gewürdigt. Die waren viel zu sehr damit beschäftigt, sich gegenseitig anzurempeln und zu schubsen, wobei sie hin und wieder besorgte Blicke auf die Meute warfen, die unten am Kai auf sie wartete. Und schließlich gab es da noch die älteren Männer mit den grimmigen, misstrauischen Gesichtern, die mit hochgeschlagenen Kragen und tief in die Stirn gezogenen Mützen dastanden, die rauen Arbeiterhände in den Taschen ihrer verschlissenen Jacken vergraben.

Grace betrachtete diese ausgemergelten, zerlumpten Gestalten und dachte, dass das Schicksal es mit ihnen noch gut gemeint hatte; schließlich war es ihnen gelungen, der schrecklichen Hungersnot und dem furchtbaren Leid zu entkommen. Auch sie selbst waren sich dessen offenbar bewusst. In ihrer Haltung drückte sich Erleichterung aus, aber auch eine gewisse Scham, die vor allem bei den alten Männern mit einem Gefühl der Demütigung verbunden war. Schließlich begaben sie sich jetzt ausgerechnet in Abhängigkeit von dem Land, das sie in die Knie gezwungen hatte.

Sie krochen vor England zu Kreuze, auf der Suche nach Nahrung, einem Dach über dem Kopf und einem besseren Leben – wie erbärmliche Bettler, während sie tief in ihrem Inneren wussten, dass sie Könige waren.

Aber Könige ließen ihr Land nicht im Stich, und deswegen hielten die Männer den Blick gesenkt und redeten nur, wenn sie angesprochen wurden. Einige von ihnen würden die lange Reise nach Australien antreten, in der Hoffnung, dort auf Familienangehörige zu treffen, die nach Van-Diemen's-Land deportiert worden waren. Andere würden eine billige Schiffspassage nach Kanada buchen, auch wenn über die Hälfte von ihnen später doch noch den langen, harten Marsch nach Süden antreten würde, über die Grenze in die Vereinigten Staaten. Wer über etwas mehr Geld verfügte, konnte auf direktem Weg nach Boston oder New York reisen, wo sich seine Spuren dann in den irischen Stadtvierteln verlieren würden. Diejenigen Auswanderer aber, die bereits ihren letzten Penny für die Überfahrt nach England ausgegeben hatten, würden dort bleiben und einander bis aufs Messer bekämpfen – um jede noch so niedrige Arbeit, jeden noch so erbärmlichen Platz auf dem Fußboden irgendeiner Absteige in den irischen Slums, die es mittlerweile in allen größeren Städten Englands gab. Einige von ihnen würden weiter landeinwärts ziehen – vor allem junge Männer, die sich in England jeden Sommer als Landarbeiter verdingt hatten –, andere auf den Straßen nach Norden in Richtung Schottland weiterreisen. Doch für die meisten Passagiere, die sich an diesem Abend an die Reling drängten, war Liverpool die Endstation.

»Halten Sie Mary Kate fest und bleiben Sie direkt hinter mir, wenn wir an Land gehen«, hörte Grace neben sich die Stimme von Julia Martin, die mit dem angriffslustigen Blick eines kampfbereiten Generals den Kai musterte. »Passen Sie auf die Jungs da drüben auf, die Laufburschen. Die werden versuchen, sich eine unserer Taschen zu schnappen, oder Mary Kate, damit wir ihnen Gott weiß wohin folgen.«

»Damit verdienen sie nun mal ihren Lebensunterhalt«, sagte Grace und dachte an den Brief ihres Bruders, in dem er ihr vom Hafen in New York berichtet hatte.

»Den sollen sie sich gefälligst bei jemand anderem verdienen.«

Julia betrachtete die Jungen düster. »Immerhin wissen wir, wohin wir wollen.«

»Können wir zu Fuß hingehen?«, fragte Grace und schlang Mary Kate den Schal um den Hals.

Julia zögerte. Sie hatte eine Adresse und eine ungefähre Wegbeschreibung, aber die erschien ihr jetzt, angesichts der riesigen Lagerhäuser und hohen Gebäude, die kaum einen Blick auf das dahinter liegende Straßengewirr erlaubten, ziemlich vage.

»Ich weiß es nicht genau«, räumte sie ein. »Aber wir sollten auf keinen Fall ratlos herumstehen, sonst stürzen sich diese Wegelagerer sofort auf uns.« Vorsichtig tastete sie nach der Geldbörse, die an der Innenseite ihres Rocks befestigt war. »Da hinten auf der Hauptstraße stehen Kutschen, aber zuerst müssen wir an dieser Menge vorbei und durch die Gasse.« Sie deutete auf einen schmalen Durchgang, der im Nebel kaum zu erkennen war. »Wenn wir erst einmal auf der Hauptstraße sind, steigen wir in die nächstbeste Mietdroschke, und dann nenne ich dem Kutscher die Adresse, so als ob ich genau wüsste, wo die Herberge liegt. Auf die Weise laufen wir nicht so leicht Gefahr, dass er uns übervorteilt.«

Grace runzelte die Stirn. »Sollte ich nicht auch wissen, wohin wir wollen? Für den Fall, dass wir getrennt werden?«

»Wir werden nicht getrennt«, sagte Julia bestimmt. »Bleiben Sie einfach immer in meiner Nähe.«

Grace schüttelte den Kopf. »So sehr ich Ihnen auch vertraue, aber ich werde keinen Fuß an Land setzen, solange Sie mir nicht sagen, wohin wir müssen.«

Julia betrachtete die abgemagerte, erschöpfte junge Frau, die man in ihre Obhut gegeben hatte, und ihr fiel ein, dass Grace von allen getrennt worden war, die ihr nahe standen – mit Ausnahme des kleinen Mädchens, das sich fest an ihren Arm klammerte. *Ein Wunder, dass sie noch die Kraft zum Kämpfen aufbringt*, dachte Julia.

»Die Herberge liegt in der Prince Edwin Street Nummer vier. Eine Mistress Brookshire hält ein Zimmer für uns bereit.«

Graces Züge entspannten sich. »Danke. Danke vielmals«, sagte sie, und nicht zum ersten Mal spürte Julia, dass ihr das Schicksal dieser jungen Frau zu Herzen ging. Trotz allem, was sie durchgemacht hatte, nahm Grace ihr Los mit großer Tapferkeit an – während Julia den Gedanken an das, was sie selbst verloren hatte, kaum ertragen konnte. Aber sie hatte es sich schließlich selbst zuzuschreiben: Als Smith O'Brien ihr die Nachricht von Morgan McDonaghs Tod überbrachte, hatte Julia darauf bestanden, dessen Witwe persönlich aus dem Land zu schaffen und in Sicherheit zu bringen. Nur darum stand sie nun hier.

»Also gut«, sagte Julia und riss sich aus ihren Träumereien los. »Ich nehme diese Gepäckstücke hier, und Sie tragen die Tasche da, am besten über der Schulter. Und halten Sie Mary Kate mit beiden Händen fest.«

Grace folgte Julias Anweisungen, blickte ihrer Tochter in die Augen und drückte vorsichtig deren kleine Hand.

»Auf geht's«, erklärte sie mit einem Augenzwinkern. »Auf zu einem neuen Abenteuer mit deiner alten Mam.«

Mary Kate nickte ernst, sagte aber kein Wort. Sie war zu still für eine Dreijährige, und Grace schwor sich zum hundertsten Mal, dass das Leben ihrer Tochter eines Tages nicht länger von Kummer und Leid, sondern von Freude geprägt sein sollte. Ohne einander auch nur einen Moment loszulassen, folgten sie dem Strom der Menschen, die nun das Schiff verließen, und tauchten ein in das chaotische Gewimmel auf dem Kai.

»Hier entlang«, rief Julia und zog Grace und Mary Kate durch die Menge hindurch zu der Gasse, die zur Hauptstraße führte.

Plötzlich wurde Grace von einem heftigen Ruck an ihrer Tasche fast zu Boden gerissen, während Mary Kate gleichzeitig in die andere Richtung gezerrt wurde. Verzweifelt hielt Grace beides fest, und Mary Kate schrie und trat nach dem Jungen, der an ihrem Arm zog.

»Aua, verflucht!« Der Bursche rieb sich das Schienbein. »Ich will doch nur helfen, Missus! Sie zu 'ner guten Unterkunft bringen, ich schwör's! Dann können Sie das Geld für die Fahrt sparen. Und ich besorg Ihnen was Anständiges zu essen! Ich bin Ihr Mann, Missus!«, beharrte er und versuchte vorsichtig, sich Mary Kate zu nähern, die erneut nach ihm trat.

Der andere Junge, der an Graces Tasche zerrte, bedrängte sie auf die gleiche Weise: Auch er würde gute Dienste leisten, schrie er, sogar noch viel bessere! Grace folgte Mary Kates Beispiel und trat nach ihm, wobei es ihr fast das Herz brach, als der Junge auf die Knie fiel und aufheulte, als hätte sie ihn angegriffen. Diese Jungen waren zähe kleine Burschen, aber so furchtbar dünn, und sie trugen völlig zerlumpte Kleidung. Einer der beiden hatte sogar statt Schuhen nur Stofflumpen um die Füße gewickelt.

»Tut mir leid«, stammelte Grace und wich erschrocken zurück. »Es tut mir leid … ich …«

»Macht, dass ihr wegkommt, ihr Rotzbengel, oder ich hetze euch die Wachen auf den Hals!« Wütend schlug Julia mit ihren Taschen nach den Jungen. Dann hakte sie sich bei Grace ein und eilte mit ihr weiter.

Einen Moment später verstummten die Flüche der Jungen hinter ihnen schlagartig. Grace warf einen Blick über die Schulter und sah, wie die beiden eine Gruppe schüchterner junger Mädchen belagerten, die sich unter einer Laterne eng aneinander drängten. Plötzlich erkannte sie, dass die Laufburschen – kleine Jungen wie erwachsene Männer – überall waren, dass sie die Einwanderer erst mit schönen Worten und dann mit düsteren Drohungen bedrängten, ihnen zu folgen. Von der ungewohnten Umgebung eingeschüchtert, erwiesen sich viele als leichte Beute; widerstandslos ließen sie sich in dunkle Straßen und enge Gassen führen, weit weg vom Kai, von Freunden und sogar Familienangehörigen. Es gab niemanden, der dem Treiben Einhalt gebot, und Graces Herz klopfte wild vor Furcht.

Als sie schließlich aus der Gasse auf den breiten Boulevard hinaustraten, erblickte Julia eine Mietdroschke und gab dem Kutscher ein Zeichen, dass sie zu ihm hinüberkommen würden. Von überallher tauchten Pferde, Kutschen und rumpelnde Wagen unvermittelt aus dem Nebel auf. Instinktiv bückte Grace sich, um Mary Kate auf den Arm zu nehmen – nur um im nächsten Moment vor Schmerzen aufzustöhnen.

»Runter!«, kommandierte Julia sofort. »Sie dürfen nichts Schweres heben, hat der Arzt gesagt, so kurz nach der Geburt!«

Vorsichtig setzte Grace ihre Tochter ab und versuchte, gegen den stechenden Schmerz in ihrem Unterleib anzuatmen. Sie schluckte die aufsteigenden Tränen hinunter, nahm Mary Kate an der Hand und zog sie dicht an sich, während sie die Straße überquerten.

»Alles in Ordnung?«, fragte Julia etwas sanfter. Sie reichte dem Kutscher die Taschen und hob Mary Kate in die Droschke.

Grace nickte, konnte aber noch nicht wieder reden und ergriff die Hand, die Julia ihr entgegenstreckte. Mühsam schob sie sich ans Ende der Bank und drückte beide Hände auf ihren Bauch, um den Schmerz zu lindern. Hoffentlich würde die Blutung nicht wieder stärker werden.

»Prince Edwin Street, bitte«, rief Julia dem Kutscher zu.

Der Droschkenfahrer drehte sich auf seinem Sitz um und musterte sie eingehend. Er betrachtete Julias eleganten Umhang und Hut, das teure Gepäck und die edlen Stiefel und nickte schließlich, als sei er zu einem Entschluss gekommen.

»Bitte um Verzeihung, Miss«, sagte er und zog sich die Mütze vom Kopf. »Aber die Fahrt zur Prince Edwin Street wird Sie mehr kosten als ein Zimmer in jeder der dortigen Herbergen.«

»Das ist allein unsere Sache.« Julia richtete sich auf. »Bitte, fahren Sie los.«

Der Kutscher runzelte die Stirn und kaute auf seiner Zigarre herum. »Bitte nochmals um Verzeihung, Miss«, sagte er entschlossen. »Aber Sie sehen nicht aus wie die Sorte von Damen, die in dieser Straße logieren.«

»Und wieso nicht?«, fragte Julia in hochmütigem Ton.

»Sie müssen wissen, Miss, dort schlafen sie zu zehnt in einem Saal, und vielleicht kriegen Sie ein paar Decken, vielleicht aber auch nicht. Auf jeden Fall aber müssen Sie das Zimmer mit Fremden teilen und Sie sind doch junge Damen und alles … und dann ist da noch das Kind.«

»Wir haben bereits unsere Vorkehrungen getroffen«, versicherte Julia ihm. »Auf uns wartet ein *eigenes* Zimmer.«

»Hm, das wird schon so sein.« Die Zigarre wanderte vom linken zum rechten Mundwinkel. »Ich will ja nur sagen – bei allem Respekt natürlich, Miss –, dass in Ihrem Zimmer noch mehr Gäste wohnen werden, und die sind aus anderem Holz geschnitzt, wenn Sie verstehen. Ich meine es nur gut mit Ihnen, aber die Herbergen in der Prince Edwin Street sind dafür bekannt, dass man sich dort üble Dinge holen kann – ganz zu schweigen von Zimmernachbarn, die das Fleckfieber einschleppen.«

»Üble Dinge«, wiederholte Julia. »Sie meinen Läuse?«

»Ja, die in Ihre Haare und Kleider krabbeln, Miss, genau die mein ich. Die meisten Iren, die mit dem Schiff kommen, sind eine andere Klasse als Sie, Miss, und es macht ihnen nichts aus. Aber sie lassen diese kleinen Mistviecher – bitte um Verzeihung, Miss – und Schlimmeres zurück, und nicht wenige von ihnen sterben, bevor sie dort ankommen, wo sie eigentlich hinwollen. Und dann die Trinkgelage und die üblen Reden und … was soll ich sagen … die Prince Edwin Street ist jedenfalls kein angemessener Ort für zwei Damen Ihres Standes.«

»Ich verstehe.« Julia runzelte kaum merklich die Stirn. »Und was würden Sie stattdessen empfehlen?«

»Also«, sagte er eifrig, »der Mann von der Kusine meiner Frau führt ein nettes, kleines Gasthaus, nicht weit von hier. Das King George Hotel. Sehr sauber. Ich schwör's beim Grabe meiner Mutter. Dort bekommen Sie Ihr eigenes Zimmer, mit frischem Wasser jeden Morgen und einer schönen, heißen Tasse Tee zum Frühstück, das übrigens nicht nur aus einem harten Kanten Brot besteht. Außerdem ist es recht preisgünstig, obwohl es natürlich mehr kostet, als Sie in der Prince Edwin Street bezahlen würden.« Er zog an seiner Zigarre, stolz auf die eigene Rechtschaffenheit.

Julia schaute Grace an, die ihrerseits einen vorsichtigen Blick auf Julias Rock warf, zwischen dessen Falten die Geldbörse verborgen war. Julia deutete ein Nicken an; sie hatten genügend Geld.

»Nun denn«, verkündete Julia. »Sie haben gute Gründe angeführt, und wir vertrauen darauf, dass Sie ein ehrlicher Mann sind, der nur unser Bestes – und das des Ehemannes seiner Kusine – im Sinn hat. Sie dürfen uns zum King George Hotel bringen.«

Der Kutscher setzte seine Mütze wieder auf und grinste breit. »Sofort, die Damen«, sagte er und reihte sich mit seiner Droschke in den Strom aus Wagen und Kutschen ein.

Die Fahrt dauerte nicht lange, aber lange genug, um Grace klar zu machen, dass sie wahrscheinlich vor einer sehr unangenehmen Nacht bewahrt worden waren. Die Droschke rollte langsam über das Kopfsteinpflaster. Räder rumpelten, Hufe klapperten und vereinzelt tauchten Gesichter aus dem Nebel auf, nur um sofort wieder darin zu verschwinden. Immer wieder sah Grace halb geöffnete Herbergstüren, vor denen Reisende warteten. Drinnen lagen

Lumpenbündel auf dem Boden, die sich bei näherem Hinsehen als schlafende Menschen entpuppten.

Hinter den schmutzigen, schwach erleuchteten Fenstern erblickte sie immer wieder die gleiche Szenerie – billige Unterkünfte für Einwanderer, die wahrscheinlich sogar noch dankbar sein mussten, dort untergekommen zu sein. Irgendwo spielte ein einsamer Fiedler, und in den Gassen standen Gruppen junger Männer, die Flaschen kreisen ließen. Hin und wieder traten Dirnen auf die Straße – ob jung oder alt, ließ sich bei den weiß geschminkten Gesichtern und den knallroten Lippen nur schwer einschätzen –, um sofort wieder in die Schatten einzutauchen, sobald die Kutsche sich näherte. Nach einer Weile änderte sich das Bild: Gaslaternen erleuchteten die Straßen, die Hauseingänge waren sauberer, und ab und zu drehte ein Wachmann seine Runde. Schließlich hielt die Droschke vor einem kleinen, hell erleuchteten und einladenden Gasthaus, auf dessen kronenförmigem Schild »King George Hotel« zu lesen war.

Der Kutscher führte sie hinein und trug das Gepäck zur Theke, wo er sie stolz mit Albert Wood, dem Ehemann seiner angeheirateten Kusine, bekannt machte. Mister Wood hieß sie herzlich im King George willkommen und bat sie, erst einmal vor dem Kamin Platz zu nehmen, während er ein Zimmer herrichten ließ. Erleichtert sank Grace in einen der bequemen Sessel, und Mary Kate kletterte sofort auf ihren Schoß. Die Frauen beobachteten, wie Mister Wood den Kutscher verabschiedete und ihm eine Hand voll Münzen in die Hand drückte, die umgehend in dessen Hosentasche verschwanden – sein Anteil an den Einkünften des Abends.

»Eine geschäftstüchtige Familie«, bemerkte Julia trocken. »Aber ich glaube, wir sind in guten Händen.«

»In Gottes Hand.« Grace drückte Mary Kate einen Kuss aufs Haar.

Kurze Zeit später führte sie der Wirt in ein gemütliches Zimmer mit einem breiten Bett, das beiden Frauen Platz bot, und einem kleinen Rollbett für Mary Kate. Das Zimmer lag über dem Schankraum, und der Kamin in der Wand verbreitete behagliche Wärme. Sobald sie allein waren, streiften sie rasch ihre Kleider ab und schlüpften unter die Bettdecke. Julia war bereits eingeschlafen, noch bevor Grace das Licht gelöscht hatte, und nach kurzer Zeit sank auch Mary Kate in einen leichten, unruhigen Schlaf. Doch obwohl auch Grace zutiefst erschöpft war, fand sie keine Ruhe; Bilder und grüblerische Gedanken stürmten ununterbrochen auf sie ein.

Hatte sie wirklich erst gestern aus einem Hotelzimmer auf die Straßen Dublins geblickt? Und lag es tatsächlich erst eine Woche zurück, dass sie ihren Sohn zur Welt gebracht hatte, einen Tag, nachdem sie vom Tod seines Vaters erfahren hatte? Sie drückte ihr Gesicht ins Kissen und versuchte, den Schlaf herbeizuzwingen. Stattdessen erschienen vor ihrem inneren Auge die Gesichter ihrer Lieben – allesamt tot oder verschwunden, bis auf Sean, der in Amerika auf sie wartete, und ihren Vater und ihren neugeborenen Sohn, die in Cork zurückgeblieben waren. Sie hatte sie zurücklassen müssen, sie hatte keine andere Wahl gehabt, das wusste sie genau – und dennoch, dennoch …

Sie drehte sich auf die andere Seite und zuckte vor Schmerz zusammen. Ihr Körper tat weh, ihr Herz war schwer und ihre Gedanken drehten sich im Kreis. Wie hatte sie sich nur dazu überreden lassen können? Im Dunkel der Nacht fiel ihr kein Grund ein, der es rechtfertigte, dass eine Mutter ihr eigenes Kind im Stich ließ. Doch genau das hatte sie getan. Wieder und wieder fragte sie sich, wie sie jemals die Kraft finden sollte, damit zu leben.

»Wie nur, gütiger Vater?«, stöhnte sie leise, und Er schickte ihr Seine Antwort in Form einer wunderschönen Vision, die ihr den Atem verschlug: Plötzlich, aus den Tiefen ihrer Erinnerung, tauchten die Kesselflicker auf, die mit ihren Pferdefuhrwerken an ihrem Elternhaus vorbeirollten. Und dort war sie selbst, das musste einfach sie selbst sein, dieses glückliche kleine Mädchen mit dem langen dunklen Haar und den von der Frühlingsluft glühenden Wangen, das durch die Wälder lief und mit Morgan und Sean hinunter zum Moor rannte. Der Schlamm zwischen ihren Zehen; das helle Lachen ihrer Mutter, die eine fröhliche Melodie summte; die sanfte, ruhige Stimme ihrer Großmutter, die unermüdlich die alten Geschichten und Legenden erzählte; der Tabakduft in der Kleidung ihres Vaters, wenn er sie durch die Luft wirbelte, und der Anblick seines kräftigen Rückens, während er das Feld hinter ihrer Hütte bestellte.

Und dann die Hütte selbst – der Holztisch, um den sie sich jeden Tag versammelten, das behagliche Torffeuer im Kamin, die Bilder ihrer Mutter an der Wand, der kleine Teppich auf dem Boden und die frischen, fröhlichen Vorhänge vor den Fenstern. Der Weg vor der Hütte, leuchtend grün und von Hecken gesäumt, die im Frühling mit Blüten übersät und im Sommer voller Beeren waren. Vögel, die die Luft vom ersten Morgenlicht bis zur Abenddämmerung mit ihrem Gesang erfüllten. Der nahe Fluss, der glitzernd und schäumend über die Steine sprudelte und in dem es vor Lachsen nur so wimmelte, und dahinter die Wälder, mit ihrer Fülle von Wild, Fasanen und Rebhühnern. Und mittendrin Gracelin, wie sie barfuß über die Wiesen lief und hellauf lachte, weil ihr vor lauter Freude über die Schönheit der Welt das Herz überging.

Und so fand Grace Trost in ihrer von Liebe erfüllten Kindheit, und der ersehnte Schlaf stellte sich ein. Ihre Hand rutschte von der Bettkante, suchte die warme Wange ihrer Tochter, strich über deren kurzes, zerzaustes Haar und kam schließlich schützend auf ihrer schmalen Schulter zur Ruhe.

Sofort ließ die Anspannung in Mary Kates kleinen Armen und Beinen nach; sie seufzte und sank in einen tiefen, erholsamen Schlaf – ihre Mutter war bei ihr und wachte über sie, und über sie beide wachte der Herrgott in Seiner immer währenden Güte.

2

Die Geräusche des frühen Morgens holten Grace unsanft aus der Welt der Träume zurück in die Gegenwart. Pferdekarren holperten durch die Gasse unter ihrem Hotelzimmer, Waren wurden angeliefert, Anweisungen erteilt und erste Besorgungen erledigt. Türen flogen krachend auf, Fenster quietschten, Hunde bellten und Bedienstete riefen sich gegenseitig einen Morgengruß zu, während sie die Nachttöpfe in die Gasse entleerten, Kleidungsstücke ausschüttelten und mit dem Bäcker über den Preis der Brötchen stritten. Schlaftrunken hörte Grace dem Treiben zu. Allmählich erinnerte sie sich wieder, wo sie war und warum, und sie sandte ein schnelles Stoßgebet zum Himmel, um Schutz für einen weiteren Tag zu erbitten.

»Aufwachen, kleines Mädchen.« Grace beugte sich über die Bettkante und strich sanft über Mary Kates Wange. »Zeit zum Aufstehen.«

Das Mädchen schlug sofort die Augen auf. »Kriegen wir heute was zu essen?«, fragte sie und gähnte herzhaft.

»Ja.« Grace nickte, doch das Herz wurde ihr schwer beim Anblick dieses kleinen Kindes, dessen erste Gedanken am Morgen wohl immer dem Essen gelten würden.

Im nächsten Moment ging die Tür auf, und Julia schob sich, bereits angekleidet und frisiert, mit einem Tablett in den Raum.

»Ich dachte, wir sollten vielleicht hier oben frühstücken, bevor wir der Welt gegenübertreten.« Sie schloss die Tür mit dem Fuß und stellte das Tablett auf einem kleinen Tisch am Fenster ab. »Also, wer möchte eine Tasse Tee?«

»Ich«, sagte Mary Kate schüchtern und setzte sich auf.

»Natürlich. Kommt sofort!« Julia lächelte ihr freundlich zu, nahm einen Becher mit Milch, gab einen großen Löffel Zucker hinein und schenkte dann den Tee ein. »Und dazu ein warmes Brötchen, denn wir haben wieder einen langen Tag vor uns. Komm, setz dich hier an den Tisch, Mary Kate. Und leg dir die Decke um die Schultern.«

Mary Kate tat wie ihr geheißen, senkte dann rasch den Kopf für ein schnelles Gebet und biss in ihr Brötchen. Als sie feststellte, wie süß das Gebäck schmeckte, weiteten sich ihre Augen vor Erstaunen.

Julia trug zwei Tassen Tee und zwei Brötchen auf einem Teller hinüber zum Bett, reichte Grace eine Tasse und ließ sich vorsichtig auf der Bettkante nieder.

»Ich fürchte, ich habe schlechte Nachrichten«, sagte sie leise. »Ich bin heute Morgen losgegangen, um Ihre Passage auf der *Eliza J.* zu bestätigen, aber die Abreise ist verschoben worden. Es war wohl eine ziemlich stürmische Überfahrt, und das Schiff muss repariert werden. Das dauert offenbar länger als erwartet. Wir werden wohl oder übel noch vier Tage warten müssen.«

»Klingt nicht sehr vielversprechend.« Grace sah aus dem Fenster und betrachtete den kalten, dunklen Morgenhimmel.

Julia nickte. »Aber von allen Schiffen, die nach Amerika fahren, hat dieses den besten Ruf. Williams Verbindungsmann hier in Liverpool hat Ihre Überfahrt gebucht und die *Eliza J.* empfohlen. Der Kapitän ist Miteigentümer des Schiffs und Amerikaner – und es heißt, die Amerikaner führen auf ihren Schiffen ein strenges Regiment. Also können wir davon ausgehen, dass er die Reparaturen anständig durchführen lässt. Ich habe schlimme Geschichten über andere Kapitäne gehört, die ihre Schiffe notdürftig zusammenflicken und dann in See stechen, um nur ja keine Fahrt ausfallen lassen zu müssen. Viele dieser Schiffe verschwinden auf Nimmerwiedersehen. Sie kommen vom Kurs ab, sodass ihnen irgendwann der Proviant ausgeht, oder sie rammen einen Eisberg, vor allem in dieser Jahreszeit, oder sie sinken während eines Sturms und niemand erfährt jemals, was mit ihnen geschehen ist.«

Grace starrte Julia entsetzt an, die Tasse Tee halb zum Mund geführt.

Julia biss sich auf die Lippe. »Tut mir leid. Mein Vater tadelt mich ständig, weil ich mich wie ein Elefant im Porzellanladen benehme. Beachten Sie meine Worte einfach nicht.«

Einen Moment lang saßen sie schweigend da.

»Na gut.« Grace stellte die Tasse auf den Unterteller. »Noch vier Tage warten. Vielleicht auch länger. Der Winter steht vor der Tür, also wird die Überfahrt bestenfalls riskant werden; außerdem machen sich insgesamt weniger Schiffe auf den Weg.«

Julia nickte.

»Die Frage lautet nun, ob wir versuchen sollen, noch eine Passage auf einem anderen Schiff zu bekommen, das sofort in See sticht, oder ob wir warten, bis die *Eliza J.* repariert ist. Haben wir denn überhaupt genügend Geld für die Unterkunft, falls wir warten wollen?«

Julia runzelte nachdenklich die Stirn. »Wir haben das Geld, das für zusätzlichen Proviant und Kleidung gedacht war«, sagte sie schließlich. »Es ist gar nicht mal so wenig – William hat dazu beigetragen, genau wie … die anderen.«

»Mit anderen Worten: Sie?«, fragte Grace.

Julia ignorierte die Frage. »Wahrscheinlich könnten Sie eine ganze Woche hier bleiben, und es würde immer noch reichen, um zusätzlichen Proviant zu kaufen und vielleicht sogar warme Kleidung, Stiefel und eine Decke.«

»Und wenn das Schiff in einer Woche noch nicht seeklar ist?«

»Dann weiß ich auch nicht weiter. Wenn Sie hier bleiben, geht Ihnen irgendwann das Geld aus, auch wenn ein Maul weniger zu stopfen ist, da ich dann ja schon wieder in Irland bin.« Julia dachte angestrengt nach. »Ich könnte Ihnen natürlich einen Boten mit zusätzlichem Geld schicken. Aber je länger Sie hier bleiben, desto riskanter wird es für Sie.«

Grace warf einen Blick auf Mary Kate, die gebannt das Treiben auf der Straße beobachtete. »Stimmt«, sagte sie leise. »Wir sind hier in der Höhle des Löwen.«

Julia nickte ernst. »Wir werden einfach die Abfahrtspläne dieser Woche im Auge behalten, und falls die *Eliza J.* dann noch nicht fertig ist, buchen wir eine Passage auf einem anderen Schiff und lassen Sean eine Nachricht zukommen.«

Grace dachte einen Moment lang nach. »Oder Mary Kate und ich gehen heute noch an Bord eines anderen Schiffes.«

»Nein«, sagte Julia entschlossen. »Die *Eliza J.* ist seetüchtig, und der Kapitän hat einen guten Ruf. Schließlich ist allgemein bekannt, dass sich heutzutage jeder Trottel mit einem Boot als Kapitän eines Auswandererschiffs versucht. Es wäre besser, noch eine Weile zu warten. Die Passage auf der *Eliza J.* ist unsere erste Wahl. Die beste Wahl.«

Grace sah sich in dem kleinen Zimmer um und seufzte schwer. »Ich vertraue darauf, dass Sie wissen, wovon Sie reden, Julia, auch wenn Sie selbst nicht mit an Bord gehen.«

Julia verstand, was Grace meinte, zögerte aber keine Sekunde. »Wir warten. Das ist die richtige Entscheidung.«

»Also gut«, sagte Grace. »Und was soll ich solange tun?«

Julia stand auf und sammelte das Frühstücksgeschirr ein. »Ich möchte, dass Sie sich ein wenig ausruhen, während ich noch ein paar Dinge für die Überfahrt regle. Sie brauchen eine kleine Truhe, um ein paar Sachen und zusätzlichen Proviant zu verstauen.«

»Ist unsere Verpflegung denn nicht im Fahrpreis inbegriffen?« Grace reichte Julia ihre Teetasse.

»Doch, schon. Wir haben eine Einzelkabine gebucht, und die Mahlzeiten werden Sie und Mary Kate mit den anderen Passagieren der Ersten Klasse einnehmen. Die restlichen Passagiere bekommen wöchentliche Lebensmittelrationen, die sie sich dann selbst zubereiten. Aber wenn das Schiff überbucht ist oder in schlechtes Wetter gerät und die Überfahrt länger dauert als erwartet, kann der Proviant knapp werden. Außerdem könnte es sein, dass der Kapitän vielleicht nicht ganz so ehrenhaft ist, wie man uns glauben macht …« Sie unterbrach sich. »Tut mir leid. Jetzt fange ich schon wieder damit an. Ich möchte Sie gewiss nicht noch mehr ängstigen, aber nach allem, was wir wissen, ist eine solche Reise selbst bei gutem Wetter keine Spazierfahrt. Und zusätzliche Wasser- und Lebensmittelvorräte, eine warme Decke und Arzneimittel können bestimmt nicht schaden.«

»Sie haben Recht«, sagte Grace. »Besorgen Sie einfach alles, was wir Ihrer Meinung nach brauchen, um diese Schiffspassage heil zu überstehen, und ich werde Ihnen jedes Mal dankbar sein, wenn ich die Truhe öffne. Das verspreche ich hoch und heilig.«

»Hoffen wir mal lieber, dass Sie sie gar nicht erst öffnen müssen«, sagte Julia und verließ das Zimmer, ihren Umhang über dem Arm.

»Grace.« Eine Hand rüttelte sanft, aber nachdrücklich an ihrer Schulter. »Grace, wachen Sie auf. Sie haben Besuch.«

Grace öffnete die Augen und sah, dass Mary Kate noch immer neben ihr im Bett lag und schlief. Draußen hatte es zu schneien begonnen. Grace drehte sich um und richtete sich auf.

»Sie haben Besuch«, wiederholte Julia, trat einen Schritt zur Seite und gab den Blick auf eine Frau in einem langen Samtumhang frei, deren Gesicht im Schatten der weiten Kapuze lag.

Vorsichtig schwang Grace die Beine aus dem Bett und stand auf, dann strich sie sich mit dem Handrücken über Augen und Mund und glättete ihren Rock. Die Gegenwart dieser elegant gekleideten Dame machte sie befangen, und sie war ziemlich verstimmt über Julias Mangel an Diskretion.

»Guten Tag«, sagte sie leise und streckte ihre Hand aus.

Die Hand, die die ihre umfing, war weich und glatt, und an den langen Fingern steckten mehrere Ringe. Mit der anderen Hand schob die Dame ihre Kapuze nach hinten.

»Erkennst du mich denn nicht mehr, Gracelin O'Malley?«, fragte sie mit dem Anflug eines Lächelns.

Grace schnappte nach Luft. »Aislinn!« Sie warf Julia einen Blick zu und sah dann wieder ihre Besucherin an. »Ich kann gar nicht glauben, dass du hier vor mir stehst! Das ist Aislinn McDonagh!«, erklärte sie Julia. »Morgans Schwester!«

Julia lachte leise. »Ich weiß, wer das ist, oder was glauben Sie, warum ich sie hierher gebracht habe?«

»Wo um alles in der Welt haben Sie sie gefunden?«, fragte Grace erstaunt. »Wo hat sie dich gefunden?«, wandte sie sich an Aislinn und brach dann in Tränen aus.

Die beiden Frauen eilten sofort zu ihr, aber es war Aislinn, die den Arm um Grace legte, ihr gälische Worte ins Ohr flüsterte und sie Schwester nannte.

»Dann weißt du Bescheid?«, fragte Grace. »Ich meine … über alles?«

Aislinn nickte traurig. Nun stiegen auch ihr Tränen in die Augen.

»Mam.« Mary Kate war aufgewacht und saß nun aufrecht im Bett. »Wer ist das, Mam?«

»Deine Mam war eine gute Freundin meines Bruders, eigentlich meiner ganzen Familie«, sagte Aislinn sanft. »Ich wollte sie noch einmal sehen, bevor ihr abreist.«

»Nach Amerika«, meinte Mary Kate ernst.

»Ja. Ein wunderbares Land. Dort wird es dir bestimmt gefallen.« Aislinn drehte sich um und ging auf das kleine Mädchen zu. »Darf ich dir etwas schenken? Etwas, das dir Glück bringt?«

Mary Kate sah zu Grace hinüber, die nickte.

Aislinn zog einen Ring von ihrem kleinen Finger und hielt ihn dem Mädchen hin. »Die Silberfassung hat die Form eines heiligen Knotens«, sagte sie. »Und siehst du den grünen Stein in der Mitte?«

Mary Kate nickte, den Blick fest auf den Ring gerichtet.

»Er stammt aus Connemara im Westen Irlands«, erklärte Aislinn. »Ich habe ihn anfertigen lassen, damit er mich an zu Hause erinnert, und nun möchte ich ihn dir schenken, damit er dich an dein Zuhause erinnert, wenn du weit, weit weg bist. Möchtest du ihn gern haben?«

»O ja.« Mary Kate blickte Aislinn mit großen Augen an und nahm den Ring ehrfurchtsvoll entgegen. »Vielen Dank.«

»Bitte schön.« Aislinn strich dem Mädchen über das dichte Haar. »Du erinnerst mich an meine kleine Schwester. Fiona war auch so hübsch.«

Mary Kate senkte verlegen den Kopf, konnte ihr freudiges Lächeln aber nicht verbergen.

»Komm, kleines Fräulein.« Julia hob sie aus dem Bett. »Wir beide gehen jetzt nach unten und essen am Kamin zu Abend. Dann können deine Mam und ihre Freundin noch ein wenig plaudern. Und später kommen wir wieder hoch, um auf Wiedersehen zu sagen. Was hältst du davon?«

Mary Kate nickte eifrig. Wie immer freute sie sich über die Aussicht auf eine Mahlzeit. Während Julia sie aus dem Raum trug, winkte Mary Kate den beiden Frauen kurz zu, dann schloss Julia leise die Tür hinter sich.

»Ich kann nicht lange bleiben, aber ich wollte dich noch einmal sehen, bevor du abreist.«

»Wie hast du uns gefunden?« Grace ging zu dem kleinen Fenster hinüber und setzte sich. Draußen fiel noch immer Schnee, und einige Flocken blieben an der bleiverglasten Scheibe haften.

»Über Julia.« Aislinn ließ sich in dem anderen Sessel nieder. »Morgan hatte sie gebeten, mich ausfindig zu machen, was ihr letzten Sommer auch gelang. Aber nachdem ich ihr meine Situation geschildert hatte, stimmte sie mit mir darin überein, dass es besser wäre, wenn ich weiterhin … verschollen bliebe. Nun ließ sie mir die Nachricht zukommen, dass du bald nach England reisen würdest, sagte dir aber nichts davon, für den Fall, dass ich nicht in der Lage sein würde, dich zu besuchen.«

»Nicht in der Lage?«

»Ich bin die Geliebte eines sehr mächtigen Mannes. Eines Mannes, der mir das Leben gerettet hat – oder das, was noch davon übrig war. Er hat eingewilligt, dass ich dich besuche, sofern ich mich diskret verhalte.« Sie zögerte. »Du bist schockiert.«

»Aber nein, Aislinn, bestimmt nicht«, beruhigte Grace sie. »Ich kann nur noch nicht fassen, dich hier lebend vor mir zu sehen.«

Aislinn ergriff Graces Hand. »Ich weiß«, sagte sie. »Ich weiß von Mam und Dad. Und den Mädchen. Julia hat mir alles erzählt.«

»Barbara lebt noch. Sie ist im Kloster und heißt jetzt Schwester John Paul.«

»Natürlich! Barbara, unsere Heilige!« Aislinns Blick verdüsterte sich, und plötzlich wirkte sie wieder wie das Mädchen, das sie einmal gewesen war, bevor sie von zu Hause weglief.

»Ich bin deiner Schwester von ganzem Herzen zugetan«, erwiderte Grace ruhig. »Sie hat mir bei der Geburt meines Sohnes John Paul Morgan zur Seite gestanden, den ich nach den beiden benannt habe.«

»Julia erzählte, dass ihr geheiratet habt.« Aislinn schüttelte den Kopf. »Ich konnte es kaum glauben.«

»Pater Brown hat uns vor sieben Monaten heimlich getraut. Es war auch noch ein weiterer Mann zugegen.« Grace lächelte matt. »Er gab Morgan seinen Ring. Und ich trage den deiner Mutter.« Sie streckte Aislinn die Hand entgegen.

Aislinn beugte sich vor, küsste den Ring und lächelte. »Ach, meine Mam. Ich hab sie wirklich geliebt.« Sie sah Grace an. »Sie wäre überglücklich, wenn sie wüsste, dass du ihn jetzt trägst, Grace, so glücklich, dass ihr, du und Morgan, verheiratet wart. Und dass du einen Sohn geboren hast.«

»Dabei hatten wir nur eine Nacht zusammen …«

»Wusste Morgan davon?«

»Ja.« Grace schloss für einen Moment die Augen, und plötzlich tauchte Henrys Gesicht vor ihr auf. »Ein englischer Soldat hat uns geholfen. Er schmuggelte Morgans Brief aus dem Gefängnis, wurde aber getötet, als er ihn mir überbringen wollte.« Sie zog den Brief unter ihrer Bluse hervor und reichte ihn Aislinn.

»Ich kann nicht lesen, Grace«, gestand die junge Frau. »Morgan und Barbara haben alles versucht, um mir Lesen und Schreiben beizubringen, aber … « Sie zuckte die Schultern und verzog das Gesicht zu einem schiefen Lächeln. »Ich hatte schon immer mehr für Jungs und so übrig.«

Grace schob den Brief wieder an seinen Platz an ihrem Herzen. »Darin steht, dass er sich über unser Kind freut, aber auch, dass er die Geburt wohl nicht mehr erleben wird, und dass ich nicht ewig trauern soll, weil wir uns eines Tages wiedersehen werden. Im Himmel.«

»Und das werdet ihr, Grace. Bestimmt.«

»Ich wusste nicht, dass er mich die ganze Zeit so geliebt hat.« Graces Gesicht war schmerzverzerrt. »Sonst hätte ich ihn doch damals schon zum Mann genommen. Ich habe Bram in gutem Glauben geheiratet – der Herr ist mein Zeuge. Und es war alle Mühen wert, wegen Mary Kate. Aber …« Sie zögerte und schüttelte dann den Kopf. »Es hat ein böses Ende genommen.«

»Die Gerüchte über den Mord sind bis hierher gedrungen«, sagte Aislinn. »Die Donnellys, du weißt schon, die und ihre feine Gesellschaft. Sie behaupten, dein eigener Bruder hätte es auf dein Geheiß hin getan, aber ich glaube ihnen kein Wort.«

Grace zögerte. »Es war Moira.«

»Moira Sullivan?« Aislinn war nicht im Geringsten überrascht. »Sie hat's doch hinter deinem Rücken mit ihm getrieben, oder etwa nicht?«

»Bram hat ihr den Kopf verdreht mit lauter falschen Versprechungen. Und als er mit ihr fertig war, konnte sie den Gedanken einfach nicht ertragen, dass er sie fallen ließ, sie und das Baby. Sie hat ihm im Wald aufgelauert und ihn erschossen.«

»Recht so.« Aislinns Stimme klang hart. »Er war ein Mistkerl, Grace. Sie hat dir einen Gefallen getan.« Und dann dämmerte es ihr. »Es war also ihr Kind, das du Brams Bruder anvertraut hast, damit er es aufzieht! Als ich davon hörte, dachte ich sofort, dass da etwas nicht stimmt. Die Gracelin O'Malley, die ich kenne, würde niemals kampflos ihr eigenes Kind hergeben! Ha!« Aislinn lachte vergnügt. »Also ist es Moira Sullivans Junge, den diese Narren zum jungen Lord erziehen!«

Grace nickte und beschloss im selben Moment, Aislinn nicht die ganze Wahrheit zu sagen – dass das Kind nämlich noch nicht einmal von Bram war, sondern ein echter irischer Bastard, den die Donnellys sich ins Haus geholt hatten.

Aislinn grinste hämisch. »Freut mich wirklich, das zu hören, Grace. Das geschieht ihnen recht, so wie sie dich behandelt haben! Aber mach dir keine Sorgen, dein Geheimnis ist bei mir sicher. Ich wusste doch, dass du niemals deinen eigenen Sohn hergeben würdest.«

»Und doch habe ich genau das getan«, gestand Grace. »Ich gehe ohne ihn nach Amerika.«

»Das ist doch nicht dasselbe!«, beharrte Aislinn. »Du hast ihn in Obhut gegeben, bis er kräftig genug ist, um nachzukommen. Es wäre sein sicherer Tod, wenn er die Reise jetzt machen müsste. Und dir blieb keine andere Wahl, Grace – sie suchen dich schon in ganz Irland, sagt Julia, und du würdest bestimmt im Gefängnis landen.«

»Weil ich einen Soldaten erschossen habe, der unsere Hütte niederreißen wollte.« Sie schwieg einen Moment und blickte aus dem Fenster. »Und außerdem bin ich natürlich Sean O'Malleys Schwester, der wegen Mordes und Hochverrats gesucht wird, und die mutmaßliche Frau des Verbrechers Morgan McDonagh. Ich muss also zwangsläufig Namen kennen und Pläne und den Aufenthaltsort von anderen Gesuchten. Dabei weiß ich nicht das Geringste.« Sie wandte sich wieder an Aislinn. »Wenn es nur um mein Leben gegangen wäre, hätte ich Irland nicht verlassen. Aber was passiert mit meiner Tochter und meinem kleinen Jungen, wenn ich im Gefängnis sterbe?«

»Ich wusste, dass dich dieser Gedanke quälen würde, und deshalb bin ich auch gekommen – um dir zu sagen, dass du nach Amerika gehen musst. Und um dir etwas zu versprechen.« Aislinn beugte sich vor. »Ich verfüge inzwischen über Geld. Genügend Geld. Ich werde Julia etwas davon mitgeben, damit sie dafür sorgt, dass dein Sohn und dein Vater alles bekommen, was sie brauchen. Allerdings darf Barbara nicht erfahren, dass es von mir stammt«, fügte sie hinzu. »Sie würde von einer Hure kein Geld nehmen.«

»Da kennst du deine Schwester aber schlecht«, erwiderte Grace energisch. »Und außerdem bist du keine Hure.«

»Wie würdest du es denn sonst nennen – eine Frau, die Gefälligkeiten gegen etwas zu essen, ein Dach über dem Kopf und männlichen Beistand eintauscht?«

Einen Moment lang dachte Grace nach, dann meinte sie: »Manche würden Ehefrau dazu sagen.«

Aislinn brach in Gelächter aus, sprang auf und umarmte ihre Freundin. »Es tut so gut, dich wiederzusehen«, flüsterte sie. »Ein vertrautes Gesicht aus der Heimat.«

Grace küsste sie auf die Wange und lehnte sich dann wieder zurück. »Zuletzt habe ich dich damals bei der Dinnerparty der O'Flahertys gesehen, als Gerald die Finger nicht von dir lassen konnte. Bist du mit ihm zusammen weggelaufen? Das Dienstmädchen, das mit dem jungen Herrn durchbrennt?« Sie zwinkerte ihr zu.

Aislinn seufzte angewidert und schüttelte den Kopf. »Was war ich doch für ein Dummkopf! Ich habe all seine Lügen geglaubt, von der großen Liebe und einem eleganten Leben in London. Aber natürlich wollte er mich nur ins Bett kriegen, und auch nur dann, wenn es ihm gerade passte. Ich dagegen wollte ausgehen und etwas von der Welt sehen, an seiner Seite, als seine Ehefrau. Und als ich schließlich ein Kind von ihm erwartete, dachte ich, jetzt würden wir ganz bestimmt heiraten. Dabei war er bereits mit einer anderen verlobt, einer entfernten Verwandten mit einem hübschen jährlichen Sümmchen, die natürlich das Vertrauen seiner Mutter genoss.« Aislinn hob eine Augenbraue; beide Frauen hatten unter der unangenehmen Mrs O'Flaherty zu leiden gehabt. »Ich tobte vor Wut, aber er beteuerte mir, es sei nur eine

Vernunftehe, er werde für mich und das Kind eine Wohnung besorgen und später zu uns kommen. An dieses Versprechen habe ich mich lange Zeit geklammert.« Sie verstummte, während die Erinnerungen wieder lebendig wurden. »Der Hauseigentümer kam zweimal wegen der Mietzahlungen, die ich natürlich nicht aufbringen konnte. Und ich hatte auch niemanden, von dem ich mir Geld hätte leihen können. Er wurde ziemlich unangenehm, dieser Hauswirt, und da kapierte ich, dass Gerald mich sitzen gelassen hatte.«

Grace beugte sich vor. »Warum bist du dann nicht nach Hause gekommen? Deine Mutter hätte dich doch wieder aufgenommen.«

»Ich war zu stolz, doch am Ende musste ich dafür teuer bezahlen.« Sie blickte aus dem Fenster und bemühte sich, ihre Gedanken zu sammeln. »Ich suchte Gerald dann in seiner Unterkunft am College auf, aber er wollte mich nicht sehen, und ich … ich geriet völlig außer mir. Ich steckte das Gebäude in Brand, und er hetzte die Wachen auf mich, sodass ich mich verstecken musste. Von einer Unterkunft zur nächsten bin ich gezogen, und musste all meine Habseligkeiten verkaufen.« Sie sah Grace direkt in die Augen. »Auch ich habe einem Jungen das Leben geschenkt. Ganz allein. Danach kam die Hauswirtin, schnitt die Nabelschnur mit einem Messer durch, wischte den Jungen sauber und gab ihn mir mit den Worten, ich soll zusehen, dass er still ist und die anderen Mädchen im Zimmer nicht weckt.« Kummerfalten zerfurchten ihre Stirn. »Ich versuchte, ihn warm zu halten und zu stillen, so gut es ging, aber irgendwann hatte ich kein Geld mehr und nichts, was ich noch hätte verkaufen können. Wir verloren unseren Platz in der Herberge und schliefen von da an auf der Straße, bettelten an jeder Hintertür. In meinem ganzen Leben habe ich nicht solch eine Angst gehabt wie zu der Zeit.«

»Und wo ist dein Sohn jetzt?«, fragte Grace leise.

Aislinns Augen füllten sich mit Tränen. »Er wurde krank, und ich konnte es nicht ertragen, ihn sterben zu sehen. Deshalb habe ich ihn zu den Nonnen gegeben.« Sie wischte sich mit dem Handrücken über die Augen. »Ich versuchte, ihn zu vergessen, aber ich hatte noch immer Milch, und meine Arme fühlten sich so leer an und ich vermisste seinen Geruch. Also ging ich wieder zurück zum Kloster und flehte die Nonnen an, mir zu sagen, wo sie ihn hingebracht hatten. Aber sie meinten, er sei ohne mich besser dran und das würde umgekehrt auch für mich gelten: Ich sollte jetzt meine Sünden bereuen und Gott dafür danken, dass mein Sohn ein anständiges Leben führt.« Sie hob den Kopf. »Sie hatten Recht. Doch es vergeht keine Stunde, in der ich nicht für ihn bete.«

»Es tut mir so leid, Aislinn«, sagte Grace und ergriff ihre Hand. »Was für eine schreckliche Geschichte. Und was ist mit diesem Mann? Sorgt er gut für dich?«

»Ja«, sagte Aislinn ohne Zögern. »Er hat mir das Leben gerettet. Nachdem ich den Jungen weggegeben hatte, ging es mir sehr schlecht. Mir war alles egal … Als ein Mann mir Geld bot, damit ich mit ihm ging, willigte ich ein. Er brachte mich zu einem Haus, und dort blieb ich dann einfach – ich hatte ein eigenes Zimmer, es war warm, und es gab genug zu essen. Und jede Nacht verdiente ich meinen Lebensunterhalt, und noch viel mehr. Aber ich war todunglücklich. Mein Gentleman zeigte besonderes Interesse an mir, und nach einer Weile trafen wir eine Vereinbarung: Ich habe eine eigene wunderschöne Wohnung, und er besucht mich, wann immer es ihm gefällt. Dafür empfange ich keine Gäste, bewege mich in der Öffentlichkeit äußerst unauffällig und bekomme keine Kinder.«

»Und im Gegenzug erhältst du was?«

»Seelenfrieden«, erwiderte Aislinn. »Rechtsanspruch auf meine Wohnung in London und Eigentum an allem, was er mir schenkt, inklusive eines kleinen Bankguthabens, das er jeden Monat auffüllt. Du siehst, ich habe mich zu einer Geschäftsfrau entwickelt«, sagte sie ironisch. »Natürlich gehe ich hin und wieder in Begleitung meiner Zofe aus, aber ich bin vorsichtig.«

»Ist er verheiratet?«

»Ja, und ich glaube, dass er seine Frau wirklich liebt, trotzdem sie noch älter ist als er selbst. Sie haben erwachsene Kinder, und er ist sehr wohlhabend und mächtig, aber ich vertraue ihm. Obwohl er Engländer ist.«

Grace nickte. »Es gibt auch gute Engländer. Henry Adams und Lord Evans …«

»Lord *David* Evans?«, fragte Aislinn. »Der Schwarze Lord?«

»Ich habe zwar noch nie gehört, dass er so genannt wird, aber genau den meine ich – er ist derjenige, von dem Morgan seinen

Ring bekommen hat. Sie waren eng befreundet. Kennst du ihn etwa?«

»Nein, aber ganz London spricht über ihn! Sie nennen ihn den Schwarzen Lord, weil er auf unserer Seite steht. Man hat ihn nach London gebracht, um ihn vor Gericht zu stellen.«

Grace sank der Mut. »Das wusste ich nicht.«

»Das Gericht hat seinen Prozess verschoben, aus Furcht vor einem öffentlichen Aufruhr. Evans ist krank, und man geht davon aus, dass er sowieso bald stirbt. Auf die Weise braucht sich niemand die Hände schmutzig zu machen – keine wütende Menge und keine brennenden Scheiterhaufen.«

London, dachte Grace. Wie weit war die Stadt von Liverpool entfernt? »Gibt es irgendeine Möglichkeit, ihn zu treffen?«, fragte sie. »Könnte dein Gentleman vielleicht etwas arrangieren?«

»Das würde ich mich niemals zu fragen getrauen«, bekannte Aislinn. »Er hegt zwar Sympathie für unsere Sache, hält Lord Evans aber für die schlimmste Sorte von Engländern. Und natürlich kann man dort nicht so einfach hineinspazieren …« Sie verstummte.

»Was ist?« Grace beugte sich vor.

»Also, es gibt schon ein paar Frauen, die Zutritt zum Gefängnis haben. Aber erst nach Mitternacht, und selbstverständlich darf niemand etwas davon wissen.«

Grace verstand sofort. »Ich könnte eine dieser Frauen sein.«

Mit wissendem Blick musterte Aislinn sie von Kopf bis Fuß. »Ja«, sagte sie lächelnd. »Ich glaube, das ginge.«

3

Sean O'Malley saß im hinteren Teil des Harp and Hound, der Gaststätte von Mighty Dugan Ogue, trank hin und wieder einen Schluck von seinem Dunkelbier und arbeitete sich durch die verschiedenen New Yorker Zeitungen, die vor ihm auf dem Tisch lagen. Die Schlagzeilen der *Sun* und des *Herald* sowie die diversen Extrablätter hatte er bereits überflogen, und es erschien ihm wenig sinnvoll, die anderen auch noch durchzulesen – etwa das konservative *Journal of Commerce*, den *Courier and Enquirer* oder den *Express*. Allerdings sollte er vielleicht noch einen Blick in die *Tribune* werfen. Denn all diese Zeitungen hatten sich während des Mexikanischen Kriegs zu einer Nachrichtenagentur namens *Associated Press* zusammengeschlossen und verfügten jetzt über ein Nachrichtenmonopol. Die Agentur hatte in jeder Stadt mit Telegrafenposten einen Reporter und erhielt täglich, manchmal sogar stündlich, Berichte, aus denen die Artikel des nächsten Tages entstanden – eine spannende Lektüre, auch wenn sich in den diversen Blättern vieles wiederholte. Die neuen Telegrafenleitungen verbanden inzwischen New York mit der Hauptstadt des Landes sowie mit Boston und Albany, und es gab sogar das Gerücht, dass eine Überseeverbindung nach England geschaffen werden sollte.

Noch immer wachte Sean morgens mit dem verwirrenden Gefühl auf, weit in die Zukunft hinein katapultiert worden zu sein, in eine schnelllebige moderne Welt, die etliche Jahre von den Lehmhütten, Kartoffelfeldern und hinterwäldlerischen Kriegen Irlands entfernt lag. Dazu kam noch die Fülle an Plakaten, mit denen jede Fläche an jeder Ecke in nahezu jeder Straße zugepflastert war – Reklame für alles und jedes, angefangen vom *Haarfärbemittel für den Herrn* über *Beste Lebertranpillen* und *Berühmte Wahrsagerinnen* bis hin zu *Zirkuskuriositäten aus aller Welt.*

Jedes Gasthaus, jedes Varietétheater oder Museum ließ seinen Namen auf Mauern, Zäunen, Kutschen und Reklametafeln aufbringen. Nach Mitternacht machten sich Hunderte von Plakatklebern mit Leim und Bürsten an die Arbeit, überdeckten die Mitteilungen des vergangenen Tages mit aktuellen Ankündigungen oder klebten neue Informationen über die nur wenige Minuten alten Mitteilungen ihrer Konkurrenten. Auf diese Weise veränderte sich das Stadtbild von Tag zu Tag, sodass man heute nicht mehr wusste, an welcher Ecke man gestern abgebogen war.

Männer mit Reklametafeln auf Brust und Rücken spazierten durch die Straßen, und an jeder Ecke bekam Sean Flugschriften in die Hand gedrückt, die für Hustenmittel warben oder zum Besuch einschlägiger Etablissements einluden. Und als ob dies noch nicht reichte, um einen einfachen Mann zu verwirren, schien die ganze Stadt mit Bannern und Bändern geschmückt zu sein, die auf politische Kundgebungen hinwiesen und häufig die Straßenschilder vollständig verdeckten. Während des ersten Monats nach seiner Ankunft in New York war Sean trotz Stadtplan so oft vom Weg abgekommen, dass er sich sein Viertel vollständig erwandert hatte. Jemanden nach dem Weg zu fragen, warf ungeahnte Probleme auf, da so viele Menschen fremd in der Stadt waren und mit starkem Akzent wild gestikulierend in Richtungen wiesen, die sich häufig genug als falsch herausstellten. Und traf er doch einmal auf einen Amerikaner, sprach dieser so schnell und abgehackt, dass Sean seinen Erläuterungen kaum folgen konnte. Das Amerikanische erschien ihm nasaler und weniger melodisch als das ihm vertraute Irisch, dabei aber gespickt mit phantasievollen Redewendungen, die ihn zunehmend amüsierten, je mehr er davon verstand.

»Hier, Sean, frisch aus der Druckerpresse.« Dugans Frau Tara Ogue legte die neueste Ausgabe der *Democratic Review* vor ihn auf den Tisch und stellte ein frisches Glas Bier daneben. »Das sollte dich eine Weile beschäftigen, was, Junge?« Sie nahm ihm die Brille von der Nase und putzte die Gläser sorgfältig mit dem

Saum ihrer Schürze. »Kein Wunder, dass du halb blind bist«, schimpfte sie gutmütig, »bei den dreckigen Gläsern! Hier …« Sie gab ihm die Brille zurück. »Besser, oder?«

»Ja, Tara. Was würde ich ohne dich nur machen?« Er lächelte und griff nach ihrer Hand, zuckte jedoch vor Schmerz zurück.

»Schon wieder die Schulter«, stellte Tara fest. »Denk daran, was dir der Doktor gesagt hat, Junge, und sitz nicht so krumm da! Trägst du denn deinen Stützgurt nicht?«

Sean reckte sich vorsichtig und massierte seinen verkrüppelten Arm. »Hab ich vergessen, Tara, ehrlich.«

»Dann geh sofort nach oben auf dein Zimmer und zieh das Ding an«, befahl sie streng. »Kannst du nicht viel besser atmen, seit du ihn trägst? Und hast du nicht viel weniger Probleme mit der Brust?«

»Ja«, stimmte er zu. »Und ist das nicht fast wie ein Wunder? Ich, der ich mein ganzes Leben lang von schlimmem Husten geplagt wurde und dem Tod mehr als einmal von der Schippe gesprungen bin, stolziere heute gesund und munter durch Manhattan … und dank des speziellen Schuhs hinke ich auch nur noch ganz leicht. Das Leben ist schön, Tara, es ist großartig und man soll die Hoffnung nie aufgeben. Was immer ein Mann sich auch erträumen mag, hier kann er es finden. Ach, Tara, ist Amerika nicht wundervoll?«

»Nun hör schon auf.« Sie gab ihm einen freundschaftlichen Klaps. »Ich kann keine Beeinträchtigung erkennen, jedenfalls nicht, was die Zungenfertigkeit anbelangt, die der Herr dir geschenkt hat, oder der Teufel – da bin ich mir nicht so sicher!«

»Tara!«, rief Sean mit gespielter Empörung. »Wie kannst du nur so etwas sagen? Es ist das Werk Gottes, das ich hier verrichte, und das weißt du so gut wie jeder andere.«

»Du wirst nicht viel ausrichten, wenn du wieder krank wirst«, erinnerte sie ihn.

»Lass mich noch eben diese Zeitung auslesen. Danach gehe ich sofort hoch und lege den Gurt an, versprochen.«

»Dann sieh zu, dass du fertig wirst«, ermahnte sie ihn und versetzte ihm einen leichten Schlag mit dem Geschirrtuch, bevor sie wieder zu ihrem Mann in den vorderen Bereich der Gaststätte ging.

Sean beobachtete, wie Dugan einen Arm um die Taille seiner Frau legte, sie an sich zog und ihr einen Kuss geben wollte, wogegen sie sich spielerisch zur Wehr setzte. Wieder einmal dachte Sean, wie glücklich er sich schätzen durfte, im Harp and Hound gelandet zu sein. Er hatte hier nicht nur eine Unterkunft gefunden, sondern profitierte auch von Mighty Ogues Gewieftheit und Taras mütterlicher Aufmerksamkeit. Außerdem hatten die beiden den deutschen Arzt ausfindig gemacht, der ihm den Spezialschuh und den Schultergurt angefertigt hatte, dank denen Sean nun wie ein Mann statt wie ein Krüppel durch die Straßen New Yorks spazierte. Er verdankte den beiden Wirtsleuten so viel. Er hob sein Glas, um ihnen zuzuprosten, und warf ihnen eine Kusshand zu, worauf beide in Lachen ausbrachen.

»Los, zurück an die Arbeit, Junge!« Dugans tiefe Stimme dröhnte durch den Schankraum, sodass die alten Trinker an den anderen Tischen sich nach dem jungen Iren umdrehten, der so unermüdlich für ihre Sache kämpfte, und ihm voller Stolz zulächelten.

Sean lachte und wandte sich gut gelaunt wieder seiner Lektüre zu. Die *Democratic Review* wurde von John O'Sullivan herausgegeben, einem seiner zahlreichen neuen Freunde hier in New York. John hatte ihn mit Evert Duyckinck bekannt gemacht, der die Zeitschrift finanziell unterstützte und als Mentor einer Gruppe junger Geschäftsleute fungierte. Sie hatten es sich zum Ziel gesetzt, Geld zu verdienen und eine durch und durch amerikanische Kultur zu erschaffen, eine, die nicht nur die europäische kopierte. Diese Männer wurden als *Young Americans* bezeichnet und standen in deutlichem Gegensatz zu der alten Garde wohlhabender Gentlemen, hauptsächlich Whigs und Freunde Englands, die häufiger in Restaurants speisten als zu Hause und sich mit dem Schreiben leicht ironischer Essays für das *Knickerbocker Magazine* die Zeit vertrieben, dem einflussreichsten Literaturmagazin Amerikas – und das widerte Sean an. Aber im Grunde widerten ihn die »Knickerbockers« überhaupt an, diese Gruppe privilegierter Snobs, die zu borniert waren, um sich einer neuen Kultur des politischen Idealismus und des literarischen Radikalismus zu öffnen.

Dagegen steckten die *Young Americans* ihr gesamtes Geld und ihr Engagement in die Eroberung des Westens und die Unterstützung der europäischen Revolution, was Sean sowohl faszinierte als auch inspirierte. Ihre Zeitschrift *Arcturus* widmete sich der Förderung der amerikanischen Literatur; außerdem hatten sie eine Urheberrechtsvereinigung gegründet, um die Knickerbockers zu zwingen, für die europäischen Schriften und Essays zu zahlen, aus denen sie sich so selbstverständlich bedienten. O'Sullivan und Duyckinck hatten sich zudem mit dem Verleger George Putnam verbündet, und Duyckinck gab zusätzlich die Reihe *Library of American Books* heraus. Des Weiteren hatten sie die *Literary World* aus der Taufe gehoben, ein Magazin, für das auch Sean schrieb, obwohl er noch keine »unverfälscht amerikanische Stimme« entwickelt hatte, wie die anderen es nannten.

Seine irische Stimme war jedoch stark genug und bei der *Democratic Review* willkommen. Die Ausgabe vor ihm auf dem Tisch enthielt einen von ihm verfassten Artikel über die Fehler der britischen Regierung in Irland und die negativen Auswirkungen, die der Einfluss der englischen Kultur auf die Entwicklung eines neuen Amerika haben würde. Zwar stammten diese Gedankengänge nicht alle von ihm selbst – er hatte sich von O'Sullivan leiten lassen –, aber immerhin war es ein Anfang, um seine eigenen Ziele einer breiteren Öffentlichkeit bekannt zu machen.

Seit dem Tag seiner Ankunft hatten die *Young Americans* ihre schützende Hand über Sean gehalten, und mit Freuden hatte er es zugelassen, dass O'Sullivan seinen Terminkalender mit Vorträgen, Kundgebungen, Dinnerpartys und der Arbeit für die Zeitschrift anfüllte. Die Tatsache, dass diese Männer ihn benutzten, um ihre eigenen politischen Ziele voranzutreiben, wurde dabei nicht verschwiegen, genauso wenig wie der Umstand, dass sie ihrerseits für Sean nur von Interesse waren, wenn sie ihr Scheckbuch zückten und Wechsel für Waffen und Munition sowie Lebensmittel und Kleidung ausstellten – alles Dinge, die mit speziell gecharterten Postschiffen nach Dublin geschickt wurden. Sie zollten ihm besonderen Respekt, da er dem engsten Kreis der *Young Irelanders* angehört und leibhaftig gekämpft hatte, während sie immer nur mit Worten stritten.

Doch manchmal wurde Sean bewusst, dass er so sehr in seiner Arbeit aufging, dass er gelegentlich nicht mehr wusste, wo für ihn

Young Ireland endete und *Young America* begann. Allmählich erkannte er, was ihn am meisten begeisterte: die Demokratie und der Fortschritt, den die Begeisterung für die demokratische Bewegung auslöste. Eine Begeisterung, die er – sosehr er sich auch bemühte – nicht auf seine hungernde, erschöpfte irische Heimat übertragen konnte.

In letzter Zeit konzentrierte sich seine Aufmerksamkeit mehr und mehr auf die amerikanische Politik. Im nächsten Monat sollten in New York die ersten Wahlen unter der neuen Verfassung stattfinden, Wahlen, denen die Whigs mit so großer Zuversicht entgegensahen, dass sie bereits überall damit prahlten, sie würden bald nicht nur in der Stadt, sondern auch im Staat New York sämtliche Ämter besetzen. Die Kreise, in denen Sean sich bewegte, arbeiteten eifrig daran, sich den Whigs entgegenzustellen, und die daraus resultierenden Debatten regten ihn an und motivierten ihn. Ständig traf er mit berühmten, intelligenten Menschen zusammen – Menschen wie O'Sullivan, Putnam, Duyckinck, Jay Livingston und dessen Schwester Florence –, und sie alle lebten in einer freien Welt der Ideen und träumten den großen Traum vom Fortschritt und einer vielversprechenden Zukunft. Sie hatten ihn so bereitwillig in ihre Kreise aufgenommen, dass er manchmal ganz vergaß, dass er nur vorübergehend in New York weilte und eines Tages nach Irland zurückkehren würde.

Immer wieder fragte er sich jedoch, was in Irland genau vor sich ging. Die Nachrichten flossen spärlich und waren oft nicht besonders zuverlässig, und obwohl Sean unermüdlich Geld sammelte und bereits zwei kleine Schiffe mit Ausrüstungsgegenständen und Lebensmitteln in seine Heimat geschickt hatte, wusste er nicht, wie es den Menschen dort erging. William Smith O'Brien und John Mitchel waren offenbar verhaftet worden, allerdings hatte er auch das Gerücht gehört, William sei wieder frei gekommen. In den neuesten Berichten aus London hieß es, Captain Evans werde wegen Hochverrats angeklagt. Aber was Sean am meisten beunruhigte, war die Nachricht, dass man Morgan während einer Razzia verhaftet hatte. Seither hatte er nichts mehr von seinem besten Freund gehört, und keines der Schiffe, die täglich im New Yorker Hafen einliefen, brachte mehr als nur Gerüchte mit sich.

»Ah, hier steckst du also. Hockst mal wieder über deinen Zeitungen und ziehst ein Gesicht wie drei Tage Regenwetter. Hast doch bestimmt nichts dagegen, wenn ich mich setze, oder?« Ohne eine Antwort abzuwarten, zog der gut aussehende junge Ire einen Stuhl für sich heran.

»Wie geht's dir, Danny?« Sean lächelte seinen auffallend gekleideten Freund an, der genauso arm war wie alle anderen, jedoch immer eine saubere Weste und ein seidenes Halstuch trug.

»Ach, mir geht's gut, aber ich hab gehört, deine Miss Osgoode ist zu Hause und muss das Bett hüten. Sag selbst, ist das kein verlockender Gedanke?« Seine Augen zwinkerten vergnügt.

»Schäm dich, Danny.« Sean versuchte, nicht zu lachen. »So spricht man doch nicht über eine junge, wohlerzogene Dame wie Marcy Osgoode.«

»Gewiss nicht in Gegenwart ihres Vaters, aber hier unter uns, was kann es da schon schaden?« Er lachte, schnappte sich Seans Glas und kippte die Hälfte des Biers in einem Zug hinunter. »Danke, Junge. Es ist verdammt warm hier drin.«

»So warm nun auch wieder nicht.« Sean nahm ihm das Glas aus der Hand. »Was machst du überhaupt hier? Warum arbeitest du nicht wie jeder andere anständige Bürger?«

»Ich bin mein eigener Herr, oder etwa nicht?« Danny warf sich stolz in die Brust. »Ich lege meine Arbeitszeiten selbst fest.« Er warf einen Blick aus dem Fenster. »Und außerdem regnet es. Da will sich sowieso niemand die Schuhe putzen lassen.« Er wandte sich wieder Sean zu. »Kommst du zu der Versammlung heute Abend, auch wenn deine süße Lady nicht erscheinen wird?«

Sean verzog das Gesicht. »Um ehrlich zu sein: Das hab ich ganz vergessen, aber sag es bloß nicht ihrem Vater. Ich rede heute Abend vor einer Gruppe von Hafenarbeitern, hauptsächlich Iren, um sie an ihre Pflicht gegenüber der Heimat zu erinnern.«

»Aber die meisten wollen gar nicht daran erinnert werden, Junge«, sagte Danny. »Sie wollen einfach nur in diesem neuen Land leben und das Beste daraus machen.«

»Ich weiß. Aber diejenigen, die mit heiler Haut davongekommen sind, schulden es den Zurückgebliebenen, die weiterkämpfen. Wenn Irland erst befreit ist, wollen sie doch auch sagen können, dass sie ihren Teil dazu beigetragen haben.«

»Da sie Iren sind, werden sie das sowieso behaupten«, entgegnete Danny und grinste.

Sean lachte. »Da hast du auch wieder Recht. Trotzdem werde ich heute Abend zu ihnen sprechen.«

»Du glaubst wirklich, dass wir gewinnen, stimmt's? Dass wir die Engländer schlagen und unser Land zurückerobern?«

»Ja, das glaube ich«, sagte Sean mit mehr Überzeugung in der Stimme, als er selbst empfand. »Aber nicht ohne Waffen und Munition, ohne Lebensmittel und Medikamente.«

Danny nickte. »Vielleicht sollte ich die Gebetsversammlung heute Abend auch mal ausfallen lassen und dich zu deinem Vortrag begleiten.«

»Und all die jungen Damen enttäuschen?«, zog Sean ihn auf.

»Ach ja, wie wahr, wie wahr«, seufzte Danny mit gespielter Demut. »Der Herr weiß, wie sehr es mir am Herzen liegt, meine Schwestern zu immer größerer Hingabe zu inspirieren.« Er grinste schelmisch. »Aber ich habe das Bedürfnis, mit Männern zusammen zu sein, irischen Männern. Ich werde mich unter die Menge mischen und allem, was du sagst, lauthals zustimmen, so als hättest du mich mit deiner wunderbaren Redekunst überzeugt. Dann inspiriere ich zur Abwechslung mal meine Brüder. Außerdem«, er senkte die Stimme, »wird dieser Mistkerl Callahan bestimmt mit seinen Leuten dort auftauchen. Der glaubt doch, er wäre der einzige Ire, der es wert ist, in dieser Stadt zu leben. Ständig sucht er nach einer Gelegenheit, uns zu vertreiben.«

»Traurig, aber wahr.« Sean rieb sich den Arm. »Man sollte eigentlich annehmen, dass es vorteilhaft für uns ist, wenn ein Ire auf einem so hohen Polizeiposten sitzt, wie er ihn innehat, oder etwa nicht?«

»Ach was«, sagte Danny verächtlich. »Er ist genau wie die Gutsverwalter bei uns zu Hause – nach außen hin Ire, aber innen durch und durch Engländer, und er hasst jeden, der das merkt, abgrundtief. Das wäre dann also geklärt; ich komme mit. Du brauchst einen Leibwächter, und ich bin genau der richtige Mann dafür. Ich hole dich in Windeseile da raus, falls es zu einem Handgemenge kommen sollte.«

»Du bist ein wahrer Freund, Danny Young. Komm einfach gegen sieben vorbei, dann gehen wir zusammen los.«

»Abgemacht!« Danny sprang von seinem Stuhl auf und klopfte Sean auf die Schulter. »Und danach machen wir einen Zug durch die Gemeinde, in Ordnung?«

»Und wer zahlt?«, fragte Sean misstrauisch.

»Du natürlich! Um mir für meine Unterstützung während eines deiner berühmten weitschweifigen – ich meine: ergreifenden – Vorträge über Mutter Irland zu danken.« Er zwinkerte Sean zu. »Ich seh dich dann um sieben, Junge. Und lass mich nicht warten!« Mit einem munteren Gruß verabschiedete er sich und ging zur Tür, wobei er im Vorübergehen jedem einzelnen der alten Trinker freundschaftlich auf den Rücken klopfte.

Sean sah ihm nach und dachte erneut, wie sehr Grace Danny mögen würde; er erinnerte ihn an Quinn Sheehan, der es immer geschafft hatte, sie zum Lachen zu bringen. Grace. Seans Miene verdüsterte sich. Er konnte nur hoffen, dass William seinen Brief bekommen hatte und es ihm gelungen war, Grace und Mary Kate inmitten des ganzen Chaos zu finden. Er hoffte inständig, dass sich die beiden bereits auf dem Schiff befanden und der neuen Welt jeden Tag ein kleines Stück näher kamen.

Sean warf einen Blick auf die Zeitungen, die vor ihm auf dem Tisch ausgebreitet waren: Keine von ihnen hatte gute Neuigkeiten zu berichten. Jedenfalls nicht über Irland. »Bitte, gütiger Vater«, betete er still. »Bitte, lass sie heil hier ankommen. Und wenn es nicht zu viel Mühe bereitet, oh Herr, könntest du dann bitte auch McDonagh mitschicken?«

Er schloss die Augen, und einen Moment lang sah er Grace und Morgan vor sich, wie sie vor einer halben Ewigkeit auf der Hochzeit seines Bruders getanzt hatten – der Fiedler in der Ecke, die Nachbarn, die sich am Rand der Tanzfläche drängten, Gläser voller Whiskey und Punsch, hin und her laufende Kinder und Kesselflicker, die an den Fensterrahmen lehnten. Plötzlich erfüllte ihn eine solch tiefe Sehnsucht, dass er zusammenzuckte und sich an die Brust fasste. Da öffnete er die Augen wieder, blickte aus dem schmutzigen Fenster, so wie er es tausendmal am Tag tat, und hoffte wider jede Vernunft, ihr Gesicht zu sehen. Doch stattdessen schaute er nur wieder in den dunklen, bedrohlichen Winterhimmel.

4

Auf keinen Fall! Das werden Sie nicht tun!« Wütend lief Julia in ihrem Zimmer auf und ab.

»Ich glaube nicht, dass ich Sie um Erlaubnis bitten muss, oder?« Grace stellte ihre Reisetasche auf das Bett und öffnete sie.

»Das ist Wahnsinn!« Julia warf die Hände in die Luft. »Glatter Wahnsinn! Sie müssen den Verstand verloren haben!«

»Ich fühle mich besser denn je«, erklärte Grace ihr. »Irgendwie habe ich das Gefühl, endlich aufgewacht zu sein.«

»Ich hätte Aislinn niemals hierher bringen dürfen«, murmelte Julia, während sie noch immer auf und ab lief. »Zum Teufel mit ihr! Wie konnte sie so etwas nur vorschlagen? Sie werden nicht fahren, und das ist mein letztes Wort!«

»Ich werde fahren, und das ist *mein* letztes Wort. Bleibt also nur die Frage, ob Sie mir helfen wollen oder nicht?« Grace stemmte die Hände in die Hüften.

»Das werde ich nicht tun«, erwiderte Julia störrisch. »Ich werde nicht hier bleiben und auf Ihr Kind aufpassen, während Sie ins Gefängnis gehen – wovor ich Sie übrigens die ganze Zeit zu bewahren versuche –, um Lord David Evans zu besuchen, den am besten bewachten Mann in ganz England!«

»Dann kommen Sie doch einfach mit!« Grace zwinkerte ihrer Tochter zu, die auf dem Bett saß, ihre Puppe umklammerte und den Wortwechsel schweigend verfolgte. »Mary Kate würde gerne einmal London sehen. Nicht wahr, meine Süße?«

Die Kleine nickte gehorsam.

»Verdammt noch mal! Entschuldigung«, wandte Julia sich an

Mary Kate, die sie mit weit aufgerissenen Augen anstarrte. »Nennen Sie mir nur einen Grund! Warum, in Gottes Namen, wollen Sie dieses Risiko auf sich nehmen, nach allem, was wir durchgemacht haben?«

»Es gibt kein Risiko«, sagte Grace zuversichtlich. »Wenn man uns erwischt – und wohlgemerkt, diese Besuche finden schon seit Jahren statt –, müssen wir lediglich eine Strafe zahlen oder möglicherweise eine Nacht im Gefängnis verbringen.«

»Und was ist, wenn man Sie erkennt?«

»Die Wachen wissen doch noch nicht einmal, dass ich Irland verlassen habe«, sagte Grace. »Hier suchen sie mich bestimmt nicht.«

»Noch nicht«, fügte Julia hinzu.

»Stimmt. Und das ist auch der Grund, warum wir es jetzt tun müssen. Außerdem legt unser Schiff in vier Tagen ab. Das ist ohnehin schon ziemlich knapp.«

»Sie wissen, dass auch ich David sehr mag. Er ist ein alter Freund von mir. Deshalb sollte ich eigentlich an Ihrer Stelle fahren … Genau, das ist es!« Julia stach mit dem Finger in die Luft. »*Ich* werde zu ihm gehen!«

Grace schüttelte den Kopf. »Nein, diesmal nicht. Sie müssen sich um Mary Kate kümmern. Das ist meine einzige Chance.«

»Aber warum?«

»Ich will nicht mit Ihnen darüber diskutieren, Julia, weil ich dann nämlich ganz gewiss verlieren werde. Aber ich habe meine Gründe. Die Sterbenden sind Gott sehr nahe; sie haben uns so manches zu erzählen.« Grace schwieg einen Moment und sprach dann mit gesenkter Stimme weiter. »Morgan starb mutterseelenallein. Niemand war bei ihm, um ihm zu danken oder ein tröstendes Wort zu sprechen. Wenn er heute hier wäre, würde er einen Weg finden, diesen Mann zu besuchen, der ihm mehr als einmal das Leben gerettet hat.« Entschlossen verschränkte sie die Arme. »Und daher werde ich nach London fahren. Ob nun mit oder ohne Ihre Hilfe.«

Julia stieß einen verzweifelten Seufzer aus. »Sie sind genau wie er, wissen Sie das? So unglaublich edel, dass mir ganz schlecht davon wird.«

Grace musste lächeln. »Dann kommen Sie also mit?«

»Na gut, meinetwegen.« Julia holte das kleine Notizbuch hervor, in dem sie ihre Adressenlisten führte. »Wo müssen wir denn genau hin?«

»St. Martin's Place Nummer 27«, sagte Grace. »Mollys Tanzlokal für Gentlemen.«

»Oh, mein Gott«, stöhnte Julia.

London war noch bedeutend geschäftiger als Liverpool, und obwohl Julia in Dublin durchaus in gehobenen Kreisen verkehrte, fühlte selbst sie sich beim Anblick der prachtvollen Kutschen, der Reiter in voller Montur und der Flaneure eingeschüchtert. Gentlemen in Nachmittagsgarderobe spazierten durch die Straßen und zogen den Hut vor elegant gekleideten Damen mit Volantröcken, taillierten Jacken unter warmen Wollumhängen und Hüten, die keck auf kunstvollen Frisuren thronten, die zu arrangieren sicher den ganzen Vormittag in Anspruch genommen hatte. Sie befanden sich in der Nähe des Hyde Parks, und trotz des eisigen Wetters lustwandelten zahlreiche Damen und Herren durch die Straßen, voller Vorfreude auf die üppige Teetafel, die sie bei ihrer Heimkehr erwartete. Julia runzelte die Stirn und versuchte, ihre eigene wilde Haartracht zu bändigen, die sie am Tag zuvor bei Kerzenlicht hastig hochgesteckt hatte.

»Unter all der Pracht haben sie die gleichen Sorgen und Nöte wie wir auch«, sagte Grace leise, als sie ihre Freundin beobachtete.

»Und dennoch bezweifle ich, dass auch sie Pläne schmieden, um sich heute Abend als Prostituierte ins Gefängnis einzuschmuggeln«, murmelte Julia.

Grace lachte. »Oh ja, da könnten Sie Recht haben.« Sie schlang einen Arm um Mary Kate und drückte sie kurz. »Also, was hältst du denn nun von diesem großartigen London, mein kleines Mädchen?«

Mary Kate hielt sich die Nase zu und verzog das Gesicht zu einer derartigen Grimasse, dass die beiden Frauen lachen mussten.

»Zu viele Kutschen und nicht genug Schaufeln.« Grace gab ihrer Tochter einen Kuss auf den Scheitel.

An die Gerüche und Ausdünstungen der Großstadt waren sie

alle drei nicht gewöhnt – der schweflige Geschmack des Kohlenstaubs in der Kehle; der stechende, erdige Geruch der Pferdeäpfel überall auf den Straßen; der faulige Gestank der Fleisch- und Fischabfälle in der Nähe von Marktständen; der strenge Geruch menschlicher Ausscheidungen aus den Hinterhofaborten. All das verpestete die Luft, wenn es warm war, und lief bei Regen als dunkle, trübe Brühe im Rinnstein zusammen, spritzte über die Gehwege und blieb an Kutschrädern, Schuhabsätzen und Mantelsäumen haften. Doch niemand schien davon Notiz zu nehmen oder sich daran zu stören; es gehörte hier nun einmal zum Alltag.

Nachdem sie schließlich die überfüllte Poststation erreicht hatten, stiegen sie aus der Kutsche, suchten ihr Gepäck zusammen und bahnten sich einen Weg durch die Menge zu den Droschken. Da Julia dem Kutscher als Fahrtziel nicht ein Haus von zweifelhaftem Ruf nennen wollte, gab sie ihm stattdessen eine Adresse, von der sie hoffte, dass sie sich in der Nähe ihres tatsächlichen Ziels befand. Der Mann warf ihnen einen erstaunten Blick zu, brachte sie aber unverzüglich dorthin. Einen Moment lang blieben sie in der Kutsche sitzen und sahen zu, wie elegant gekleidete Männer durch die Tür eines stattlichen Gebäudes traten, einander jovial zunickten oder kurz verweilten, um einem Freund oder Kollegen eine behandschuhte Hand auf die Schulter zu legen, ein paar höfliche Worte zu wechseln oder die neuesten Nachrichten auszutauschen. Plötzlich verstanden die beiden Frauen den Blick des Droschkenfahrers – St. Martin's Place Nummer 1 war die Adresse des *West End Gentlemen's Club*.

Sie bezahlten den Fahrer und warteten, bis er außer Sichtweite war. Dann gingen sie rasch die Straße hinunter, weg von dem Haus mit der Nummer Eins. Während sie an den langen Häuserblöcken vorübermarschierten, lichteten sich allmählich die Hecken hinter den schmiedeeisernen Zäunen, und auch deren Gitter zeigten immer häufiger Anzeichen dringend benötigter Reparaturen oder Farbanstriche. Die dahinter liegenden Vorgärten waren nicht länger in einem Stil angelegt, der den exquisiten Geschmack des Besitzers widerspiegelte, sondern wirkten zunehmend anonym – durchaus noch gepflegt, aber nicht mehr von der Hand eines Privatgärtners. Immer häufiger hingen schwere Vorhänge vor den Fenstern, was zum gesichtslosen Eindruck der Häuser beitrug, und die Gebäude selbst waren in mehrere Wohneinheiten unterteilt, wie man an den mehrstelligen Hausnummern unschwer erkennen konnte – 10A, 10B und sogar 10C. Langsam setzte die Dämmerung ein, und Schneeflocken ließen sich auf den Umhängen der drei Reisenden nieder.

Schließlich erreichten sie die angegebene Adresse. St. Martin's Place Nummer 27 war noch nicht unterteilt, zumindest nicht von außen. Allerdings hatte man die Fenster des Untergeschosses verhängt, und ein Eingang war nirgends zu entdecken. Die Nachbarschaft wirkte nun zweifellos höchst fragwürdig, und die Frauen näherten sich vorsichtig der Gasse, die Haus Nummer 26 von Nummer 27 trennte.

»Hier entlang«, sagte Julia und zeigte auf den schmalen, unbeleuchteten Durchgang, in dem es nach Müll und menschlichen Ausscheidungen stank.

Vorsichtig ging sie voran, bis sie eine blaue Tür mit einem kleinen schwarzen M darauf erreichten. Julia klopfte. Es dauerte länger als eine Minute, ehe das Guckloch geöffnet wurde und ein blutunterlaufenes Auge sie misstrauisch musterte.

»Wir werden erwartet«, sagte Julia rasch.

Das Guckloch wurde geschlossen, und die Tür, die mit einer Kette gesichert war, öffnete sich einen Spaltbreit.

»Wer sind Sie denn?«, brummte die große, grauhaarige Frau, die die Tür bewachte.

Julia zögerte. Nur Molly kannte ihre Namen. »Alte Freunde von Molly aus Liverpool«, sagte sie.

Drei Männer, deren Umrisse sich im Schein der Gaslaterne abzeichneten, verweilten einen Moment am Eingang der Gasse, nickten einander zu und kamen dann näher.

»Sie sehen nicht aus wie Freunde von Miss Molly.« Die Frau betrachtete sie argwöhnisch. »Womöglich sind Sie ja von der Kirche oder so.«

»Ha!« Julia lachte gezwungen. Die Männer hatten ihre Schritte beschleunigt. »Bei Gott, öffnen Sie endlich diese Tür oder Molly macht Sie einen Kopf kürzer!«

Das erzielte die gewünschte Wirkung. Die Tür fiel krachend ins Schloss, die Kette rasselte, und im nächsten Moment zwängten sie sich durch den schmalen Türspalt, begleitet von verärgerten Pfiffen aus der Gasse.

Grace atmete tief durch und ergriff Mary Kates Hand, unsicher, was sie im Inneren des Gebäudes erwartete. Der Eingangsbereich wurde von roten Laternen erleuchtet, und die Wände schmückten große Porträts liegender Frauen in mehr oder weniger bekleidetem Zustand. Zum ersten Mal dankte Grace dem Herrn dafür, dass Mary Kate so schüchtern war und den Blick fest auf den Boden geheftet hielt.

Die Türsteherin führte sie durch einen langen, mit dicken Teppichen ausgelegten Gang, der erhellt wurde von flackernden Kerzen hinter undurchsichtigen Wandschirmen. Auf beiden Seiten reihte sich Eichentür an Eichentür, durch die gedämpftes Geplänkel drang – das plötzliche Lachen und vergnügte Kreischen der Damen, die leisen, kommandierenden Stimmen der Männer. Grace hielt sich genau in der Mitte des Gangs und betete, dass niemand die Tür öffnete, während sie gerade vorbeigingen.

»Dieser Flur führt zu den Amüsierräumlichkeiten, wo sich die Gentlemen mit den Damen treffen«, erklärte ihre Begleiterin. »Und oben sind dann die Séparées für Kartenspiele und anderes.«

»Und anderes«, flüsterte Julia und stupste Grace in die Seite. Ungläubig sahen sie einander an – sie waren in einem von Londons berüchtigtsten Freudenhäusern gelandet.

»Und hier wohnt Miss Molly.« Die Frau pochte an eine vergoldete Tür, öffnete sie und überließ die Besucherinnen ihrem Schicksal.

»Endlich!« Eine gebieterisch wirkende Frau in einem eng anliegenden und tief ausgeschnittenen grünen Kleid segelte durch den Raum auf sie zu, um sie zu begrüßen. »Molly O'Brien. Wie schön, dass Sie wohlbehalten angekommen sind.«

»Julia Martin.«

»Willkommen. Und dann muss das hier unsere Mrs McDonagh sein.«

»Ja.« Grace streckte ihre Hand aus, die Molly mit beiden Händen ergriff. »Vielen Dank, dass Sie eingewilligt haben, bei diesem Arrangement mitzuwirken.«

»Es ist mir eine Ehre – eine Ehre in einem Beruf, der nur selten Gelegenheit zu ehrenhaftem Handeln bietet.« Molly beugte sich zu Mary Kate hinab. »Und wie wundervoll, solch eine junge Dame als Gast in meinem Haus begrüßen zu dürfen. Wie heißt du denn, mein Kind?«

»Mary Kate«, lautete die tapfere Antwort.

»Ich bin Miss Molly. Du hast sicher schrecklichen Hunger. Was hältst du davon, wenn wir uns an den Kamin setzen und eine Tasse Tee trinken? Magst du vielleicht etwas Gebäck mit Butter und Marmelade?«

Mary Kate nickte und ließ sich bereitwillig in den Salon führen, wo eine alte Frau mit schlohweißem Haar an einem reich gedeckten Tisch saß.

»Sie sind eingetroffen, Gran. Und diese junge Dame hier ist Miss Mary Kate.«

»Herzlich willkommen.« Die alte Frau nickte ihr höflich zu.

»Mary Kate, das ist meine Großmutter«, erklärte Molly. »Sie hat eine wundervolle Puppensammlung. Du interessierst dich nicht zufällig auch für Puppen? Ich weiß nämlich, dass sie sie dir gern einmal zeigen würde.«

Mary Kate nickte schüchtern und wandte sich dann an die alte Frau. »Ich habe auch eine Puppe«, sagte sie leise.

»Tatsächlich? Und wie heißt sie?«

»Blossom. Meine Gran hat sie gemacht.«

»Und ist deine Gran noch in Irland?«

Mary Kate schüttelte den Kopf. »Granna ist im Himmel.«

Die alte Frau nahm Mary Kates kleine Hand und rieb mit dem Daumen über die glatte Haut des Mädchens. »Nach dem Tee zeige ich dir meine Puppen, und dann musst du mich unbedingt deiner Blossom vorstellen.«

Nachdem sie das Gebäck und den heißen Tee mit Appetit verzehrt hatten, nahm die alte Frau Mary Kate an die Hand und führte sie hinaus, wobei das kleine Mädchen Grace über die Schulter ein verschüchtertes Lächeln zuwarf.

»Wir sind hier in einem abgetrennten Bereich«, sagte Molly rasch. »Gran verlässt niemals diese Räumlichkeiten.«

»Weiß sie denn …?«

»Aber natürlich.« Molly lachte. »Ohne sie könnte ich dieses Etablissement gar nicht führen. Sie kann ziemlich gut mit Zahlen umgehen. Zu Hause in Limerick hat sie viele Jahre lang das Kurzwarengeschäft meines Großvaters geführt.«

»Aber wie kommt sie damit … ich meine, ist sie … ist sie denn nicht bestürzt über all das hier?«, fragte Julia.

»Wir zwei haben mehr durchgemacht, als man in einem Leben durchmachen sollte. Um ehrlich zu sein: Wir finden es hier recht friedvoll.«

»Aber es ist doch ein recht hartes Brot, oder?«

»Also, es ist ja nicht so, als wenn ich von ihr erwarten würde, dass sie sich Nacht für Nacht ihren Lebensunterhalt verdient.« Molly lachte, aber ihre Augen blickten Julia ernst an. »Mache ich denn einen so harten Eindruck auf Sie?«

»Nein«, sagte Grace sanft. »Bitte verzeihen Sie, Mrs O'Brien. Wir hatten nicht die geringste Vorstellung, was uns hier erwarten würde; aber wir haben ganz gewiss nicht mit solch einem herzlichen Empfang durch eine reizende, redegewandte Dame gerechnet, die in so hübschen Räumen mit ihrer Großmutter lebt!«

»Es tut mir leid«, fügte Julia hinzu. »Wir sind Ihnen zu großem Dank verpflichtet, und da muss ich wieder wie üblich mit meinem großen Mundwerk ins Fettnäpfchen treten.«

»Keine schlechte Masche«, sagte Molly, ohne eine Miene zu verziehen. »Ist recht beliebt bei unseren Gästen, die gerade aus dem Fernen Osten zurückgekehrt sind. Damit könnten Sie hier ziemlich viel Geld verdienen.«

Julia starrte sie mit offenem Mund an, aber Molly hatte sich bereits an Grace gewandt.

»Eigentlich dürften Sie heute Abend auf keine großen Schwierigkeiten stoßen. Es wäre nicht das erste Mal, dass Lord Evans Besuch von einem meiner Mädchen bekommt.« Sie schwieg einen Moment. »Ändert das jetzt Ihre Meinung von ihm?«

»Nichts könnte meine Meinung ändern.«

»Ich nehme nicht an, dass auch nur die geringste Chance besteht, dass Sie ihn dort herausholen?«, fragte Molly mit leiser Hoffnung in der Stimme.

»Nein.« Grace seufzte. »Obwohl ich von ganzem Herzen wünschte, ich hätte einen solchen Plan.«

Molly nickte grimmig. »So geht es uns allen. Wir haben sogar darüber nachgedacht, ihn in ein Kleid zu stecken und hinauszuschmuggeln, aber die Wachen kontrollieren die Zellen, bevor sie die Mädchen wieder rauslassen. Und Lord Evans' Flucht würde für uns alle Gefängnis bedeuten.«

»So etwas Ähnliches hat Aislinn auch gesagt. Sie konnte mir nur die Möglichkeit aufzeigen, Lord Evans zu besuchen, aber nicht, ihn zu retten.«

»Aislinn hat es gut getroffen. Das freut mich für sie. Ihr Abstieg unterschied sich nicht sehr von meinem eigenen.« Molly stand auf und schenkte einen Rest Tee ein. »Wenn Sie zurückkommen, habe ich ein etwas stärkeres Getränk für Sie«, sagte sie. »Aber bis dahin wäre es besser, wenn Sie einen klaren Kopf behielten.«

Grace stimmte ihr zu, auch wenn ihr der Gedanke an eine kleine Stärkung sehr verlockend erschien.

»Wer sind die anderen, die Grace nachher begleiten?«, fragte Julia.

Molly zuckte die Schultern. »Alles Irinnen, zumindest die Gruppe heute Abend. Die üblichen Mädchen. Auf die eine oder andere Art vom Pech verfolgt.« Sie nippte an ihrem Tee. »Es sind auch ein oder zwei darunter, die freiwillig in dieses Gewerbe gewechselt sind, hauptsächlich wegen der damit verbundenen Freiheiten. Sie verdienen gutes Geld, amüsieren sich noch dabei und leben hier sicherer als auf der Straße. Wenn sie es geschickt anfangen und regelmäßig etwas beiseite legen, können sie sich nach einiger Zeit ›zur Ruhe setzen‹, wie wir sagen. Irgendwohin gehen, wo sie niemand kennt und ein Leben als ›Witwe‹ führen, die über ihre eigenen finanziellen Mittel verfügt. Ein paar der Mädchen werden später vielleicht auch heiraten – wobei manche sagen würden, dass auch das wieder Arbeit ist.« Sie zwinkerte Grace zu. »Wo wir gerade davon sprechen: Es wird Zeit, dass Sie sich ankleiden, Mrs McDonagh.« Sie erhob sich, durchquerte den Raum und rief den beiden über die Schulter zu: »Hier entlang, meine Damen. Die Nacht ist noch jung.«

Grace und Julia wechselten einen Blick, stellten dann ihre Teetassen ab und folgten ihrer Gastgeberin in Richtung der Räumlichkeiten, aus denen Gläserklirren und Gelächter drangen.

Eisiger Nieselregen riss Löcher in die dichte Wand aus Nebel und Rauch. Grace fröstelte, als sie aus der Droschke stieg, die auf der

Rückseite eines niedrigen Lagerhauses angehalten hatte. Die Tür stand einen Spaltbreit offen, und ein Mann mit einer Laterne gab ihnen Zeichen, sich zu beeilen. Grace verhüllte Kopf und Gesicht mit ihrem Umhängetuch und folgte den anderen Mädchen in das dunkle Lager, wo der Wächter jede der Frauen sorgfältig inspizierte, dabei seine Laterne hob und senkte und schließlich vor Grace stehen blieb.

»Die hier hab ich aber noch nie gesehn«, sagte er und trat einen Schritt näher.

Eines der Mädchen, genannt »die Rote«, hakte sich bei dem Wächter ein und drängte sich an ihn.

»Aber klar doch, Bill«, sagte sie neckisch. »Auf die eine oder andere Art hast du uns alle doch schon mal gesehen, oder?« Sie zwinkerte ihm kokett zu und küsste ihn auf den Hals.

»Ja, Bill, das ist Bridey, die Neue. War 'ne Weile ziemlich krank, ist jetzt aber wieder auf dem Damm, was, Süße?« Ein blasses, dunkelhaariges Mädchen in einem violetten Kleid stellte sich neben Grace und rieb sich die eiskalten Hände. »Und wenn wir noch länger in diesem zugigen Lager rumstehen, sind wir bald alle krank.«

»Es sei denn, du möchtest uns persönlich ein wenig aufwärmen«, sagte die Rote und drückte ihren üppigen Busen gegen Bills Brust.

Der Wächter brummte und schob sie weg, beunruhigt durch ihr kokettes Verhalten. »Vielleicht später«, meinte er schroff. »Zeit zum Gehn. Wir ham nich die ganze Nacht.«

Er führte die Frauen zwischen Holzkisten und Fässern hindurch ans andere Ende des Lagers. Dort öffnete er eine kleine Tür, hinter der ein paar Stufen zu einem Gang führten, der das Lager mit der Gefängnisküche verband.

Die Frauen folgten ihm im Gänsemarsch, hielten den Rocksaum mit ihren Händen hoch, und bahnten sich vorsichtig einen Weg um Pfützen und Dreckhaufen herum. In der riesigen Küche wurden sie von einem anderen Mann erwartet, der ein langes Fleischermesser in der Hand hielt. Bill reichte ihm die Laterne, deren Licht seine ehemals weiße, nun blutverschmierte Schürze erleuchtete.

Die Mädchen kannten die Prozedur bereits und nickten dem

Metzger zu, der sie jetzt ebenfalls von Kopf bis Fuß musterte und dann abzählte, wobei seine fetten Lippen sich stumm bewegten. Zufrieden gab er ihnen mit dem Messer zu verstehen, dass sie ihm folgen sollten.

Graces Herz raste, und sie fühlte sich wie nackt in dem dünnen roten Kleid, das ihren Hals, ihre Schultern und einen Großteil ihres Dekolletés unbedeckt ließ. Zwar hatte sie ein buntes Umhängetuch um die Schultern gelegt, doch der glatte Seidenstoff auf ihrer bloßen Haut erinnerte sie nur noch mehr daran, wie freizügig sie tatsächlich gekleidet war. Die anderen Mädchen hatten sich alle Mühe gegeben, sie entsprechend auszustatten und herzurichten: Ihr Haar war hochgesteckt, wobei ihr ein paar Strähnen in den Nacken fielen, ihre Wangen leuchteten rot in dem weiß gepuderten Gesicht, ihre Augen waren mit Kohlstift schwarz umrandet, und direkt über dem einen Mundwinkel saß ein Schönheitsfleck. Ihre Zähne schimmerten weiß zwischen den roten Lippen, und schwere Ohrringe hingen an ihren Ohrläppchen. Zum Schluss hatten die Mädchen sie mit einem betörenden Parfüm eingesprüht, das Grace bei jeder Bewegung wie eine Wolke umgab.

Der Metzger führte sie mehrere Stiegen hinauf und wieder hinunter, durch enge Gänge und zahllose schwere Holztüren, bis sie schließlich zu einem unterirdischen Raum gelangten, von dem etliche Zellen abgingen.

»Hier sind sie«, sagte der Metzger zu den Wächtern am Eingang, die schweigend nickten.

»Drei hier rein«, befahl einer von ihnen.

Als die ersten drei Frauen aus der Gruppe hervortraten, spürte Grace Panik in sich aufkeimen. War Lord Evans in dieser Zelle? Hatte sie ihre Chance verpasst? Ein Blick der Roten, die neben ihr stand, beruhigte sie jedoch.

Die Gruppe bewegte sich weiter und blieb noch zweimal stehen, um Mädchen abzuliefern, bevor die Rote Graces Hand ergriff, sie kurz drückte und sofort wieder losließ.

»Eine hier rein«, brüllte der Wächter.

Grace trat einen Schritt vor; ihr Herz pochte wild.

»Wach auf, Evans, du hast Besuch.« Der Wächter leckte sich die Unterlippe und ließ seine Hand langsam über Graces Hintern gleiten, bevor er sie in Richtung der Zelle schob, in der ein Mann sich mühsam an den Gitterstäben hochzog.

»Einen Schritt zurück«, befahl der Wächter und griff nach dem Schlüsselbund.

Schließlich fand er den passenden Schlüssel, öffnete die Tür, packte Grace am Arm und stieß sie grob in die Zelle. Krachend fiel die Tür hinter ihr zu, und der Schlüssel drehte sich im Schloss.

»Mach schnell.« Er lachte gehässig. »Falls du's überhaupt noch machen kannst.«

Dann entfernte er sich und ließ sie allein. Lediglich das Echo seiner mürrischen Stimme drang vom anderen Ende des Raumes herüber, wo die Wächter eine Flasche kreisen ließen.

Als Lichtquelle diente eine Fackel vor der Zelle, wenngleich Grace auch eine Kerze in einem Halter auf dem groben Holztisch entdeckte. Daneben lagen eine Feder und Papier. Das Gesicht des Mannes, der schweigend in der Mitte der Zelle stand, konnte sie jedoch nicht erkennen.

»Guten Abend.« Seine gedämpfte Stimme klang heiser, war aber unverkennbar. »Sehr aufmerksam von Ihnen, mir einen Besuch abzustatten, aber ich fürchte, ich werde heute Abend kein guter Gesellschafter sein.«

»Nicht doch, Lord Evans, waren Sie denn nicht immer ein guter Gesellschafter?«

Er schwieg einen Moment und beugte sich dann leicht vor, den Kopf zur Seite geneigt. »Kenne ich Sie etwa?«

Grace trat einen Schritt auf ihn zu und berührte ihn am Arm. »Wenn Sie mich ansehen, werden Sie mich wahrscheinlich nicht erkennen«, flüsterte sie. »Aber vor nicht allzu langer Zeit waren Sie in einer frühen Morgenstunde als Trauzeuge bei meiner Hochzeit zugegen.«

Er beugte sich noch weiter vor und blickte ihr forschend ins Gesicht. »Gütiger Gott, Grace!«, stieß er plötzlich überrascht hervor und schloss sie in die Arme. Dann betrachtete er sie erneut, lachte und schüttelte den Kopf. »Ich kann es kaum fassen! Träume ich etwa? Oder bin ich bereits tot?«

»Wenn Sie gestorben wären, dann müsste ja auch ich tot sein, und ich muss schon sagen …« – sie ließ ihren Blick durch die dunkle Zelle schweifen –, »der Himmel ist doch ein wenig enttäuschend, oder etwa nicht?«

Er nickte nur verwundert und berührte ihr Gesicht. Als er den schmierigen Puder fühlte und das billige Parfüm roch, wurde ihm plötzlich bewusst, was diese Aufmachung zu bedeuten hatte, und er sah sie besorgt an.

»Was ist passiert, Grace?«

»Es war die einzige Möglichkeit, hier hineinzukommen, verstehen Sie?«

»Nein, nicht ganz. Aber ich freue mich sehr, dass Sie da sind.« Er nahm ihre Hand und führte sie zu einem Schemel. »Bitte nehmen Sie Platz.« Nachdem sie sich gesetzt hatte, ließ er sich vorsichtig auf einem Haufen Stroh nieder, der ihm als Bett diente. »Es tut mir leid, dass ich Sie nicht anständig bewirten kann. Ich weiß noch, wie hübsch Sie aussahen, als wir uns das erste Mal begegneten – so wunderschön im Kerzenlicht, inmitten all der Eleganz, bei erlesenen Speisen und Getränken. Und wie leidenschaftlich Sie McDonaghs guten Ruf verteidigt haben, trotz Donnellys finsterer Miene. Daran erinnere ich mich immer wieder gern.«

»Wir haben auch jetzt ein wenig Kerzenschein. Und sogar etwas zu essen und zu trinken.« Grace griff unter ihren Rock, um das dort versteckte flache Bündel hervorzuholen. »Brot, Käse, Wurst und ein kleines Fläschchen irischen Whiskey von Mrs O'Brien höchstpersönlich.«

»Die Lage muss wahrlich hoffnungslos sein, wenn Molly mir schon Essen und Trinken schickt, ohne eine Rechnung beizulegen. Von Ihnen ganz zu schweigen.« Er streckte die Hand nach dem Fläschchen aus, öffnete es und reichte es Grace. »Nach Ihnen.«

Grace schüttelte den Kopf. »Ich bin ohnehin schon ziemlich nervös, hier an diesem Ort«, gestand sie. »Dabei sollte ich besser einen klaren Kopf behalten, oder?«

»Trinken Sie mit mir, Grace«, flehte er, und in seiner Stimme lag der ganze brennende Schmerz seiner Einsamkeit.

Grace zögerte nicht länger, nahm das Fläschchen entgegen und prostete ihm zu. »Auf Sie, Lord Evans«, sagte sie und trank einen Schluck.

»Ich ziehe ›Captain‹ vor«, sagte er, als sie ihm die kleine Flasche zurückgab. »Das ist der einzige Titel, den ich mir je verdient habe. Auf Sie, meine Liebe.« Er nahm einen langen Zug und dann noch einen.

Der Whiskey wärmte sie beide, und da ihre Augen sich inzwischen an das Dämmerlicht gewöhnt hatten, musterten sie einander genauer.

»Sie sind nicht etwa gekommen, um mich hier herauszuholen, oder?«, fragte er und versuchte, es wie einen Scherz klingen zu lassen.

»Sagen Sie mir, wie, Captain, und ich werde es sofort in die Tat umsetzen«, erwiderte sie mit ernster Stimme.

»Das Problem ist, dass mir nicht mehr viel Zeit bleibt.« Er hustete, und auf dem Taschentuch vor seinem Mund bildete sich ein dunkler Fleck.

»Solange Sie auch nur einen Funken Leben in sich haben, ist noch genügend Zeit. Alles ist möglich, Captain. Sogar ein Wunder.«

»Es braucht schon ein Wunder, um mich hier rauszuholen«, sagte er. »Und ich fürchte, ich habe schon mehr Wunder verbraucht als mir zustehen.«

»Husten Sie etwa Blut?«

Er nickte und knüllte das Tuch in der Hand zusammen. »Für mich wäre es schon ein Wunder, wenn es rasch vorbei wäre, Grace.«

»Nicht doch, Captain, bitte sagen Sie so etwas nicht.«

Er beugte sich vor und nahm ihre Hand. »Ich fürchte mich nicht vor dem Tod. Der Herr erwartet mich bereits und auch die einzige Frau, die ich je geliebt habe. Das Leben hat mich oft mehr erschreckt als der Gedanke an den Tod.« Er lächelte schief. »Ich bedaure nur, dass ich es nicht miterleben werde, wenn Sie und Morgan die Grüne Insel regieren und eine ganze Horde von Kindern sich vor Ihrer Hütte tummelt.«

Graces Augen füllten sich mit Tränen, und sie hoffte, dass er sie in der Dunkelheit nicht sehen konnte.

»Wie geht es ihm denn, dem alten Halunken?« Evans nahm einen weiteren Schluck aus dem Fläschchen. »Und welcher Teufel hat ihn geritten, Sie in diesem Aufzug in die Höhle des Löwen zu schicken?«

Grace biss sich auf die Lippe.

Der Captain ließ die Hand in den Schoß sinken und schwieg einen Moment, der Grace wie eine Ewigkeit erschien. »Er ist tot, stimmt's?«, sagte er schließlich.

»Ja.« Grace schluckte heftig.

Evans schleuderte die kleine Flasche gegen die kalte Mauer, wo sie zersprang und eine Spur von Whiskeytränen auf dem grauen Stein hinterließ.

»Zur Hölle mit ihnen!«, fauchte er. »Zur Hölle mit ihnen allen samt ihren Kindern und Kindeskindern. Und wofür? Wofür das Ganze?« Er versuchte aufzustehen, aber dann musste er wieder husten und sank in sich zusammen.

Grace half ihm, sich aufrecht hinzusetzen, reichte ihm das blutige Taschentuch und wischte ihm mit ihrem Schultertuch den Schweiß von der Stirn.

»Das Fieber hat ihn dahingerafft; das können Sie auch gleich zur Hölle wünschen, wo Sie schon mal dabei sind.« Sie schwieg einen Moment und fuhr dann fort: »Er war im Gefängnis, in Dublin, angeklagt wegen Hochverrats. Er wusste, dass er sterben würde und hat einen Brief an mich hinausschmuggeln lassen. Als ich den Brief erhielt, war er bereits von uns gegangen.«

»Oh, Grace.« Evans legte eine Hand auf die ihre.

»Einen Tag später habe ich ihm einen Sohn geboren.«

»Einen Sohn.« Er schüttelte den Kopf und versuchte, das Ganze zu begreifen. »Sind Sie sicher, dass er wirklich tot ist?«, fragte er plötzlich. »Die Gerüchte – es gibt so viele Gerüchte … «

Sie legte einen Finger auf seine Lippen, damit er nicht weitersprach, griff dann in ihr Kleid und zog einen kleinen Musselinbeutel hervor, der zwischen ihren Brüsten verborgen gewesen war. Sie öffnete den Beutel und schüttete den Inhalt auf ihren Schoß: Morgans Ohrringe und sein Ehering. »Ja, ich bin mir sicher«, sagte sie und reichte Evans den Ring.

Er nahm ihn, erkannte ihn als seinen eigenen, schloss die Finger darum und presste seine Hand an die Brust. »McDonagh war der feinste Mensch, den ich je kennen gelernt habe«, sagte er leise. »Ich habe ihn geliebt wie einen Bruder.«

»Ja, Captain, und er empfand das Gleiche für Sie. Ich wollte, dass Sie das wissen und dass Sie von mir erfahren, was geschehen ist.«

»Ich danke Ihnen.« Evans schwieg und reichte Grace dann den Ring zurück. »Ich möchte, dass Sie ihn behalten, Grace. Geben Sie ihn Ihrem Sohn, wenn er erwachsen ist. Und erzählen Sie ihm die Geschichte Ihrer heimlichen Heirat, die Geschichte seines Vaters. Er kann stolz sein auf den Namen McDonagh.«

»Und er wird auch von Ihnen erfahren, Captain. Meine Kinder und deren Kinder und Kindeskinder – sie alle werden Ihren Namen kennen.« Sie nahm seine Hand in ihre, und er küsste ihre Hand behutsam und drückte sie einen kurzen Moment an seine Wange.

»Was wird nun mit Ihnen geschehen?«, fragte er.

»Man hat mir gesagt, ich solle zu meinem Bruder Sean gehen, nach Amerika.« Sie versuchte, die Angst in ihrer Stimme zu unterdrücken.

»Wer ist ›man‹?«

»Smith O'Brien, Meagher, Mitchel – die Stimmen von *Young Ireland*. Julia Martin hat mich nach Liverpool gebracht ... aber die Abfahrt des Schiffs hat sich verzögert. Außerdem habe ich herausgefunden, wo Sie sich aufhalten. Und wie könnte ich England verlassen, ohne Sie ein letztes Mal zu sehen, ohne Ihnen Lebewohl zu sagen?«

»Es ist verrückt.« Er schüttelte den Kopf. »Vollkommen verrückt. Wie in Gottes Namen sind Sie nur auf diese Idee gekommen?«

»Ach, wissen Sie«, erwiderte sie kokett, »ich habe eine ganze Reihe Freunde von zweifelhaftem Ruf.«

»Ja, schon, aber ... auch Huren?«

»Ach, das ist eine lange Geschichte.«

»Und uns bleibt keine Zeit mehr für lange Geschichten.« Er seufzte. »Sagen Sie mir, wann werden Sie losfahren?«

»In zwei, drei Tagen. Heute Nacht noch kehre ich nach Liverpool zurück.«

»Und was ist mit dem Jungen – und hatten Sie nicht auch eine Tochter?«

»Mary Kate ist hier bei mir, aber den Jungen habe ich zusammen mit meinem Vater bei Barbara im Kloster zurückgelassen. Sie kommen nach, sobald der Kleine kräftig genug ist.«

»Das war gewiss hart.«

Sie nickte und kämpfte gegen einen Ansturm von Gefühlen an.

»Fürchten Sie sich nicht davor, harte Entscheidungen zu treffen, Grace, wenn diese Entscheidungen notwendig sind, um Ihnen das Leben zu retten, Ihnen und Ihren Kindern. Morgan hätte es genauso gemacht.« Evans schwieg und fuhr nach einer Weile fort: »So würde ich es jedenfalls machen, wenn ich noch eine Wahl hätte.«

Sie hob den Blick und sah ihm direkt in die Augen. »Sie haben Recht, und ich schäme mich, dass ich hier vor Ihnen sitze und mich selbst bemitleide.«

»Das hoffe ich aber nicht.« Er drückte ihre Hände. »Es bedeutet mir unendlich viel, dass Sie mich heute Abend hier besucht haben. Für mich ist es wie ein letztes Wunder.«

»Gibt es irgendetwas, das ich für Sie tun kann, Captain? Irgendetwas, egal, was?«

»Sie könnten mich bei meinem Vornamen nennen.« Er lächelte müde. »Es ist schon so lange her, dass mich jemand mit meinem richtigen Namen angesprochen hat.«

Sie nickte und wollte gerade etwas sagen, als sie das entfernte Rasseln von Schlüsseln hörte und schwere Schritte sich näherten.

»Es ist Zeit.« Evans erhob sich und zog sie auf die Füße. Dann nahm er eine ihrer Haarsträhnen, die sich gelöst hatte, und schob sie zurück an ihren Platz. »Wir müssen einander nun Lebewohl sagen. Nicht in Gegenwart … der anderen.«

Sie schlang die Arme um ihn und flüsterte ihm ins Ohr: »Irland wird dich niemals vergessen, David. Und ich auch nicht. Gehe nun mit Gott.«

Er schloss die Augen und legte sein Gesicht an ihres, während die Schritte vor der Zelle verharrten und der Wächter nach dem Schlüssel suchte.

»Alles erledigt?« Er lachte und öffnete die Tür. »Raus mit dir.«

»Leb wohl.« Grace hielt Evans fest umklammert, unfähig, sich von ihm zu lösen.

»Das reicht jetzt«, murrte der Wächter. »Raus, hab ich gesagt.«

»Hab keine Angst«, flüsterte Evans und küsste Grace auf die Wange.

»Du auch nicht«, erwiderte sie und fand schließlich die Kraft, die Zelle zu verlassen, auch wenn es ihr das Herz zerriss.

Der Wächter schloss hinter ihr ab und wollte sie in Richtung Ausgang drängen, doch sie schob ihn zur Seite und drehte sich noch einmal zu Evans um, der jenseits des Zellengitters stand.

»Schau zu mir hinunter«, rief sie, »wenn du dort ankommst.«

Er zögerte einen winzigen Moment und hob dann die Hand, um ihr zu zeigen, dass er verstanden hatte. »Das werden wir«, gelobte er feierlich.

5

Manche behaupteten, auf hoher See sei der Mensch Gott näher. Doch Kapitän Reinders konnte sich nicht erinnern, den Herrgott dort je erblickt zu haben, weder an Deck der *Eliza J.* noch im Achterschiff, wo er gerade in seiner Kajüte saß. Ein Gott, der in der Lage war, ein ganzes Universum zu erschaffen, hätte dies niemals der Gnade einer solch zufälligen und chaotischen Kraft wie der Natur überlassen. Gegenüber wohlmeinenden Freunden mit dem immer währenden Heilsglitzern im Blick gab Reinders zwar vor, an ein Leben in einer anderen Welt als dieser zu glauben, doch tief in seinem Inneren war er davon überzeugt, dass es nur ein Leben gab und nur eine Welt, in der dieses Leben gelebt werden konnte. Seine Religion war die Lehre von der Bezwingung des Chaos, die Lehre vom Unterschied zwischen denjenigen, die einem geheimnisvollen Universum ausgeliefert waren, und denjenigen, die diese Rätsel zu entwirren versuchten. Wenn Kapitän Reinders überhaupt an einen Gott glaubte, dann war es der Gott der Logik. Und der Segen, den ihm dieser Gott schenkte, bestand in der Fähigkeit, ohne Gefühle logisch zu denken.

Der Einsatz von Logik und Vernunft hatte ihn ein Leben auf hoher See überhaupt erst in Betracht ziehen lassen. Zufrieden sah er sich in der ordentlich aufgeräumten Kajüte um, spürte das vertraute Schwanken des Schiffs unter seinen Füßen und dachte daran, wie anders sein Leben hätte verlaufen können – für ihn als jüngsten Sohn eines verbitterten, unglücklichen Farmers, der den Launen der Natur ausgeliefert war, welche sich ihm als Gottes

Wille offenbarten. Es war nun fünfzehn Jahre her, dass Peter Reinders seiner Heimat im Norden des Staates New York den Rücken gekehrt hatte. Allerdings schrieb er seiner Mutter pflichtbewusst jedes Jahr zu Weihnachten und erhielt jedes Jahr einen Brief von ihr, in deutscher Sprache und mit der ihm so vertrauten Handschrift verfasst. Der Brief erreichte ihn stets in der Woche vor Weihnachten, und auch dieses Jahr würde er im stattlichen Haus seines Geschäftspartners Lars Darmstadt, in dem er eine eigene Wohnung besaß, wieder auf ihn warten. Lars' reizende Frau Detra würde ihn wie immer auf die Kommode in seinem Schlafzimmer legen, damit er ihn sofort fand.

Beim Gedanken daran rieb Reinders sich die Schläfen. Der Brief würde ihn an die Tatsache erinnern, dass sein Vater inzwischen verstorben war und all seine Schwestern geheiratet und das Haus verlassen hatten. Lediglich die beiden älteren Brüder lebten noch auf der Farm. Aber Hans litt an den Folgen eines schlimmen Sturzes, den er vor Jahren erlitten hatte, und war oft bettlägerig, und Josef arbeitete zwar hart, konnte aber auf den Feldern und bei der Schweinezucht keine größeren Erträge erwirtschaften als sein Vater. Zusammen mit seiner Frau und seinen fünf Kindern wohnte er in einer eigenen kleinen Hütte und mühte sich unablässig, alle hungrigen Mäuler zu stopfen. Peters Mutter hatte ihren Jüngsten nicht ein einziges Mal gebeten, nach Hause zu kommen, doch zwischen den Zeilen konnte er diese Bitte deutlich herauslesen. Er wusste, wie sehr sie zu kämpfen hatten, was ihm wiederum schwer zu schaffen machte, aber er gestattete es sich nicht, sich von seinen Gefühlen mitreißen zu lassen. Nach Hause zurückzukehren, wäre unvernünftig gewesen: Er war kein Bauer, er war Seemann, Miteigentümer eines der prachtvollsten Schiffe, das er je gesegelt hatte, ein angesehener Kapitän, der genügend Geld verdiente, um seine eigenen Bedürfnisse zu decken und einmal im Jahr einen ansehnlichen Scheck nach Hause zu schicken. Mit diesem Geld konnte seine Familie dringend benötigte Medikamente, Werkzeuge, Geräte und Reparaturen bezahlen. Und es brachte sie durch wirtschaftlich schwere Zeiten, wenn der Markt nicht viel hergab. Es war sein Geld, das sie brauchten, und nicht seine Arbeitskraft als Farmer. Er seufzte und schüttelte den Kopf.

»Mein lieber Junge« – so nannte ihn seine Mutter immer noch in ihren Briefen, obwohl er längst ein erwachsener Mann von dreißig Jahren war, groß und schlank, mit dem wettergegerbten Gesicht eines Seemanns und den zusammengekniffenen Augen, die ständig gegen Sonne, Wind oder Regen anblinzeln mussten. Sein einst braunes, dichtes Haar hatte inzwischen die Farbe von Stroh angenommen und war matt von der Gischt. An Land zähmte er es durch die großzügige Verwendung von Haaröl, genau wie er dann auch darauf achtete, sich täglich zu rasieren. Doch auf hoher See bevorzugte er einen Vollbart, der ihn bei schlechtem Wetter wärmte und seinen Befehlen grimmige Entschlossenheit verlieh. Reinders strich sich mit der Hand übers Kinn und spürte die Stoppeln; er hatte sich vorgenommen, sich während des Aufenthalts im Liverpooler Hafen nicht zu rasieren. Als er aufstand und sich reckte, war er erleichtert, dass er nicht gebückt ging wie ein Bauer auf dem Feld, sondern gerade und aufrecht dastand, unerschütterlich und sicher wie jeder sturmerprobte Kapitän. Seine Mutter hätte den Jungen, der vor so langer Zeit von zu Hause weggelaufen war, nicht wiedererkannt.

Als sein Vater wieder einmal einen seiner berüchtigten Wutanfälle bekam, hatte sie schweigend Peters Rucksack gepackt, die beiden Kampfhähne getrennt, den alten Mann ins Haus zurückgeführt und noch einmal einen kurzen Blick über die Schulter geworfen in Richtung ihres Jüngsten, der wütend und verwirrt mitten auf der Straße stand. Sie hatte ihm ein letztes Lächeln geschenkt und aufmunternd zugenickt – die Erlaubnis zu gehen. In dem Brief, den sie ihm in den Rucksack gesteckt hatte, stand, sie wisse, dass sein Vater ein strenger Mann sei. Ein strenger Mann, der ihn, Peter, härter angefasst habe, weil er anders sei als die anderen, weil er sich nicht für die Schweine interessiere und weder das Land bestellen noch das damit verbundene Leben führen wolle. Aber sie liebe ihren Ehemann und werde ihn immer lieben, hatte sie weiter geschrieben. Doch natürlich liebe sie auch ihren Sohn, und deshalb ermahne sie ihn, seine Pflicht gegenüber Gott nie zu vergessen. Reinders runzelte die Stirn; er wollte sich nicht an einen Vater erinnern, der ihm diese Pflicht gewaltsam eingetrichtert hatte. In der Faust dieses alten Mannes war Gott eine Waffe gewesen.

Doch all das lag längst hinter ihm, ermahnte Reinders sich. Jetzt war er frei und bestimmte seinen Kurs selbst. Als er damals hörte, das Schiff des legendären norwegischen Kapitäns Erik Bø liege im Hafen, hatte er sich den Weg an Bord erbettelt und im Laufe der Zeit, unter dem gestrengen Blick des Kapitäns, eine natürliche Begabung für die Seefahrt bewiesen. Vom Schiffsjungen war er zum Leichtmatrosen aufgestiegen, danach zum Vollmatrosen, zum Zweiten Offizier, zum Ersten Offizier und schließlich zum Kapitän. Aus dieser Position heraus hatte er seine Geschäftsbeziehungen zu Lars Darmstadt aufgenommen, die dann in eine Partnerschaft mündeten: Gemeinsam unterhielten und betrieben sie die *Eliza J.* In dieses Postschiff hatte Reinders jeden Cent gesteckt, den er besaß – und er hatte eine Menge angespart, da er von seinen nicht unbeträchtlichen Gewinnen aus dem Transportgeschäft weder ein Haus am East River gekauft hatte noch elegante Kleidung. Er kannte jeden einzelnen Zentimeter der *Eliza J.*, vom Bug bis zum Heck, jede Kerbe in den Masten, jede Rille im Deck. Er kannte sie besser als seinen eigenen Körper; sie war seine Seele, und wenn sie sich emporschwang, dann tat er es ihr gleich. Aber beim letzten Sturm hatte sie einen furchtbaren Schlag einstecken müssen, und zum x-ten Mal wünschte er sich sehnsüchtig, sie lägen bereits sicher und wohlbehalten im Heimathafen.

»Mist«, murmelte er und fuhr sich mit den Fingern durchs Haar. Es waren dreitausend Meilen über den Atlantik bis nach Amerika. Dreitausend Meilen mit kurzen Tagen und langen Nächten, mit tosenden Stürmen, eisigem Schneegestöber und gewaltigen Meereswogen – wenn ihnen Fortuna zulächelte; und mit frostklirrendem Nebel und endlosen Flauten, wenn ihnen das Glück nicht hold war. Möglicherweise schafften sie die Überfahrt in gerade einmal achtundzwanzig Tagen, je nach Wetter konnte sie aber auch sechzig Tage dauern. Das würde bedeuten, dass ihnen unterwegs Proviant und Wasser ausgingen – was häufiger geschah, als die meisten Seeleute zugeben wollten. Im dichten Nebel, wenn Sextant und Chronometer keine Hilfe boten und eine astronomische Navigation unmöglich war, gingen regelmäßig Schiffe verloren. Oder sie wurden von schrecklichen Stürmen mitgerissen und Hunderte von Meilen vom Kurs abgetrieben. Andere büßten einen Mast ein und damit die Kraft des Großsegels oder stießen mitten in der Nacht mit einem Eisberg zusammen und versanken innerhalb weniger Minuten im schwarzen, eisigen Wasser, ihr Schicksal für immer ungewiss. Jede Ozeanüberquerung war mit Risiken verbunden, doch die Überfahrten im Winter bargen die größten Gefahren.

Reinders erhob sich und schritt in seiner kleinen Kajüte auf und ab. Er mochte die Unwägbarkeiten auf hoher See nicht. Er mochte weder Atlantiküberquerungen im Winter noch die blühenden Geschäfte mit dem Transport von Einwanderern und Nutzholz, wie er sie im Liverpooler Hafen beobachtet hatte. Doch am allerwenigsten gefiel ihm der Gedanke, hier überwintern zu müssen, in diesem ehemaligen Sklavenhändlerhafen mit all dem Elend und der Verzweiflung am Rande einer wohlhabenden Stadt. Er sehnte sich danach, nach Hause zurückzukehren, sehnte sich nach dem Optimismus der Bewohner von Boston und New York, nach dem hektischen Treiben auf den Kais, nach der Freiheit und der Unabhängigkeit. Er dachte an Lily, die am Hafen Fisch verkaufte und auf eine Nachricht von ihm wartete. Sie fragte sich bestimmt, was mit ihm geschehen war – wo er blieb und warum er nicht mit genügend Geld nach Hause zurückgekehrt war, um sein Versprechen einzuhalten. Sicher machte sie sich Sorgen, dass er nicht mehr rechtzeitig kam, dass es vielleicht schon zu spät war. Ihn selbst schmerzte jede verlorene Minute, jeder Tag, den er länger in diesem Hafen festsaß, aber für sie musste es die reinste Qual sein.

Ihm waren jedoch die Hände gebunden; er hatte keine andere Wahl. Müde drückte er die Stirn gegen die Scheibe und erinnerte sich an seine Verzweiflung, als die *Eliza J.* sich nach dem schweren Sturm mühsam in den Hafen schleppte. Zwar zählte sie auch unter normalen Umständen nicht zu den schnellsten Seglern – Postschiffe waren nicht für hohe Geschwindigkeiten gebaut –, aber ihre drei Masten waren so konstruiert, dass sie dem enormen Druck der Rah- und Marssegel auch bei schwerem Wetter standhalten konnten. Und ihre Besatzung war handverlesen, fünfundzwanzig Männer, ausgewählt aus den besten aller nordamerikanischen Seeleute. Sie hatten schon viele Stürme überstanden, allerdings noch nie einen solch unerbittlichen Orkan, noch nie einen, der so viele Leben gefordert hatte.

Gegen Mitternacht hatte Reinders den Befehl »Alle Mann an Deck« erteilt. Zwei Rudergänger hielten das Steuerrad gegen den Druck der vier Meter hohen Wellen, die gegen das Achterschiff schlugen und die Männer über Bord zu spülen drohten. Mister Cobbs, sein Zweiter Offizier, nahm sechs Männer mit hinauf in die Wanten, hoch zu den schwankenden Rahen, wo sie auf den rutschigen Tauen hinauskrochen und verzweifelt versuchten, die Segel zu reffen, während das Schiff unablässig auf und ab stampfte. Der kleine John, Schiffsjunge auf der *Eliza J.*, war ihnen wie immer furchtlos gefolgt. Als das Segel plötzlich von einer besonders heftigen Sturmbö erwischt wurde, hatte es sich wie ein Ballon aufgebläht, Rahe und Marsstenge waren zersplittert und die Männer in die schwarze, kochende See gestürzt.

Es hatte nicht die geringste Möglichkeit gegeben, sie zu retten. Entgegen seinem ausdrücklichen Befehl hatten sie sich nicht angeseilt, da sie wussten, dass es in einem so gnadenlosen Sturm auf jede Minute ankam. Hilflos hatte er zusehen müssen, wie die Rah und die Männer über Bord gingen, wie die Marsstenge brach und in den Untermast rauschte und wie dieser mit einem fürchterlichen Krachen abknickte. Vor seinen Augen hatte der Wind die Segel zu nutzlosen Lappen zerfetzt, und zwei weitere Männer wurden von Bord gerissen, als das schwere Tuch über das Deck peitschte. Die Reling war an drei Stellen zerschlagen, und im Vordeck klaffte ein tiefes Loch. Reinders und der Rest der Besatzung hatten weitergekämpft, bis der Sturm sich in den Morgenstunden allmählich legte und die See ruhiger wurde. Erschöpft und bestürzt hatten sie später den Appell verfolgt, bei dem die Liste der Vermissten immer länger wurde. Cobbs war drei Jahre mit Reinders gesegelt, trotz diverser Angebote, als Erster Offizier auf anderen Schiffen anzuheuern, und der kleine John war der heimliche Liebling der ganzen Mannschaft gewesen, immer lebhaft und unermüdlich bei der Arbeit.

Reinders hatte sich nicht gestattet, sich der Trauer hinzugeben – Trauer lähmte nur und machte schwach –, doch er verspürte ein tiefes Bedauern und ein schmerzliches Gefühl des Verlustes. Er übernahm die volle Verantwortung für den Tod der Männer, aber er konnte es sich nicht erlauben zu verzagen, wenn noch so viel Arbeit zu erledigen war.

Nach der Ankunft in Liverpool hatte sich die verbliebene Besatzung in die Arme der Prostituierten und Gastwirte geflüchtet, die entlang der Kais auf sie warteten. Doch obwohl Seeleute im Allgemeinen recht abergläubisch waren – selbst die harten Männer aus Neuengland, in deren Adern Seewasser statt Blut floss, bildeten dabei keine Ausnahme –, würden die meisten von ihnen wieder an Bord zurückkehren, trotz der schwarzen Wolke der Verdammnis, die dem Schiff in den Hafen gefolgt war. Und diejenigen, die nicht zurückkehrten, würden keine Schwierigkeiten haben, auf anderen Schiffen anzuheuern. Seine Besatzung zählte zu den besten, und sobald seine Männer einen Fuß an Land setzten, wurden sie von Schleppern empfangen, die potenzielle Überläufer mit falschen Versprechungen abzuwerben versuchten.

Cole Mackley, sein Erster Offizier, verurteilte diese Praxis und spuckte dem ersten Schlepper, der sich ihm näherte, ins Gesicht. Er blieb jede Nacht an Bord und hielt sich auch tagsüber dem Kapitän zur Verfügung. Obwohl Reinders dieses Maß an Loyalität von seinem Stellvertreter durchaus erwarten konnte, war er insgeheim doch sehr erleichtert. Mackley fuhr von Anfang an mit ihm, und Reinders vertraute auf sein hervorragendes seemännisches Geschick und seinen zuverlässigen Rat. Mackley hatte auch Tom Dean als neuen Zweiten Offizier vorgeschlagen; Dean war Vollmatrose, hatte einen guten Ruf und während des Orkans großen Mut bewiesen. Genau wie Mackley war er ein ehrlicher Mann mit unbeirrbarem Pflichtgefühl, und Reinders wusste instinktiv, dass er ihm vertrauen konnte. Beide Männer genossen beim Rest der Besatzung hohes Ansehen; sie würden in der Lage sein, die Mannschaft zu führen und die Reise fortzusetzen, sollte ihrem Kapitän einmal irgendetwas zustoßen.

Doch diese Überfahrt würde wegen der Passagiere ohnehin anders verlaufen als sonst. Reinders war gezwungen gewesen, sich auf ein Abkommen mit der Liverpool Trading Company einzulassen, um die Reparatur des Schiffes zu ermöglichen: Die Handelsgesellschaft hatte ihm die Finanzierung der Material- und Arbeitskosten zugesichert, und als Gegenleistung musste er Passagiere nach New York transportieren. Natürlich waren sich die Direktoren darüber im Klaren, dass es sich bei der *Eliza J.* um kein luxuriöses Schiff handelte, wenngleich der zahlungskräftigen

Klientel durchaus ein paar kleine Einzelkajüten auf dem Oberdeck zur Verfügung standen. Doch die meisten Passagiere würden im Zwischendeck untergebracht werden müssen. Daher hatten seine Männer dort zusätzliche Kojen eingebaut, sodass nun immer drei statt wie bisher zwei übereinander lagen und die Schlafstätten zudem wesentlich dichter standen, als es Reinders lieb war. Doch er hatte sich den Wünschen seiner Geldgeber beugen müssen.

Besondere Sorge bereitete ihm die ausreichende Luftzufuhr in diesem Bereich, und er war fest entschlossen, bei schönem Wetter möglichst viele Passagiere möglichst oft an Deck zu lassen, wo sie auch kochen sollten. Er hatte sogar eine kleine Zeltkonstruktion errichten lassen, in der sie ihre Notdurft über einem Loch verrichten konnten, das mit Seewasser gespült wurde. Die Standardausstattung sah einen Abort auf dem Wetterdeck im Bug des Schiffes vor, der von Frauen aber nicht gerne benutzt wurde – was die Seeleute wiederum ausgesprochen amüsant fanden, da sie selbst unbekümmert die Hosen fallen ließen und keinen Gedanken an Sittsamkeit oder Bequemlichkeit verschwendeten. Das sei auch der Grund, so hatte man ihm erzählt, warum Frauen und Kinder die Abgeschiedenheit des Orlopdecks unter dem Zwischendeck bevorzugten, trotz des Gestanks, der sich innerhalb weniger Tage unweigerlich ausbreitete. Andere erleichterten sich heimlich in Eimer, die sie dann an Deck brachten und über die Reling entleerten. Aber nur allzu häufig wurde auf dem Weg nach oben etwas verschüttet oder der Eimer nicht sorgfältig gereinigt, was in Verbindung mit der Luftfeuchtigkeit und der schlechten Belüftung zur Verbreitung von Typhus und Cholera beitrug. Reinders war fest entschlossen, dies zu verhindern. Er wusste alles über die so genannten schwimmenden Särge, Schiffe, die mit mehr Toten als Lebenden an Bord nach Kanada segelten. Auf keinem Schiff, das seiner Verantwortung unterstand, würde es jemals dazu kommen.

Trotzdem sah er der Überfahrt mit größter Sorge entgegen. Die Handelsgesellschaft hatte das Schiff überbucht und an doppelt so viele Passagiere Fahrscheine verkauft, wie er erwartet hatte. Eine übliche Praxis, wurde ihm versichert, die allein der Absicherung der Investitionen diene. Schließlich gehe nicht jeder, der eine Überfahrt gebucht habe, auch tatsächlich an Bord. Doch durch seine Gespräche mit Seeleuten, die eine solche Schiffsreise schon einmal hinter sich gebracht hatten, wusste er, dass das eine Lüge war.

Wie die Matrosen ihm berichtet hatten, konnte er davon ausgehen, dass jeder einzelne Passagier auftauchen würde – die Menschen seien so verzweifelt, dass sie jede Möglichkeit nutzten, das Land zu verlassen. Außerdem müsse er mit blinden Passagieren rechnen, sodass es sich empfehle, das Schiff gründlich zu durchsuchen, nachdem alle Reisenden an Bord gegangen seien. Unter Garantie werde er mindestens fünf, wenn nicht sogar zwanzig blinde Passagiere finden, die sich in Truhen und Transportkisten unten im Laderaum versteckt hielten und die er über Bord werfen oder an Land bringen und dem Richter vorführen könne, je nachdem, was er für richtig halte. Einige der Passagiere würden auf hoher See auch sterben, teilte man ihm nüchtern mit; Säuglinge überlebten eine solche Reise nur selten, vor allem dann, wenn Krankheiten das Schiff heimsuchten. Das Gleiche gelte für Kinder, Alte und Frauen. Eine Niederkunft an Bord sei besonders schwierig; viele Frauen verlören nicht nur ihre Kraft, sondern auch die Hoffnung, vor allem, wenn sie ein Kind auf hoher See bestatten müssten. Den Männern ergehe es noch am besten, obwohl sie Alkohol an Bord schmuggelten, dessen Genuss wiederum zu Schlägereien führe. Und ob ein Verwundeter überlebe, hänge ganz davon ab, wie kräftig der Mann sei und mit welchen Waffen die Kontrahenten gekämpft hätten. Dies und noch viel mehr erzählten ihm die erfahrenen Seeleute, die das alles schon einmal erlebt hatten. Traue niemals den Versprechungen der Handelsgesellschaft, warnten sie ihn.

Als der Tag der Abfahrt näher rückte, fielen die Diskussionen zwischen Reinders und den Direktoren immer hitziger aus. Er könne die Verantwortung für die Sicherheit und das Wohlergehen so vieler Menschen nicht übernehmen, beharrte Reinders, doch man teilte ihm unmissverständlich mit, in diesem Falle werde die *Eliza J.* beschlagnahmt, bis er den Reparaturbetrag vollständig erstattet habe. Er mache sich zu viele Gedanken, versuchten sie ihn zu besänftigen; er solle sich auf das Schiff konzentrieren und die Passagiere ihnen überlassen. Sie hätten sogar dafür gesorgt, dass ein Schiffsarzt an Bord sei, ein Amerikaner, der nach seinen Studien im Ausland in die Heimat zurückkehre. Was er denn noch wolle?

Was er wollte, dachte Reinders, während er an seinen Schreibtisch trat und erneut die unmöglich lange Passagierliste betrachtete, war genau das, was er schon die ganze Zeit gewollt hatte: mehr Platz und weniger Passagiere, da jeder einzelne von ihnen Proviant benötigte. Pro Person und Tag rechnete Reinders mit etwa drei Litern Frischwasser, dazu eine kleine Wochenration Mehl, Hafer, Salz, Melasse und Pökelfleisch. Die Direktoren der Handelsgesellschaft hatten ihm versichert, dies sei mehr als genug; er müsse schließlich bedenken, dass es sich um irische Bauern handele, die bis vor wenigen Tagen noch Hunger gelitten hätten und bereits mit Wasser und Brot vollkommen zufrieden seien. Die Seeleute hatten allerdings nur mit dem Kopf geschüttelt. Natürlich seien diese halb verhungerten Menschen für trockenes Brot und abgestandenes Wasser dankbar, aber sie würden ihre Wochenration bereits am ersten Tag vertilgen, so groß sei ihr Hunger und ihre Verzweiflung, und dann bleibe ihnen nichts mehr für die restlichen Tage. Einige Passagiere würden zusätzliche Lebensmittel mit an Bord bringen, die sie jedoch unter Einsatz ihres Lebens bewachen müssten, vor allem nachts. Tägliches Austeilen der Rationen würde wiederum zu viele Matrosen von ihrer eigentlichen Arbeit abhalten, und wer könne sich das bei einer Überfahrt im Winter schon leisten? Die erfahrenen Männer rieten Reinders, den Passagieren sofort reinen Wein einzuschenken: Lebensmittelzuteilungen erfolgten einmal wöchentlich, und mehr gab es nicht. Diejenigen, die nicht auf seine Worte hörten, müsse er streng behandeln, und es empfehle sich, eine Waffe bei sich zu tragen, um seinen Befehlen mehr Gewicht zu verleihen. Solange die Passagiere glaubten, dass er gedenke, die Waffe zu benutzen, werde er wahrscheinlich gar keinen Gebrauch davon machen müssen.

Zähneknirschend ging er alles noch einmal durch und versuchte, jede Unwägbarkeit vorherzusehen. Er hoffte, dass die Überfahrt vier, höchstens fünf Wochen dauern würde; für mehr Proviant war kein Platz, und auch nicht für Nutzvieh jeglicher Art oder sperriges Gerät wie Schmiede- und Zimmermannswerkzeug, landwirtschaftliches Gerät, Webstühle oder Spinnräder. Jeder Familie würde im Laderaum ein kleiner Platz für eine Truhe, eine Kiste oder ein Fass zugeteilt werden. Mehr nicht.

Reinders schob die Liste zur Seite; die Kajüte erschien ihm plötzlich eng und stickig. Rasch ging er hinaus und sprang die Stufen zum Deck hoch, um einen Kontrollgang über das Schiff zu machen, das ihm so viel bedeutete. Er atmete tief durch und ließ den Blick bewundernd über die massiven Masten der *Eliza J.*, die verzweigte Takelage, die festgezurrten Segel und den kräftigen Bug schweifen. Über ihm hingen die Wolken tief am Himmel, und ein eisiger Wind pfiff durch das Takelwerk. Nicht zum ersten Mal dachte er daran, die Leinen zu kappen und das Schiff den trüben Fluss hinunter aufs offene Meer zu steuern. Die *Eliza J.* würde die anderen Kähne in diesem Hafen mühelos hinter sich lassen, und sobald er erst einmal das Meer erreicht hatte, würde ihn niemand mehr einholen. Aber er konnte sie nicht allein segeln, und er konnte keine Mannschaft anheuern, ohne Verdacht zu erregen, und außerdem hatte er sein Wort gegeben.

Wie stolz er doch auf die Übereinkunft mit der Handelsgesellschaft gewesen war! So hatte er weder an Lars schreiben und ihn um Geld bitten noch den kleinen Erlös verbrauchen müssen, den sie durch den Transport von Baumwolle und Tabak erwirtschaftet hatten – ihre Fracht, die durch den Sturm fast vollständig vernichtet worden war. Er hatte sich selbst dazu gratuliert, dass er trotz der Katastrophe einen kühlen Kopf bewahrt und sofort Maßnahmen ergriffen hatte, um die Verluste aus dem Geschäft, das recht lukrativ zu werden versprochen hatte, möglichst gering zu halten. Eigentlich war Lars der Finanzexperte in ihrem gemeinsamen Unternehmen, aber Reinders hatte beweisen wollen, dass auch er über einen gewissen Geschäftssinn verfügte.

Er blickte zum Kai hinunter, verärgert über sich selbst und seinen Stolz, und beobachtete die düsteren Reihen von Passagieren, die weiter flussabwärts an Bord kleiner, abgehalfterter Schiffe gingen, die von gleichgültigen Kapitänen und windigen Besatzungen gesteuert wurden, Männern, denen es nur um den Profit ging und die sich ansonsten um nichts kümmerten. In ihren Augen waren Passagiere eine Fracht wie jede andere, und die Menschen, die am Kai standen, wussten das. Langsam bewegten sie sich vorwärts, die Köpfe gesenkt, ängstlich vor sich hin murmelnd, während sie sich der Laufplanke näherten.

Schmutziggraue Möwen kreisten über dem Hafen, stets auf der Suche nach etwas Essbarem. Plötzlich landete ein riesiger Rabe neben Reinders auf der Reling, öffnete krächzend den Schnabel und sah ihn aus funkelnden, schwarzen Augen an. Ein böses Omen, dachte er, verbesserte sich dann aber sofort selbst. Es gab keine Omen; die Welt war nichts weiter als ein willkürliches, chaotisches Universum. Er konnte nur sich selbst die Schuld zuschreiben. Anfangs hatte er zu viele Möglichkeiten gehabt, jetzt waren es zu wenige. Eigentlich blieb ihm überhaupt keine Wahl mehr, genau wie den armen Schweinen dort drüben, die bereits in einem dunklen Laderaum verschwunden waren.

6

Haben Sie auch alles?« Julia betrachtete die kleine Truhe neben Mary Kate. »Wirklich nichts vergessen?«

Grace schüttelte den Kopf.

»Also gut.« Julia musterte ihre Schützlinge noch ein letztes Mal von oben bis unten, wobei besonders die festen Lederstiefel und die schweren Wollumhänge sie mit Zufriedenheit erfüllten. »Darin können Sie und Mary Kate sich einhüllen, wenn es nachts zu kalt wird«, ermahnte sie sie zum hundertsten Mal. »Und behalten Sie Ihre Stiefel an.«

Grace nahm Julias Hand. »Wir werden alles so machen, wie Sie es gesagt haben, nicht wahr, Mary Kate?«

»Ja.« Das kleine Mädchen nickte. Es trat einen Schritt vor und nahm Julias andere Hand. »Komm mit, ja?«

»Ach, mein kleiner Schatz.« Julia hob sie hoch und hielt sie fest umfangen. »Ich wünschte, ich könnte mitkommen! Ich werde dich schrecklich vermissen.« Sie drückte sie noch einmal, setzte sie dann wieder ab und richtete ihre Haube, die bei der Umarmung verrutscht war. »Pass gut auf deine Mutter auf. Achte darauf, dass sie etwas isst und sich immer warm anzieht. Und dass sie genug isst.«

»Das hast du schon gesagt.« Mary Kate lächelte schüchtern.

Julia machte einen Schritt zur Seite und trat aus der sich langsam vorwärts schiebenden Schlange von Menschen, um einen Blick auf die Laufplanke zu werfen.

»Truhen und Kisten kommen alle dort drüben hin«, berichtete sie. »Matrosen tragen sie hinüber. Sehen Sie?« Sie zeigte auf eine weitere Laufplanke am anderen Ende des Schiffes, wo mehrere Besatzungsmitglieder sich Gepäckstücke auf den Rücken luden. »Sehen Sie mal, die Leute können gar nicht alles mitnehmen.«

Grace reckte den Hals und entdeckte einen stetig wachsenden Berg aus unterschiedlichen Behältnissen, landwirtschaftlichen Geräten, Werkzeugen und Spinnrädern. Irgendjemand hatte sogar eine Ziege zurückgelassen und zwei Kisten mit gackernden Hühnern.

»Am Anfang der Schlange überprüft ein Mann die Namen«, gab Julia weiter. »Er redet mit jedem, der an Bord geht. Worüber wohl?«

»Haben Sie die Verbrecherin Grace O'Malley gesehen, wissen Sie irgendetwas über Gracelin O'Malley?«, flüsterte Grace mit verstellter Stimme.

»Das ist nicht lustig!«, zischte Julia und sah sich hastig um. »Kein bisschen lustig!«

Grace legte einen Arm um Julias Schulter und drückte sie kurz an sich. »Das war nur ein kleiner Spaß, sonst nichts«, sagte sie entschuldigend. »Damit wir auf andere Gedanken kommen.«

»Sie sollten sich lieber darauf konzentrieren, wer Sie zu sein vorgeben!«, warnte Julia tadelnd. »Sie sind Missus Bram Donnelly, falls Sie sich erinnern, und das ist, was mich betrifft, schon riskant genug. Ich weiß, ich weiß …« Sie hob die Hand hoch, um Grace, die zu einer Erklärung ansetzte, zum Schweigen zu bringen. »Sie möchten sichergehen, dass Sean Sie finden kann, was auch immer geschieht.«

»Und auch in Mary Kathleens Interesse muss dieser Name auf der Liste stehen«, fügte Grace hinzu. »Das ist wichtig für ihre Zukunft.«

»Na schön«, lenkte Julia ein. »Aber ab jetzt keine Witze mehr und keinen anderen Namen als den, der in Ihren Papieren steht, einverstanden?«

»Einverstanden.«

Die Schlange näherte sich nun der Laufplanke, und Grace blickte an dem Schiff hoch, dem sie auf dem langen Weg über den riesigen Ozean Mary Kates und ihr eigenes Leben anvertraute. Seine Größe und offenkundige Robustheit beruhigten sie, genau wie das geschäftsmäßige Gebaren der Mannschaft, die unter dem wachsamen Auge eines hochgewachsenen, Achtung gebietenden Mannes an der Reling ihre Arbeit verrichtete.

»Wie heißt er denn? Der Kapitän?«

»Reinders«, erklärte Julia. »Ein deutscher Name, aber er kommt aus Amerika. Genau wie das Schiff.«

»Dann kennt er ja vermutlich den Weg.« Die beiden Frauen tauschten über Mary Kates Kopf hinweg einen amüsierten Blick.

Kurz bevor sie selbst an der Reihe war, holte Grace ihre Papiere hervor und drückte sie fest an sich, damit der scharfe Wind, der über den Kai wehte, sie ihr nicht aus der Hand riss. Sie warf einen Blick auf ihre dick vermummte Tochter und lächelte ihr aufmunternd zu. Dann wandte sie sich wieder an Julia.

»Ich möchte Ihnen etwas sagen, falls Sie mich mal eine Minute ausreden lassen könnten.«

Julia öffnete den Mund, um zu protestieren, hielt sich dann aber zurück und presste reuevoll die Lippen zusammen.

»Ich möchte Ihnen für alles danken, was Sie für uns getan haben, Julia. Dafür, dass Sie nach London mitgekommen sind, dass Sie uns überhaupt nach Liverpool gebracht haben. Ich weiß wirklich nicht, was ich ohne Sie hätte machen sollen. Bestimmt wäre ich vollkommen hilflos gewesen.«

Julia schüttelte den Kopf.

»Doch«, beharrte Grace. »Ich konnte nicht … Es hätte mich beinahe umgebracht.«

Ein brennender Schmerz trieb Julia Tränen in die Augen.

Grace legte ihr einen Arm um die Schultern. »Ach, Julia, ich weiß, dass Sie ihn geliebt haben. Ich habe eine Weile gebraucht, es zu erkennen, aber dann war es mir auf einmal völlig klar.«

»Verzeihen Sie mir«, flüsterte Julia und legte ihre tränenfeuchte Wange an Graces Gesicht.

»Es gibt nichts zu verzeihen.« Grace küsste sie. »Und ich weiß, dass Sie auch mir zugetan sind, selbst wenn Sie mich sicher oft genug verflucht haben.«

Julia wusste nicht, ob sie lachen oder weinen, zustimmen oder widersprechen sollte, daher klammerte sie sich nur umso fester an Grace.

»Auf der Grundlage der Liebe, die wir für Morgan hegten, und der Zuneigung, die wir füreinander empfinden, möchte ich Sie bitten, Julia, sich um meinen Vater und mein Baby zu kümmern. Werden Sie für die beiden sorgen, bis dies alles hier geklärt ist? Wenn Irland siegt, kehre ich mit dem nächsten Westwind heim … doch wenn die Zeit vergeht …« Sie versuchte, das aufkommende Gefühl der Verzweiflung zu unterdrücken. »Werden Sie sie dann zu mir schicken? Werden Sie ihnen genauso helfen, wie Sie mir geholfen haben? Ich habe sonst niemanden, den ich darum bitten könnte, und ich weiß, dass ich mich darauf verlassen kann, wenn Sie es mir versprechen.«

Julia wischte sich die Tränen aus den Augen. »Ich verspreche es«, sagte sie, und plötzlich begann ihr Herz wie wild zu klopfen, denn sie sah, dass sie den Anfang der Schlange erreicht hatten.

»Papiere?« Cole Mackley, der Erste Offizier, nahm die Unterlagen, die Grace ihm reichte, entgegen und verglich sie mit den Angaben auf seiner Passagierliste.

»Missus Bram Donnelly, Alter: zwanzig Jahre, Witwe. Und Mary Kathleen Donnelly, Alter: drei Jahre, Kind. Überfahrt nach New York City?«

»Ja«, bestätigte Grace.

»Eine Truhe?«

»Ja.«

Er hob die Hand, und im nächsten Moment zog ein drahtiger Matrose an seiner Seite die Truhe zu sich heran. »Bitte aufschließen.«

Grace zögerte und sah zu Julia hinüber.

»Sofort«, sagte er, nicht einmal unfreundlich.

»Blinde Passagiere«, formte Julia unhörbar mit den Lippen. Grace holte ihren Schlüssel hervor und öffnete die Truhe.

Der Matrose wühlte eine Weile in den wenigen Kleidungsstücken und den Lebensmitteln herum, richtete sich dann auf und nickte, woraufhin Grace die Truhe wieder verschloss.

»Tragen Sie irgendwelche Schusswaffen oder Branntwein am Körper?«, erkundigte Mackley sich.

»Nein.« Es gab keinen Grund, das Fleischermesser zu erwähnen, das sie in einer steifen Lederscheide in ihrem Stiefel versteckt hatte.

»Sie können an Bord gehen«, sagte er, und plötzlich wurde Grace in Richtung der Laufplanke geführt, fort von Julia.

»Warten Sie!«, rief sie, jetzt im Strom der Passagiere, die alle zum Schiff eilten. »Warten Sie – Julia!«

»Alle Mann an Bord!« Der Matrose am oberen Ende der Laufplanke winkte sie zu sich hinauf.

Verzweifelt versuchte Grace, sich aus der Gruppe zu lösen, obwohl die nächsten Passagiere hinter ihr bereits nachdrängten. »Julia!« Die Panik in ihrer Stimme erschreckte die anderen Schiffsreisenden, und nervöses Gemurmel breitete sich aus.

»Sie dort! Bleiben Sie stehen!«, herrschte Mackley Julia an, als sie sich an ihm vorbeizuschieben versuchte. »Zurück in die Reihe!«

Als weitere Passagiere nach vorne drängten, von der plötzlichen Angst ergriffen, zurückzubleiben, entstand ein Handgemenge. Doch dann tat sich eine Lücke auf. Julia bahnte sich mit beiden Ellbogen einen Weg durch die Menge, eilte zur Laufplanke und legte einen Arm um Grace, während sie mit dem anderen Arm Mary Kate an sich zog.

»Lebt wohl«, flüsterte sie ihnen auf Irisch zu. »Lebt wohl. Möge Gott euch segnen und euch sicher auf die andere Seite des Ozeans geleiten.«

Tränen strömten über ihre vom Wind geröteten Wangen, während sie versuchte, ihnen ein aufmunterndes Lächeln zu schenken, eine Vergewisserung, dass alles gut werden würde – selbst angesichts der gefährlichen Reise, die vor ihnen lag. Sie setzte Mary Kate ab und küsste sie zärtlich.

»Du bist groß und tapfer«, schärfte sie ihr ein. »Vergiss das nicht.«

Als sie Grace ein letztes Mal umarmte, sprudelten die Worte nur so aus ihr hervor. »Es tut mir leid, dass wir Morgan nicht schützen konnten, dass er gestorben ist … dass er seinen Sohn nie zu Gesicht bekommen hat. Ach, Gott, es tut mir so schrecklich leid. Ich hoffe inständig, dass Sie uns verzeihen können. Mir verzeihen können. Bitte verzeihen Sie mir.«

Grace legte ihre Wange an Julias. »Ich habe Ihnen nie die Schuld gegeben«, flüsterte sie. »Nie.«

»Ich war so von mir selbst überzeugt«, stammelte Julia weiter. »Ich mit meinem großartigen Verstand, meiner großartigen Arbeit, bla, bla, bla.« Von sich selbst angewidert, schüttelte sie den

Kopf. »Doch jetzt schäme ich mich meiner selbst, Grace. Verglichen mit Ihnen bin ich ein Nichts. Sie sind die außergewöhnlichste Frau, die ich jemals kennen gelernt habe – liebenswürdig und stark und tapfer und ehrlich …«

»Ach was, und als Nächstes wollen Sie, dass ich Ihnen ein Bier ausgebe«, versuchte Grace sie aufzuheitern, während ihr selbst die Tränen kamen.

Julia lachte und schniefte und kämpfte gegen das Gefühl der Verzweiflung an, das sie zu überwältigen drohte. Wortlos klammerte sie sich an Grace, bis die Gruppe hinter ihnen die Geduld verlor, weiterdrängte und sie auseinander riss, sie endgültig voneinander trennte.

»Wir sehen uns wieder!«, rief Grace vom oberen Ende der Laufplanke hinab und winkte, genau wie Mary Kate, die sie fest an der Hand hielt.

»Ja!«, rief Julia zurück und warf ihnen eine Kusshand zu. »So Gott will«, ergänzte sie leise und blieb im eisigen Regen stehen, bis das Schiff längst außer Sicht war.

»In diesem Fall bestehe ich darauf, sofort den Kapitän zu sprechen«, sagte Grace und versuchte, die Panik in ihrer Stimme zu unterdrücken. »Er wird die Angelegenheit schon klären, wenn Sie es nicht können.«

Marcus Boardhams dunkle Augen verengten sich, aber er fuhr erneut mit dem Finger über seine Liste und tippte dann in der Mitte des Blatts bestätigend aufs Papier.

»Keine Kajüte auf diesen Namen«, verkündete der Steward knapp. »Missus Bram Donnelly und Kind, zwei Kojen im Zwischendeck.«

»Wir haben für eine Einzelkabine bezahlt, so steht es auch hier auf dem Fahrschein.« Sie hielt seinem Blick stand und ignorierte seinen wachsenden Unmut, aus dem er keinerlei Hehl machte. Schließlich schickte er einen Matrosen los, um den Kapitän zu suchen.

»Gehen Sie schon mal nach unten.« Mit einer Handbewegung versuchte er, sie durchzuwinken.

»Nein, danke«, entgegnete sie fest. »Wir warten hier oben.«

Der Steward zwängte sich an ihnen vorbei, wobei er Mary Kate und sie gegen die Wand des schmalen Durchgangs drängte und widmete sich einer anderen Gruppe von Reisenden, die nach ihrem Quartier suchte – Menschen, die gemäß seiner Liste Anspruch auf eine Einzelkabine hatten und daher seine ungeteilte Aufmerksamkeit verdienten. Es waren Engländer, und Grace biss die Zähne aufeinander, nicht gewillt, sich einschüchtern zu lassen.

»Gibt's Probleme, Mister Boardham?«

Verblüfft über den gebieterischen Ton der männlichen Stimme warf Grace einen Blick über die Schulter des Stewards und sah direkt in zwei durchdringende blaue Augen, die Boardham geschäftsmäßig musterten.

»Kapitän Reinders.« Grace drängte sich an dem Steward vorbei, Mary Kate an der Hand. »Für meine Tochter und mich wurde bereits lange im Voraus eine Einzelkabine gebucht. Aber Ihr Steward hier behauptet, dass das nicht stimmt.«

»Nun?« Der Kapitän sah über ihren Kopf hinweg zu Boardham.

»Hier ist keine Missus Donnelly für die Erste Klasse eingetragen, Käpt'n. Nur fürs Zwischendeck.«

»Haben Sie ihre Papiere überprüft?«

Boardham schob sich an Grace vorbei und nahm den Kapitän zur Seite, sodass Grace den Wortwechsel nicht verstehen konnte.

»Die Fahrscheine sind zwar für die Erste Klasse ausgestellt«, räumte er mit gesenkter Stimme zögernd ein, »aber die ist ausgebucht. Die Passagierliste weist sie als Zwischendeckpassagier aus.« Zum Beweis hielt er dem Kapitän die Liste unter die Nase.

Zwischen zusammengebissenen Zähnen stieß Reinders einen leisen Fluch aus.

Zur Hölle mit diesen verdammten Dieben!, dachte er, vor Wut innerlich kochend. Er erkannte sofort, was geschehen war: Die Direktoren der Handelsgesellschaft hatten ihren amerikanischen Arzt und dessen Familie in die Erste Klasse gebucht, wahrscheinlich als Teilvergütung für seine Dienste an Bord, und Missus Donnelly und ihre kleine Tochter ins Zwischendeck gesteckt. Erneut warf Reinders einen Blick auf die Liste; alle anderen Reisenden der Ersten Klasse hatten ihre Quartiere inzwischen längst bezogen, und niemand würde freiwillig auf seine Einzelkabine verzichten. Es entging ihm nicht, dass Missus Donnelly die einzige irische Passagierin unter ihnen gewesen wäre. *Zum Teufel mit ihnen*, dachte er, aber ihm blieb keine Wahl. Und dieser Boardham war ihm ebenfalls zuwider – eine weitere Auflage der Handelsgesellschaft, obwohl er den Sinn beim besten Willen nicht erkennen konnte. Der Mann hatte etwas Unangenehmes an sich, eine schwer erträgliche Selbstgefälligkeit. Reinders schob den Steward zur Seite und wandte sich wieder der Frau und ihrer Tochter zu.

»Es handelt sich hier in der Tat um einen Fehler, Missus Donnelly, Sie haben absolut Recht, und ich bitte Sie demütigst um Verzeihung, genau wie mein Steward, Mister Boardham.« Er warf dem Mann einen warnenden Blick zu.

Boardham senkte kurz den Kopf, doch diese Geste hatte nichts Entschuldigendes an sich.

»Ich bedauere sehr, Ihnen mitteilen zu müssen, dass es keine Möglichkeit gibt, die Situation zu bereinigen, es sei denn, Sie ziehen es vor, sofort von Bord zu gehen und eine Passage auf einem anderen Schiff zu buchen.«

Graces Herzschlag setzte für eine Sekunde aus. »Nein, Kapitän Reinders, das ziehe ich nicht vor.« Sie blickte ihm fest in die Augen. »Ich habe nicht irgendeine Überfahrt gebucht, sondern mich aufgrund Ihres Rufs für dieses Schiff entschieden. Schließlich haben Sie die *Eliza J.* trotz eines schrecklichen Sturms und des Verlustes der Hälfte Ihrer Mannschaft sicher in den Hafen gebracht. So wurde es mir zumindest berichtet. Außerdem habe ich gehört, Sie seien ein ehrenhafter Mann. Gott der Herr hat mir aufgetragen, mein Leben und das meiner Tochter in Ihre Hände zu legen, Kapitän Reinders, und solange Er mir nichts anderes befiehlt, bleibe ich an Bord.«

Von ihren Worten überrascht, betrachtete er sie eingehender und erkannte nun hinter der Zurückhaltung, die er mit den meisten Frauen verband – und vor allem mit dieser besonders zerbrechlich wirkenden jungen Irin –, eine erstaunliche Entschlossenheit und Lebendigkeit. Sind ihre Augen grau oder blau oder grün, fragte er sich unvermittelt, und dann wusste er es plötzlich: Sie besaßen die wundervoll wandelbare Farbe des Meeres. Er fasste einen Entschluss.

»Sind Sie bereit, im Zwischendeck Quartier zu beziehen, Ma'am?«

»Habe ich eine andere Wahl, Kapitän?«

»Nein, Missus Donnelly, ich fürchte nicht.« Er betrachtete das Kind an ihrer Seite, das still und blass wirkte, aber vertrauensvoll die Hand seiner Mutter hielt. »Natürlich bekommen Sie die Mehrkosten für die gesamte Überfahrt erstattet, und ich werde alles tun, was in meiner Macht steht, um Ihnen den Aufenthalt an Bord der *Eliza J.* so angenehm wie möglich zu machen.« Er wandte sich an den Steward. »Missus Donnelly und ihre Tochter erhalten die beiden unteren Kojen direkt am Eingang, außerdem wird dieser Bereich mit Vorhängen abgetrennt, damit sie etwas mehr Privatsphäre haben. Ich wünsche, dass dies sofort erledigt wird. Sie kümmern sich persönlich darum, Boardham. Missus Donnelly, selbstverständlich werden Sie die Mahlzeiten zusammen mit den Passagieren der Ersten Klasse im Salon einnehmen.« Er schwieg einen Moment und fügte dann leise hinzu: »Besseres Essen für das Kind.«

»Ich danke Ihnen, Kapitän Reinders.« Grace drückte Mary Kates Hand. »Ich werde Ihnen nicht weiter zur Last fallen.«

»Sie fallen mir nicht zur Last, Missus Donnelly. Bitte wenden Sie sich an mich, wenn ich sonst noch etwas für Sie tun kann.« Er nickte ihr zu und bedachte dann den Steward mit einem warnenden Blick, ehe er sich wieder auf seinen Posten begab.

Verärgert über das Verhalten des Kapitäns, bellte Boardham einen jungen Matrosen an, der sich sofort Graces schwere Truhe auf die Schulter setzte und zu einer schmalen Stiege eilte. Grace und Mary Kate versuchten, mit ihm Schritt zu halten, während sie ihm vorsichtig unter Deck folgten.

Die steile Treppe führte direkt in einen großen Raum, der von schmalen Gängen in drei Bereiche unterteilt wurde. Über die gesamte Länge des Raums, der nur von flackernden Öllampen an den Wänden erhellt wurde, erstreckten sich dreistöckige Holzkojen. Das Schiff schwankte leicht, während die Wellen gegen den Rumpf schlugen, und überall knarzte und ächzte es im Gebälk. Grace spürte die Anwesenheit vieler Menschen, noch bevor sich ihre Augen an das Dämmerlicht gewöhnt hatten und sie die Reisenden dicht gedrängt auf Kojen oder ramponierten Truhen sitzen sah, bereit, das wenige, was ihnen geblieben war, mit ihrem Leben zu verteidigen. Ihre Blicke wirkten verstohlen, und viele tuschelten leise.

»Sie da, suchen Sie sich einen anderen Platz«, forderte der Matrose zwei alte Männer barsch auf, die die Kojen am Eingang belegt hatten.

»Und warum?«, fragte einer der Männer misstrauisch.

»Sie sind für die Frau hier und ihr Kind reserviert«, entgegnete der Matrose knapp. »Jetzt machen Sie schon. Befehl vom Käpt'n.«

»Und wenn wir uns weigern?«, meldete sich der andere Mann mit drohender Stimme zu Wort.

»Dann müssen Sie das Schiff verlassen«, warnte ihn der Matrose. »Wahrscheinlich werden Sie über Bord geworfen. Kapitän Reinders fackelt nicht lange. Er ist Amerikaner.«

Den amerikanischen Kapitän und seinen redegewandten Matrosen verfluchend, sammelten die beiden Männer ihre wenigen Habseligkeiten zusammen und begaben sich in den hinteren Teil des Laderaums, wobei sie Grace unsanft zur Seite drängten.

Das leise Gemurmel im Laderaum war inzwischen verstummt, da immer mehr Passagiere den Wortwechsel aufmerksam verfolgten. Misstrauisch beäugten sie Grace, unsicher, ob sie sie wegen ihrer Bekanntschaft mit dem Kapitän fürchten mussten oder ihre Nähe suchen sollten.

»Vielen Dank für Ihre Hilfe«, sagte Grace leise, als der junge Matrose ihre Truhe neben der untersten Koje absetzte.

»Kein Problem, Missus«, erwiderte er unbeschwert. »Ich bin gleich wieder da, um den Vorhang für Sie aufzuhängen.«

Grace sah sich um und traf rasch eine Entscheidung. »Das ist nicht nötig«, sagte sie laut, damit alle sie hören konnten. »Schließlich bin ich ein einfaches Mädchen vom Lande, das die gute Gesellschaft seiner Nachbarn zu schätzen weiß. Machen Sie sich keine Umstände.«

Der Matrose sah sie verwirrt an. »Das ist ein Befehl vom Käpt'n, Missus. Ich muss den Vorhang holen.« Doch dann ließ er seinen Blick über die argwöhnischen Gestalten in ihren Kojen schweifen und sagte: »Ich schätze, ich kann Ihnen den Stoff einfach geben, und Sie machen dann, was Sie wollen.«

»Das werde ich ganz sicher tun.« Grace blinzelte ihm zu.

Es dauerte einen Moment, bis er sie verstanden hatte, doch dann zwinkerte er zurück, nickte und kletterte pfeifend die

Stiege hinauf, sodass sie mit den anderen Passagieren allein zurückblieb.

Grace nahm ihre Haube ab, löste die Bänder von Mary Kates Kopfbedeckung, fuhr ihr durch die kurzen Locken und wärmte ihre kleinen roten Wangen mit den Händen, während das Mädchen aufmerksam zu ihr aufschaute.

»Alles wird gut, *agra*«, beruhigte Grace ihre Tochter. »Wir sind wohlbehalten auf diesem schönen Schiff angekommen, haben jeder ein eigenes Bett, werden mit guten Mahlzeiten versorgt. Auf uns wartet ein großes Abenteuer. Du wirst sehen – im Nu sind wir drüben bei deinem Onkel Sean, und der wird vielleicht staunen, wie groß du geworden bist!«

»Ja, wirklich?«, fragte Mary Kate und berührte die Wange ihrer Mutter.

»Aber ganz gewiss«, versicherte Grace ihr. »Zuerst wird er mich entdecken, und dann wird er sich überall umschauen und mich fragen ›Wo ist denn meine kleine Mary Kate, und wer ist dieses große Mädchen, das dich den weiten Weg über den Atlantik begleitet hat?‹ Und dann wird er mit verschränkten Armen dastehen, dich mustern und von dir wissen wollen, was du mit seiner Lieblingsnichte gemacht hast.«

»Dann sag ich, ich hab sie aufgefressen.« Mary Kate kicherte und schlug sich die Hand vor den Mund.

Grace musste beim Anblick ihrer vergnügt glucksenden Tochter lachen, und plötzlich konnten beide nicht mehr aufhören. Sie prusteten und lachten, bis ihnen die Tränen über die Wangen liefen. Grace zog Mary Kate in die Koje und kitzelte sie, und das Mädchen quietschte vor Vergnügen. Die Passagiere neben ihnen starrten sie unsicher an, tauschten Blicke aus, als das fröhliche Lachen nicht aufhören wollte, und schüttelten den Kopf über die offensichtlich verrückten Freunde des amerikanischen Kapitäns. Doch schon bald verzogen sich ihre Mundwinkel zu einem Lächeln, und die ihnen angeborene Heiterkeit bahnte sich unaufhaltsam einen Weg, so ansteckend waren das vergnügte Kichern des kleinen Mädchens und die ausgelassene Freude seiner Mutter.

Allmählich breitete sich das Gelächter bis in die Tiefen des Laderaums aus, erfasste noch die hinterste Koje in der dunkelsten

Ecke und erfüllte die Herzen derjenigen, die über den bevorstehenden Abschied von der Heimat fast zu verzweifeln drohten, für einen Moment mit einem Gefühl der Leichtigkeit und Unbekümmertheit. Das Lachen schwoll immer mehr an und drang schließlich bis hinauf an Deck, wo der Kapitän stand.

Er neigte den Kopf zur Seite, lauschte angestrengt und hielt das Geräusch zunächst für das Kreischen von Möwen. Doch dann erkannte er, dass es Gelächter war, das Gelächter dieser verzweifelten, zerlumpten Menge im Zwischendeck. Was um alles in der Welt mochten sie daran so erheiternd finden, dicht gedrängt wie Sklaven im dunklen, feuchten Laderaum eine gefahrvolle Reise über den unberechenbaren, endlosen Ozean in ein Land anzutreten, das ihnen allen völlig unbekannt war?

»Sie müssen wirklich verrückt sein«, murmelte er und schüttelte den Kopf. Doch als das Gelächter immer lauter wurde, zuckten plötzlich auch seine Mundwinkel, und ein Lächeln breitete sich auf seinem Gesicht aus, lockerte seine Anspannung. Das beklemmende Gefühl in seinem Herzen wich einer Zuversicht, die ihm während dieser langen Wochen versagt geblieben war. Die *Eliza J.* unter seinen Füßen fühlte sich vertrauenerweckend an; die vollen Segel über seinem Kopf schoben das Schiff durch die lebhafte See, und ein kräftiger, frischer Wind trieb sie voran. Er war Herr und Kommandant, und das Hochgefühl, das seine Adern durchströmte, brach sich in einem solch lauten Lachen Bahn, dass sämtliche Besatzungsmitglieder an Deck ihre Arbeit unterbrachen und zu ihm hinübersahen.

Vollkommen erschöpft war Mary Kate in einen tiefen Schlaf gesunken, und auch Grace nickte mit ihrer Tochter im Arm kurz ein. Als sie wieder erwachte, hatte sich die Atmosphäre im Zwischendeck verändert. Grace war umgeben von den leisen Gesprächen ihrer Mitreisenden, die sich an dem Ort einrichteten, der während der nächsten Wochen ihr Zuhause sein sollte.

Grace zog den Arm unter Mary Kates Körper hervor, setzte sich auf, strich ihre Kleidung glatt und sah sich im Schein der flackernden, rußenden Öllampen um. Ihr Blick fiel auf unbekannte Gesichter, und sie hörte den einen oder anderen schreienden Säugling, kurz darauf das beruhigende Trösten der Mutter und das Rascheln von Stoff, wenn das Kind an die Brust gelegt wurde. Graces eigene Brüste reagierten zwar immer noch auf Babygeschrei, doch der Schmerz ließ mit jedem Tag nach. Sie sah, dass der Matrose während ihres Nickerchens zurückgekehrt war, denn eine mehrfach gefaltete Stoffbahn lag zusammen mit einem Stück Seil auf ihrer Truhe. So gerne sie auch einen Vorhang aufgehängt und sich dahinter versteckt hätte – sie widerstand der Versuchung. Um Mary Kate nicht zu wecken, erhob sie sich leise von der harten Koje, und auf einmal wurde ihr klar, dass sie wohl kein weiteres Bettzeug bekommen würden, die Stoffbahn also doch noch zu etwas nütze sein konnte – als zusätzliches Polster zwischen den nackten Holzbrettern, der dünnen Matte und ihrem Rücken. Grace reckte sich ein wenig, blickte sich nun unverhohlen um und ging ein paar Schritte den Hauptgang hinunter, der sich über die gesamte Länge des Zwischendecks erstreckte. So sehr sie sich auch gewünscht hätte, ein bekanntes Gesicht zu sehen, ihre Freiheit stand und fiel mit ihrer Anonymität; außerdem hatte sie bereits genügend Aufmerksamkeit erregt.

Beim Klang von Schritten auf der Stiege wandte sie sich um und sah, wie Boardham in Begleitung eines Laternenträgers den Laderaum betrat, einen Moment verharrte und dann mit einem Landungshaken gegen die Schiffswand hämmerte.

»Achtung! Alle mal herhören!« Seine Stimme dröhnte durch die angespannte Stille. »Der Frachtraum wurde von blinden Passagieren gesäubert. Wir haben sie von Bord gebracht und dem Magistrat überstellt.« Er blickte herausfordernd in die Runde, ob es jemand wagte, diese Vorgehensweise in Frage zu stellen.

Einige der blinden Passagiere mussten Freunde oder Verwandte an Bord haben, dachte Grace, aber niemand bekannte sich zu ihnen, aus Furcht, sie ins Gefängnis begleiten zu müssen.

»Wir haben die Flussmündung verlassen und das offene Meer erreicht«, verkündete Boardham selbstgefällig. »Sichern Sie jetzt Ihr persönliches Hab und Gut und kommen Sie dann auf geordnete Weise an Deck, wo Kapitän Reinders zu Ihnen sprechen wird.«

Instinktiv drängten die ersten Passagiere nach vorne, doch Boardham hämmerte erneut gegen die Wand.

»Einer nach dem anderen, verstanden?!«, brüllte er. »Und zuerst das Gepäck sichern!«

Wütend starrte er die Menschen an, machte dann auf dem Absatz kehrt und war im nächsten Moment verschwunden. Der Lichtschein seiner Laterne verschwand mit ihm, und auf einmal war es wieder sehr dunkel. Grace kehrte zu ihrer Koje zurück und schüttelte Mary Kate sanft wach.

»Sind wir schon da?« Ihre Stimme klang piepsig und heiser.

»Ach, nein, meine Kleine!« Grace lächelte. »Es ist noch ein langer Weg. Aber jetzt möchte uns der Kapitän persönlich begrüßen. Hier, nimm deine Haube, und auf geht's!« Sie bemühte sich, ihre Stimme heiter klingen zu lassen, als wäre das Ganze ein großer Spaß und alles genau so, wie es sein sollte.

Grace und Mary Kate zählten zu den ersten an Deck. Die anderen Reisenden kamen nach und nach hinzu, bis Mutter und Kind schließlich von einem Meer unbekannter Gesichter umgeben waren. Während das Schiff die Wogen durchpflügte, gerieten viele der Passagiere, die diese Schiffsbewegungen nicht gewöhnt waren, ins Taumeln und stießen gegen die Nebenstehenden, die ihrerseits kaum das Gleichgewicht halten konnten.

»Stell dich so hin.« Grace platzierte ihre Füße weit auseinander. »Folge mit deinem Körper den Bewegungen des Schiffs. Kämpf nicht dagegen an, wappne dich nur für die nächste Welle.«

Mary Kate tat wie ihr geheißen, und schon bald folgten weitere Passagiere ihrem Beispiel, bis in ihrem unmittelbaren Umfeld alle einigermaßen sicher standen. Grace drehte ihr Gesicht in den Wind, blinzelte und sog die frische Luft ein.

»Willkommen an Bord der *Eliza J.*« Die Respekt einflößende Stimme ließ alle aufhorchen. »Ich bin Kapitän Reinders. Das hier ist Mister Mackley, mein Erster Offizier.« Er zeigte auf einen drahtigen, entschlossen dreinblickenden Mann zu seiner Rechten. »Und das ist Mister Dean, der Zweite Offizier.« Dean war kräftig gebaut, mit breiten Schultern, aber er hatte ein freundliches Gesicht, dachte Grace. »Mister Boardham, den Schiffssteward, haben Sie ja bereits kennen gelernt. Und dies hier ist Dr. Draper, der Sie ärztlich versorgen wird, sofern dies erforderlich sein sollte.« Der herausgeputzte Arzt stand etwas abseits und betrachtete angelegentlich seine Fingernägel; die Bekanntmachung des Kapitäns schien ihn nicht besonders zu interessieren.

Reinders runzelte leicht die Stirn und fuhr dann fort: »An Bord jedes Schiffes gelten bestimmte Regeln, und die *Eliza J.* bildet da keine Ausnahme. Jeder von Ihnen wird diesen Regeln genauestens Folge leisten, oder er überquert den Atlantik in einem winzigen Verschlag im Frachtraum.« Er stemmte eine Hand in die Hüfte und schob seine Jacke gerade so weit nach hinten, dass der Knauf einer Pistole sichtbar wurde.

»Erstens: kein Alkohol. Falls irgendjemand welchen mit sich führt, sollte er ihn jetzt wegwerfen. Zweitens: keine Waffen. Jegliche Pistolen, Messer oder Knüppel sind Mister Mackley zu übergeben; er wird sie bis zur Ankunft in New York für Sie aufbewahren. Drittens: kein offenes Feuer im Zwischendeck. Das bedeutet: kein Kochen, kein Rauchen, kein Kerzenlicht. Daran hat sich jeder strengstens zu halten, wenn er nicht mitten auf dem Ozean in einem brennenden Schiff gefangen sein möchte.« Reinders schwieg einen Moment, damit jedem die volle Bedeutung seiner Worte bewusst werden konnte. »Und viertens: keine Raufereien an Bord. Eventuelle Zwistigkeiten können Mister Boardham vorgetragen werden. Er wird den Streit beilegen. Sein Wort ist bindend.«

»Bitte, Kapitän Reinders«, rief eine Frau. »Wie sollen wir denn unser Essen kochen?«

»Hier auf dem Hauptdeck gibt es vier Kombüsen« – Reinders zeigte auf die kleinen Kochstellen –, »die ich jeden Morgen anzünden lasse. Dort können einmal am Tag gruppenweise die Mahlzeiten zubereitet werden. Nur einmal am Tag. Darauf sollten Sie sich einrichten.« Er schwieg einen Moment. »Heute Abend erhalten Sie Ihre Lebensmittelrationen für die ganze Woche, die nächsten gibt es erst wieder in sieben Tagen. Sie müssen sich die Rationen so einteilen, dass sie eine Woche reichen. Vorher gibt es nichts Neues. Frischwasser wird jeden Morgen ausgeteilt. Wenn Mister Mackley die Schiffsglocke läutet, kommen Sie mit einem Gefäß an Deck und stellen sich an. Dieses Wasser ist sowohl zum Trinken, als auch zum Kochen und Waschen da. Verstanden?« Er musterte die Passagiere eindringlich.

Sie tauschten Blicke aus und nickten dann zögerlich.

»Der Abort befindet sich hier an Deck«, fuhr Reinders fort. »Da er nur einzeln genutzt werden kann, sollte sich jeder beeilen. Auf keinen Fall, unter gar keinen Umständen, ist es erlaubt, sich an anderer Stelle des Schiffs zu erleichtern, auch nicht in einen Eimer, da sich sonst Krankheiten ausbreiten können.«

So weit, so gut, dachte er zufrieden. Bisher gab es keine Probleme.

»Der Salon auf dem Hauptdeck ist den Passagieren der Ersten Klasse vorbehalten; das Gleiche gilt für das Vordeck. Die anderen Reisenden können auf dem Achterdeck kochen, ihr Geschirr abspülen, frische Luft schnappen oder eine Pfeife rauchen.«

Er sah fragend zu Mackley hinüber, ob er irgendetwas vergessen hatte. Der Erste Offizier deutete mit dem Kopf diskret in Richtung des Frachtraums.

»Ach ja, richtig. Niemand betritt den Frachtraum ohne ausdrückliche Genehmigung. Falls Sie etwas aus den dort gelagerten Truhen und Kisten benötigen, wenden Sie sich bitte an Mister Mackley, der bis zur Ankunft in New York für diesen Bereich zuständig ist.« Mackley nickte knapp. »Gut. Das sind also die Regeln, die für alle Passagiere gut sichtbar ausgehängt werden. Wenn jeder sich daran hält, wird es allen gut gehen. Bei beständigem Wetter dürften wir in etwa dreißig Tagen New York erreichen. Vielen Dank.«

Abrupt wandte er sich ab und ging zurück zum Ruder, dicht gefolgt von Mackley. Dean trat zu zwei Matrosen, die alte Seile zu Werg zupften, während Boardham über das Deck zum Salon eilte, um die dort auf ihn wartenden Passagiere der Ersten Klasse zu informieren.

Plötzlich spürte Grace, wie jemand vorsichtig an ihrem Ärmel zupfte.

»Sind Sie nicht Missus Donnelly?«

Sie drehte sich um und blickte in das blasse, ausgemergelte Gesicht einer Frau, die sie kaum wiedererkannte.

»Alice?«, fragte Grace. »Sind Sie das, Alice? Aus dem Hotel?«

»Ja.« Alice lächelte, und Grace sah, dass sie fast sämtliche Zähne verloren hatte. »Es waren Ihre Flitterwochen, damals, stimmt's? Trugen Sie nicht eines Abends ein dunkelblaues Samtkleid und Blumen in den Haaren?«

Grace nickte, und ihre Hand wanderte verlegen zu den Haarsträhnen, die sich aus ihrer Frisur gelöst hatten. »Ja. Das ist schon so lange her, fast ein ganzes Leben. Dublin hat sich seitdem sehr verändert.«

»Die ganze Welt hat sich verändert«, sagte Alice verbittert. »Nichts ist mehr, wie es mal war.«

»Haben Sie Ihr Zuhause verloren? Ist das der Grund, warum Sie fortgehen?«

»Ja, mein Zuhause und meine Arbeit. Aber Gott sei Dank nicht meine Familie.« Alice bekreuzigte sich rasch. »Mein Mann hat sich schon vor einem Jahr nach Amerika aufgemacht. Ich bin mit den Kindern alleine.« Sie lächelte dem kleinen Mädchen an ihrer Seite zu. »Das ist Siobhan, und da drüben, das ist unser Liam.« Etwas von ihr entfernt stand ein magerer, aber entschlossen dreinblickender Junge von neun oder zehn Jahren, die Hände in den Taschen vergraben und den Kragen hochgeschlagen, ganz so wie die älteren Männer.

»Sie freuen sich bestimmt darauf, ihren Vater wieder zu sehen.«

»Ich kann nur hoffen, dass er sich auch freut, sie zu sehen«, erwiderte Alice stirnrunzelnd.

»Aber gewiss doch, wo er die ganze Familie nach Amerika kommen lässt!«

Alice zog Siobhan an sich. »Um ehrlich zu sein, wir haben die ganze Zeit nichts von ihm gehört. Aber er lebt. Tally McGarrity hat einen Brief von ihrem Mann bekommen, in dem steht, dass meiner in einer Herberge auf der Cross Street wohnt. Tallys Mann hat sogar mit ihm gesprochen.«

»Weiß er, dass Sie kommen?«, fragte Grace mit leiser Stimme.

»Oh, ja.« Alices Augen strahlten hoffnungsvoll. »Ich hab ihm einen Brief schicken lassen, in dem steht, dass wir zu ihm kommen. Zu Hause gab es nichts mehr zu tun, keine Möglichkeit, unsern Unterhalt zu verdienen, kein Essen mehr für die Kinder.«

»Dann wartet er gewiss bereits auf Sie«, versicherte Grace der Frau, doch ihr wurde das Herz schwer, als sie die argwöhnischen Augen des Jungen sah und dann in das vertrauensvolle Gesicht ihres eigenen Kindes blickte. »Das ist meine Tochter Mary Kate. Sie ist etwas schüchtern, freut sich jedoch über Gesellschaft.«

»Aber Sie reisen doch sicher Erster Klasse, Missus?« Alice blickte über die Schulter in Richtung der Kajüten. »Wir werden Sie nicht so oft zu sehen bekommen.«

»Wie es das Schicksal wollte, Alice, ist es mir gelungen, der Ersten Klasse zu entfliehen und ebenfalls im Zwischendeck zu reisen, zusammen mit all den anderen anständigen Menschen!«, lachte Grace.

»Das kann nicht sein – der werte Herr ist doch Engländer!«

»War Engländer«, korrigierte Grace. »Er ist gestorben, und mich hat man aus dem Haus geworfen. Kein Mitleid mit einer irischen Witwe«, fügte sie mit einem traurigen Lächeln hinzu. »Deshalb fahre ich jetzt zu meinem Bruder.«

»Ach, Missus, dann haben Sie Schlimmes erleiden müssen.«

»Das ist keinem von uns fremd, nicht wahr, Alice?«

»Nein, Ma'am«, sagte Alice ernst. »Nicht in diesen Zeiten.«

Boardham beobachtete die beiden Frauen, die noch an Deck standen, mit zunehmender Verärgerung. Sie hätten längst wieder bei den anderen unten im Zwischendeck sein sollen, aber nein – typisch irisch, sie machten, was sie wollten. Er ging auf sie zu, blieb dann jedoch abrupt stehen, vollkommen überrumpelt von der Ähnlichkeit der älteren Frau mit seiner Mutter. Sein Magen zog sich zusammen beim Gedanken an die alte Schlampe, die ihn von seinem geliebten Vater getrennt hatte. Galle stieg ihm die Kehle hoch, die ätzende Säure füllte seinen Mund, und er spuckte wütend aufs Deck. Sie war eine Hure gewesen, seine Mutter, eine irische Hure, die gar nicht wusste, wie gut es ihr ging. Voller Bitterkeit erinnerte er sich an den Tag, an dem sie Liverpool auf einem Schiff verlassen hatten, ohne sich von irgendjemandem zu verabschieden, sodass der Vater von der Arbeit in ein leeres, kaltes Haus zurückkehrte – sein Vater, ein Engländer mit Manieren und Bildung. Sie war vor ihrem Mann davongelaufen, weil er sie geschlagen hatte, aber er hatte sie geschlagen, weil sie trank und herumhurte; Boardham wusste das, hatte es schon immer gewusst und ließ sich durch nichts davon abbringen. Er war nur ein kleiner Junge gewesen, doch sie hatte ihn angelogen und nach Irland gebracht, wo ihn alle hassten, weil er Engländer war. Und wo er alle hasste, weil sie keine Engländer waren. Zwei lange Jahre hatte er gewartet, doch dann begriff er, dass sein Vater ihn nicht holen würde, dass er nicht einmal wusste, wo sein Junge steckte. Also war er weggelaufen, hatte sich fortgestohlen, während die betrunkene Schlampe ihren Rausch ausschlief, nur um festzustellen, dass der alte Herr inzwischen gestorben war – mutterseelenallein und ohne die Liebe und den Trost seines Sohns. Das hatte Boardham seiner Mutter nie verziehen, und er hoffte inständig, betete förmlich darum, dass auch sie tot war, die Welt von ihr erlöst. Denn für alle anderen war er selbst ebenfalls Engländer, und es verband ihn nichts mit all dem Abschaum im Zwischendeck.

7

Lily Free eilte mit gesenktem Kopf die Cross Street hinunter, blickte sich verstohlen um, als sie an der düsteren Murderer's Alley und dann an der Old Brewery vorbeiging. Eine von einer Gruppe zerlumpter Jungen gehetzte Sau rannte quiekend an ihr vorbei, verspritzte ihren Kot über den Gehweg und preschte dann auf die Straße, wo sie die Pferde so erschreckte, dass sie scheuten. Die wütenden Kutscher verfluchten die Jungen, aber die lachten nur und stießen noch derbere Flüche aus. Lily ging unbeirrt weiter und dankte ihrem Schöpfer dafür, dass er sie aus der berüchtigten Mietskaserne herausgeholt und in eine winzige, aber mit Fenstern ausgestattete Wohnung in der Little Water Street geführt hatte. Trotz seines zwielichtigen Rufs fühlte Lily sich in Cow Bay, wo viele Prostituierte und Zuhälter lebten, sicherer, da dort sowohl Schwarze als auch Weiße und Mulatten wohnten und niemand allzu viele Fragen stellte. Die wenigen Male, die sie sich selbst hatte prostituieren müssen, fielen in die verzweifelte Zeit, als sie noch in der Old Brewery wohnte. Sie schritt jetzt schneller voran, versuchte, diese Erinnerung zu verscheuchen; als entlaufene Sklavin hatte sie keine andere Wahl gehabt.

Das einzig Gute, was ihr aus der Zeit blieb, war die Bekanntschaft mit Jakob Hesselbaum, einem deutsch-jüdischen Einwanderer, der sich von den anderen Einwanderern genauso unterschied wie sie selbst. »Wir sind wohl die Einzigen, die sich nicht nach ihrer Heimat zurücksehnen«, hatte er festgestellt. Nach ihrer kurzen körperlichen Vereinigung in einer kleinen Seitenstraße hatte er sich mit ihr unterhalten, und sie hatte ihm von ihren Kindern erzählt, für die er beim nächsten Mal kleine Lebensmittelgeschenke mitbrachte. Nach einiger Zeit hatte er ihr sogar eine richtige Arbeit angeboten: Sie sollte für ihn, da er es inzwischen zu einem gewissen Wohlstand gebracht und sich einen Pferdekarren angeschafft hatte, am Hafen Fisch verkaufen. Sie hatte eingewilligt, weil ihr keine andere Wahl blieb und weil Verkehr mit nur einem Mann sicherer war als Verkehr mit vielen. Also hatte sie für ihn gearbeitet, und er hatte ihr einen bescheidenen Lohn gezahlt, der aber ausreichte, um die Miete für ein Zimmer mit Fenster aufzubringen – ein Zimmer, das Licht, frische Luft und Ruhe bot. Im Gegenzug hatte sie hin und wieder mit ihm geschlafen, wovon ihre Kinder aber nie etwas erfuhren. Doch Gott wusste es, und sie betete inständig, dass Er ihr verzeihen würde.

Eines Tages bat Jakob sie, seine Frau zu werden. Aber sie lehnte ab, weil sie bereits verheiratet war, mit einem lieben Mann, der in Georgia noch immer ein Sklavendasein führte, und weil sie noch zwei ältere Kinder hatte, ebenfalls Sklaven, und nicht ruhen würde, bis sie genügend Geld gespart hatte, um sie freizukaufen. Sie schüttelte den Kopf bei der Erinnerung an Jakobs erschrockenen Gesichtsausdruck, als sie ihm davon erzählte. Doch dann berichtete er von seiner eigenen Verfolgung, von seiner Frau und seinen Kindern, die nicht mehr lebten, und was er dafür geben würde, sie zurückzubekommen. An all das dachte sie, während sie die Mott Street überquerte, durch die Pell Street zur Bowery ging und gerade noch den Pferdeomnibus zum Hafen erreichte. Sie wusste, dass sie unangenehm roch, nach Schweiß und Ruß und Dreck und Fischabfällen, aber es war ihr egal. Alle Bewohner dieser Stadt stanken, vor allem in den heißen Sommermonaten. Die anderen Passagiere konnten ruhig von ihr abrücken; es kümmerte sie nicht. Sie machte sich nur Sorgen, dass sie zu spät kommen und Jakob bereits unruhig auf sie warten würde.

Nachdem sie ihm damals von ihrem Mann erzählt hatte, hatte er sie nicht mehr angerührt, behandelte sie aber nach wie vor so liebevoll, als würden sie noch immer das Bett teilen. Sie verstand das zwar nicht so ganz, war ihm dafür jedoch sehr dankbar. Jakob hatte auch darauf bestanden, dass sie Kapitän Reinders' Angebot annahm, und er wollte ihr sogar seine schwer verdienten Dollar leihen, damit sie ihre Familie freikaufen konnte. Sie runzelte die Stirn; sie verdankte ihm so viel, und das war jetzt, da der Zeitpunkt näher rückte, beinahe mehr, als sie ertragen konnte. Sobald der Kapitän aus Liverpool zurückgekehrt war, würde er die Küste hinuntersegeln und einen Sklavenhändler ausfindig machen …

Die Glocke bimmelte, und Lily stieg aus und wickelte sich ihr Umhängetuch fester um die Schultern. An die eisige Kälte des Nordens, die düsteren Winterlandschaften, den unablässigen Lärm der Stadt und den brutalen Überlebenskampf würde sie sich nie gewöhnen. Doch sie würde sich auch nicht beklagen, denn sie hatte etwas erreicht, von dem sie niemals geglaubt hätte, es jemals erreichen zu können – etwas, das sie sich nur für ihre Kinder erträumt hatte: Die ehemalige Sklavin Lillian hieß nun Lily Free.

»Da bist du ja endlich.« Immer wenn Jakob sich Sorgen machte, trat sein deutscher Akzent deutlicher zutage. »Ich warte schon eine Stunde und du kommst nicht. Ich denke, vielleicht ist was passiert, vielleicht steckst du in Schwierigkeiten.« Er wischte sich die Hände an seiner Schürze ab und musterte sie von Kopf bis Fuß. »Alles in Ordnung?«

Sie nickte. »Wir hatten die Polizei im Haus. Jemand hat eine Leiche in der Gasse hinter Stookeys Gasthaus gefunden.«

»Dieser Stookey ist ein Esel, dass er immer mit seinem blöden Messer herumwedelt.« Jakob reichte Lily eine große, saubere Schürze.

»Ich kann meine Wäsche doch selbst waschen, Jakob«, sagte sie und nahm die Schürze beschämt entgegen.

»Ich weiß.« Er drehte Lily um und band ihr die Schürzenbänder auf dem Rücken zu einer Schleife. »Aber dann riechen all deine Sachen nach Fisch … und *meine* Sachen riechen doch sowieso schon nach Fisch!« Einen kurzen Moment ließ er seine Hände auf ihren Hüften ruhen. »Ich mach es doch gern. Und außerdem bin ich wegen dir spät dran. Wegen dir und Stookey.«

Sie lachte.

»Haben die Polizisten dich belästigt?«

»Nein«, sagte sie und drehte sich zu ihm um. »Aber ich wollte Samuel und Ruth nicht allein lassen, falls sie zu uns gekommen wären und Fragen gestellt hätten.«

»Das hast du richtig gemacht«, pflichtete Jakob ihr bei. »Wir wollen doch keinen Ärger, jetzt, wo Kapitän Reinders bald hier sein wird.«

Lily sah hinüber zu den Hafenanlagen und den einlaufenden Schiffen. »Ist irgendwas schief gegangen, Jakob, was glaubst du?«

»Ach, nein. Es geht ihm gut. Das ist der Winter. Viele Stürme, da haben die Schiffe Verspätung. Das passiert dauernd. Er wird bald hier sein. Ich verspreche es dir.«

»So was kannst du mir doch gar nicht versprechen«, sagte Lily.

»Klar kann ich das!« Verschmitzt lächelte er sie an und drohte ihr scherzhaft mit dem Finger. »Und jetzt muss ich los, oder dieser verdammte Muschewsky schnappt mir alle Kunden weg! Also bis später, und verkauf ja den gesamten Fisch, bevor ich zurückkomme, Missus Free!«

Er stellte noch einen letzten Eimer auf seinen Pferdewagen, kletterte auf den Bock und fuhr los, doch ehe er um die Ecke bog, tippte er noch einmal kurz an seinen Hut. *Was für ein lieber Mann*, dachte sie nicht zum ersten Mal.

»Wollen Sie kaufen, Lily?« Zwei kleine Jungen standen vor ihrem Fischstand, einen schwappenden Eimer mit Muscheln zwischen sich.

»Vielleicht«, sagte sie. »Wie frisch sind die denn?«

»Von heute Morgen, Lily! Ehrlich!« Der ältere der beiden tauchte seine Hand in das eiskalte Wasser und hielt ihr eine Hand voll Muscheln entgegen.

Sie nahm eine, betrachtete sie eingehend, roch daran und nickte anschließend. »Also gut, ihr beiden. Der gleiche Preis wie immer?«

Die Jungen nickten einmütig, brachten den Eimer auf die Rückseite des Standes und kippten den Inhalt in einen der Bottiche. Sie gab ihnen mehrere Geldstücke, und als die Augen der beiden ganz groß wurden, musste sie ein Lächeln unterdrücken: Sie hatte ihnen zwei Pennys mehr gezahlt als sonst; Hesselbaum hatte es ihr so aufgetragen. Seine Mutter war eine polnische Jüdin gewesen, genau wie diese beiden Jungen, und er wusste nur zu gut, wie hart das Leben war, das sie hinter sich gelassen hatten.

»Ah, guten Morgen, Lily!« Tara Ogue trat lächelnd an ihren Stand, als die Jungen gerade wegrannten. »Wenn das da frische Muscheln sind, kaufe ich sie sofort!«

Lily breitete mehrere Lagen Zeitungspapier aus und wickelte die Ware darin ein. »Ganz frisch, von heute Morgen, sagen die Jungs.« Sie mochte diese Missus Ogue, hütete sich aber im Allgemeinen vor den Iren, denn das waren in ihrem Viertel die übelsten Trinker und Raufbolde. Außerdem hatten sie nichts für die Schwarzen übrig, mit denen sie sich auf dem untersten Platz der gesellschaftlichen Leiter tummelten. Lily ging weder in irische Gaststätten, noch sprach sie mehr als nötig mit irischen Einwanderern. Doch Missus Ogue war nett und eine gute Kundin, die viel für ihr Gasthaus in der Chatham Street einkaufte.

»Ja, dann werde ich einen hübschen Muscheleintopf kochen. Damit die alten Säufer an der Bar was Anständiges zu essen bekommen, was, Lily?« Tara zwinkerte ihr zu. »Wie geht's den Kindern? Ein Junge und ein Mädchen, stimmt's?«

»Ja, Ma'am«, erwiderte Lily, die sich immer wieder überrumpeln ließ von der Fähigkeit der älteren Frau, ihr Auskünfte zu entlocken.

»Jetzt hören Sie schon auf, mich immer Ma'am zu nennen.« Tara legte das Paket in ihren Korb. »Ich war doch selbst mal Witwe.«

Lily nickte und schämte sich ein wenig für diese Lüge, doch nicht genug, um sie aus der Welt zu schaffen. Für ihre Mitbürger, vor allem für die Kopfgeldjäger, die es auf entlaufene Sklaven abgesehen hatten, waren sie und ihre Kinder vor dem Gesetz freie Menschen, und sie besaß sogar – wenn auch gefälschte – Papiere, die dies bewiesen.

»Ist noch gar nicht so lange her, da hab ich mich allein durchschlagen müssen, genau wie Sie. Ich weiß, wie hart das ist. Zwar hatte ich nicht die zusätzliche Sorge, mich um zwei Kinder kümmern zu müssen, aber auch nicht den Trost, den sie spenden.« Tara trat einen Schritt vor und beugte sich über die Eimer. »Der Herr wird einen Mann für Sie finden«, versicherte sie Lily. »Hat Er mir doch meinen lieben Dugan Ogue geschickt, genau in dem

Moment, als ich dachte, für mich gäb's nichts mehr außer Kummer und Leid. Und Er wird das Gleiche für Sie tun«, fügte sie mit fester Stimme hinzu.

Taras Worte, diese seltene freundliche Geste in einer Stadt voller Fremder, kamen für Lily völlig überraschend. »Danke«, sagte sie gerührt.

»*Tara*.« Missus Ogue lächelte und rückte den Korb an ihrem Arm zurecht. »Aber jetzt muss ich gehen, denn unser Untermieter – ein feiner junger Mann, dieser Sean – rechnet jeden Tag mit der Ankunft seiner Schwester, und ich habe versprochen, die Anschläge am Kai durchzusehen. Sie kommt aus Irland, und zwar hoffentlich bald, sonst stirbt er mir noch vor Sorge!«

Lily kannte dieses Gefühl. »Viel Glück«, sagte sie. »Und … bis zum nächsten Mal, Tara«, fügte sie zögernd hinzu.

Sie blickte Missus Ogue nach, die zu den Landungsbrücken ging, und dachte, dass das Leben es manchmal auch gut mit einem meinte. Diese Frau hatte ihren Mann verloren und große Verzweiflung erdulden müssen und dennoch überlebt. Nicht nur das; sie schien sogar glücklich zu sein. Dieser Gedanke erfüllte Lily mit Hoffnung, und sie blickte an Tara vorbei, die inzwischen nur noch eine kleine Gestalt unter vielen war, hinaus aufs offene Meer, wo genau in diesem Moment wieder ein Schiff am Horizont auftauchte.

8

Tara sagt, sie standen nicht auf der Liste.«

Sean verzog das Gesicht. Ogue schenkte ihm rasch einen Whiskey ein und schob das Glas über die glatte Oberfläche der massiven Eichentheke, sodass es direkt in der Hand des jungen Mannes landete.

»Nicht doch, mein Junge, nicht die Hoffnung aufgeben«, sagte er. »Sie kommt bestimmt bald an, verlass dich drauf. Die Überfahrt ist schwierig, das weißt du selbst, und jetzt im Winter nahezu unberechenbar.«

Sean blickte ihn noch besorgter an.

»Ach, hör nicht auf mich.« Verärgert über sich selbst, schüttelte Ogue den Kopf. Dann leuchteten seine Augen plötzlich auf. »Warte mal! Da ist ein Päckchen für dich angekommen, vielleicht mit guten Neuigkeiten. Pass kurz auf die Bar auf, dann hol ich es.«

Sean hörte ihn kaum. Das Päckchen würde von O'Sullivan sein: Notizen für einen Artikel über englische Schiffe, die große Mengen Getreide aus dem hungernden Irland ausführten, sowie eine Abschrift von Duyckincks letzter Rede. Nichts Wichtiges im Vergleich zu Graces misslicher Lage.

Sie hatte es nicht rechtzeitig nach Liverpool geschafft, um mit der *Christina* nach Amerika zu segeln, hatte Kapitän Applegate berichtet, als er mit seinem Schiff in Manhattan anlegte. Sean hatte stundenlang am Hafen gestanden und Passagiere befragt, die erschöpft, ausgemergelt und hohläugig an Land gegangen waren, überwältigt von dem hektischen Treiben, das sie dort umgab. Zwar freuten sie sich, einem irischen Landsmann die Hand zu schütteln, aber eine Grace Donnelly oder ihre kleine Tochter kannte niemand.

Jeden Tag ging er zum Hafen, um die Passagierlisten zu studieren. Fast stündlich legten neue Schiffe an, und schon bald brannten seine Augen von der Anstrengung, jede weibliche Gestalt, die an Land ging, aus der Ferne zu mustern. Er traute sich kaum zu blinzeln, aus Sorge, sie in der Menge der verunsicherten Einwanderer zu übersehen. Erst bei Anbruch der Dunkelheit, am Spätnachmittag, gab er widerstrebend die Suche auf. Ihn quälte der Gedanke, dass sie vielleicht krank war, möglicherweise sogar hohes Fieber hatte und statt an Land zu gehen, jetzt im Marinehospital auf Staten Island lag. Bereits Eingereiste konnten mit einer Fähre auf die Insel übersetzen, um ihre in Quarantäne befindlichen Angehörigen zu besuchen, aber davon wurde dringend abgeraten – die Gefahr, sich dort eine Typhus- oder Cholerainfektion zuzuziehen, war zu groß. Doch Sean fühlte sich inzwischen so verzweifelt, dass er beschloss, das Risiko einzugehen, falls er bis Ende der Woche noch nichts von ihr gehört hatte.

Außerdem fürchtete er, dass sie vielleicht genau in dem Moment von Bord gehen könnte, wenn er sich auf den Heimweg machte, und zur leichten Beute würde für die zahlreichen Nepper und Schlepper mit den grünen Halstüchern und dem breiten Akzent – allesamt Schwindler, die nur darauf warteten, die verwirrten und orientierungslosen Reisenden übers Ohr zu hauen. Am schlimmsten waren seiner Meinung nach die Iren, die schon länger in Amerika lebten und mit grünen Westen und Hüten und dick aufgetragenem irischen Akzent ihren ehemaligen Landsleuten Fahrkarten für nicht existierende Züge und Fährboote verkauften oder sie gegen ein geringes Entgelt zu einer »kleinen, irischen Pension« an der Greenwich Street brachten. Dabei waren diese Häuser kaum mehr als baufällige, heruntergekommene, dreigeschossige Mietskasernen in unmittelbarer Hafennähe, mit einer Schnapsbude im Erdgeschoss, wohin die Neuankömmlinge nach ihrer langen Reise erst einmal zu einer Mahlzeit eingeladen wurden. Danach zeigte man ihnen ihr Zimmer, das bereits zwei weitere Familien beherbergte, und drängte sie, sich dort einzurichten. Bezahlen könnten sie ja später, hieß es, sobald sie eine Arbeit gefunden hätten. Erleichtert legten die Einwanderer ihre Sachen ab und schliefen mit einem Dankesgebet auf den Lippen auf dem Fußboden ein.

Das böse Erwachen kam dann später, wenn einer oder mehrere aus der Familie mit Hilfe des Amts für Arbeitsvermittlung eine Anstellung gefunden hatten: Bereits der erste Schluck Alkohol war ihnen in Rechnung gestellt worden, und diese Rechnung erhöhte sich mit jedem Bissen trockenen Brots und jeder Suppenmahlzeit. Natürlich galt das auch für das Zimmer, das die Neuankömmlinge mit bis zu zwanzig Mitbewohnern teilten. Wenn die angesammelte Miete und die sonstigen Schulden bezahlt waren, blieb nichts mehr für die nächste Wochenmiete übrig, sodass sie sich erneut verschulden mussten, also ihre Rückstände nicht begleichen und somit auch nicht ausziehen konnten. Erst dann dämmerte den Menschen, dass sie ihre betrügerischen Vermieter in Irland nur gegen andere, nicht weniger geldgierige Hauswirte in Amerika eingetauscht hatten. Falls Grace im Labyrinth dieser Mietskasernen verschwand, wäre es nahezu unmöglich, sie zu finden. Man konnte wochenlang durch die Straßen New Yorks laufen, ohne ein einziges Gesicht zweimal zu sehen. Sean blieb nur die Hoffnung, dass sie die Anschläge am Schwarzen Brett vor dem Amt für Arbeitsvermittlung las: Jeden Tag hinterließ er dort Namen und Adresse und hängte seinen Zettel immer wieder über andere verzweifelte Mitteilungen, die jene vom Vortag überdeckten.

Die Lektüre der Passagierlisten löste bei ihm ein Wechselbad der Gefühle aus: Einerseits sehnte er sich danach, Grace auf der Liste zu finden, andererseits fürchtete er sich davor, dass ihr Name durchgestrichen sein könnte. Denn so viele Namen waren durchgestrichen. Der Gedanke, Grace und Mary Kate könnten die Überfahrt nicht überlebt haben, war ihm unerträglich. Doch noch schlimmer fand er die Vorstellung, dass das Mädchen nach dem Tod der Mutter möglicherweise auf sich allein gestellt sein könnte; das wäre schrecklich für die Kleine. Er hatte so etwas selbst miterlebt, hatte gesehen, wie man die Leichname der Mütter in Segeltuch genäht und der See überantwortet hatte. Und wenn es kein Segeltuch mehr gab oder die Mannschaft zu beschäftigt war, wurden die Leichen ohne diesen letzten Rest an Würde einfach über Bord geworfen, wo sie noch eine Weile im Kielwasser trieben und dann von Haien und anderem Meeresgetier gefressen wurden.

Die furchtbaren Erinnerungen an seine eigene Überfahrt nährten diese Horrorvorstellungen. Deshalb hatte er auch darauf bestanden, dass Grace ihre Passage auf einem amerikanischen Schiff mit einem amerikanischen Kapitän buchte. Die Amerikaner galten als hart, aber waren harmlos, verglichen mit den englischen Seeleuten, die für ihre Grausamkeit berüchtigt waren. Wobei die Mannschaften aus Liverpool den übelsten Ruf genossen.

Jedes Mal, wenn er den Kommandoton eines Liverpooler Seemanns hörte, spürte er, wie sich sein Magen verkrampfte. Sofort fühlte er sich wieder in den dunklen Laderaum im Zwischendeck zurückversetzt, wo er die gebuchte Einzelkoje von einsachtzig mal einsachtzig nicht alleine hatte, sondern sie mit drei Leuten teilen musste: einem Mann sowie dessen Frau und Kind. Dort hatte er die ganze Zeit kein Auge zugetan. Obwohl Alkohol an Bord verboten war, verkaufte der Kapitän einmal wöchentlich Spirituosen an jeden, der es sich leisten konnte. Und Seans Bettnachbar war ein Säufer gewesen, den weder die beengten Verhältnisse noch die hilflosen Proteste seiner Frau daran hinderten, auf seinen ehelichen Rechten zu bestehen. Sean hatte ihnen den Rücken zukehren müssen, um sich gegen das Schluchzen der Frau und das Weinen des Sohnes abzuschotten, der verzweifelt versuchte, den Vater von der Mutter herunterzuzerren. Sean mochte den Jungen; also setzte er sich an den Tagen, an denen Alkohol verkauft wurde, mit ihm auf die Stiege, die zum Zwischendeck führte, und erzählte ihm Geschichten von irischen Königen, bis nur noch lautes Schnarchen aus ihrer gemeinsamen Koje drang.

Die Mutter starb, als sich an Bord eine Krankheit ausbreitete. Sean hatte neben dem Jungen an Deck gestanden und zugesehen, wie ihr Leichnam dem Meer übergeben wurde. Kurz darauf war auch der Junge erkrankt, und Seans Bemühungen, Medikamente zu besorgen, waren vergeblich gewesen: Der Schiffsarzt verkaufte sie, statt sie an die Kranken auszuteilen.

Das Wasser an Bord war stets abgestanden und schmeckte nach dem Wein oder Pökelfleisch, das zuvor in den Fässern gelagert hatte; das Fleisch war ranzig und so versalzen, dass die Passagiere sich entscheiden mussten, ob sie ihre Tagesration Wasser lieber trinken oder zum Spülen der Lebensmittel verwenden wollten; und der Schiffszwieback war ungenießbar. Es überraschte Sean überhaupt nicht, als der Junge einfach aufgab und starb. Sein kleiner Körper verursachte kaum einen Spritzer, als er in die Wogen eintauchte.

Da Sean schreckliche Angst hatte, diese Reise ebenfalls nicht zu überleben, versteckte er sich an Deck, um dem Gestank und der üblen Luft im Zwischendeck zu entgehen. Als man ihn entdeckte, wurde er mit Spaken und Schlagringen verprügelt, doch er gab keinen Ton von sich, denn einmal war er Zeuge geworden, welche Folgen das haben konnte. Ein älterer Mann, der mit einer Beschwerde gedroht hatte, falls nicht mehr Wasser ausgeteilt würde, war mit Belegnägeln und Eimern zusammengeschlagen worden. Dann hatte man ihn an den Großmast gebunden, mit einer stumpfen Klinge rasiert und Wangen und Hals mit heißem Teer bestrichen. Der Mann hatte stundenlang geschrien, während ihm die Mannschaft immer wieder Rum ins Gesicht spuckte.

Sean hatte damals den Entschluss gefasst, alles zu erdulden, um am Leben zu bleiben. Und als das Schiff sich nach langen Wochen endlich seinem Ziel näherte, war er von Bord gesprungen, denn der Kapitän drohte, die lästigen Kontrollen auf Staten Island zu umgehen und die offensichtlich kranken oder verletzten Passagiere einfach auf ein anderes Schiff zu verfrachten, das sie nach Grosse Isle bringen würde, eine Insel weiter nördlich vor Kanada. Er sei nicht gewillt, für jeden Reisenden, der zu krank sei, um das Schiff in Manhattan zu verlassen, einen Schuldschein in Höhe von zweitausend Pfund zu hinterlegen. Später erfuhr Sean, dass viele Kapitäne auch die Küste hinunter segelten und die Kranken in New Jersey aussetzten, sodass diese den ganzen Weg nach New York zu Fuß zurücklegen mussten. Doch in jener Nacht wollte er auf keinen Fall das Risiko eingehen, nach Kanada gebracht zu werden.

Als das Schiff im Hafen vor Anker lag, ließ er sich über die Bordwand gleiten. Das Wasser war so eisig, dass ihm der Atem stockte, und um nicht zu ertrinken, klammerte er sich an den erstbesten Gegenstand, der an ihm vorbei trieb – ein Baumstamm, der sich aus einem Floßverband gelöst hatte. Die Flut brachte ihn näher an die Küste heran, aber er merkte, dass seine Kraft nicht reichte, um an Land zu schwimmen, dass das Meer also doch noch sein nasses Grab werden würde. Als er bereits sein letztes Gebet sprach, entdeckte ihn eine Gruppe von Engeln in Gestalt mehrerer betrunkener amerikanischer Seeleute, die zu ihm hinausruderten, ihn ins Boot zerrten und ihm wohlwollend auf den Rücken schlugen, damit er das eiskalte Wasser aushustete. Sie brachten ihn an Land, gaben ihm trockene Kleidung und pflichteten ihm bei, dass es auf der Welt nichts Schlimmeres gab als diese miesen Liverpooler Matrosen. Anschließend füllten sie ihn mit Whiskey ab und schickten einen Boten zu einem gewissen Dugan Ogue. Dieser tauchte dann auch mitten in der Nacht auf, um den jungen Mann abzuholen, und fragte ihn, ob es in Irland denn inzwischen so furchtbar sei, dass er den ganzen Weg nach New York schwimmend zurückgelegt habe.

Bei der Erinnerung daran schüttelte Sean den Kopf und kippte den Whiskey hinunter.

»Hier ist es.« Ogue kehrte an seinen Platz hinter dem Tresen zurück und hielt einen ramponierten Briefumschlag hoch, dessen mit Tinte geschriebene Adresse verschmiert war.

Sean starrte auf die Handschrift, und in seinem Kopf herrschte plötzlich völlige Leere.

»Allem Anschein nach von zu Hause.« Ogue schob den Umschlag über die Theke. »Vielleicht Nachrichten von deiner Familie.«

Sean blickte ihn an, voller Sorge, was das zu bedeuten haben mochte. Zögernd nahm er den Umschlag, riss ihn an einer Seite auf und sah, dass er zwei Briefe in verschiedenen Handschriften enthielt.

»Dieser hier ist von William«, sagte er mit heiserer Stimme, während er das Blatt auseinander faltete. Im nächsten Moment wich sämtliche Farbe aus seinem Gesicht.

Ogue schenkte ihm sofort nach und trat dann taktvoll ein paar Schritte zur Seite.

Der Brief kam ohne Umschweife zur Sache:

»O'Malley, schlimme Neuigkeiten – McDonagh ist tot. Er saß in Dublin im Gefängnis. Berichten zufolge war es das Fieber, aber wir können nicht sicher sein, da so viele Menschen gestorben sind und sein Leichnam zusammen mit anderen in eine Grube geworfen wurde. Ein Gefängnispriester bestätigte aber, dass er es war und dass er trotz der Folterungen nichts preisgegeben hat. Er war ein tapferer Mann, ein frommer Mann, und ich bin mir sicher, dass er dem Tod mutig ins Auge geblickt hat. Dies ist ein furchtbarer Schlag für uns. Das ganze Land trauert um ihn, und ich fürchtete bereits, dass die Menschen jetzt auch den letzten Funken Hoffnung fahren lassen würden. Doch sie haben sich in seinem Namen enger als je zuvor zusammengeschlossen, trotz des schrecklichen Leids, das uns nach wie vor umgibt. Aus den Armenhäusern werden täglich über hundert Leichen herausgetragen und ohne jegliche Zeremonie in eine Grube geworfen; nur eine dünne Lage Kalk dient den Menschen als Totenhemd. Unter uns wütet immer noch die Fieberkrankheit, und jede Stunde schafft sie neue Waisen. Auch das Hungern dauert an. Ich danke Gott, dass du außer Landes bist, denn in manchen Dörfern herrscht inzwischen Totenstille, weil niemand mehr am Leben ist.

Ich habe mich bemüht, deine Schwester ausfindig zu machen, erreichte sie jedoch zu spät für die Überfahrt mit Kapitän Applegate. Sie und ihre Tochter segeln in einer Woche von Liverpool aus mit einem amerikanischen Postschiff, der *Eliza J.*, unter Kapitän P. Reinders, einem Amerikaner. Sie hat McDonaghs Sohn zur Welt gebracht und ließ sich nur schwer überreden, ihn zurückzulassen, doch die Furcht vor einer Inhaftierung und dem damit verbundenen Verlust beider Kinder überzeugte sie schließlich; der Junge ist bei deinem Vater in Cork. Grace wird wegen Mordes an einem Wachmann gesucht und kann nicht unter ihrem eigenen Namen reisen. Julia wird sie bis Liverpool begleiten und dafür sorgen, dass sie das richtige Schiff nehmen. Ich sende diesen Brief sofort ab; bei günstigem Wetter sollte er dich erreichen, bevor sie in New York ankommen.

Wir Iren haben unsere Helden immer schon in Ehren gehalten, und McDonaghs Leben wird von vielen Dichtern und Balladensängern besungen werden. All diese schrecklichen Ereignisse, die Irland heimsuchen, lähmen das Land, mein Freund, und meine eigenen Schicksalsprüfungen könnten kaum größer sein. Doch die Sehnsucht nach Freiheit hat nicht nachgelassen, und ich weiß, eines Tages werden wir uns mächtiger denn je erheben. Verdopple deine Bemühungen in seinem Namen. In Erwartung deiner Antwort.«

Der Brief war mit »Smith O'Brien« unterzeichnet, und in seiner ordentlichen Handschrift hatte er noch ein Postskriptum hinzugefügt.

»Dieser Brief von Alroy kam heute an. Ich schicke ihn in seinem Auftrag an dich weiter.«

Sean legte Williams Schreiben beiseite und faltete Abbans Brief auseinander, konnte aber nichts erkennen, weil seine Sicht getrübt war. Er erinnerte sich, wie er Abban Alroy vor langer Zeit vor der kleinen Hütte in Macroom kennen gelernt und ihn davon überzeugt hatte, gemeinsam für ihre Sache zu kämpfen. Morgan brauchte jemanden, dem er vertrauen konnte, und Abban, dessen Familie infolge der Hungersnot gestorben war, wurde seine rechte Hand. Die beiden erlangten eine Machtstellung, die ihnen weitreichenden Einfluss sicherte. Abban war Morgan vollkommen ergeben; gemeinsam hatten sie Sean aus dem Gefängnis befreit und ihn auf das Schiff nach Amerika verfrachtet. Damals hatte er sie zum letzten Mal gesehen ... Mit zitternder Hand nahm Sean sein Glas und stürzte den Inhalt auf einmal hinunter, wobei er heftig blinzelte, um den Blick freizubekommen.

Abbans Brief war so zerknittert, dass man annehmen musste, er war durch viele Taschen gewandert, ehe er William erreichte. Er enthielt in großer Eile niedergeschriebene, teils durchgestrichene Zeilen aus der ungeschickten Feder eines nicht sehr schreibgewandten Kriegerpoeten. Schon beim ersten Wort konnte Sean Abbans ausgeprägten Connemara-Akzent förmlich hören.

»Sean, mein Bruder, unser Freund wurde bei einem Überfall verhaftet, und ich war nicht da, um ihm zu helfen, obwohl du weißt, dass ich sie mit bloßen Händen in der Luft zerrissen hätte, wenn ich nur die Gelegenheit gehabt hätte. Dass er im Sterben lag, habe ich aus einem Brief erfahren, den er an Grace geschrieben hat, und dass sie bei Barbara war, aber ich konnte ihn nicht selbst überbringen, weil mein Fuß abgenommen werden musste und das Bein bald folgen wird. Ich denke immer an sie, weil im Brief stand, dass sie sein Kind unter dem Herzen trägt, und wir beide wissen, wie sehr er sie geliebt hat. Also bin ich hinten auf einem Karren nach Cork gefahren, habe sie aber um einen Tag verpasst, weil sie schon nach Liverpool unterwegs war, um zu dir zu reisen, sagt Barbara. Der Herr weiß, ich würde ihr hinterherfahren, wenn ich könnte, aber ich bleib hier, bis alles verheilt ist, und kümmer mich inzwischen um deinen Dad und den kleinen Jungen. Es hilft meinem Herz, dass ich weiß, er hat Grace zu seiner Frau gemacht und einen Sohn bekommen. Das ist alles, was er sich je gewünscht hat. Erinnerst du dich noch an den Abend, als wir dich rausgeholt haben und du die Wachen verflucht hast, dass es von den Mauern zurückschallte, und Morgan so laut lachen musste, dass er kaum mehr wusste, wie er deinen dürren Hintern retten sollte? Er hat dich wie seinen eigenen Bruder geliebt, ja, das hat er. Und jetzt mach ich das für ihn. Es tut mir leid für uns alle. Abban.«

Sean drückte den zerknitterten Brief an seine Brust und stieß einen verzweifelten Schmerzensschrei aus. Sofort verstummten alle anderen im Raum und starrten zu dem verkrüppelten jungen Mann hinüber, der oft an einem der hinteren Tische saß und mit mächtigen Männern Pläne schmiedete. Sie wussten, er war nach New York gekommen, um für Irland zu kämpfen – dieser Junge mit dem zu kurzen Bein und der verdrehten Schulter, dem scharfen Verstand und der spitzen Zunge. Und sie kümmerten sich um ihn, so gut sie konnten, doch als sie diesen Schrei hörten, wussten sie, dass ihnen nichts anderes blieb, als schweigend abzuwarten. Denn der Klagelaut, den er ausstieß, entfuhr einem gebrochenen Herzen; es war der Hilferuf eines Mannes, der inständig wünschte, er möge den Verstand verlieren, um vergessen zu können, was er doch nie mehr vergessen würde – diesen Verlust, der zu groß war, um jemals überwunden werden zu können. Fortan würde dieser junge Mann nicht mehr nur körperlich ein Krüppel sein. Sie beobachteten, wie Ogue hinter der Theke hervorkam, leise mit ihm sprach und einen Blick auf die Briefe warf. Dann nahm er den Jungen einfach in seine kräftigen Arme und half ihm die Treppe hinauf zu seinem Zimmer im Obergeschoss. Schweigend saßen sie da, niemand kam oder ging, niemand hob sein Glas oder sprach, bevor Ogue zurückkehrte und ihnen die schreckliche Nachricht von McDonaghs Tod überbrachte. Reglos starrten sie ihn an, als könnten sie in den Augen des großen Mannes eine Erklärung finden. Er schüttelte den Kopf, mehr wusste er auch nicht. Dann füllte er Seans Glas randvoll mit Whiskey und hob es hoch.

Wie auf Kommando erhoben sich die anderen von ihren Plätzen; Stühle und Hocker kratzten über den Holzboden. Die Männer rissen sich ihre Mützen und Kappen vom Kopf und richteten sich stolz auf.

»Lasst uns auf ihn anstoßen«, rief Ogue.

»Auf McDonagh!«, brüllten die Männer mit hoch erhobenen Gläsern.

»Und auf Irland«, kam eine einzelne Stimme von ganz hinten, und fünfzig Augenpaare füllten sich mit Tränen des Heimwehs.

Schweigend tranken sie, und dann reichten sie einander die Hände und erzählten sich mit ungewöhnlich leiser Stimme Geschichten von ihrem großen Helden. Auch wenn ihn die meisten nie persönlich getroffen hatten, so kannte doch jeder von ihnen jemanden, der ihn gekannt hatte. Erzählungen von seinen Raubzügen machten die Runde, von seinem Mut und seinem Mitgefühl, seiner unsterblichen Liebe zu Irland und zu diesem wunderschönen irischen Mädchen, dessen Herz genau so groß war wie sein eigenes. Die Heldengeschichten wurden von Stunde zu Stunde weiter ausgeschmückt, und die Nachricht verbreitete sich im ganzen Viertel, von der Fourth Ward zur Sixth, dann die Baxter Street hinauf und die Mulberry Street hinunter. Aus dunklen Kellern und eisigen Dachkammern, aus düsteren Gassen und verschlungenen Pfaden strömten die Iren auf die Straße. Betrunkene wie nüchterne Männer und Frauen zeigten sich in den Fenstern und vor den Türen der überfüllten Mietskasernen, eilten hinaus auf die Gehwege und verschmolzen mit der Menschenmenge, die sich einen Weg durch das Viertel zu Dugan Ogue bahnte, um die Nachricht aus dem Munde des großen Mannes persönlich zu hören – die schreckliche Nachricht, die herzzerreißende Kunde, dass Morgan McDonagh, ihr Held, für immer von ihnen gegangen war.

9

Nach zwei Wochen Eisregen und beißendem Wind brach eines Morgens die Wolkendecke auf. Die Sonne kam zum Vorschein und ließ die Schaumkronen auf den Wellen strahlend weiß aufleuchten. Gut geschützt vor dem kalten Dezemberwind saßen Grace und Mary Kate zwischen zwei großen Taurollen und aßen ihr Frühstück, das sie im Morgengrauen beim Schiffskoch abgeholt hatten. Zwischendurch wandten sie ihre Gesichter immer wieder den wärmenden Strahlen der Sonne entgegen.

»Guten Morgen, Missus … Donnelly. Genießen Sie den schönen Tag?«

Grace öffnete die Augen und musste blinzeln.

»Ah, Kapitän Reinders. Ja, das Licht ist eine wahre Wohltat nach den dunklen Tagen unter Deck.«

»Und wie ergeht es Ihnen im Zwischendeck?«, fragte er, da ihm plötzlich bewusst wurde, dass er sie seit der Abfahrt kaum gesehen hatte.

»Danke, gut. Mögen Sie etwas Zwieback?« Sie bot ihm ein Stück an.

»Ich habe schon vor Stunden gefrühstückt.«

»Zweifellos. Aber verraten Sie mir eins, Käpt'n«, fügte sie neckend hinzu. »Legen Sie sich jemals schlafen? Ich kann mich nämlich an keinen Moment erinnern, an dem Sie nicht hier oben an Deck gestanden hätten.«

»Also, ich … wie soll ich sagen …«, stammelte er, von ihrer Ungezwungenheit überrumpelt. »Ein guter Kapitän hat ein wachsames Auge auf seine Leute. Deshalb schlafe ich immer nur ein paar Stunden am Stück, stehe dann auf und ... sehe nach dem Rechten.«

Er hatte schon bemerkt, dass die Iren keinen großen Wert auf Förmlichkeiten legten; sie stellten immer gleich die persönlichsten Fragen nach familiären Angelegenheiten oder privatesten Gedanken. Im Grunde schien es kaum ein Thema zu geben, das sie ausließen, und diese Gespräche waren häufig auch noch von einer solchen Fröhlichkeit begleitet, dass sie einen Mann wie ihn doppelt beunruhigten. Ganz gewiss würde er dieser jungen Frau mit den bemerkenswerten Augen nicht seine Schlafgewohnheiten offenbaren. Ein Kapitän musste immer interessiert erscheinen, aber auch stets eine gewisse Distanz wahren. Er beschloss, das Thema zu wechseln.

»Missus Donnelly, warum nehmen Sie Ihre Mahlzeiten nicht zusammen mit den anderen Passagieren der Ersten Klasse im Salon ein? Ist das Essen dort nicht besser?«

»Doch, Käpt'n, und ich bin auch sehr dankbar für das Angebot.« Sie warf einen Blick auf die Reste ihres Frühstücks, das aus Zwieback, Käse, Kochschinken und einem Apfel bestand. »Aber ich ziehe es vor, an der frischen Luft zu essen. Das bereitet Ihnen hoffentlich keine Unannehmlichkeiten, oder?«

Reinders betrachtete das kleine Mädchen, das aufgehört hatte zu kauen, obwohl es die Backen noch voll hatte.

»Nein.« Er runzelte die Stirn. »Mir bereitet das keinerlei Unannehmlichkeiten. Aber in den letzten beiden Wochen hat es doch fast ständig geregnet. Sie wollen mir sicher nicht weismachen, dass Sie auch im strömenden Regen hier oben sitzen?«

Mary Kathleen sah den Kapitän an und schüttelte den Kopf.

»Dann nehmen wir unsere Mahlzeiten unter Deck ein«, gestand Grace.

»Aber warum nicht im Salon? Er ist doch recht einladend, oder?«

Erneut schüttelte Mary Kate den Kopf.

Überrascht sah er sie an. »Etwa nicht?«

Grace biss sich auf die Lippe. »Wissen Sie, Käpt'n, die meisten anderen Passagiere dort sind Engländer«, setzte sie zu einer Erklärung an. »Und Ihnen ist sicherlich nicht entgangen, dass sie uns

Iren nicht gerne um sich haben, vor allem nicht solche, die jeden Tag an Deck kommen und nach … nach dem Zwischendeck riechen.«

»Ich bedaure sehr, das zu hören«, meinte Reinders stirnrunzelnd. »Wissen Sie was? Ich könnte meine Mahlzeiten statt in meiner Kajüte zukünftig auch im Salon einnehmen.«

»Aber nein, Käpt'n.« Grace schüttelte den Kopf. »Machen Sie sich keine Umstände. All diese sauertöpfischen Gesichter würden auch Ihnen noch den Appetit verderben, und das können wir doch nicht zulassen, oder? Außerdem sind Mary Kate und ich mit diesem Arrangement mehr als zufrieden, denn Ihr Schiffskoch war so freundlich, uns unsere Mahlzeiten jeden Tag direkt in der Küche auszuhändigen.«

»Kombüse«, korrigierte Reinders gedankenverloren. »Die Küche auf einem Schiff nennt man Kombüse. Aber Ihnen stehen alle Annehmlichkeiten der Ersten Klasse zu, Missus Donnelly.«

»Und zählt dazu nicht auch, dass ich mir meinen Essplatz selbst aussuchen darf?«, fragte sie.

Er nickte zögernd.

»Also dann ziehen Mary Kate und ich es vor, unsere Mahlzeiten unter Deck oder hier an Gottes frischer Luft einzunehmen. Ich danke Ihnen herzlich für Ihre Bemühungen, Käpt'n, aber machen Sie sich um uns keine Sorgen.«

»Nein, nein, das gefällt mir nicht«, erwiderte er starrköpfig. »Und ich bin mir nicht sicher, ob ich diese Snobs so einfach davonkommen lassen sollte. Aber wenn es Ihr Wunsch ist …«

»Ja, das ist es«, sagte sie mit fester Stimme.

»Also gut.« Er wandte sich zum Gehen, drehte sich dann aber noch einmal um. »Wenn ich mir eine Bemerkung erlauben darf, Missus Donnelly, Sie sind wirklich eine besonders liebenswürdige Frau.«

»Ach, nicht doch, Käpt'n, nur dankbar.« Sie sah ihm in die Augen. »Auf diesem Schiff bekommen wir jeden Tag zu essen. Warum sollte es uns also etwas ausmachen, wo wir die Mahlzeiten einnehmen?«

Da er darauf keine Antwort wusste, nickte er nur kurz und ging.

»Du darfst das, was du im Mund hast, jetzt hinunterschlucken«, sagte Grace sanft zu Mary Kate. »Du brauchst keine Angst zu haben. Er ist zwar genauso groß und kräftig wie dein Dad, aber ein völlig anderer Mensch.«

Mary Kate schluckte brav und trank dann einen Becher Wasser, wobei sie, wie so oft, auf dem Schoß ihrer Mutter saß. Grace schob der Kleinen das letzte Stückchen Schinken in den Mund und klopfte die Krümel von ihrer Kleidung.

»Sollen wir jetzt mal zu Missus Kelley gehen? Dann kannst du mit Siobhan und Liam spielen, während wir die Wäsche waschen.«

Mary Kate nickte. Grace stellte sie auf die Füße und führte sie an der Hand zu der offenen Luke. Aus dem Zwischendeck drang deutlich schlechtere Luft nach oben, obwohl der Wind kräftig hineinwehte. Einige Passagiere lagen noch in ihren Kojen oder hatten sich wieder hingelegt, geplagt von den Schiffsbewegungen, auch wenn die schlimmste Phase der Seekrankheit überstanden zu sein schien. Andere Reisende hatten ihr Frühstück aus Haferschleim oder Zwieback beendet und machten die Betten, ordneten ihre Sachen und schüttelten Kleidungsstücke und Decken aus.

Grace fand Alice im hinteren Bereich des Zwischendecks. Sie saß auf dem Rand ihrer Koje, die Hände im Schoß gefaltet, und starrte vor sich hin. Siobhan lag neben ihr.

»Alice?« Grace beugte sich vor. »Alles in Ordnung? Wollen Sie nicht mit nach oben kommen und etwas frische Luft schnappen?«

Alice sah mit sorgenvollem Blick zu ihr auf. »Siobhan geht's nicht gut«, flüsterte sie. »Sie hat sich die ganze Nacht rumgewälzt.«

Grace legte dem Mädchen eine Hand auf die Stirn. Ihre Haut war zwar nicht glühend heiß, aber doch ziemlich warm, genau wie die Wangen, und ihre Augen wirkten glasig. Seit Beginn der Reise kränkelte Siobhan, und Grace hatte mit wachsender Sorge beobachtet, wie sich ihr Zustand von Tag zu Tag verschlechterte. Sie hatte immer wieder Fieber, was sie von Mal zu Mal apathischer machte. An diesem Morgen waren ihre Lippen ganz trocken und aufgesprungen.

»Hat sie heute schon Wasser getrunken?«

Alice schüttelte den Kopf.

»Dann gehen Sie doch nach oben und stellen sich bei der Wasserausgabe an. Ich habe hier noch etwas, aber sie wird mehr brauchen.« Grace nahm die Hand der Frau und zog sie auf die Beine. »Nun gehen Sie schon«, beharrte sie. »Ich bleibe bei ihr. Gehen Sie hinauf an die frische Luft. Es ist ein wunderbarer Morgen, und Sie werden sich gleich viel besser fühlen. Wo ist eigentlich Liam?«

»Hier.« Der Kopf des Jungen schaute über die Kante der oberen Koje.

»Komm sofort da runter, Liam Kelley«, schimpfte Grace. »Der Besitzer von dem Bett verspeist ungezogene Jungen zum Frühstück!«

Liam schwang die Beine über den Rand, sprang herunter und landete federnd neben ihr. Er war gelenkig, voller Unternehmungsgeist und nicht annähernd so verdrossen, wie sie zunächst angenommen hatte. Grace hatte ihn inzwischen richtig ins Herz geschlossen.

»Ich habe einen Auftrag für dich.« Sie reichte ihm seine Kappe. »Bring deine Mam nach oben und warte mit ihr in der Schlange bei der Wasserausgabe. An Deck ist einfach wunderbare Luft, ich komme gerade von dort. So, und nun nichts wie los, ihr beiden!«

Liam nahm seine Mutter bei der Hand und zog sie hinter sich her, warf aber noch einmal einen Blick über die Schulter und grinste, ehe sie die Stiege hinaufkletterten.

Mary Kate hielt sich an Graces Rockzipfel fest und wich ihr nicht von der Seite. »Ist sie krank?«

»Ja.« Grace sah ihrer Tochter in die Augen; Mary Kate war sehr reif für ihr Alter, und es schien Grace das Beste, ihr die Wahrheit zu sagen. »Sie hat Fieber.«

»Der ist auch krank.« Mary Kate zeigte auf einen Mann, der auf der anderen Seite des Gangs in seiner Koje lag. »Die auch.« Sie deutete auf eine weitere Gestalt, die gekrümmt unter einer Bettdecke lag. »Und da drüben die auch …« Nun zeigte sie auf eine vierköpfige Familie, die allesamt apathisch vor sich hin starrten.

Grace sah sich um und dachte, dass das Kind Recht hatte. Diese Menschen lagen viel zu ruhig da, mit starrem Blick und rascher, flacher Atmung. Erneut fühlte sie Siobhans Stirn. War ihre Temperatur in den letzten Minuten gestiegen?

»Das ist die Seekrankheit, weiter nichts«, sagte sie, um nicht nur Mary Kate, sondern auch sich selbst zu beruhigen. »Siobhan braucht frische Luft, Wasser und etwas Brühe, falls wir welche zubereiten können.« Nachdenklich biss sie sich auf die Lippe. »Komm, mein kleines Mädchen.« Sie hob Siobhan mitsamt ihrer Decke hoch. »Auf an die frische Luft.«

Mary Kate ging vor, und Grace folgte ihr mit dem kranken Kind. Sie spürte, wie Siobhan die dünnen Ärmchen um ihren Hals legte, und lächelte ihr aufmunternd zu; die fiebrige Wärme des kleinen Körpers drang durch die grobe Wolldecke. An Deck bahnten sie sich einen Weg zu der geschützten Ecke mit den aufgerollten Schiffstauen, wo sie die Wärme der Sonne genießen konnten, ohne dem beißenden Wind ausgesetzt zu sein.

»Hock dich hier hin, Mary Kate, und bleib bei Siobhan.« Sie setzte das Mädchen vor einer großen Holzkiste ab. »Ich gehe jetzt Alice und Liam suchen und sehe mal nach, ob wir eine Brühe zubereiten können.«

Grace entdeckte Alice ziemlich weit vorne in der Schlange vor der Wasserausgabe und erklärte ihr, wo die Mädchen waren. Als sie sagte, sie wolle zur Küche – Kombüse, wie sie sich selbst verbesserte –, bettelte Liam, ob sie ihn mitnehmen könne. Alice war froh, eine Weile ihre Ruhe zu haben, denn Liam war ein Junge, dessen Leben in jedem Moment mit Bewegung ausgefüllt sein musste. Er sprühte förmlich vor angestauter Energie, selbst wenn er im Bett lag – möglicherweise weil er so lange von Tod und Unglück umgeben gewesen war, vermutete seine Mutter. Aber manchmal kostete er sie wirklich Nerven.

Liam hüpfte hinter Grace über das Deck in Richtung Kombüse, als sie plötzlich einen Bogen machte und zum Kapitän ging, der mit dem Rudergänger am Steuer stand.

»Kapitän Reinders«, sagte sie, wobei ihre Stimme im Lärm der nassen, schlagenden Segel unterging. »Käpt'n!«

Erstaunt drehte er sich um. »Missus Donnelly!«

»Das hier ist Liam Kelley, Käpt'n. Sicher haben Sie ihn schon mal wie ein Eichhörnchen über Ihr Boot flitzen sehen. Ich dachte, es wäre gut, wenn Sie seinen Namen kennen, falls er sich mal in Schwierigkeiten bringt.«

Reinders blickte den Jungen ernst an. »Gefällt dir die *Eliza J.*?«

Liam riss die Augen auf. »Und wie, Käpt'n, sie ist wunderschön! Und so schnell! Wir sind bestimmt bald da, so wie sie übers Meer fliegt. Was für ein Boot!«

Um Reinders' Mundwinkel zuckte es verdächtig. »Schiff«, verbesserte er. »Und wir haben noch einen ziemlich weiten Weg vor uns. Moment mal …« Er beugte sich vor und musterte Liam mit zusammengekniffenen Augen. »Bist du nicht der Junge, den meine Männer gestern aus der Takelage pfeifen mussten?«

Liam ließ die Schultern sinken und blickte zu Boden. »Ja, Käpt'n.« Verstohlen blinzelte er nach oben. »Ich wollte nur mal sehen, wie die Sicht von da oben ist.« Er zeigte auf das Krähennest. »Und dann haben meine Füße plötzlich gemacht, was sie wollten! Ich konnte einfach nichts dagegen tun!« Er starrte auf seine hinterhältigen Füße und dann wieder hinauf zu dem Korb hoch oben am Mast, über den sich bauschenden Segeln. »Was sieht man dort oben, Käpt'n? Kann man die ganze Welt sehen, von einem Ende bis zum anderen?«

Grace und Reinders wechselten über Liams Kopf einen Blick.

»Man sieht hauptsächlich Wasser«, sagte der Kapitän und versuchte, trotz Liams Überschwang ernst zu bleiben. »Wasser und noch mehr Wasser.«

»Oh.« Auf dem Gesicht des Jungen machte sich Enttäuschung breit.

»Aber manchmal entdeckt man auch andere Schiffe am Horizont«, fügte Reinders hinzu. »Oder Haie. Und ab und zu sogar Wale.«

»Wale!«

»In dieser Gegend hier halten wir hauptsächlich nach Eisbergen Ausschau.«

»Nach Eisbergen! Ich hab noch nie einen Eisberg gesehen! Sind die groß?«

»Groß und sehr gefährlich«, erklärte Reinders. »Sie schwimmen im Wasser wie ein Schloss aus Kristall. Früher dachten die Seeleute, es wären schwimmende Inseln aus Eis, und fuhren mit ihren Schiffen ganz dicht heran, um deren glitzernde Pracht zu bestaunen … aber es sind keine Inseln. Das, was wir sehen, ist nur ihre Spitze – sie reichen sehr tief hinab, manche sogar bis auf den Meeresgrund. Und direkt unter der Wasseroberfläche haben sie spitze Zacken und Kanten, die ein Loch in den Rumpf der größten Schiffe bohren oder sie einfach aufschlitzen. Deshalb versuchen wir, Eisberge möglichst weit zu umfahren.«

»Haben Sie denn genügend Männer, die Ausschau halten?«, fragte Liam besorgt.

»Natürlich«, versicherte Reinders ihm. »Außerdem haben wir dieses Gebiet bald hinter uns, und dann halten wir nach Land Ausschau.«

»Wird man uns rufen, Käpt'n? Wenn Amerika in Sicht kommt?«

»Sicher. Aber siehst du den da drüben?« Reinders zeigte auf den Bug, wo ein alter Mann die Reling umklammerte, die Jacke bis oben zugeknöpft und den Hut mit einem Stück Seil unter dem Kinn befestigt.

Liam nickte.

»Ich wette, er entdeckt Amerika als Erster.« Der Kapitän zwinkerte dem Jungen zu. »Am Tag der Abfahrt hat er den Platz eingenommen, und bis auf ein paar Stunden jede Nacht hat er die ganze Zeit dort gestanden, egal bei welchem Wetter. Er lässt den Horizont nicht eine Minute aus den Augen. Beim ersten Sturm habe ich ihn persönlich an der Reling festgebunden, denn mir war klar, dass er wieder zurückschleichen würde, wenn ich ihn unter Deck schicke. Da hat er mir erzählt, er habe weder Familie in Irland noch irgendjemanden in Amerika, der ihn erwartet. Ich kann mir nicht vorstellen, was er sich zu sehen erhofft.«

»Ich schon«, sagte Grace. »Es ist seine letzte Hoffnung. Er denkt, er fährt in Richtung *Tir nan Og* – das Land der Jugend. In ein neues Leben.«

Reinders betrachtete ihr Gesicht einen Moment und blickte dann wieder zu dem alten Mann hinüber. »Land der Jugend«, wiederholte er nachdenklich. »Er wird ziemlich enttäuscht sein, wenn wir drüben ankommen.«

»Aber nein, Käpt'n.« Grace lachte. »Niemand von uns wird enttäuscht sein!«

»Doch, ich!«, protestierte Liam laut. »Ich liebe dieses Boot!«

»Schiff, mein Junge! Schiff!« Reinders' Stimme klang streng, aber die Begeisterung des Jungen gefiel ihm. »Weißt du was, Master Kelley? Du hältst dich von den Wanten fern und bei schlechtem Wetter bleibst du unter Deck, und dafür werde ich dich persönlich auf der *Eliza J.* herumführen, noch bevor wir in Amerika ankommen. Einverstanden?« Er streckte dem Jungen die Hand entgegen.

»Aye, aye, Käpt'n!« Liam ergriff sie mit beiden Hände und schüttelte sie kräftig.

»Und ...?«, soufflierte Grace.

»Vielen Dank, Sir! Vielen, vielen Dank!«

»Keine Ursache. Und jetzt entschuldigt mich bitte – ich muss dafür sorgen, dass wir nach Nord- und nicht nach Südamerika segeln.«

Grace und Liam sahen ihm nach, wie er sich mit großen Schritten entfernte, und Grace fiel seine stolze, aufrechte Haltung und der tadellose Sitz seiner Kapitänsjacke auf – ein vertrauenerweckender Mann.

»Das ist ein guter Kapitän, nicht wahr, Missus?« Liams Augen strahlten vor Bewunderung.

»Ja, das ist er«, pflichtete sie ihm bei. »Aber denk daran, was er dir gesagt hat: Sieh zu, dass du niemandem im Weg stehst, wenn du wieder mal auf dem Boot rumturnst.«

»Schiff«, verbesserte er automatisch, und Grace musste lachen.

Der Schiffskoch, ein grauhaariger alter Seemann mit sanften Augen, war ziemlich guter Laune und zauberte einen Rinderknochen hervor, an dem noch etwas Fleisch hing. Grace dankte ihm herzlich – wie jeden Morgen, wenn sie ihr Frühstück in Empfang nahm. Sie achtete darauf, es sich mit den Leuten, die für die Lebensmittel zuständig waren, nicht zu verscherzen.

»Lauf schnell nach unten und hol euren Kochtopf«, trug sie Liam auf. »Ich sehe mal nach den Mädchen, und dann treffen wir uns bei der Kochstelle und bereiten für Siobhan eine kräftige Brühe zu.«

»Ist sie sehr krank?«, fragte Liam besorgt. »Sie war schon zu Hause krank; manchmal konnte sie gar nicht aufstehen, meistens dann, wenn es nichts gab ... kein Abendessen, meine ich ...« Seine Stimme versagte.

»Ich weiß, es war nicht immer leicht für euch.« Grace legte ihm eine Hand auf den Kopf. »Darum geht ihr ja auch nach Amerika, um ein neues Leben anzufangen. Siobhan wird wieder gesund, mach dir keine Sorgen.« Sie fuhr ihm durch die dichten, struppigen Haare, dann gab sie ihm einen leichten Klaps auf den Po. »So, und jetzt lauf und hol den Topf.«

Sie beobachtete, wie er sich geschickt einen Weg zwischen den anderen Passagieren hindurchbahnte, die inzwischen ebenfalls an Deck gekommen waren, und dachte nicht zum ersten Mal, was für ein guter Junge er doch war. Er erinnerte sie an Nolan Sullivan, den Sohn des Hausmeisterehepaars von Donnelly House. Rasch drängte sie die Erinnerung an ihn beiseite – wie neuerdings jede Erinnerung. Morgans Brief verließ niemals seinen Platz dicht an ihrem Herzen, und es verging keine Stunde, in der sie nicht mindestens einmal ihre Hand darauf legte, aber sie gestattete sich nicht, in Gedanken länger bei ihm zu verweilen, oder bei ihrem gemeinsamen Kind, das sie hatte zurücklassen müssen. Hätte sie der Versuchung nachgegeben, dann wäre sie von einer so großen Verzweiflung erfasst worden, dass sie sich wahrscheinlich nicht mehr davon erholt hätte. Deshalb versuchte sie, sich möglichst oft mit anderen Dingen zu beschäftigen.

Grace entdeckte das grüne Umhängetuch von Alice unmittelbar vor der Wasserausgabe. Beruhigt machte sie sich auf den Weg zu den Mädchen. Als sie um die Ecke bog, sah sie einen Mann, der sich über die Kinder beugte und wütend mit der Faust vor ihren Gesichtern herumfuchtelte. Mary Kate starrte ihn mit weit aufgerissenen Augen ängstlich an, hatte aber ihren Arm fest um die Schultern des älteren Mädchens gelegt.

»Was geht hier vor?«

Boardham fuhr herum und blinzelte gegen die Sonne, die ihm über Graces Schulter ins Gesicht schien. »Sie können Ihre Bälger nicht einfach irgendwo ablegen«, schimpfte er. »Sie sind der Mannschaft im Weg.«

»Jetzt bin ich ja hier.« Grace zwang sich, höflich zu bleiben, da sie nicht mit ihm aneinander geraten wollte. »Sie brauchen sich keine Gedanken mehr zu machen.«

Finster blickte er sie an. »Wenn das Wetter umschlägt, braucht die Mannschaft die Seile. Die Bälger sind im Weg. Bringen Sie sie von hier weg. Ich sag's nicht noch mal.«

Grace schaute kurz zum Himmel hinauf. »Wir bleiben nur noch ein paar Minuten.«

Er machte einen Schritt auf sie zu, sodass ihn die Sonne nicht länger blendete. »Ich kenne Sie doch«, knurrte er. »Irisches Gesocks, das als feine Leute durchgehen will. Aber Sie wurden nach unten geschickt, stimmt's? Ins Zwischendeck. Da, wo Sie hingehören.«

»Ich erinnere mich ebenfalls an Sie, Mister Boardham«, erwiderte sie ruhig. »Lassen Sie uns jetzt in Ruhe, oder soll ich den Kapitän rufen?«

Boardhams bösartige kleine Augen verengten sich zu Schlitzen. »Ihn können Sie vielleicht täuschen, aber mich nicht«, zischte er. »Amerikaner wie er verstehen euch dreckige Papisten, euch hinterlistige, irische Bastarde nicht – aber ich.« Speichel sammelte sich in seinen Mundwinkeln. »Mich könnt ihr nicht reinlegen.«

Grace sah besorgt zu den Kindern hinunter; er folgte ihrem Blick, und die beiden Mädchen rückten noch weiter von ihm ab. Wütend starrte er sie an, doch dann lächelte er plötzlich hämisch.

»Die da ist krank.« Er deutete mit dem Kopf auf Siobhan. »Fieber, das seh ich sofort. Sie wird die ganze Mannschaft anstecken. Fieberkranke müssen unter Deck bleiben – Befehl des Kapitäns. Ich führe nur seine Anweisungen aus.« Boardhams Grinsen wurde noch breiter. »Bringen Sie sie nach unten und behalten Sie sie dort, bis es ihr besser geht … oder bis sie tot ist.« Die letzten Worte spuckte er förmlich aus.

Grace starrte ihn sprachlos an. Er hob die Hand, um ihr zu bedeuten, dass das Gespräch beendet war.

»Muss mich um andere Dinge kümmern«, verkündete er selbstgefällig. »Nachdem ich das Deck von Ungeziefer befreit habe.« Dann lachte er laut über seinen eigenen Witz, machte auf dem Absatz kehrt und ging.

»Ruhig, Mädchen, ganz ruhig«, besänftigte Grace die beiden und nahm sie in den Arm. »Lasst nicht zu, dass so ein Dummkopf wie er euch jemals weinen sieht. Ein Mann, der kleine Kinder bedroht, ist kein richtiger Mann. Da kommt schon deine Mam, Siobhan. Also wisch deine Tränen weg; sie braucht nicht zu wissen, dass wir Ärger hatten.«

Wenige Augenblicke später stellte Alice den Wassereimer ab und blickte ihre Tochter erstaunt an. »Sie sieht schon viel besser aus. Hat wieder Farbe im Gesicht. Sie hatten Recht mit der frischen Luft. Wahrscheinlich brauchte sie einfach etwas Abwechslung.«

»Das hier hat mir der Koch gegeben.« Grace hielt den Rinderknochen hoch. »Und Liam holt gerade Ihren Kochtopf.«

»Ach, der Herr segne Sie, Grace.« Alice nahm Siobhans Hand und streichelte sie. »Und die Muttergottes und alle Heiligen. Weiß der Himmel, was ich ohne Sie auf diesem Boot machen würde.«

»Schiff«, verbesserte Liam und reichte ihr den Topf. »Das ist ein Schiff.«

10

Barbara McDonagh hatte vor Erschöpfung dunkle Ringe unter den Augen, denn sie hatte die ganze Nacht über den von Fieberträumen geplagten Schlaf der anderen gewacht. Ihre Arme, die auf dem Tisch in ihrem Arbeitszimmer lagen, fühlten sich steif und schwer an. Wie aus weiter Ferne hörte sie, dass das Kloster allmählich zum Leben erwachte. Sie wusste, dass sie einen Zustand völliger Benommenheit erreicht hatte, wie er den Geist zutiefst erschöpfter Menschen umnebelt, aber eine große Tasse Tee und die Erkenntnis, dass ein neuer Tag angebrochen war, würden ihr helfen, neue Kraft zu schöpfen. Sie rieb sich den Nasenrücken und blinzelte mehrmals, bis etwas Tränenflüssigkeit ihre trockenen Augen benetzte.

Ein böiger Wind rüttelte an den schlecht eingepassten Fensterscheiben des Klosters, von denen einige bei früheren Stürmen zerbrochen und mit irgendeinem Material, das man gerade zur Hand hatte, notdürftig geflickt worden waren. Jetzt pfiff der eisige Wind durch jeden Spalt und jede Ritze. Der Raum war kalt, trotz des Torfstücks, das im Kamin vor sich hin glimmte. Es widerstrebte Barbara, ein weiteres Brikett aufzulegen, denn die große, im Frühsommer gestochene Menge an Torfstücken schrumpfte rasch zusammen, weil der Schlafsaal der Kinder immer geheizt werden musste.

Gott sei Dank war Abban jetzt hier. Obwohl ihm ein Bein fehlte, humpelte er mit Hilfe seiner Krücke durch sämtliche Räume, flickte Mauern, reparierte Fenster, behob Rohrbrüche und ging sogar in den Wald, um Holz zu schlagen. Die Zeit der Winterstürme hatte gerade erst begonnen, und Barbara hätte nicht gewusst, wie sie die langen, dunklen Monate ohne Brennmaterial hätten überstehen sollen. Keine der verbliebenen drei Nonnen war kräftig genug, um mit dem Karren in den Wald zu fahren, einen Baum zu fällen, die Äste abzuschlagen, den Stamm zu zerhacken und die aufgeladenen Holzscheite dann nach Hause zu bringen. Und sie selbst wagte es nicht, die anderen allein zu lassen, da inzwischen auch ihre geliebte Äbtissin gestorben war. Doch Gott hatte ihr Abban gesandt, und Abban schenkte ihr durch seinen unerschütterlichen Optimismus immer wieder neue Hoffnung.

Sie drehte sich um und blickte aus dem kleinen Fenster hinaus auf die Bucht. Die heftigen Regengüsse der vergangenen Nacht waren kurzen Schauern gewichen, die hin und wieder gegen die Scheiben prasselten. Sie sah, dass der Himmel jetzt höher war und die Wolken leichter dahintrieben; bald würde der Sturm nachlassen, dann konnte sie mit Abban hinausgehen und die Schäden begutachten. Doch zunächst musste sie hinauf in den dritten Stock, in das kleine Kämmerchen, um nach ihrem winzigen Neffen zu sehen. Das Kind hatte wegen des Unwetters die ganze Nacht geschrien. Mehrere Male hatte sie ihn aus seinem Bettchen genommen und beruhigend im Arm gewiegt, damit Patrick, der den Säugling in seinem eigenen Zimmer versorgte, ein paar Minuten Ruhe fand. Doch auch er hatte kein Auge zugetan, und gemeinsam hatten sie die lange Nacht durchwacht. Die Erinnerung an ihr Gespräch hallte in Barbaras Gedanken wider.

Müde rieb sie sich die Augen, bis ein kräftiges Klopfen an der Tür sie aufblicken ließ.

»Ich bringe dir eine Tasse Tee.«

Abban kam umständlich in den Raum gehumpelt, in der einen Hand die Tasse, in der anderen seine Krücke. Er stellte den Tee auf Barbaras Schreibtisch und holte anschließend ein in ein Tuch gewickeltes Brötchen aus der Jackentasche.

»Ich danke dir, Abban.« Barbara sog das Aroma des Tees tief ein, während sie die steifen Finger an der heißen Tasse wärmte. »Und ich danke Gott für Julia Martin.«

Julia hatte eine Kiste mit Lebensmitteln geschickt, die auch einen Beutel kostbaren schwarzen Tees enthielt. Barbara hatte angeordnet, dass jeder Erwachsene im Haus morgens eine Tasse zu trinken bekam, eine willkommene Abwechslung zu dem heißen Wasser oder den schwachen Aufgüssen, die sie aus getrockneten Beeren und Kräutern zubereiteten.

»Nun iss auch dein Brötchen; wie ich sehe, hast du heute Morgen noch nichts zu dir genommen.« Abban faltete das Tuch auseinander und hielt es ihr unter die Nase. »Ein wundervolles Brötchen, kaum zwei Tage alt und gar nicht mal so hart.« Als sie über seinen Scherz nicht lachen konnte, musterte er sie eingehender. »Du siehst schrecklich erschöpft aus. Hattest du eine harte Nacht?«

»Nicht härter als sonst«, erwiderte Barbara und unterdrückte ein Gähnen. »In den frühen Morgenstunden kamen noch mehr Kinder. Arme Waisen, vom Winde hergeweht.«

»Ja, ich hab sie gesehen, als sie sich ihren Haferbrei abholten.« Abban blickte aus dem Fenster. »Zwei kleine Mädchen und ein Junge. Wie sind sie denn hierher gekommen?«

»Ihr älterer Bruder brachte sie. Die Mutter starb im Kindsbett, das Neugeborene vermutlich auch, obwohl der Junge nichts davon erzählt hat. Der Vater wollte sie alle mit in die Stadt nehmen, in der Hoffnung, nach Kanada auswandern zu können, aber die Suppenküchen entlang der Straßen wurden allesamt von Protestanten betrieben und …« Hilflos zuckte sie die Achseln.

»Er wollte seinem Glauben nicht abschwören«, beendete Abban den Satz. »Ach, möge Gott ihn dafür lieben, den armen Kerl.«

»Mitten auf der Straße fiel er um, ließ den Jungen schwören, dass er seine Geschwister zu uns bringen würde – nicht in ein Armenhaus und nicht zu den Protestanten. Dann stöhnte er noch einmal laut auf und starb.« Sie seufzte. »Es ist mir ein Rätsel, wie der Junge es geschafft hat, sie alle mehr oder weniger wohlbehalten hierher zu bringen. Die Kleinen kriegen wegen des Schocks noch keinen Ton raus, und der Junge wollte auch nicht mehr erzählen. ›Hier sind sie und vielen Dank, dass ihr sie aufnehmt‹, sagte er nur noch.«

»Wollte er selbst denn nicht bleiben?«

Barbara schüttelte den Kopf. »Dabei habe ich eine geschlagene Stunde versucht, ihn umzustimmen. Der Junge kann nicht viel älter als zehn gewesen sein, aber er war fest entschlossen, seinen eigenen Weg zu gehen. Er wolle über den Ozean, sagte er – das sei der Wunsch seines Vaters gewesen, und er habe es ihm versprochen. Wenn er erst mal drüben ist und eine gute Anstellung und ein schönes Haus hat, will er die anderen nachkommen lassen.« Sie lächelte wehmütig. »Ich durfte ihm noch ein wenig zu essen in die Tasche packen, und die angebotene Decke hat er auch nicht abgelehnt. Gott segne ihn.«

»Armer Kerl«, sagte Abban. »Von dem hören wir nie wieder was.«

»Vielleicht ja doch«, widersprach Barbara. »Wo ist denn dein Glaube, Abban?«

»Glauben hab ich genug, aber er macht mich nicht blind. Eine Überfahrt im Winter ist ein riskantes Unternehmen, vor allem für kleine Jungen mit nur einem Brötchen in der Tasche und gerade mal einer Decke. Selbst erwachsene Männer und Frauen haben es schon schwer, lebend drüben anzukommen.«

»Erinnere mich nicht daran.« Barbara runzelte die Stirn.

Abban schlug sich mit der Hand an die Stirn. »Ach, was bin ich doch für ein Esel. Sie werden es schaffen, ich sag's dir. Das weiß ich tief in meinem Herzen.«

»Wirklich, Abban?«

»Ja«, erwiderte er mit fester Stimme. »Der Herr hat für unsere Gracelin viel zu viel Arbeit, als dass er sie nach allem, was sie durchgestanden hat, jetzt fallen lassen würde.«

Aus Barbaras Augen sprachen Zweifel.

»Wo ist denn dein Glaube?«, fragte er neckend.

»In meiner anderen Tasche«, erwiderte sie schuldbewusst. »Ich hole ihn gleich nach dem Frühstück.«

»Tu das. Und trag ihn von nun an ständig bei dir.« Er zeigte mit dem Daumen an die Decke. »Wie geht es ihm eigentlich?«

»Ganz gut«, sagte sie und stellte sich vor, wie Patrick aufrecht in der kleinen Kammer saß, den Säugling im Arm. »Gott wirkt auch in ihm, und das ist für ihn gar nicht so leicht.«

»Er ist ein stolzer Mann«, räumte Abban ein.

Barbara nickte. »Wir haben uns letzte Nacht eine Weile unterhalten. Er macht sich schreckliche Sorgen um sie, aber ich glaube, allmählich findet er sich mit der Situation ab.«

»Gut. Denn Sorgen töten einen Mann langsamer als eine Kugel, aber genauso zuverlässig.«

Barbara sah Abban neugierig an. »Woher um alles in der Welt hast du diese Weisheiten?«

Abban grinste verlegen. »Ach, ich bin nur ein alter Bauer, der zum Soldaten und dann zum Klosterhausmeister wurde. Meine Weisheiten sind ein buntes Durcheinander aus verschiedenen Welten.«

Es freute ihn, dass sie lächelte, und er strahlte sie an.

»Jetzt iss dein Brötchen! Ich kümmere mich in der Zwischenzeit um die zerbrochene Fensterscheibe in der Küche.« Er schob sich die Krücke unter die Achsel und hinkte zur Tür.

»Danke, Abban«, sagte sie leise. »Für alles.«

»Du gewährst einem Verbrecher Obdach«, erinnerte er sie über die Schulter hinweg. »Ich würde sagen, wir sind quitt.«

»Einverstanden. Obwohl ich dabei das bessere Geschäft mache.«

Er warf den Kopf in den Nacken und lachte. Als seine Schritte im Flur verhallten, wandte Barbara sich ihrem kärglichen Mahl zu und hielt das Brötchen in den aufsteigenden Dampf ihres heißen Tees, um es ein wenig aufzuweichen. Sie genoss jeden einzelnen Bissen, und als sie es verzehrt hatte, feuchtete sie einen Finger an, um die heruntergefallenen Krümel aufzuheben und vorsichtig zum Mund zu führen. Selbst das kleinste bisschen Nahrung zählte.

Der Hunger war ihr ständiger Begleiter, aber ihr Magen hatte seine heftigsten Proteste im Laufe der Monate eingestellt, während ihr Körper allmählich lernte, mit weniger auszukommen. Sie war dankbar, dass sie jeden Tag mit einer kleinen Menge Nahrung rechnen konnte, selbst wenn es sich dabei nur um altbackenes Brot, Tee, dünne Brühe, etwas getrockneten Fisch oder Haferbrei handelte – für die meisten Menschen im Land ein wahres Festmahl, und das wusste sie. Aber auch für sie stellten diese Speisen etwas Besonderes dar, denn sie, Morgan, Aisleen und die Mädchen waren nur mit Kartoffeln und Buttermilch großgezogen worden.

Jeden Tag teilten sie die Nahrung unter den Bewohnern des Klosters auf, und wenn die Kinder auch alles andere als kräftig und gesund waren, so starben sie doch nicht gleich reihenweise wie etwa in den Armenhäusern, Hospitälern und Fieberhütten. Dennoch waren sie sehr geschwächt, und es brach Barbara das Herz, sie den ganzen Tag reglos dasitzen zu sehen, das letzte bisschen Kraft sparend. Sie bewegten sich, wenn überhaupt, nur langsam, lachten nie und weinten kaum; sie waren einfach zu schwach, um noch Energie für ihren Kummer aufzubringen. Fast jede Krankheit bedeutete für diese kleinen Körper das Todesurteil. Daher kontrollierte sie die Kinder täglich auf Anzeichen von Husten oder Fieber und steckte sie, wenn nötig, sofort in Quarantäne, bis sie wieder wohlauf waren oder ihr kleines, erbärmliches Leben ausgehaucht hatten – was viel häufiger vorkam. Sie hasste es, die Kinder zu isolieren, vor allem, wenn sie noch Geschwister hatten, doch ihr blieb keine andere Wahl.

Sie wusste aber auch, dass Schwester George sie mit Liebe überschütten und trösten würde, bis alles überstanden war. Denn Schwester George war stets diejenige, die sich freiwillig mit den Kranken in Quarantäne begab und sie versorgte. Sie verbrachte mehr Stunden in der Quarantänestation als außerhalb und pflegte die Kinder mit nie versiegender Hingabe, denn sie war felsenfest davon überzeugt, dies sei ihr Platz im Leben. Einmal hatte Barbara ihr aufgetragen, einen oder zwei Tage auszuruhen und die anderen ihre Arbeit erledigen zu lassen. Doch Schwester George hatte ihr mit fester, ruhiger Stimme geantwortet, der Herr Jesus Christus habe sie persönlich mit dieser Aufgabe betraut. Hatte Er ihr nicht aufgetragen, den Kindern den Übergang von dieser Welt in die nächste zu erleichtern, und hatte Er ihr nicht die robuste Gesundheit und das tapfere Herz gegeben, diesen Auftrag zu erfüllen? Ja, beantwortete sie ihre eigene Frage, das hatte Er, und sie würde an diesem Ort bleiben, bis der Herr ihr eine andere Aufgabe zuteilte. Danach hatte Barbara nie wieder mit ihrer Klosterschwester über dieses Thema gesprochen, sie aber auf die ständig wachsende Liste derjenigen gesetzt, denen sie zutiefst dankbar war.

Doch Gracelins Jüngster bereitete ihr große Sorgen. Obwohl er regelmäßig an der vollen Brust von Missus Keavy gestillt wurde, deren eigenes Kind nur wenige Tage nach ihrer Ankunft im Kloster verstarb, war er nach wie vor jämmerlich mager und apathisch, und sein dünnes Wimmern klang herzerweichend. Auch ein Blick in sein Gesicht konnte Barbara nicht beruhigen, da seine Augen immer noch milchig trüb waren – hellblaue Fenster, die kein Licht hineinließen. Barbara fürchtete, er könne blind sein.

Patrick sprach kaum; die meiste Zeit saß er in seinem Zimmer, den winzigen Jungen im Arm, und starrte aus dem Fenster, über die Spitzen der kahlen Bäume hinweg, den Hügel hinunter auf die Bucht, als könne er durch seine unermüdliche Wache schneller Nachricht von Grace erhalten.

»Sie sind jetzt mitten auf dem Ozean«, hatte er letzte Nacht gesagt, als sie nach dem Jungen sah. »Und niemand weiß, wo.«

Von seiner Stimme aufgeschreckt, hatte sie die Petroleumlampe höher gehalten. Dort lag er, auf einen Ellbogen aufgestützt, und sah sie mit müden Augen an. Hilflosigkeit und Verzweiflung hatten tiefe Spuren in seinem Gesicht hinterlassen.

»Gott weiß, wo sie sind«, hatte sie geflüstert und die Lampe auf den kleinen Tisch neben der Tür gestellt, damit sie das Kind hochnehmen konnte. Da er noch trocken war, setzte sie sich auf den Stuhl, um den Jungen ein Weilchen zu wiegen. »Kannst du nicht schlafen, Patrick?«

Er zögerte einen Moment, ehe er antwortete: »Ich fürchte mich vor den Träumen, die dann kommen.«

»Erzähl mir davon, falls es dein Herz erleichtert.«

Erneut zögerte er, doch dann war die Last einfach zu groß. »In einem meiner Träume liegt sie auf einem Bett, Mary Kate neben ihr. Ich warte darauf, dass sie sich bewegen, aber sie rühren sich nicht. Und ich kann nicht erkennen, ob sie schlafen oder …« Seine Stimme zitterte, und er holte tief Luft. »In einem anderen Traum isst Mary Kate Brot mit Marmelade bei einer merkwürdigen Frau – sie sieht freundlich aus, doch das ist kein Ort für Mary Kate, und ich rufe ihr von draußen etwas zu, aber sie kann mich durch das Fenster nicht hören. Es schneit und die Scheiben beschlagen, und dann kann ich sie nicht mehr sehen.« Er schüttelte sorgenvoll den Kopf. »Dann wieder sehe ich Grace in einem düsteren Raum, wo üble Männer sind – ein Ort, wo niemand sie jemals finden wird. Und dann wache ich auf und denke, dass ich gestorben bin, so beklommen ist mir ums Herz.«

»Patrick …«

»Heute Nacht«, fuhr er mit gehetzter Stimme fort, »heute Nacht sah ich sie auf dem Schiff, tief unten an einem dunklen Ort. Es gab einen Sturm, Barbara, einen furchtbaren Sturm, Wellen so hoch wie der Mast, der Himmel schwarz und von grellen Blitzen durchzuckt, schreiende Männer – und all die Menschen dort unten in diesem dunklen Loch eingesperrt.« Seine Stimme erstarb. »Diese Träume sind noch mal mein Tod, Barbara.«

»Du musst Gottvertrauen haben«, sagte sie, doch selbst in ihren Ohren klangen diese Worte hohl.

»Das hatte ich noch nie. Und jetzt weiß ich nicht, woher ich es nehmen soll. Es tut mir leid, Barbara – du als Tochter der Kirche … Aber es ist nun mal die Wahrheit. Grace war immer diejenige mit dem unerschütterlichen Glauben, genau wie ihre Mutter.«

»Dann ist sie in Gottes Hand.«

»Ich habe nie verstanden, was das bedeuten soll«, bekannte er. »Damit kann ja nicht gemeint sein, dass Er sie rettet, denn all die armen Teufel da draußen sind auch in Seiner Hand, und sieh sie dir an: Sie sterben, weil es ihnen an einer Kartoffel fehlt und einem warmen Lager für die Nacht.«

»Du hast Recht«, sagte sie. »Es bedeutet nicht, dass Er sie retten wird, obwohl Er das natürlich kann und auch täglich macht. Wie oft wird unser Leben verschont, ehe wir schließlich sterben? Hundert Mal? Tausend Mal? Es ist schon ein Wunder, auch nur einen einzigen Tag zu überleben.« Sie hatte das selbst schon oft gespürt, aber wie sollte sie es ihm erklären? »Ich persönlich glaube ja, Patrick, dass der Herr uns nie verlässt, dass Er immer an unserer Seite ist, bei allen Prüfungen des Lebens. Er sieht uns, kennt unseren Schmerz und weint mit uns, trägt uns in Seinen Händen, selbst wenn wir dem Tod begegnen, damit wir uns nicht fürchten müssen und unserem Ende mit Würde gegenübertreten.«

»Sind diese Träume denn alle von Gott gesandt? Will Er mir damit etwas sagen?«

»Ich weiß es nicht«, erwiderte sie. »Träume sind in der Tat eine Form der Erkenntnis, und die Bibel ist voller Träume. Aber auch der Teufel weiß, mit unseren schlichten Gemütern zu spielen, und nutzt unsere Schwächen für seine Zwecke. Denn würde er dir nicht tausend Wahrheiten erzählen, nur um dich die eine große

Lüge glauben zu lassen – dass Gott nicht der Allmächtige ist? Es mag Gottes Stimme sein, die in deinen Träumen zu dir spricht; es kann aber auch die des Teufels sein, der vorgibt, er sei Gott. Die Antwort darauf liegt im Innern deiner Seele.«

Draußen heulte der Wind, als hätte er ihre Worte gehört. Er fuhr durch die morschen Äste, rüttelte an den Scheiben und tobte über das ohnehin schon verwüstete Land.

»Im Innern meiner Seele«, sagte er gequält, »tobt ein heftiger Streit: Einerseits flehe ich Ihn an, sie zu beschützen, andererseits verfluche ich Ihn für das, was mit uns geschehen ist. Ich kann es nicht ertragen, dass sie allein dort draußen ist, der Gnade grausamer Männer ausgeliefert, auf dem Weg in ein fremdes Land, wo ihr Bruder auf sie wartet oder auch nicht.« Er fasste sich an die Stirn, als verspüre er einen plötzlichen Schmerz. »Ich hätte sie niemals allein gehen lassen dürfen. Herrgott noch mal, ich bin doch ihr Vater! Es ist meine Pflicht, sie zu beschützen! Denn ist ihr Leben nicht tausendmal mehr wert als mein eigenes?«

»Du würdest für sie sterben. Ist es das, was du sagen willst?«

»Ohne eine Sekunde zu zögern.«

»Wenn du den Mut hast, für sie zu sterben, Patrick, kannst du dann nicht auch den Mut aufbringen, für sie zu leben?«

Er suchte ihren Blick.

»Was sie jetzt von dir braucht, ist der Mut, gegen die Verzweiflung anzukämpfen, gegen die Hoffnungslosigkeit, und die Sorgen der kommenden Zeit tapfer zu ertragen. Denn es wird noch Monate dauern, bis wir im Frühling oder vielleicht sogar erst im Sommer erfahren, wie es ihnen ergangen ist. Hast du den Mut, für dein Kind weiterzuleben? Und für dein Enkelkind, denn dieser arme kleine Junge hat doch niemanden außer uns. Hast du diesen Mut, Patrick?« Plötzlich war sie sehr aufgebracht. »Denn ich will dir eins sagen: Ich werde ihr nicht schreiben, wenn sie diese schreckliche Überfahrt über das tückische Meer hinter sich gebracht hat, um ihr mitzuteilen, dass ihr Vater an törichten Träumen gestorben ist, und dass ihr Junge ebenfalls tot ist, weil ich nicht die Kraft hatte, allein für ihn zu sorgen. Das werde ich ganz bestimmt nicht tun, Patrick! Darauf kannst du dich verlassen.«

Während ihrer kurzen Rede hatte er den Kopf gehoben, das Kinn vorgeschoben und sich dann kerzengerade aufgerichtet, wie ein junger Mann. Seine Schultern hingen nicht länger herab, und in dem Moment erinnerte er Barbara wieder an den entschlossenen, stolzen Mann, der Patrick O'Malley einst gewesen war.

»Du wirst einen solchen Brief nicht schreiben müssen«, sagte er. »Ich bin zwar alt, daran gibt es keinen Zweifel, und eine leichte Beute für schlechte Träume … aber ich werde mich nicht mehr von ihnen betrüben und alle Hoffnung fahren lassen. Du hast Recht: Es ist der Teufel persönlich, der sie mir schickt, um mich zu schwächen. Und ich schwöre dir, ich werde sie Nacht für Nacht bekämpfen, wenn es sein muss.«

»Ja, Patrick, es *muss* sein.«

»Ich habe noch eine Menge zu lernen, selbst zu dieser späten Stunde.« Seine Stimme klang müde und erschöpft. »Vielleicht ist das der Grund, warum Gott mich hier behalten hat. Mein ganzes Leben lang war ich eine schwere Prüfung für meine Frau und meine Kinder, zu stolz, um vor dem Herrn niederzuknien. Ich dachte, Er würde es schon irgendwann aufgeben und mich in Ruhe lassen, wenn ich Ihn nur lange genug ignorierte.«

»Er gibt niemals auf. Manchmal glaube ich, Er mag die Störrischen am liebsten. Sie sind die größere Herausforderung.«

»Das bin ich in der Tat, mehr als das.« Er schwieg einen Moment nachdenklich. »Ohne dich, Barbara, wären wir verloren gewesen, daran gibt es nichts zu rütteln. Ich war all die Jahre im Unrecht, als ich die Freundschaft zwischen meiner Kathleen und deiner Mutter missbilligte. Sie war ein guter Mensch, deine Mam, und dein Vater auch. Ich hatte kein Recht, so hart über sie zu urteilen. Ich kann nur hoffen, dass du mir verzeihst.«

Sie nickte sofort. »Mam war eine gute Frau, es gab keine Bessere. Aber du und ich, wir wissen beide, dass Dad ein Gauner war. Er hat uns mehr Kummer als Freude bereitet, und das ist die Wahrheit. Morgan war das Oberhaupt der Familie.«

»Ja, und der beste aller Männer.«

Sie betrachtete den Jungen, der in ihren Armen schlief und dessen Gewicht nichts war im Vergleich zu der schweren Last, die ihr Herz bedrückte, wann immer sie an ihren Bruder dachte.

»Er schläft endlich.« Sie stand auf, legte das Kind behutsam in die Wiege und nahm die Lampe. »Gute Nacht, Patrick. Schlaf gut.«

»Gott sei mit dir, Barbara.«

»Das ist Er«, flüsterte sie und schloss die Tür hinter sich.

»Ja, Herr, Du bist immer bei mir«, sagte sie jetzt leise, während sie am Fenster ihres Arbeitszimmers stand.

Eine strahlende Morgensonne durchflutete den Hof, ließ die Hügel aufleuchten, funkelte auf den Wellen in der Bucht und verwandelte sie in ein schimmerndes Muster aus Licht. Sie sind irgendwo dort draußen, dachte sie, irgendwo auf dem riesigen Ozean. Und unten bei der Anhöhe am Zaun kniete Abban mit seinem einen Bein und blickte in dieselbe Richtung.

»Wir alle beten zu Dir, oh Herr«, sagte Barbara laut. »Und ich weiß, dass Du uns hören kannst.«

11

Siobhans Fieber war in den frühen Morgenstunden zurückgekehrt, und diesmal bestand keine Möglichkeit, sie an Deck zu bringen. Nicht ein einziger schwacher Sonnenstrahl durchdrang die schwere Wolkendecke, aus der nun dicke Regentropfen prasselten und vereiste Pfützen auf den Holzplanken bildeten. Als Grace Mary Kate beim ersten Morgenlicht zum Abort gebracht hatte, konnte sie beobachten, wie andere Passagiere über das Deck schlitterten oder das Gleichgewicht verloren bei dem Versuch, zum Wasserholen die schlüpfrigen Planken zu überqueren. Nur ein paar Unerschrockene trotzten der beißenden Kälte und bemühten sich, die Kochstellen anzuzünden; die Mahlzeiten der meisten Reisenden bestanden an diesem Tag aus altbackenem Schiffszwieback und hartem Käse. Graces schlechtes Gewissen regte sich noch mehr als sonst, als sie den warmen Haferbrei, etwas Pökelfleisch und eine Feldflasche mit heißem Tee beim Schiffskoch abholte. Doch sie ließ nicht zu, dass ihr Schuldgefühl übermächtig wurde, sondern nahm schweigend ihren Korb, kletterte die Stiege hinauf, überquerte das Deck bis zur Tür der Kombüse und bedeckte die empfangenen Lebensmittel mit einem Tuch, ehe sie wieder in den Laderaum zurückkehrte.

Dort teilte sie das Essen mit Mary Kate und Liam und goss Siobhan heißen Tee ein. Grace wusste, dass Alice es ablehnen würde, auch nur einen Bissen von ihrer Verpflegung anzunehmen. Doch sie war ihr unendlich dankbar, dass sie ihre Kinder mitversorgte, vor allem Liam, der alles aß, was man ihm anbot. Die wöchentlichen Rationen für die Zwischendeckpassagiere reichten zwar, um die Körper dieser knapp dem Hungertod entgangenen Menschen am Leben zu erhalten, dachte Grace, aber ihren Seelen boten sie keine Nahrung. Doch obwohl das tägliche Brot wenig Abwechslung brachte, hatte es insbesondere bei den Jüngsten einen Appetit wiedererweckt, den viele längst vergessen geglaubt hatten. Mary Kate aß mehr und mehr, was sich vor allem in ihrem Gesicht zeigte, das nicht länger spitz und ausgezehrt wirkte. Und Liam schlang alles hinunter, was er in die Finger bekam. Zwar fragte er nie nach einem Nachschlag, doch sein Blick wanderte jedes Mal hungrig zu dem Korb, auf der Suche nach Resten und Krümeln. Nur Siobhan knabberte und nippte bloß an den angebotenen Speisen; es schien, als wäre das Gewicht der winzigen Portionen, die Grace ihr in den Mund schob, für sie fast zu schwer zum Schlucken.

»Ihr armer kleiner Körper hat vergessen, wie er Nahrung aufnehmen muss«, klagte Alice häufig. »Nicht, dass wir vor der Hungersnot jemals viel auf dem Tisch gehabt hätten«, vertraute sie eines Tages Grace an, während sie die beiden Mädchen beobachteten: Mary Kate biss mit ihren kleinen Zähnen große Stücke von ihrem Brötchen ab, während Siobhan lustlos an ihrem herumkaute. »Mein Mann ist ein Trinker – *war* ein Trinker, bevor er dem Alkohol abschwor und nach Amerika fuhr. Aber früher hat er häufig seinen ganzen Lohn versoffen, und einen Teil von meinem noch dazu, deshalb ging's uns oft ziemlich schlecht.«

Grace hatte die Hand von Alice genommen und ihr im Dämmerlicht des Zwischendecks zugehört.

»Es war ein Wunder, dass er dem Alkohol abgeschworen und das Geld für seine Überfahrt gespart hat. Als er weg war, ging's bei uns zwar friedlicher zu«, gestand sie schüchtern, »aber ich hab ihn vermisst, ehrlich, und die Sorgen nehmen seitdem kein Ende. Ich glaub nicht, dass er weiß, wie schlimm es in Irland ist, sonst hätte er uns bestimmt nachkommen lassen. Ich hab jeden Penny gespart, und eines Tages konnte ich es mir ausrechnen: Das Geld hätte ein paar Wochen lang für's Essen gereicht, und danach hätten wir dann wieder ohne alles dagestanden, oder für die Überfahrt nach Amerika. Ich bin sicher, wir werden ihn finden, ganz bestimmt …«, sagte sie mehr zu sich als zu Grace. »Ich hab ihm eine Nachricht geschickt, und außerdem sind da noch andere Leute, die ihn bestimmt finden.«

Grace nickte, doch eine böse Ahnung beschlich sie, und sie beschloss, die drei bei sich zu behalten, bis ihre Zukunft gesichert war.

Auch Alice ging es gesundheitlich nicht gut. Sie litt unter Kopfschmerzen und Übelkeit, sobald die See rauer wurde, was fast ständig der Fall war. Zu Beginn der Reise waren viele Passagiere seekrank geworden, doch das hatte nach etwa einer Woche allmählich nachgelassen. Allerdings nicht bei Alice.

Abends besserte sich bei fast allen Reisenden die Laune, wenn sie in ihren Kojen zusammenhockten, den Fiedlern zuhörten, die die alten Lieder spielten, und manchmal dazu sangen. Die Musik spendete ihnen Trost und half ihnen über Krankheiten und Ängste hinweg. Und vor dem Schlafengehen erzählten die Alten mit leiser Stimme die überlieferten Legenden von Königen und Burgen und von Kämpfen um Land. Es ging immer um Land, um Ländereien, die innerhalb einer Familie von Generation zu Generation vererbt und dabei so lange geteilt wurden, bis es sich nur noch um Felder handelte – Felder, die im Besitz der Engländer waren, aber eigentlich den Iren gehörten, die sie bestellten. Die Alten erzählten Geschichten von Kriegern und Liebenden, von Flüchen und Zaubersprüchen, von Feen und Geistern, von Unrecht und Krieg – immer wieder Krieg, solange sie zurückdenken konnten – und von großen mystischen Reisen, wie dieser hier. All das berichteten die Alten jedem, der es hören wollte, und die Jungen lauschten jedem, der ihnen etwas erzählen wollte. Und so brachten sie sich gemeinsam durch die ersten, Furcht einflößenden Tage, als weit und breit kein Land mehr zu sehen war und sie die letzten lebenden Menschen auf der Erdoberfläche zu sein schienen.

Während Grace zuhörte, ausgestreckt auf ihrer Koje und mit Mary Kate im Arm, kehrte allmählich ihre Kraft zurück; das Blut strömte rascher durch ihre Adern, ihr Herz schlug schneller, und die düsteren Schatten auf ihrer Seele lichteten sich. Sie trauerte, als die körperlichen Schmerzen nachließen und ihre Brüste aufgrund der versiegenden Milch wieder weicher wurden, doch sie ließ nicht zu, dass der Kummer sie überwältigte. Und als die letzten Anzeichen des Wochenflusses verschwunden waren, schlich sie mitten in der Nacht an Deck und warf die alten Binden erleichtert ins Meer. Es war nicht einfach für sie gewesen, auf ausreichende Hygiene zu achten, obwohl sie die Stofflappen regelmäßig in Eimern mit Meerwasser ausgespült und auf der Rückseite ihrer Truhe heimlich getrocknet hatte. Doch sie blieben feucht und steif, sodass sie ihren Unterleib auskühlten, ihre Haut wund scheuerten und Grace sich Sorgen machte, die Blutung könne wieder stärker werden oder sie sich erkälten.

Den Fähigkeiten des Schiffsarztes Draper, den sie am ersten Abend an Bord im Salon kennen gelernt hatte, brachte sie nur wenig Vertrauen entgegen. Der untersetzte, arrogante Mann mit dem buschigen Backenbart hatte sein unfreiwilliges Publikum mit Vorträgen über die Wissenschaft der Phrenologie traktiert. Diese Lehre, so hatte er doziert, werde die Medizin revolutionieren: Anhand der Form des menschlichen Schädels könne man die unterschiedlichen intellektuellen Fähigkeiten der verschiedenen Rassen erkennen. Der deutlich vorspringende Kiefer der Iren sei Beweis für ihre geringere Intelligenz, erläuterte er, was sich übrigens in ihrem einfachen Lebensstil zeige, ihrer Abhängigkeit von der Regierung und ihrem sturen Beharren auf dem Anbau nur einer Feldfrucht, obwohl diese keine zuverlässigen Erträge bringe. Tatsächlich, so fuhr er, angeregt vom Wein und der gebannten Aufmerksamkeit der anderen Passagiere, fort, besäßen der Ire an sich und der primitive Wilde Afrikas eine sehr ähnliche Schädelform; beide befänden sich schließlich auch am unteren Ende der intellektuellen Entwicklung und seien höchstwahrscheinlich nicht in der Lage, jemals Teil einer zivilisierten Gesellschaft zu werden – was wiederum Gottes Wille sei, da eine fortschrittliche Gesellschaft durch Nutzung einer dienenden Klasse zu Höherem befähigt werde.

Als die anderen Passagiere die kurze Unterbrechung in seinem Vortrag nutzten, um sich ihrem Essen zu widmen, wandte sich Grace über alle Maßen verärgert und in breitestem irischen Akzent direkt an den Schiffsarzt: Ob er wohl freundlicherweise die Schüssel mit den unzuverlässigen Feldfrüchten weiterreichen könne, oder ob er vorhabe, sie für sich zu behalten. Mit feuerroten Wangen – allerdings nicht vor Scham, wie Grace vermutete

– musterte Draper sie eine geschlagene Minute lang, wobei er besonders die Form ihres Kopfes studierte, ehe er den Servierlöffel in den Kartoffelbrei steckte. Während der restlichen Mahlzeit herrschte betretenes Schweigen am Tisch. In diesem Moment hatte Grace sich geschworen, ihr Essen in Zukunft an einem anderen Ort einzunehmen, um Mary Kate nicht solch unsinnigen Reden auszusetzen. Doch jetzt, da Siobhan unter hohem Fieber litt, bereute sie, dass sie den Schiffsarzt derart vor den Kopf gestoßen hatte.

Siobhan war nicht die einzige Kranke an Bord: Bei Einbruch der Dunkelheit kämpften viele Passagiere im Zwischendeck gegen Übelkeit und Erbrechen. Heisere Stimmen riefen nach Wasser, aber es gab keine Möglichkeit, welches zu holen, da sich das Wetter deutlich verschlechtert hatte. Alice saß die ganze Nacht an Siobhans Bett und versuchte, das Fieber mit Umschlägen aus Meerwasser zu senken. Gegen Morgen bewegte das Kind die Lippen, brachte aber keinen Ton heraus. Als Siobhan kurz die Augen öffnete, zeigte ihr starrer Blick, dass sie das Bewusstsein verloren hatte. Alice war verzweifelt.

»Siobhan!« Sie zog das Mädchen an den Schultern hoch und schüttelte es. »Siobhan, mach die Augen auf, Kind! Sprich mit deiner Mam! Siobhan!« Immer heftiger rüttelte sie den mageren Körper.

In dem Moment erwachte Grace aus einem unruhigen Schlaf. Sofort stand sie auf und ging zur Koje der Kellyes hinüber. Dort nahm sie Alice das Mädchen behutsam aus den Armen, legte es wieder auf die Matratze und fühlte dessen Temperatur an Stirn und Nacken. Erleichtert stellte sie fest, dass Siobhan noch atmete.

»Sie ist sehr erschöpft, Alice. Sie braucht ein wenig Ruhe.«

»Sie stirbt!« Alice umklammerte Graces Arm. »Erst konnte ich sie nicht warm halten, und jetzt ist sie ganz heiß, und ich krieg das Fieber nicht runter! Hier unten ist es auch so feucht … es ist alles so feucht! Sie hat sich eingenässt, aber ich kann ihre Kleider nicht waschen! Um Himmels willen, Grace, tun Sie etwas. Holen Sie uns von diesem Schiff runter! Das Schiff bringt sie noch um. Oh Gott, wir hätten niemals von zu Hause fortgehen dürfen.«

»Alice.« Grace sprach mit leiser, aber eindringlicher Stimme.

»Alice, hören Sie auf. Sie wissen, dass es keine Möglichkeit gibt, dieses Schiff zu verlassen. Außerdem hat das Schiff gar nichts damit zu tun. Siobhan ist krank, mehr nicht. Sie ist schon häufiger krank gewesen. Kommen Sie, ich helfe Ihnen. Wir ziehen ihr erst mal frische Wäsche an, flößen ihr etwas heißen Tee ein und wickeln sie in zusätzliche Decken. Sie sind müde, Alice, das ist alles. Wir alle sind müde, aber gemeinsam stehen wir das durch.«

Sie warf einen Blick auf das Kind, das jetzt zitterte, obwohl in seinen Augenbrauen Schweißperlen glitzerten. Als Grace den Kopf abwandte, sah sie, dass viele andere Passagiere ebenfalls krank in ihren Kojen lagen. Die Luft war erfüllt vom Gestank des Erbrochenen und anderer Körperausscheidungen, vom Stöhnen der Alten und vom Wimmern der ganz Kleinen. Fiebrige Rufe nach Hilfe oder Wasser hallten unbeantwortet durch das Zwischendeck.

»Liam«, rief Grace entschlossen. »Liam, wo bist du?«

Sofort tauchte der Junge aus dem Dunkel auf. »Ich hab oben auf der Treppe gesessen«, sagte er und rümpfte die Nase. »Hier unten stinkt's mir zu sehr.«

»Ja. Der Geruch ist wirklich schrecklich.« Sie hielt einen Moment inne und dachte nach. »Ich möchte, dass du zu Kapitän Reinders läufst. Sag ihm, dass hier unten das Fieber ausgebrochen ist. Wir brauchen dringend frisches Wasser und den Schiffsarzt. Schaffst du das, Liam?«

Er nickte.

»Sei vorsichtig an Deck«, fügte sie warnend hinzu. »Die Holzplanken sind sehr glitschig, du könntest stürzen. Jetzt lauf und komm dann sofort zurück.«

Noch ehe sie den Satz beendet hatte, drehte er sich um und rannte die Stiege hinauf.

»Der Arzt kommt gleich«, wandte Grace sich beruhigend an Alice. »Er wird wissen, was zu tun ist. Außerdem werde ich dafür sorgen, dass die Luke offen bleibt, damit frische Luft hereinkommt.« Sie drückte die Hand ihrer Freundin. »Ich muss kurz nach Mary Kate sehen, bin aber gleich zurück.«

In der Nähe des Aufgangs war die Luft etwas besser, da mit jedem Öffnen der Luke frischer Wind die Stufen hinunterfegte. Doch der Geruch nach Krankheit und Siechtum hing auch hier in allen Decken und Kleidungsstücken. Grace legte eine Hand auf das warme Bündel, das friedlich in ihrer Koje schlief.

»Aufwachen, Mary Kate«, murmelte sie leise. »Wach auf, es ist Zeit zum Aufstehen.«

Mary Kate öffnete die Augen und setzte sich auf. Sie blinzelte mehrmals, streckte die Arme nach ihrer Mutter aus, gähnte und fing dann an zu husten.

»Bäh«, sagte sie mit gerümpfter Nase.

»Stimmt.« Grace strich ihrer Tochter ein paar Haarsträhnen aus dem Gesicht, das sich glücklicherweise kühl anfühlte.

»Sind die Leute krank?«

»Ja, viele«, bestätigte Grace. »Und wir tun gut daran, uns von ihnen fern zu halten.«

»Ist Siobhan denn tot?«, fragte Mary Kate, und Grace versetzte es einen Stich, dass ihre Tochter eine solche Frage so nüchtern stellen konnte.

»Aber nein, mein Kind! Siobhan ist zwar sehr krank, aber ihre Mutter ist bei ihr, und Liam holt gerade den Doktor. Wir müssen einfach das Beste hoffen«, fügte Grace hinzu und fragte sich, welche Bedeutung dieser Satz wohl für ein Kind haben mochte, das umgeben von Not und Elend aufgewachsen war und für das Krankheit, Hunger und Tod zum Alltag gehörten. »Nimm deinen Umhang und zieh deine Stiefel an. Sobald Liam zurück ist, holen wir unser Essen beim Schiffskoch ab.«

Mary Kate tat wie ihr geheißen, doch als Liam zurückkehrte, stieg er allein, ohne den Arzt, die schmale Treppe hinunter.

»Dieser verdammte Idiot.« Wütend riss er sich die Kappe vom Kopf. »Der Käpt'n hat dem Doktor befohlen, direkt hierher zu kommen, aber der meint, er braucht erst ein anständiges Mahl! Und danach muss er noch Kaffee trinken und dann seine Pfeife rauchen und dann noch einen Spaziergang machen zur Vermeidung von Konstipation!« An diesem Punkt war die Neugier des Jungen größer als seine Wut. »Was ist eigentlich Konstipation?«

Grace zuckte die Achseln. »Offensichtlich irgendeine weitere Ausrede, die ihn davon abhält, hierher zu kommen. Wo ist der Kapitän im Moment?«

»Vorne am Bug, zusammen mit Mister Mackley, dem Ersten Offizier. Sie haben diesen Boardham losgeschickt, um den Doktor zu rufen, und ich bin mitgegangen, um ihm den Weg zu zeigen.« Wütend starrte er vor sich hin.

»Hast du das dem Kapitän erzählt?«

»Der Kerl hat mich nicht gelassen! Boardham, meine ich. Er sagte, der Doktor kommt, wenn er so weit ist, und ich soll den Käpt'n in Ruhe lassen, weil er schon genug mit dem Sturm zu tun hat.«

»Kommt denn ein Unwetter auf uns zu?«, fragte Grace. Plötzlich wurde ihr bewusst, dass das Stampfen des Schiffs zugenommen hatte, die Laternen an ihren Haken hin und her schwangen und die Balken ächzten.

»Ja!« Liams Augen leuchteten. »Und was für einer! Direkt vor uns ist eine große schwarze Wolke, die übers Wasser wirbelt, und der Käpt'n meint, jetzt sind wir reif.« Aufgeregt klatschte er in die Hände. »Das werd ich mir ansehen!«

Grace konnte ihn gerade noch am Hemdzipfel festhalten. »O nein, das wirst du nicht! Du bleibst hier bei Mary Kate«, befahl sie ihm, »während ich Wasser und etwas zu essen hole. Es könnte sein, dass wir bald für eine Weile hier unten eingesperrt sind.«

Liam verschränkte die Arme und wandte sich verstimmt ab.

»Weißt du was? Falls der Sturm noch nicht losgebrochen ist, wenn ich zurückkomme, ziehen wir warme Sachen an und gehen alle drei nach oben an die frische Luft«, versuchte sie ihn zu bestechen. »Aber du musst alles tun, was ich dir sage. Hast du mich verstanden, Liam?«

Er nickte widerwillig.

»Und wenn der Doktor kommt, bringst du ihn sofort zu deiner Schwester. Bis dahin bleibst du hier bei Mary Kate. Verstanden?«

Erneut nickte er missmutig, um ihr zu verstehen zu geben, dass es weit unter seiner Würde war, den Aufpasser für kleine Mädchen zu spielen. Doch noch ehe sie sich den Umhang über die Schultern geworfen hatte, hockte er bereits neben Mary Kate in der Koje und unterhielt sie mit einem Klatschspiel.

Als Grace das Deck betrat, wurde sie von einer heftigen Bö erfasst. Hastig schloss sie die Luke hinter sich, stemmte sich mit gesenktem Kopf gegen den Wind und kämpfte sich entlang der Reling in Richtung Schiffsheck vor. Der Himmel war inzwischen fast nachtschwarz, doch der dichte Regenvorhang direkt vor ihnen sah noch schwärzer aus. Kapitän Reinders stand am Ruder, eine Hand an den Mund gelegt, und brüllte seine Kommandos in den Wind. Einige Matrosen kletterten aus der Takelage, wo sie die Segel gerefft und sorgfältig befestigt hatten, während der Rest der Mannschaft sämtliches Tauwerk und lose Gegenstände an Deck sicherte. Dabei gingen sie mit solch grimmiger Entschlossenheit vor, dass es Grace einen Schauder über den Rücken jagte. Doch sie kämpfte sich weiter zur Kombüse vor und stieß die Tür auf.

»Sie sind spät dran!«, brüllte der Koch. »Ich hab schon alles weggepackt und festgezurrt! Sehen Sie denn nicht, dass uns ein schreckliches Unwetter bevorsteht, Sie dummes Weib?«

»Bitte«, rief Grace über das Heulen des Windes hinweg. »Irgendetwas – was immer Sie haben!«

Er entriegelte einen Schrank und nahm ein fettiges Bündel heraus. »Geröstetes Brot«, brummte er und hielt es ihr entgegen. »Butter und Käse.«

Sie verstaute das Bündel in ihrem Korb und dankte ihm überschwänglich.

»Hier, nehmen Sie die noch.« Er drückte ihr drei gekochte Eier in die Hand. »Und die hier.« Er hatte bereits eine Feldflasche mit Tee gefüllt. »Kommen Sie auf keinen Fall nach oben, solange der Sturm tobt. Sie werden sonst direkt über Bord gespült, und niemand wird Sie wieder rausfischen.«

»Vielen Dank!«, rief Grace. »Gott segne Sie!«

Der Wind hatte noch an Stärke zugenommen, und der Regen, der über das Deck peitschte, nahm ihr die Sicht. Mühsam tastete sie sich zur Treppe zurück, öffnete unter großer Anstrengung die Luke und stieg ins Zwischendeck hinab, das ihr im ersten Moment warm und trocken vorkam, dann aber sofort wieder eng und drückend wirkte und ihr die Luft abschnürte.

»Kommt hierher, wir setzen uns auf die Stufen.« Sie winkte Liam und Mary Kate zu sich, und die beiden folgten ihr ein paar Stufen nach oben, wo der Geruch nicht ganz so unerträglich war.

Grace öffnete das Bündel und gab jedem der Kinder eine Scheibe geröstetes Brot, das sie vorher mit Butter bestrich. Gierig verschlangen die beiden das Brot, dann Käse und Eier und spülten das Ganze mit heißem Tee hinunter.

»Wir können in nächster Zeit nicht nach oben«, sagte Grace warnend und sah Liam direkt in die Augen. »Es weht ein heftiger Wind; an Deck wären wir in Gefahr.«

»Wo sollen wir denn dann pinkeln?«, fragte Liam. »Und was ist mit dem Wasser für Mam und Siobhan?«

»Ich habe von gestern noch etwas Wasser übrig«, dachte Grace laut nach. »Und wenn du nicht mehr einhalten kannst, dann pinkel in den Topf bei eurer Koje. Aber mach ja nichts daneben!«, ermahnte sie ihn. »Hier unten ist es schon schlimm genug.«

Mary Kate sah sie mit großen Augen an und nickte ernst.

»Ihr beide bleibt jetzt hier, und rührt euch ja nicht vom Fleck«, befahl Grace. »Ich sehe mal nach deiner Mutter, Liam, und bringe ihr etwas zu essen.«

Im hinteren Bereich des Zwischendecks wurde die Luft immer schlechter, und Grace wünschte inständig, es gäbe eine Möglichkeit, die Kellyes in die Nähe des Aufgangs zu holen. Vor nicht allzu langer Zeit hätte sie keine Sekunde gezögert, die gesamte Familie in ihrer eigenen Koje unterzubringen. Dessen war sie sich durchaus bewusst, und sie schämte sich dafür, konnte aber an der traurigen Tatsache nichts ändern, dass der Kampf ums Überleben sie alle härter gemacht hatte. Das Leben ihres eigenen Kindes bedeutete ihr mehr als das Leben eines anderen, so gern sie Siobhan auch hatte. Trotzdem wurde ihr das Herz schwer bei dem Gedanken, wie sehr sie sich verändert hatte.

»Alice.« Beim Klang von Graces Stimme blickte Alice auf. »Sie müssen endlich etwas essen, sonst sind Sie Siobhan bald keine Hilfe mehr.« Sie reichte der erschöpften Frau ein gekochtes Ei und etwas Brot und goss den restlichen Tee in Siobhans Becher. »Essen und trinken Sie etwas, Alice. Wenigstens ein bisschen.«

Alice seufzte, nickte dann und schälte langsam das Ei. Grace fühlte erneut Siobhans Temperatur und horchte auf ihre flache, rasselnde Atmung. Selbst bei dieser Berührung öffnete das Kind die Augen nicht mehr.

»Wo bleibt denn der Doktor?«, fragte Alice schließlich.

»Liam sagt, der Kapitän hat ihm befohlen, sofort hierher zu kommen, aber jetzt steht uns ein furchtbarer Sturm bevor, und ich weiß auch nicht, wie's weitergeht. Ich war eben noch oben; es sieht wirklich schlimm aus. Die gesamte Mannschaft ist an

Deck, und der Kapitän trifft Vorkehrungen, um uns sicher durch dieses Unwetter zu bringen.«

»Ist er Engländer, der Doktor?«

»Amerikaner. Aber in Begleitung seiner englischen Gattin.«

Alice verzog das Gesicht. »Dann kriegen wir den hier unten nicht zu sehen«, sagte sie bitter und nahm die Hand ihrer Tochter.

»Das wird Kapitän Reinders nicht zulassen. Und wenn er ihn höchstpersönlich ins Zwischendeck zerren muss!«

Alice erwiderte darauf zwar nichts, doch Grace wusste, dass sie nur wenig Hoffnung hatte.

»Ich habe Liam und Mary Kate auf der Treppe zurückgelassen. Dort ist die Luft etwas besser, und sie können sich nicht so leicht anstecken. Warum leisten Sie ihnen nicht eine Weile Gesellschaft? Ich bleibe solange hier bei Siobhan.«

Alice schüttelte den Kopf. »Sie wird nach ihrer Mutter rufen, wenn sie aufwacht.« Sie wandte das Gesicht ab. »Sie wird nach ihrer Mutter rufen«, murmelte sie erneut und legte sich neben ihre schlafende Tochter.

Zwei Tage und zwei Nächte kämpften sie gegen die unbarmherzigen Naturgewalten an. Als am Morgen des dritten Tages die Wolkendecke endlich aufriss, stieß Kapitän Reinders' erschöpfte Mannschaft einen Seufzer der Erleichterung aus und dankte Gott dafür, dass sie nicht einen Mann in diesem Sturm verloren hatten. Nachdem sämtliche Schäden gesichtet und ein Großteil der Matrosen zum Schlafen in die Kojen verschwunden waren, stieg der übermüdete Kapitän ins Zwischendeck hinunter, um den Passagieren persönlich mitzuteilen, das Schlimmste sei jetzt überstanden und sie könnten wieder gefahrlos an Deck kommen.

Abgestandene, übel riechende Luft hatte er durchaus erwartet; schließlich war es unmöglich gewesen, den Abort an Deck zu benutzen. Und er hatte auch mit grimmigen, verängstigten Gesichtern gerechnet. Aber auf das Schreckensbild, das sich ihm im Zwischendeck bot, war er nicht gefasst: Mütter, die über die Körper ihrer toten Kinder gebeugt dasaßen; der unbeschreibliche Gestank, der in den Augen brannte und ihm den Atem raubte; die weit aufgerissenen Münder der Sterbenden und die verwirrten, anklagenden Blicke, die ihm begegneten. Als sich seine Augen an das Dämmerlicht gewöhnt hatten und er das volle Ausmaß der Katastrophe erkannte, brach es ihm fast das Herz.

»Wo zum Teufel sind Sie gewesen?«, herrschte Reinders den Schiffarzt an, als dieser in der Kapitänskajüte vor ihm stand.

Unbehaglich verlagerte Draper sein Gewicht von einem Fuß auf den anderen, während das Schiff gleichmäßig durch die Wogen stampfte.

»In meiner Kabine, Käpt'n. Ich habe mich um die Sicherheit und das Wohlergehen meiner Frau und meiner Kinder gekümmert. Und aller anderen, sofern das nötig war.«

»Welcher anderen?«

»Der Passagiere der Ersten Klasse natürlich.« Entrüstet schob Draper das Kinn vor. »Gewiss haben Sie nicht erwartet, dass ich meine eigene Sicherheit aufs Spiel setze bei dem Versuch, ins Zwischendeck zu gelangen? Ein verantwortungsbewusster Arzt schuldet es allen Passagieren an Bord, dass er am Leben bleibt, damit er sich um sie kümmern kann.«

»›Alle Passagiere‹ umfasst auch diejenigen im Zwischendeck«, stieß Reinders zwischen den Zähnen hervor. »Und dorthin hatte ich Sie vor dem Sturm beordert.«

»Guter Mann …«

Reinders schlug mit der Faust auf den Tisch. »Wie viele Tote?«

Der Schiffsarzt blinzelte und wandte den Blick ab, als müsse er nachdenken. »Fünfunddreißig«, sagte er schließlich, mit bedeutend weniger Empörung in der Stimme als zuvor. »Hauptsächlich Frauen, Kinder und Alte.«

»Wie viele sind krank?«

»Etwa die gleiche Anzahl, allerdings mehr Männer und eine Reihe von Kindern.« Er nahm die Brille ab und putzte sie mit einem Taschentuch, das er aus seiner Weste gezogen hatte. »Natürlich werden einige davon noch sterben«, fügte er nüchtern hinzu. »Aber nicht alle. Und es dürfte auch kaum neue Fälle geben, da die Schwächsten ja bereits ausgemerzt sind.«

Reinders zuckte zusammen. *Du kaltschnäuziger Dreckskerl*, dachte er. »Ich verlange, dass Sie von nun an jede Minute dort unten verbringen, bis das Ganze überstanden ist. Habe ich mich klar ausgedrückt?«

Draper setzte sich die Brille wieder auf die Nase. »Gewiss erwarten Sie nicht von mir, Käpt'n, dass ich meine eigenen Kräfte strapaziere und mich der Gefahr einer Ansteckung aussetze. Wie stünden Sie denn dann da?«

»Ich stünde genauso da wie jetzt auch«, fauchte Reinders ihn an. »Sie haben sich bisher als vollkommen nutzlos erwiesen. Dann wollen wir doch mal sehen, ob Sie an diesem traurigen Zustand nicht etwas ändern können. Andernfalls werde ich Sie der Hospitalkommission melden, sobald wir in New York ankommen.«

Draper wischte Reinders' Worte mit einem abschätzigen Wedeln seines Taschentuchs beiseite und wandte sich ab, als wolle er gehen. »Ich bin ein Mann von einigem Ruf, *Käpt'n.*«

»Die Zeiten haben sich geändert, seitdem Sie New York verlassen haben, um das angenehme Leben in London zu genießen, *Doktor.*« Reinders erhob sich und richtete sich zu seiner vollen Größe auf. »In New York gibt es inzwischen eine Gesundheitsbehörde. Allgemeingültige Standards. Eine Vielzahl fähiger Ärzte. Kein einziges Krankenhaus wird einen Arzt beschäftigen, der Hunderte von kranken Passagieren im Zwischendeck krepieren ließ, nur weil er sich nicht die Finger schmutzig machen wollte.«

Draper sah ihn misstrauisch an.

»Und jetzt holen Sie Ihre Pülverchen und Pillen und was Sie sonst noch an Wundermitteln in der Tasche haben und begeben sich umgehend ins Zwischendeck, um möglichst vielen dieser armen Teufel das Leben zu retten«, befahl Reinders. »Ich mache Sie persönlich verantwortlich für jeden weiteren Todesfall, der sich während der restlichen Reise auf meinem Schiff ereignet. Verstanden?«

Draper öffnete den Mund, schloss ihn aber gleich wieder. Dann machte er auf dem Absatz kehrt und marschierte beleidigt hinaus. Reinders zweifelte keine Sekunde daran, dass er seine Arzttasche holen und unter Deck eilen würde. Der Kapitän ließ sich auf den Stuhl hinter seinem Schreibtisch sinken und stützte den Kopf in die Hände, unfähig, das Geschehene zu fassen: Er war so stolz darauf gewesen, wie seine Mannschaft und sein Schiff diesem Sturm getrotzt hatten. Als am Morgen die letzte Wolke verschwand und ihnen die Sonne entgegenstrahlte, war er trotz der

Erschöpfung in Hochstimmung gewesen. Voller Siegesgewissheit. Doch nun kam er sich klein und gedemütigt vor.

Ein lautes Klopfen an der Tür riss ihn aus seinen Gedanken.

»Herein.«

»Entschuldigen Sie bitte die Störung, Käpt'n.« Mackley schloss die Tür hinter sich und reichte Reinders einen Bogen Papier. »Hier ist die Liste.«

Reinders seufzte und überflog die Aufstellung. »Haben Sie sie kontrolliert? Wurden die Namen der Toten von jemand anderem an Bord bestätigt?«

»Jawohl, Sir.« Mackley stand in Habt-Acht-Stellung vor ihm.

Reinders überflog die Liste erneut; sein Blick fiel auf den Namen Donnelly – kein Vermerk, auch nicht bei der Tochter. Erleichtert lehnte er sich zurück. Das war wenigstens etwas. Im nächsten Moment erinnerte er sich an den Jungen und suchte ihn auf der Liste. An Bord befanden sich zahlreiche Passagiere mit dem Namen Kelley, und bei der Familie des Jungen stand ein Vermerk – Siobhan, Alter: fünf Jahre. *Das muss Liams Schwester gewesen sein*, dachte er und rieb sich müde die Stirn.

»Entschuldigen Sie, Käpt'n«. Mackley räusperte sich.

Reinders legte die Liste beiseite und blickte auf.

»Ich habe jeden verfügbaren Mann zum Einnähen der Leichen abkommandiert. Wenn Sie ein paar Worte sagen könnten, schlage ich vor, dass wir sie bei Sonnenuntergang dem Meer übergeben.«

Reinders nickte. In seinem Kapitänshandbuch gab es eine Lesung für Seebestattungen; die würde er vortragen. Aber die meisten Passagiere waren sehr fromme Menschen.

»Haben wir einen Geistlichen an Bord?«

»Daran habe ich auch schon gedacht, Käpt'n. Im Zwischendeck gibt es einen alten Priester, der zwar krank, aber nicht bettlägerig ist. Soll ich ihn bitten, ein Gebet oder etwas Ähnliches zu sprechen?«

»Ja.« Reinders rieb sich die Nasenwurzel. »Wenn alle Passagiere zur Bestattung an Deck sind, wird ein Trupp Männer nach unten geschickt. Da stinkt es zum Gotterbarmen. Und bestimmt liegen noch einige kranke Passagiere in den Kojen, um die sich dieser Nichtsnutz von einem Arzt gefälligst kümmern soll. Aber teilen Sie ihm ruhig noch ein paar weitere Aufgaben zu.«

»Zu Befehl, Sir. Ich sorge dafür, dass das Zwischendeck und auch der Abort gereinigt werden. Er ist während des Sturms überspült worden. Und was machen wir mit dem Bettzeug, Käpt'n? Viele Decken sind voller Kot. Werfen wir die über Bord?«

Für diejenigen, die keine zusätzlichen Decken mitgenommen hatten, würde es verdammt unbequem werden, aber wenn er eine Ausbreitung der Krankheit verhindern wollte, mussten die verschmutzten Sachen verschwinden. »Versuchen Sie zu retten, was zu retten ist, aber im Zweifelsfall – über Bord damit.«

»Aye, aye, Käpt'n.« Mackley nahm die Liste wieder an sich. »Es ist nicht Ihre Schuld, Sir«, sagte er leise. »Das war einfach Pech. Diese verdammten Amtsärzte in Liverpool haben sich die Leute kaum angeguckt, bevor sie sie an Bord ließen. Und dann der Sturm, und die ganzen Menschen da unten auf engstem Raum …« Er verstummte. »Einfach Pech«, schloss er schließlich leise.

»Sie können gehen, Mackley«, sagte Reinders, nicht unfreundlich.

Als der Erste Offizier verschwunden war, stand Reinders auf und blickte aus dem kleinen Fenster auf die hohe, aber gleichmäßige Dünung. Weiße Schaumkronen glitzerten im Sonnenlicht. Er lauschte dem Klang der Wellen, die gegen den Schiffsrumpf schlugen – ein Geräusch, das ihn immer mit großer Freude erfüllt, ihm sogar Trost gespendet hatte. Doch jetzt wollte sich kein Gefühl der Zufriedenheit einstellen: Noch am selben Abend würde er diesen Wogen fünfunddreißig Männer, Frauen und Kinder überantworten, und morgen musste er wahrscheinlich weitere Tote der See übergeben. Er konnte nur hoffen, dass niemand von seiner Mannschaft erkrankte; falls aber doch, so würde er auch sie bestatten müssen. Nein, der Klang der Wogen und die unendliche Weite des Meeres schenkten ihm heute keinen Trost. Vielmehr erinnerten sie ihn daran, wie klein und wahrlich allein der Mensch in Wirklichkeit war.

12

Sean saß in dem eleganten Esszimmer der Livingstons, doch während an der langen Tafel ein Gang nach dem anderen serviert wurde, stocherte er nur lustlos in seinem Essen herum. Braten, Geflügel, Fisch – für ihn war es alles das Gleiche.

»Sie haben nicht einen Bissen gegessen, Mister O'Malley«, sagte Florence mit leiser, freundlicher Stimme. »Ich habe den Fasan extra für Sie zubereiten lassen, mit der Sauce, die Ihnen letztes Mal so gut geschmeckt hat.«

»Bitte verzeihen Sie mir, Miss Livingston«, sagte er. »Ich hätte heute Abend nicht hierher kommen dürfen. Im Augenblick bin ich kein würdiger Gast an Ihrer Tafel.«

»Sorgen Sie sich um Ihre Schwester?«, fragte sie vorsichtig. Sie hatte die Stimme noch weiter gesenkt, damit die anderen Gäste ihre private Unterhaltung nicht hören konnten. »Sie müssen schrecklich beunruhigt sein.«

»Ich bin ganz krank vor Sorge«, gestand er, »und kann an nichts anderes mehr denken. Das Wetter ist so schlecht in diesem Jahr, mit dem frühen Schnee und den Stürmen, und sie sind jetzt irgendwo da draußen. Sie und die Kleine.«

»Gibt es irgendetwas, das ich tun könnte?« Verstohlen legte Florence eine Hand auf seinen Arm, sodass die anderen es nicht sehen konnten. »Sie wissen, ich würde Ihnen gerne helfen, Sean.«

Er schüttelte den Kopf. »Mir bleibt nichts anderes übrig, als zu warten.«

»Ich bin schon ganz gespannt darauf, Ihre große Schwester endlich kennen zu lernen.« Sanft drückte sie seinen Arm und ließ ihn dann wieder los. »Sobald sie sich eingelebt hat, müssen Sie sie unbedingt zum Tee mitbringen.«

»Aber gerne. Das wird ihr bestimmt gefallen.« Er blickte zum Fenster, dessen schwere Vorhänge das Prasseln des heftigen Regens gegen die Scheiben kaum dämpften.

»Tröste ihn ja nicht, Florence«, tadelte Jay seine Schwester gutmütig über den Esstisch hinweg. »In letzter Zeit bläst er nur noch Trübsal. Hör mal, mein lieber Freund, jeden Tag laufen Schiffe aus Irland sicher in den Hafen von New York ein, und es besteht kein Grund zu der Annahme, dass das bei dem von deiner Schwester anders sein sollte. Nun trink etwas Wein und berichte uns die neuesten Neuigkeiten. Niemand kann so unterhaltsam über das Aufblühen der Demokratie sprechen wie du.«

Sean öffnete den Mund, um dieser Aufforderung nachzukommen, aber in seinem Kopf herrschte völlige Leere. Er erhob sich und verbeugte sich vor seinen Gastgebern. »Bitte verzeiht mir, Jay, Miss Livingston. Ich bin heute wirklich nicht in der Verfassung und hätte die Einladung zu diesem wundervollen Abendessen gar nicht erst annehmen dürfen.«

»Ach, Sean, nun komm schon«, klagte Jay. »Bitte bleib.«

Die anderen Gäste waren verstummt und beobachteten die beiden Männer neugierig. Die Livingstons pflegten eine bunte Mischung interessanter Menschen zu ihren Dinners einzuladen, aber der jüngste Neuzugang, dieser verkrüppelte Ire, hatte die meisten doch sehr verblüfft. Und hier stand er nun und entpuppte sich, wie nicht anders zu erwarten gewesen war, als ungehobelter Kerl.

»Dann lass mich dich hinausbegleiten«, sagte Jay, der die Situation blitzschnell erfasste. Er erhob sich, nahm freundschaftlich Seans Arm und führte ihn in die große Eingangshalle. »Also wirklich, Sean, das sieht dir aber gar nicht ähnlich! Ich habe diese Leute vor allem wegen ihrer Scheckhefte eingeladen, extra für dich und deine Sache.«

»Ich weiß nicht, ob ich noch länger an die Sache glaube.« Sean ließ sich vom Butler in den Mantel helfen. »Ich weiß nicht einmal, ob es überhaupt noch eine Sache ist, für die es sich zu kämpfen lohnt.«

»Wie bitte?« Entrüstet warf Jay die Arme in die Luft. »Und was ist mit: ›Irland den Iren‹? Was ist mit: ›Bildung für alle‹ und ›Ein

Mann, eine Stimme‹?« Argwöhnisch betrachtete er seinen Freund. »Was ist mit: ›Freiheit für die Freiheitskämpfer‹, wie deinen alten Freund McDonagh und diesen Lord Evans? Hast du sie denn alle vergessen?«

»McDonagh ist tot«, erwiderte Sean knapp. »Und Evans auch.« Er sah Livingston an. »Gute Nacht, Jay.«

»Um Himmels willen, Sean!« Bestürzt ergriff Jay Seans gesunden Arm. »Das habe ich nicht gewusst! Gütiger Gott, kein Wunder, dass du so niedergeschlagen bist. Es tut mir so leid«, fügte er leise hinzu. »Bitte geh jetzt nicht. Komm mit in die Bibliothek und lass uns etwas trinken.«

Sean schüttelte den Kopf. »Ich kann nicht. Zurzeit führt bei mir jedes Glas zu einer ganzen Flasche. Ich muss damit aufhören.«

»Und dann deine Schwester. Du wirst es ihr mitteilen müssen. Er war auch ihr Freund, oder?« Jay sah den Schmerz im Gesicht seines Freundes. »Das ist noch nicht alles, stimmt's? Du kannst es mir sagen, Sean. Ich werde schweigen wie ein Grab, das schwöre ich.«

Die beiden Männer sahen einander an.

»Er war ihr Ehemann«, sagte Sean. »Die näheren Umstände kenne ich auch nicht; ich weiß nur, dass sie geheiratet haben und Grace einen Sohn zur Welt gebracht hat – einen Sohn, den sie zurücklassen musste.«

»Warum?«

»Ich glaube, er war zu schwach, und sie musste das Land in aller Eile verlassen.« Erneut zögerte er. »Sie wird wegen Mordes gesucht, Jay.«

Livingston wich erschrocken einen Schritt zurück.

»Sie hat eine Wache getötet. Ich bin mir sicher, dass es Notwehr war, aber man hätte sie so oder so gehängt. Und wenn bekannt wird, dass sie Morgans Frau ist und meine Schwester …« Ihm versagte die Stimme. »Ich weiß gar nicht, wie sie das alles überstehen soll.«

Jay nahm Seans Arm, führte ihn in die Bibliothek und schloss die Tür hinter ihnen. Zielstrebig ging er zur Anrichte und goss sich und seinem Freund einen großen Whiskey ein. »Hier.« Er drückte Sean das Glas in die Hand. »Du kannst von mir aus die ganze Flasche leer trinken – es ist mir egal. Trink sämtliche Flaschen im ganzen Haus leer, von mir aus auch in der ganzen Stadt! Es ist mir vollkommen egal.«

Er stürzte seinen Whiskey hinunter, wartete, bis auch Sean sein Glas geleert hatte, und schenkte dann nach.

»Meine Großmutter war Irin«, verkündete Jay, die Augen glänzend vom Alkohol. »Und was für eine Irin meine Großmutter war! Die strengste alte Dame, die ich je kennen gelernt habe. Sie hat mir immer eine Ohrfeige verpasst, wenn ich mich für was Besonderes hielt, und dann hat sie mir stundenlang Vorträge darüber gehalten, von wem ich abstamme und dass ich was ganz Besonderes bin.« Er lachte und nahm noch einen Schluck. »Eines weiß ich ganz genau ...«

Sean nickte; seine Augen wurden feucht.

»Wenn deine Schwester eine auch nur annähernd so starke Frau ist, wie meine Großmutter eine war – und davon bin ich überzeugt, schließlich ist sie deine Schwester, eine dieser streitlustigen O'Malleys –, dann wird sie den Verlust und die Reise nicht nur überstehen, sondern sogar triumphierend daraus hervorgehen! Hast du mich verstanden, O'Malley? Sie wird triumphieren!« Er hob sein Glas und stürzte den Rest hinunter. »Bei Gott, ich bin jetzt schon fast verliebt in sie!«

Sean lachte, und das enge Band um sein Herz löste sich ein wenig.

Am nächsten Morgen teilte Florence ihnen mit, sie habe die Gäste an der Bibliothekstür, hinter der lauter und leidenschaftlicher Gesang zu hören gewesen sei, vorbeigeleiten und so tun müssen, als bemerke sie nichts. Und dass sie ihnen sehr verbunden wäre, wenn sie in Zukunft ein wenig diskreter sein könnten. Doch als sie die schlimme Nachricht erfuhr und Sean ihr die ganze Geschichte erzählte, unterbrach sie ihre Tirade, nahm ihn in den Arm und hielt ihn lange fest.

13

Während des gesamten Gottesdienstes und der feierlichen Seebestattung der fünfunddreißig Leichname stand Grace neben Alice, schützend einen Arm um ihre Taille gelegt, und als Siobhans sterbliche Überreste gegen Ende der Zeremonie dem Meer übergeben wurden, zog sie sie noch näher zu sich heran. Liam stand auf der anderen Seite seiner Mutter und hielt ihre Hand. In seinem Gesicht spiegelten sich Bestürzung und Fassungslosigkeit: Wie hatte man sie so berauben können, und wer war der Dieb? Unterdessen drängte sich Mary Kate an Grace und krallte beide Hände in den Rock ihrer Mutter, die Gott mit jeder Faser ihres Körpers dafür dankte, dass ihr Kind lebte und hier neben ihr stand.

Mit klarer, fester Stimme, die die Erschöpfung in seinen Augen Lügen strafte, las Kapitän Reinders aus der Bibel. Niemand sah, wie seine Hand zitterte, als er die Seite umblätterte und sich gegen den eisigen Wind stemmte. Nachdem er die Lesung beendet hatte, ging er einen Schritt zur Seite und ließ den alten Geistlichen vortreten, der ein Priestergewand übergestreift hatte und ein großes Kruzifix in Händen hielt. Als er das Kreuz küsste und hochhob, sanken sämtliche Passagiere auf die Knie und beteten zum allmächtigen Vater. Sie baten um Gnade und Vergebung und darum, dass Er die Toten rasch in den Himmel eingehen lassen möge. Der Anblick dieser erschöpften, niedergeschlagenen Menschen, die mit gesenktem Haupt auf den Knien zu ihrem Herrn und Heiland beteten, rührte Kapitän Reinders zutiefst an, und er wandte sich ab, um auf die unendliche Weite des Meeres hinauszublicken.

Als der Geistliche die Fürbitten beendet hatte, trat Reinders erneut vor und verlas laut und deutlich die Namen der Toten, die seine Männer nun nacheinander hochhievten und ins Wasser gleiten ließen. Während der Priester jedem Verstorbenen seinen Segen erteilte und das Kreuz über ihm schlug, gaben viele Passagiere ihrem Kummer nach und schluchzten herzzerreißend. Die Liste der Toten schien kein Ende zu nehmen, doch Reinders zwang sich, langsam zu lesen und bei jedem Namen zum Gedenken einen Moment innezuhalten. Dabei hielt er den Blick fest auf das Papier gerichtet und sah nur einmal hoch – nachdem er Siobhan Kelley aufgerufen hatte –, um Liams rot geweinte, wütende Augen zu suchen und ihm auf diesen Weise sein Mitgefühl auszudrücken.

Die Sonne stand knapp über dem Horizont, als der letzte Leichnam der See übergeben worden war, aber die meisten Passagiere verharrten noch eine ganze Weile an Deck, bis schließlich Dunkelheit und klirrende Kälte sie wieder nach unten trieben. Grace und Liam halfen Alice die schmale Treppe hinunter ins feuchte Zwischendeck. Dort blieben sie einen Moment stehen, um sich an das flackernde Licht der Öllampen zu gewöhnen. Ihr Quartier war zwar gereinigt worden, doch der Geruch des Todes hing immer noch schwer in der Luft. Alice stützte sich kraftlos auf ihre Freundin, und Grace spürte die tiefe Verzweiflung, die sie ergriffen hatte. Ihre Augen starrten dumpf und leblos geradeaus – kein gutes Zeichen, denn Alice konnte das Fieber, das inzwischen auch sie befallen hatte, nicht überstehen, wenn ihr Lebenswille erloschen war.

»Nur noch ein paar Schritte«, murmelte Grace und geleitete Alice zu ihrer eigenen Koje. »Sie werden heute Nacht hier bei uns schlafen. Die Reinigungstruppe hat Siobhans Matratze entfernt, und Sie können schließlich nicht auf den nackten Holzplanken liegen.«

Alice gab keine Antwort, aber in dem Moment, als ihr Kopf das Kissen berührte, schloss sie die Augen. Grace ließ sich neben ihr nieder und berührte prüfend ihr Gesicht und ihre Hände. Warm. Sehr warm. Schweißperlen glitzerten in ihren Augenbrauen. Morgen früh würde Grace sie zu den anderen Kranken bringen, die man von den übrigen Passagieren isoliert hatte, doch heute Nacht würde Alice bei ihnen bleiben.

Der Schiffsarzt würde ihnen keine Schwierigkeiten machen. Er gab sich nur dann beschäftigt, wenn der Kapitän oder der Erste Offizier erschienen. Im Laufe dieses langen Tages hatte Reinders die Passagiere im Zwischendeck zweimal aufgesucht, um sie über die geplante Seebestattung zu informieren und Dr. Draper vorzustellen, den er unsanft vor sich her schob. Er versicherte den Reisenden, dass sie von nun an, bis das Fieber vorüber war, auf ständige medizinische Betreuung vertrauen durften. Bei seinem zweiten Besuch bat er sie, ihre Sachen umzuräumen, sodass die Erkrankten in einer Art Krankensaal zusammengelegt werden könnten, der etwa ein Viertel des Zwischendecks einnehmen solle. Auf diese Weise sei gewährleistet, dass der Arzt sich besser um die Patienten kümmern könne und keine weiteren Reisenden angesteckt würden. Grace und ein Fischer aus Galway hatten daraufhin angeboten, den Aufbau der kleinen Krankenstation zu organisieren.

Die Umgestaltung des Zwischendecks verlief recht zügig, da viele offensichtlich nur darauf gewartet hatten, sich mit etwas anderem zu beschäftigen und sich von der Sorge abzulenken, dass auch sie möglicherweise auf diesem Schiff sterben und das gelobte Land niemals erreichen würden. Schnell kam man überein, möglichst viele der verbliebenen Matratzen zum Krankenbereich zu bringen, damit die Fieberpatienten etwas bequemer liegen könnten. Natürlich gab es auch Gemurre, da manche die Nähe zu den Erkrankten bereits als Todesurteil empfanden. Doch die meisten taten wie ihnen geheißen, und als Mister Mackley unter Deck erschien, um alle zur Begräbniszeremonie zu rufen, lagen die Kranken am einen Ende des Zwischendecks, von den Gesunden durch zwei Reihen unheilvoll leerer Kojen getrennt.

Grace blickte auf und sah, dass Liam neben ihr stand und mit besorgter Miene das regungslose Gesicht seiner Mutter betrachtete. Sie nahm seine kleine Hand und drückte sie fest.

»Sie schläft nur«, versicherte sie ihm. »Schließlich hat sie Tag und Nacht bei Siobhan gewacht, bis sie selbst kaum noch Kraft hatte. Du wirst sehen, morgen früh geht es ihr schon viel besser.«

Der Blick in seinen Augen ähnelte dem seiner Mutter; auch er hatte nur wenig Hoffnung, war allerdings bereit, sich für den Moment überzeugen zu lassen. Grace stand auf, legte die Arme um seine steifen Schultern, zog ihn an sich und küsste ihn auf das strubbelige, salzige Haar. Sie spürte, wie er seine Arme um sie schlang und sich an sie schmiegte.

»Leg dich jetzt ein wenig hin und versuch zu schlafen, Liam«, sagte sie leise.

»Aber was ist, wenn sie heute Nacht irgendwas braucht?«, fragte er bedrückt. »Sie hat doch nur noch mich.«

»Hast du Mary Kate und mich denn vergessen?«, tadelte Grace ihn milde. »Wir sind schließlich auch noch da.«

Er ist so blass, dachte sie und sah zu ihrem eigenen Kind hinüber, das etwas abseits stand und ihren Blick erwiderte. Schweigend nahm Mary Kate alles hin, als verstünde sie das Mysterium des Lebens und des Todes besser als jeder andere hier unten.

»Mary Kate ist furchtbar müde«, flüsterte Grace Liam ins Ohr. »Könntest du dich mit ihr hinlegen, bis sie eingeschlafen ist? Ich habe Angst, sie könnte sonst aus der oberen Koje fallen, und ich muss noch ein paar Dinge erledigen.«

Er nickte, den Kopf an ihrer Brust. Dann löste er sich aus der wärmenden Umarmung, kletterte in die Koje über seiner Mutter und streckte Mary Kate, die von Grace hochgehoben wurde, die Arme entgegen. Als das Mädchen unter die dünne Decke geschlüpft war, kuschelte er sich an sie und legte einen Arm schützend um ihren Körper. Ihre weichen Haare berührten leicht sein Kinn. Genau so hatte er fast jede Nacht seines Lebens hinter Siobhan gelegen. Mary Kate schien zu ahnen, dass ihm diese Schlafhaltung Trost spendete; sie schmiegte sich noch enger an ihn, seufzte einmal tief und schloss die Augen. Grace sprach mit ihnen das Abendgebet und wünschte ihnen eine gute Nacht – wobei sie die Tränen, gegen die Liam tapfer ankämpfte, geflissentlich übersah.

An diesem Abend spielte kein Fiedler und niemand tanzte. Die meisten Passagiere im Zwischendeck waren viel zu erschöpft und verzweifelt. Während Grace durch die schmalen Gänge ging, hörte sie, wie Männer sich im Schlaf auf den harten Brettern unruhig hin und her wälzten, unfähig, ihren Frauen und Kindern zu helfen. Sie sah eine Frau, die mutterseelenallein auf dem Rand ihrer Koje hockte, mit dem Oberkörper vor und zurück schaukelte und den Saum ihres Rocks mit geballten Fäusten gegen den

Mund presste, um ihr heftiges Schluchzen zu dämpfen. Als sie an ihr vorbeiging, legte Grace ihr einen Moment lang eine Hand auf die Schulter. Grace hörte das Wimmern der Säuglinge, das leise Schnalzen ihrer Mütter und das darauf folgende zufriedene Schmatzen – nicht alle Kinder waren gestorben, und das machte ihr Mut. Leise bewegte sie sich zwischen den abgedunkelten Kojen hindurch und ging dann zu dem leicht erhellten Bereich, in dem die Kranken lagen und wo der Schiffsarzt etwas abseits stand und einen Blick auf seine Taschenuhr warf.

»Guten Abend, Dr. Draper.« Ihre Stimme ließ ihn zusammenzucken. »Werden Sie bald nach oben zu Ihrer eigenen Familie zurückkehren, nach so einem langen Tag?«

»Nein, das werde ich nicht!« Frustration und Ärger brachten seinen Vorsatz ins Wanken, sich nicht auf ein Gespräch mit diesem Lumpengesindel einzulassen. »Ich wage es nicht! Inzwischen bin ich der Krankheit, die ihr Leute an Bord geschleppt habt, so lange ausgesetzt gewesen, dass ich nicht einfach in meine eigene Kabine zurückkehren kann, wo meine kleinen, unschuldigen Kinder zusammen mit ihrer arglosen Mutter schlafen!« Herausfordernd starrte er sie an, als wäre das alles ihre Schuld.

»Das ist wirklich eine Schande«, tröstete sie ihn.

»Schande ist noch das Mindeste, was man dazu sagen kann! Kapitän Reinders war sich der Konsequenzen durchaus bewusst, als er mir befahl, mich in dieses … dieses Loch zu begeben. Aber über die Unannehmlichkeiten, von den Risiken ganz zu schweigen, die diese Entscheidung für meine eigene Familie birgt, darüber hat er nicht eine Sekunde nachgedacht! Was ist das für ein Mann, der sich so verhält?«

»Also, ich bin mir nicht ganz sicher«, erwiderte Grace nachdenklich, »aber Kapitän Reinders scheint ein anständiger Mann zu sein, der sich um das Wohlergehen eines jeden Passagiers auf seinem Schiff sorgt.«

Draper schob die Taschenuhr zurück in seine Westentasche und musterte Grace herablassend. »Was wollen Sie? Warum belästigen Sie mich? Wenn Sie krank sind, legen Sie sich hin; ich sehe dann später nach Ihnen.«

»Nein, nein, ich bin nicht krank. Aber danke der Nachfrage«, sagte Grace, als ob sie ihn nicht verstanden hätte. »Ich frage mich nur, was Sie denn für die Erkrankten tun können? Sind Sie im Stande, sie zu heilen?« Sie warf einen Blick auf die beiden Ledertaschen, die auf einer der leeren Kojen standen. »Gibt es denn ein wirksames Mittel gegen das Fieber?«

Er folgte ihrem Blick, und seine Augen verengten sich zu Schlitzen. »Warum?«

Grace zuckte möglichst beiläufig die Achseln. »Reine Neugier, das ist alles. Meine Großmutter war eine erfahrene Kräuterfrau; aus dem, was sie im Wald und auf den Feldern rund um unsere Hütte sammelte, stellte sie alle möglichen Heilmittel her.«

»Eine Hebamme«, schnaubte Draper verächtlich.

»Nein, nein, sie brachte keine Kinder zur Welt. Vielmehr kümmerte sie sich um die Kranken und Verletzten. Volksmedizin, sonst nichts, aber ich habe ihr manchmal geholfen und bin jetzt einfach nur neugierig.«

Der Schiffsarzt biss nicht an.

»Sie müssen alles über Medizin wissen«, fuhr sie schmeichlerisch fort. »Sie waren auf der Universität und haben gewiss in den großen Krankenhäusern in London und Amerika gearbeitet. Ich wette, es gibt nichts, was Sie nicht wissen.«

Auf seinem Gesicht spiegelte sich der Widerstreit zwischen Stolz und Starrsinn, aber schließlich siegte die Eitelkeit. Er musterte Grace erneut und schnippte dann mit den Fingern, um ihr zu verstehen zu geben, sie dürfe ihm in respektvollem Abstand folgen.

»Da Sie ein gewisses Interesse an der Medizin zu hegen scheinen, gestatte ich Ihnen einen Blick auf meine Instrumente«, sagte Draper gönnerhaft und öffnete die erste Tasche mit einer solch schwungvollen Geste, dass Grace im ersten Moment nur glänzendes Silber aufblitzen sah. Dann nahm er jedes Instrument einzeln heraus und dozierte: »Geburtszange für schwierige Entbindungen, Sägen und Messer für Amputationen. Eine Schädelsäge, eine Aderpresse …« Er lächelte selbstgefällig, als sämtliche Farbe aus Graces Gesicht wich. »Gewiss hatte Ihre Großmutter nicht solch moderne Hilfsmittel wie diese hier. Sie benutzte vermutlich eine alte Axt, direkt vom Holzstoß, und zum Nähen nahm sie wahrscheinlich eine Sticknadel und irgendeinen Fadenrest.«

Nun richtig in Schwung gekommen, griff er tiefer in die Tasche und holte ein kleines Lederetui hervor. Er öffnete den Verschluss und klappte es auseinander.

»Das ist ein chirurgisches Besteck«, erklärte er und sprach dabei jedes Wort überdeutlich aus, als habe er es mit einem zurückgebliebenen Kind zu tun. »Skalpell, Zahnfleischlanzette, Wundhaken, Schere … dies hier nennt man Bistouri.« Er hielt ein langes, schmales Skalpell hoch und drehte es, sodass es im Licht aufblitzte. »Äußerst scharf«, fügte er hinzu, berührte vorsichtig die Spitze und wartete auf Graces Reaktion. »Schneidet direkt durch Haut und Muskelgewebe.«

Grace blickte auf eine Reihe gekrümmter Nadeln, die, nach Größe sortiert, von winzigen Lederbändern gehalten wurden.

»Nähbesteck.« Liebevoll strich er mit einem Finger darüber. »Für jede Wunde geeignet, ob klein oder groß. Sehr nützlich. Viele Operationen lassen sich allein damit ausführen. Kein guter Arzt macht auch nur einen Schritt ohne sein Nähbesteck. Ich jedenfalls nicht.«

»Ich verstehe.« Grace schluckte sichtbar; ihr Mund war wie ausgetrocknet. »Und … und was ist in der anderen Tasche?«

»Verschreibungspflichtige Medikamente«, sagte er wichtigtuerisch, öffnete die zweite Tasche und holte eine Reihe kleiner Gefäße, bauchiger Flaschen, Metalldosen und Papiertütchen hervor. »Capiri-Balsam, Rizinusöl, Weinstein, Kalomel gegen Würmer.« Er warf ihr einen Blick zu und fuhr dann fort: »Hirschhorngeist, Jalapenwurzel – ein wundervolles Abführmittel. Mönchsbalsam, Bittersalz, Rhabarberwurzel, Pfefferminzöl, Laudanum …« Er schwieg einen Moment und musterte sie argwöhnisch. »Schon mal davon gehört?«

»Nein, noch nie«, sagte Grace in aller Unschuld, merkte sich aber die blaue Flasche. »Wogegen hilft es denn?«

»Zum Beispiel gegen Zahnschmerzen«, erwiderte er. »Ist allerdings ein ziemlich teuflisches Zeug. Verursacht Übelkeit und Wahnvorstellungen, aber da ich nun mal unter ständigen Zahnschmerzen leide, muss ich immer eine Flasche bei mir tragen, für den Fall, dass die Schmerzen unerträglich werden.«

»Ein weiser Entschluss«, lobte Grace. »Wir können doch nicht zulassen, dass unser Doktor vor Pein den Verstand verliert, jetzt, da wir alle von seinem Wissen und Können abhängen. Und was ist mit diesen Tabletten hier?« Sie zeigte auf die letzte Flasche.

»Ah!« Drapers Augen leuchteten auf. »Blaue Pillen! Ein herausragendes Beispiel moderner Medizin«, sagte er begeistert. »Ein exzellentes Allheilmittel, das auch von den Ärzten der königlichen Familie wärmstens empfohlen wird. Mein Lieblingsmedikament.« Zärtlich nahm er die Flasche in die Hand.

»Ist dies denn das Mittel, das Sie den Fieberkranken geben?«, fragte Grace aufgeregt. »Blaue Pillen?«

Sofort zügelte der Arzt seine Begeisterung und umfasste die Flasche besitzergreifend. »Nun, äh, nein. Ich meine, nicht immer. Nicht, solange sie sie nicht *wirklich* benötigen.«

»Und woher wissen Sie, wann sie sie wirklich benötigen, Doktor?«

»Das erfordert eine äußerst präzise Diagnose«, plusterte er sich auf. »Wenn der Patient nur geringe Symptome zeigt, braucht er sie nicht, und wenn er schon dahinsiecht, helfen sie ihm auch nicht mehr.«

»Ah!« Grace nickte. »Also besteht der Trick darin, den richtigen Moment zu erwischen, bevor der Kranke im Sterben liegt.«

Draper runzelte die Stirn. »Dabei gibt es keinen *Trick*, wie Sie es nennen. Der Arzt beobachtet seinen Patienten sorgfältig und verabreicht die blaue Pille genau im richtigen Moment. Woraufhin der Patient sich schnell erholt.«

»Und haben Sie denn genug von diesen Tabletten?«

Er betrachtete die bis oben gefüllte Flasche. »Das nehme ich an.«

»Und wie viele haben Sie schon ausgeteilt?«, fragte Grace. »Ich meine, heute.«

Er zögerte. »Keine.«

Grace warf einen Blick auf die etwa dreißig Patienten in der Krankenstation. »Bedeutet das also, dass diese Menschen hier entweder fast gesund oder aber schon so gut wie tot sind?«

Er musterte sie mit zusammengekniffenen Augen und nickte zögernd.

Sie seufzte, als ginge das alles weit über ihren Verstand. »Ach, Sie sind ein guter Arzt und wissen bestimmt, was richtig ist. Ein Segen, dass wir Sie an Bord haben. Sicher sind Sie furchtbar müde und erschöpft, wo Sie doch die ganze Zeit aufbleiben und bei jeder dieser armen Seelen den richtigen Augenblick abpassen müssen.« Sie schwieg einen Moment. »So, ich gehe dann mal wieder und überlasse Sie Ihrer Aufgabe. Und vielen Dank für die Erklärungen.«

Er nickte knapp, gab aber keine Antwort, da er nicht so recht wusste, was sich hier gerade ereignet hatte. Während er ihr nachblickte, beschlich ihn der Gedanke, dass man ihn hereingelegt hatte. Doch wie immer bei Frauen, diesen flatterhaften, willensschwachen Geschöpfen, ließ sich das nur schwer sagen. Und diese Frau war obendrein noch Irin und daher gar nicht in der Lage, irgendeine intelligente Unterhaltung zu führen, ganz zu schweigen von einer Konversation, die logisches Denken erforderte. Er verachtete die Iren. Sie redeten und redeten und redeten, aber am Ende kam nichts dabei heraus.

Plötzlich fiel ihm wieder ein, woher er sie kannte, wo er sie schon mal gesehen hatte: Sie war die Frau, die sich am ersten Abend im Salon ihm gegenüber so ungebührlich verhalten hatte, um für sich und ihre blasse Göre weitere Kartoffeln zu ergattern. Diese Art von Gier war ihm zuwider, und als die Irin den Mahlzeiten fortan fernblieb, hatte er dies erfreut zur Kenntnis genommen. Er war davon ausgegangen, dass die anderen Passagiere sich über ihre schlechten Manieren und ihre mangelnde Eignung für die Erste Klasse beschwert hatten und der Kapitän sofort die richtigen Maßnahmen ergriffen hatte. Aber bei näherer Betrachtung fiel ihm plötzlich wieder ein, dass er den Kapitän und diese Frau mehr als einmal in ein vertrauliches Gespräch vertieft gesehen hatte. Sehr rätselhaft! Draper legte eine Hand ans Kinn – seine Lieblingspose – und rief sich in Erinnerung, dass manche Kapitäne sich eine als Passagierin getarnte Geliebte an Bord hielten. Wäre durchaus möglich. Er zuckte die Achseln. Es ging ihn zwar nichts an, wenn Reinders es vorzog, sich mit einer Frau aus dem gemeinen Volk abzugeben. Andererseits konnte sich dieses Wissen eines Tages durchaus als nützlich erweisen – beispielsweise wenn er sich dafür rächte, dass der Kapitän ihn in diese Hölle abkommandiert hatte.

Draper ließ sich auf dem Rand der Koje nieder, packte seine Gefäße und Utensilien wieder in die Taschen und erfreute sich an dem Gedanken, Reinders zu ruinieren, sobald sie New York erreicht hatten. Aber wie sollte er es anstellen, wie nur? Er holte die Flasche mit dem Laudanum hervor, hielt einen Moment inne, löste dann den Korken und nahm einen kräftigen Schluck. Während er angestrengt nachdachte, verschloss er die Flasche wieder und wickelte sie sorgfältig in ein Stück Stoff. Er genoss es, wenn die Wirkung der Opiumtinktur allmählich einsetzte. Ihm würde sich schon eine Gelegenheit bieten, er musste nur Geduld haben. Zufrieden legte er sich auf die Koje und gab sich einer äußerst angenehmen Phantasie hin, die darin mündete, dass der Kapitän unehrenhaft entlassen und er, der rechtschaffene Doktor, mit Ehrungen überschüttet wurde. Möglicherweise würde er sogar die Gelegenheit bekommen, selbst ein wenig Zeit mit dieser jungen Frau zu verbringen, die nur eine starke Hand benötigte, um auf den Pfad der Tugend zurückzukehren. Er schloss die Augen, fuhr sich genießerisch mit der Zunge über die Lippen und gab sich der köstlichen Vorfreude auf den Moment der Vergeltung hin.

Grace bahnte sich vorsichtig einen Weg zwischen den Kisten und Truhen hindurch, die überall in den dunklen Gängen standen. Sie hörte weder die Geräusche der unruhig Schlafenden, noch bemerkte sie die Blicke derjenigen, die wach lagen. Ihre Gedanken kreisten ausschließlich um ihren Plan. Sie wusste, dass der Schiffsarzt irgendwann einschlafen und dass sein Schlummer von lautem Schnarchen begleitet sein würde. Sie selbst würde wach bleiben – wenn nötig die ganze Nacht –, und den richtigen Moment abpassen, um sich zu seiner Tasche zu schleichen und eine Hand voll dieser blauen Pillen herauszunehmen. Und wenn die blauen Pillen nicht ausreichten, um Alice am Leben zu erhalten, dann würde sie eben auch etwas Laudanum abfüllen. Siobhan war unter schrecklichen Schmerzen gestorben, und Liam sollte nicht zusehen müssen, wie seine Mutter das gleiche Schicksal erlitt. Wenn es wirklich keine andere Möglichkeit mehr gab, würde sie Alice so viel Laudanum einflößen, dass sie friedlich einschlafen konnte. Grace verbannte die Vorstellung aus ihren Gedanken, dass sie diese Medikamente möglicherweise auch für Mary Kate oder sich selbst benötigen würde; dennoch blieb sie eine Weile an der Koje ihrer Tochter stehen, lauschte auf ihre Atmung, strich ihr über die Wange und glättete ihr wirres Haar.

Sie zog die Decke über Liams schmale Schultern, fühlte auch seine Temperatur und kämpfte gegen eine Woge der Hoffnungslosigkeit an, die über ihr zusammenzuschlagen drohte. Dann setzte sie sich auf die harten, kalten Stufen des Aufgangs, wickelte sich fest in ihren Umhang und behielt die Krankenstation im Blick, bis das Licht der Öllampen allmählich dämmriger wurde und das Schnarchen des Schiffsarztes ihr verriet, dass der richtige Moment gekommen war.

14

»23. Dezember 1847«, schrieb Reinders in sein Logbuch, »Flaute.« Da es sonst nichts zu notieren gab, klappte er das Buch wieder zu.

Es herrschte bitterer Frost. Der dichte Nebel, der sie umgab, dämpfte jedes Geräusch, auch die Rufe der Seeleute vom Heck zum Bug und vom Krähennest zum Deck. Feuchter Dunst hing in den Segeln und an den Masten und bildete dicke, schwere Tropfen, die erst gefroren und sich dann zu Eiszapfen formten. Das Deck war trotz des eimerweise ausgeschütteten Meerwassers gefährlich glatt, und die Matrosen hatten sich Lumpen um die Hände gewickelt, um Seile und Taue bedienen zu können. Hin und wieder versuchte einer der Männer, die steif gefrorenen Finger mit seinem Atem aufzuwärmen. Die *Eliza J.* hob und senkte sich sanft in der ruhigen See; Seile und Taljen schlugen leise gegen die Masten; ein einzelnes Segel flatterte lustlos, während das Schiff mal hierhin, mal dorthin trieb, auf der Suche nach jedem noch so geringen Windhauch, der sie aus dieser Flaute herausführen könnte.

Obwohl sie fünf Tage hinter den ursprünglichen Zeitplan zurückgefallen waren, hatten sie noch genügend Lebensmittel an Bord, doch die Wasservorräte gingen allmählich zur Neige. Allerdings konnte Reinders unmöglich guten Gewissens das Wasser rationieren – dazu waren einfach zu viele Passagiere krank. Da sie aber während des Sturms mehrere Wasserfässer verloren hatten, würde ihm bald nichts anderes mehr übrig bleiben. Noch immer holten nicht alle Reisenden die ihnen zugeteilten Lebensmittelrationen ab, obwohl er Mackley ins Zwischendeck geschickt hatte, um anzuordnen, dass jeder, der auch nur halbwegs bei Kräften war, sich die lebenswichtige Nahrung holte. Unter Deck sei es sehr still, hatte Mackley berichtet. Niemand singe oder musiziere. Die Passagiere, die sich an Deck wagten, waren ebenfalls sehr still; mit grimmigen Gesichtern mieden sie jeden Blickkontakt.

Reinders holte tief Luft und seufzte. Er hatte in der vergangenen Nacht einen Albtraum gehabt, der ihn seitdem verfolgte. Er war in Georgia auf dem Sklavenmarkt, und dort standen Lilys Kinder, in Ketten. Der Auktionator setzte ein Anfangsgebot fest, und Reinders öffnete den Mund, brachte aber keinen Ton heraus. Er versuchte, den Arm zu heben, merkte jedoch, dass er selbst fest verschnürt war. Hilflos versuchte er, sich von den Stricken zu befreien, während um ihn herum die Gebote in die Höhe schnellten. Und dann waren die Kinder plötzlich verkauft und er stand selbst auf dem Podest, blickte auf ein Meer weißer Gesichter und suchte verzweifelt nach jemandem, der erkannte, dass es sich hier um einen Irrtum handelte. Aber niemand reagierte, und so wurde er verkauft. Und als der Pferdekarren seines neuen Besitzers aus der Stadt rollte, drehte Reinders sich um und entdeckte seine Mutter am Rand der Menschenmenge; sie weinte und rief seinen Namen, während mehrere Fremde sie festhielten. Er war schweißgebadet erwacht und hatte das dringende Bedürfnis verspürt, sie noch einmal zu sehen.

»Mackley«, rief er nun, stand auf und zog seinen Mantel an.

»Hier, Sir.« Mackley erschien in der Tür, mit dunklen Ringen unter den Augen, die trotz des Schlafmangels fröhlich wirkten.

»Und, irgendein Anzeichen von Wind?«

»Nichts – nur der, der aus den Achtersteven Ihrer Männer kommt, Käpt'n.«

Reinders musste trotz allem lachen. »Lassen Sie sie antreten. Ich komme gleich hoch.«

Mackley reichte ihm die Kapitänsmütze. »Aye, aye, Käpt'n. Die gesamte Mannschaft?«

»Nur die Morgenwache. Lassen Sie die anderen schlafen, solange es noch geht.«

»Das Wetter könnte bald umschlagen, Sir?«

»Das wollen wir hoffen«, erwiderte Reinders und schloss die Tür hinter sich.

Auch am Morgen ließ die eisige Kälte, die ihnen in der Nacht in sämtliche Knochen gekrochen war, nicht nach. Grace stand an der Koje von Alice, die zitternd unter zwei Decken lag, trotz der Wärme, die ihr Gesicht ausstrahlte. Bei Tagesanbruch hatte Grace ihr eine der blauen Pillen zwischen die klappernden Zähne geschoben, aber das Medikament zeigte keinerlei Wirkung, und Grace verfluchte sich, weil sie versäumt hatte, den Schiffsarzt zu fragen, wie viele Tabletten pro Tag man geben musste, bis eine Besserung eintrat. Sie beschloss, nicht länger zu warten, und verabreichte Alice eine weitere Pille.

Liam und Mary Kate kauerten zusammen unter einer Decke am oberen Ende der Stiege, direkt im eisigen Luftzug, aber weit weg vom Gestank des Zwischendecks. Grace sah kurz nach den beiden und kehrte gleich darauf zu Alice zurück. Sie war müde – sie hatte in der Nacht kein Auge zugetan – und machte sich Sorgen, dass das Schwindelgefühl, das sie empfand, nicht ein Zeichen von Erschöpfung, sondern das erste Symptom der Fieberkrankheit war. In den frühen Morgenstunden hatte sie versucht, ihre Pflicht gegenüber Alice abzuwägen gegen die Pflicht, selbst am Leben zu bleiben. Aber sie musste feststellen, dass sie die nötige Entscheidung nicht treffen konnte – nicht, solange Liams verängstigte Augen sie jedes Mal sorgenvoll anblickten, wenn er kam, um nach seiner Mutter zu sehen.

»Grace.« Die Stimme von Alice klang rau und heiser; ihre Augen waren blutunterlaufen. Sie versuchte, sich aufzurichten, besaß aber nicht mehr die Kraft dazu und ließ sich wieder zurücksinken.

»Hier, Alice, ich bin hier.« Grace zog ihr die Decken über die Schultern. »Ruhen Sie sich aus. Sie werden sich viel besser fühlen, wenn Sie etwas geschlafen haben. Wir reden später.«

Alice hing an Graces Lippen und verzog das Gesicht zu einem Lächeln – ein Lächeln, das Grace inzwischen als das der Todgeweihten kennen gelernt hatte.

»Jetzt«, flüsterte Alice.

Grace nickte und gab nicht länger vor, ihrer Freundin würde es bald besser gehen.

Alice hustete und holte dann rasselnd Luft. »Siobhan«, keuchte sie, »ist noch so klein. Liam …« Ein Hustenanfall unterbrach ihre Worte. »Liam kann … bei Ihnen bleiben.«

Grace hörte schweigend und um Fassung bemüht zu.

»Sein Vater …« Alice verzog das Gesicht. »Ich … weiß nicht …«

Grace nahm die Hand der Kranken und drückte sie. »Ich werde nicht von Liams Seite weichen, bis ich weiß, dass alles in Ordnung ist«, gelobte sie. »Ich werde mich um ihn kümmern. Das verspreche ich.«

Tränen der Erleichterung liefen Alice übers Gesicht; ihre Lippen bebten. »Ich danke Ihnen«, hauchte sie. »Lassen Sie nicht zu, … dass Liam sieht, wie ich …«

»Ich werde Ihnen etwas geben«, flüsterte Grace Alice ins Ohr. »Sie werden einfach einschlafen.«

Alice verstand sofort und nickte dankbar. »Wo ist er?«

Grace stand auf, ging zur Treppe und sagte Liam, seine Mutter wolle ihn sprechen; sie selbst werde in der Zwischenzeit bei Mary Kate bleiben. Mit großen Augen starrte er sie an, sagte aber kein Wort. Dann erhob er sich, nickte kurz und ging zu seiner Mutter.

Grace zog ihre Tochter an sich, küsste das kleine Köpfchen und ließ ihre Lippen auf den Haaren des Kindes ruhen. In dieser Haltung saßen sie fast eine Stunde lang reglos da, bis Liam zurückkehrte, mit geschwollenen Augen, aber ohne Tränen, denn er wischte sie immer sofort mit seinen Fäusten weg. In dieser einen Stunde hatte er lernen müssen, dass er nicht länger der geliebte Sohn seiner Mutter, sondern ein Waisenjunge in einer Welt sein würde, der er nichts bedeutete. Grace erkannte diese Veränderung an der Art und Weise, wie er sich nun von ihnen fern hielt. Sie sah, dass er sich vor dem fürchtete, was ihn erwartete, zugleich aber fest entschlossen war, die Angst nicht an sich heranzulassen. Es brach ihr fast das Herz.

Die ganze Nacht hielten sie am Krankenlager von Alice Wache; am nächsten Morgen wurden ihre Schmerzen immer stärker, und sie fiel in ein Fieberdelirium. Grace konnte ihr Leiden mit Hilfe des Laudanums, das sie der Flasche des Schiffsarztes entnommen hatte, ein wenig lindern; die fehlende Menge hatte sie einfach mit Wasser aufgefüllt. Danach schlief Alice etwas ruhiger, und Grace nahm die Kinder mit nach oben, um frische Luft zu schnappen und der düsteren Stimmung im Zwischendeck zu entkommen. Zahlreiche andere Passagiere lagen ebenfalls im Sterben, und wenn sie schließlich ihren letzten Atemzug taten, hob ein Weinen und Schluchzen an, das selbst dem Tapfersten das Herz zu zerreißen drohte. Die Hinterbliebenen flüsterten einander zu, sie wünschten, sie wären nie an Bord gegangen: Wie viel besser wäre es doch, zu Hause zu sterben und in irischer Erde begraben zu werden, an einem bestimmten, in Ehren gehaltenen Ort, als auf diesem Schiff zu krepieren und vom Meer verschlungen zu werden. Angst und Reue waren bittere Sargträger.

Am Abend dieses langen, schweren Tages holte einer der Reisenden schließlich eine Fiedel hervor – zum ersten Mal seit Wochen. Grace ging ans Ende ihres Ganges und entdeckte einen alten Mann, der auf dem Rand seiner Koje saß und versuchte, die von der Feuchtigkeit mitgenommenen Saiten zu stimmen. Leise, so leise, dass Grace es erst kaum hören konnte, begann er zu spielen – anfangs nur ein paar Noten, die sich dann aber zu einer Melodie fügten, je geschmeidiger seine Finger wurden. Zuerst spielte er ein Lied aus ihrer Kindheit, danach eine Weise, die ihre Mutter immer gesungen hatte. Schließlich hielt er einen Moment inne, und als er wieder ansetzte, klang leise »Stille Nacht, heilige Nacht« durch das Zwischendeck, denn es war Heiligabend.

Er spielte sanft und schön, bis ein weiterer Fiedler und ein Flötenspieler einstimmten, dann eine Stimme und noch eine, und am Ende sangen alle Zwischendeckpassagiere mit zittriger, von gelegentlichem Schluchzen erstickter Stimme, trotz der Verzweiflung in ihren Herzen. Sie sangen, weil sie zutiefst davon überzeugt waren, dass die Geburt Christi ein Zeichen der unerschütterlichen Liebe des Himmlischen Vaters zu Seinen Kindern war und ein Zeichen Seines Erbarmens in ihrer Not. Sie sangen, weil ihre geliebten Verstorbenen nun bei Ihm waren, vom Himmel auf sie hinabblickten und ihre Gebete hörten. Deshalb sangen sie aus vollem Herzen.

Grace sang, und Liam sang, und Mary Kate berührte vorsichtig die Tränen, die ihrer Mutter übers Gesicht liefen, und dann Liams Tränen. Sie alle sangen, jeder, der noch einen Funken Leben in sich hatte – jeder Mann, jede Frau und jedes Kind, selbst der Schiffsarzt, der von der Schönheit ihrer Stimmen angerührt war. Der Gesang drang bis an Deck, wo der Kapitän oben an der Luke stand und ergriffen zuhörte, erstaunt über die Kraft ihrer Liebe zu Gott, selbst im Angesicht des Todes.

»Stille Nacht, heilige Nacht,
Alles schläft, einsam wacht …«

Bei diesen Worten blickte er empor und sah, dass der Nebel sich gelichtet hatte und der Himmel mit Sternen übersät war – funkelnde Himmelskörper, die ihnen den Weg wiesen. Der Wind erwachte und füllte die Segel, und am Horizont ging ein leuchtender Vollmond auf. Verzaubert blickte Reinders hinauf, stand wie gebannt da, bis ihn eine Hand freundschaftlich an der Schulter berührte.

»Wir haben die Segel gesetzt, Käpt'n«, sagte Mackley. »Frohe Weihnachten, Sir.«

Auch am ersten Weihnachtstag wurden mehrere Leichname der See übergeben, darunter die sterblichen Überreste von Alice Kelley. Nachdem die Zeremonie beendet war und die wenigen Trauernden, die sich nach oben in die Kälte gewagt hatten, wieder im Zwischendeck verschwunden waren, ging Kapitän Reinders zu Grace und Mary Kate hinüber.

»Es tut mir so furchtbar leid um die Mutter des Jungen, Missus Donnelly.« Verlegen stand er vor ihr, die Kapitänsmütze in der Hand. »Würden Sie ihm das bitte von mir ausrichten?«

»Sie können es ihm selbst sagen, Käpt'n.« Sie trat zur Seite, sodass Liam zum Vorschein kam. Er hatte sich hinter ihr verborgen.

Reinders betrachtete den Jungen, der ihm seltsam vertraut vorkam. Er sah die tapferen, schmächtigen Schultern, das trotzig vorgeschobene Kinn, die fest zusammengepressten Lippen, den anklagenden und zugleich fragenden Blick seiner Augen, aus denen schrecklicher Kummer sprach – was der Junge aber wohl niemals zugeben würde.

»Liam Kelley«, sagte Reinders leise. »Ich glaube, jetzt wäre der richtige Moment, dir das Schiff zu zeigen.«

Liam sagte nichts, musterte aber das Gesicht des Kapitäns. Hinter ihm stand Grace und nickte kaum merklich.

»Dann wollen wir mal.« Reinders setzte seine Kapitänsmütze auf, legte einen Arm um die Schultern des Jungen und zog ihn mit sich. »Am besten fangen wir mit dem Ruder an.« Er warf Grace über die Schulter einen Blick zu. »Er wird in meiner Kajüte zu Abend essen, und danach bringe ich ihn zurück, wenn Sie einverstanden sind.«

»Ja«, sagte Grace. »Ich danke Ihnen, Käpt'n.«

Die zwei setzten sich in Bewegung, Liam immer noch schweigend, während Reinders für sie beide redete. Grace war erleichtert, denn wenn der Kapitän auch nur ein bisschen für den Jungen übrig hatte, würde er ihrem Ersuchen vielleicht stattgeben.

»Und nun zu dir, meine Süße.« Sie nahm Mary Kate auf den Arm. »Fröhliche Weihnachten, mein Schatz, auch wenn es ein trauriger Tag ist.«

Mary Kate nickte ernst.

»Ich habe ein Geschenk für dich«, verkündete Grace und setzte ihre Tochter auf ein Wasserfass. »Mach die Augen zu und den Mund ganz weit auf.«

Das kleine Mädchen tat wie ihm geheißen, und Grace holte ein winziges, dunkles Quadrat aus der Tasche, wickelte es aus dem Papier und schob es Mary Kate in den Mund.

Erstaunt riss das Kind die Augen auf, während seine Zunge das wunderbare Ding in seinem Mund erkundete.

»Schokolade.« Grace lächelte erfreut über die Wonne, die sich in Mary Kates Gesicht spiegelte. »Unser Freund, der Schiffskoch, hat sie mir heute Morgen mit dem Frühstück gegeben, und ich habe sie für dich aufbewahrt. Schmeckt sie dir denn?«

Mary Kate nickte begeistert und schlang dann ihre dünnen Arme um den Hals ihrer Mutter. »Und wie.« Sie drückte Grace einen klebrigen Kuss auf die Wange. »Hab dich lieb, Mam.«

Grace bedeckte das kleine Gesicht mit Küssen und kämpfte gegen die Tränen an. Sie war auf einmal so dankbar dafür, dass sie beide noch lebten, sie und ihre Tochter, dass sie bisher alles überstanden hatten und es vielleicht sogar bis nach Amerika schaffen würden.

»Gehört Liam jetzt zu uns?«, fragte Mary Kate, plötzlich wieder ernst. »Seine Mam hat ihm das gesagt.«

Grace biss sich auf die Lippe. »Möchte er denn zu uns gehören? Was meinst du?«

Mary Kate dachte einen Moment darüber nach. »Er hat gesagt, ich bin jetzt seine Schwester und er wird für mich sorgen, und dann hat er ganz lange geweint und ist eingeschlafen.«

Grace nickte erstaunt – nicht nur wegen der Länge von Mary Kates Bericht, sondern auch wegen des Inhalts.

»Wir werden nach seinem Vater suchen müssen«, erklärte sie. »Aber bis dahin seid ihr Bruder und Schwester.«

»Und das Baby auch«, sagte Mary Kate voller Zuversicht.

Graces Herz krampfte sich zusammen beim Gedanken an ihren winzigen Sohn und ihren alten Vater, die diesen Weihnachtstag im Kloster verbrachten, ohne zu wissen, wo sie war.

»Ja.« Entschlossen schob sie ihren Kummer beiseite. »Und dann sind da noch Onkel Sean und dein Großvater; wir werden uns alle in Amerika wiedersehen.«

»Ich hoffe, wir haben genug Platz«, meinte Mary Kate besorgt.

»Für die Familie ist immer Platz.« Grace küsste sie erneut. »Gesegnete Weihnachten, mein kleines Mädchen.«

»Gesegnete Weihnachten, Mam.«

15

Du bist spät dran«, verkündete Mister Martin, als die Haustür aufflog. »Missus Geelan hat uns einen Braten dagelassen, und ich habe Hunger!«

»Oh, Gott, es ist doch hoffentlich nicht die Katze?!« Julia betrat schwungvoll das Esszimmer, knöpfte ihren Mantel auf und warf ihn über einen Stuhl. »Sie hat diese Katze gehasst. Und du hast sie ebenfalls gehasst, Vater!« Sie nahm am Esstisch Platz und beäugte den Braten misstrauisch.

»Das stimmt nicht«, widersprach er. »Ich habe das Tier selbst ins Haus geholt – für dich, meine Liebe. Um dich aufzuheitern.«

»Was sie auch getan hat«, sagte Julia. »Bis aus dem Kätzchen ein erwachsenes Tier wurde. Du musst zugeben, Vater, dass sie nicht aus einem gewöhnlichen Wurf stammte. Bestimmt hast du sie einem Wanderzirkus oder den Zigeunern abgekauft!« Ihre Augen funkelten. »Die haben doch immer so exotische Tiere, Löwen, Tiger und dergleichen.«

»Es war kein Löwe.«

»Es war aber auch keine Katze!« Sie nahm ihre Gabel und stocherte zögernd in dem noch warmen Braten herum. »Es heißt, Katzenfleisch soll eigentlich ganz gut schmecken.«

»Es ist keine Katze!«, beharrte er.

»Sag ich doch.« Sie lächelte und legte die Gabel beiseite. »Wie war denn dein Vormittag, Vater?«

»Einsam.« Er blickte sie herausfordernd an. »Ich weiß, dass du nicht viel von Konventionen hältst, Julia, aber die meisten Familien verbringen Weihnachten zusammen.«

Sie erschrak. »Oh, Vater, es tut mir so leid. Das hatte ich vollkommen vergessen!«

»Ich weiß«, sagte er streng, schenkte ihr aber einen liebevollen Blick. »Du warst vermutlich mal wieder bei diesem Käseblatt. War denn am Weihnachtsmorgen überhaupt jemand in der Redaktion?«

»John, natürlich. Sie setzen gerade seinen Artikel über Sir Greys Notstandsgesetz, und du weißt doch, dass er dabei jeden Punkt und jedes Komma kontrollieren muss.«

Ihr Vater lächelte und schenkte ihnen beiden ein Glas Wein ein. »Clarendon ist die Macht zweifellos zu Kopfe gestiegen. Noch irgendwelche Verhaftungen?«

»Zu viele, um sie alle zu zählen.« Julia nahm ihr Glas. »Jedes Mal, wenn ein Mord geschieht – und du weißt, wie oft das ist –, schickt er sofort eine Polizeitruppe in das betreffende Viertel und zwingt alle männlichen Bewohner zwischen sechzehn und sechzig, sich an der Jagd zu beteiligen. Wer sich weigert, wandert für zwei Jahre ins Gefängnis.«

»Das klingt ziemlich hart.«

»Hart ist gar kein Ausdruck.« Julias Augen blitzten vor Zorn. »Das ist eine Unverschämtheit! Und was das Schlimmste ist: Erst schickt er seine Schläger in das Viertel, und nachher lässt er die Bewohner für sämtliche Kosten aufkommen, die für Unterbringung und Verpflegung der Polizeitruppen entstanden sind! Es ist einfach absurd.« Empört schüttelte sie den Kopf. »Und niemand darf mehr ohne spezielle Genehmigung eine Waffe tragen, ausgenommen Wildhüter und Haushalte, die besonderen Schutzes bedürfen, soll heißen: Engländer. Also, wie zum Teufel – entschuldige bitte, Vater –, wie sollen die Bauern ihre Höfe schützen oder Wild jagen, um ihre Familien zu ernähren?«

»Ich nehme an, du hast deine Meinung dazu bereits in einem Artikel kundgetan, Mister Freeman?« Er blickte von dem Braten auf, den er gerade in Scheiben schnitt, und musterte Julia mit hochgezogenen Augenbrauen.

»Er wird in der nächsten Ausgabe der *Nation* erscheinen.«

»Es scheint, du und Mister Mitchell, ihr liefert euch ein Kopf-an-Kopf-Rennen, was das Verärgern der Engländer anbelangt. Reich mir doch bitte deinen Teller, meine Liebe.«

»Das Verärgern der Engländer ist nur ein willkommener Nebeneffekt. Hier geht es um die Befreiung der Iren, wie du übrigens ganz genau weißt.« Sie nahm ihren Teller entgegen und roch kurz an dem grauen Bratenstück. »Das ist Katzenfleisch, ich sag's dir.«

»Ist es nicht. Nimm dir Kartoffeln und reich sie mir dann bitte.«

»Jedenfalls glaube ich, dass Johns Tage bei der *Nation* gezählt sind.« Sie häufte mehrere Kartoffeln auf ihren Teller und zerdrückte sie anschließend mit der Gabel. »Er und Duffy streiten sich in letzter Zeit nur noch. Ein Widerruf jagt den nächsten. Duffy will, dass wir mit Bedacht vorgehen, und John will jegliche Vorsicht in den Wind schlagen und angreifen.«

»Oh je.« Mister Martin kaute langsam auf dem ersten Bissen Braten herum und verzog das Gesicht. Dann schluckte er ihn hinunter und spülte mit viel Bordeaux nach. »Ist wohl schon ziemlich lange her, dass wir Fleisch auf dem Tisch hatten«, sagte er nachdenklich. »Ich bin den Geschmack gar nicht mehr gewöhnt.«

»Es ist kein Katzenfleisch, Vater«, versicherte Julia ihm. »Es ist Hammel. Habe ich gestern selbst beim Metzger gekauft. Das mit der Katze war nur ein kleiner Scherz.«

»Hast du denn gesehen, wie er das Tier zerlegt hat?« Julias Vater war noch nicht überzeugt. »Bist du auch ganz sicher?«

»Nein, ich habe es nicht gesehen, und ja, ich bin ganz sicher. Pass auf.« Sie schob sich einen Bissen in den Mund und kaute energisch darauf herum. »Eindeutig Hammel«, bestätigte sie schließlich. »Wunderbar altes, zähes, trockenes Hammelfleisch – genau wie du es magst.«

Er lachte. »Es ist schön, die alte Julia wiederzuhaben. Das habe ich vermisst – deine miserablen Witze und so weiter.«

Sie beugte sich über den Tisch und drückte seine Hand. »Es tut mir leid, wenn es in letzter Zeit schwer für dich war. Aber ich glaube, es sind einfach zu viele Dinge auf einmal geschehen – Polizeitruppen und Soldaten, die die Stadt überschwemmen, die Hungersnot, die schrecklichen Krankheiten …«

»Morgans Tod«, fügte er leise hinzu.

Sie nickte.

»Und dann hast du auch noch seine Witwe nach Liverpool gebracht und dich bereit erklärt, für ihr kleines Kind und ihren alten Vater zu sorgen.« Er schüttelte den Kopf. »Eine so schwere Last auf so jungen Schultern.«

»Nicht annähernd so schwer wie die, die sie trägt.« Julia lehnte sich auf ihrem Stuhl zurück. »Ich bete zu Gott, dass sie es geschafft hat und nicht noch immer da draußen auf dem eisigen Meer herumschwimmt.«

»Hast du vor, in nächster Zeit nach Cork zu reisen und nach ihren Verwandten zu sehen?«

»Sobald ich von hier weg kann. Sie brauchen bestimmt dringend Lebensmittel und andere Dinge. Morgans Schwester kümmert sich ganz allein um alles, und ehrlich gesagt traue ich Pater Sheehan nicht; er wird das Kloster bestimmt schließen, jetzt, wo nur noch wenige Menschen dort leben.«

»Was würde dann mit den Kindern passieren?«

»Sehr wahrscheinlich kämen sie ins Armenhaus oder würden sich selbst überlassen.« Sie seufzte und schob ihren Teller weg.

»Ich weiß, es ist nicht einfach, vor einer guten Mahlzeit zu sitzen, während andere hungern«, sagte Julias Vater. »Aber du tust ihnen auch keinen Gefallen, wenn du das Essen verschmähst. Also iss jetzt, mein Kind, und wenn du brav bist, habe ich vielleicht ein kleines Geschenk für dich.«

»Nicht noch einen Löwen, oder?«

»Nein, meine Liebe«, lachte er, fingerte in seiner Westentasche herum und reichte ihr ein kleines, goldenes Döschen. »Hier. Frohe Weihnachten, meine liebe Julia.«

Vorsichtig öffnete sie das Döschen und holte eine Goldkette mit einem kleinen Kreuz als Anhänger hervor. »Das ist Mutters Kette«, sagte sie, und Tränen schossen ihr in die Augen.

»Du weißt ja, dass sie mit ihren Flugblättern zum Thema Familienplanung fast dafür gesorgt hätte, dass wir alle exkommuniziert wurden«, meinte Mister Martin trocken. »Aber sie war dennoch eine zutiefst fromme Frau und trug ständig diese Kette. ›Die Rüstung Gottes‹ nannte sie sie … Und da du in letzter Zeit so viel mitgemacht hast«, sagte er leise, »dachte ich, du könntest eine zusätzliche Rüstung gut gebrauchen.«

Julia stand auf, ging auf die andere Seite des Tischs, kniete sich neben den Stuhl ihres Vaters und schlang die Arme um seine Mitte.

»Nicht doch, mein Kind, nicht doch.« Er strich ihr übers Haar. »Du ähnelst ihr so sehr. Ich bin voller Bewunderung für euch beide.«

Sie sah ihn an. »Ich habe auch etwas für dich«, sagte sie und legte ein gerahmtes Miniaturporträt in seine Hand. »Sie hat das Bild kurz vor ihrem Tod anfertigen lassen. Es sollte eine Überraschung sein, deshalb hat sie es in meiner Kommode versteckt. Als ich aus Liverpool zurückkam, habe ich es wiedergefunden.«

»Ach Julia.« Er konnte kaum den Blick von dem Porträt abwenden. »Sieh doch nur, wie sehr ihr euch ähnelt.«

Julia schüttelte wehmütig den Kopf. »Nein, Vater. Weißt du denn nicht mehr, wie sehr alle von ihr bezaubert waren? Sie war einfach wunderschön.«

»Stimmt.« Er hielt das Porträt hoch, und Julia betrachtete die Frau, die ihre Mutter gewesen war. Sie sah das eigensinnige Kinn und die humorvollen, intelligenten Augen – Augen, die ihren eigenen zum Verwechseln ähnlich waren.

»Sie fehlt mir«, sagte sie schließlich.

»Mir fehlt sie auch. Aber ich bin unendlich dankbar, dass ich ihre Tochter habe.« Mister Martin küsste Julia auf die Stirn. »Und jetzt steh auf und iss endlich deinen Katzenbraten, bevor er kalt wird.«

Sie lachte, und auch er musste lachen. Nachdem sie ihr Festmahl beendet hatten, saßen sie den ganzen Nachmittag beim Kamin, genossen es, beisammen zu sein, tranken den restlichen Bordeaux und verbannten die Welt und ihre drückende Last für einen Augenblick aus ihren Herzen.

16

Kapitän Reinders musste feststellen, dass ihm der Junge, der ihm nun auf Schritt und Tritt folgte, immer mehr ans Herz wuchs, und er fragte sich, was mit ihm geschehen würde, wenn sie in Amerika ankamen. Wurden Waisen nach Irland zurückgeschickt oder in ein Kinderheim gesteckt oder womöglich schlicht und einfach sich selbst überlassen? Der Gedanke, der Junge könnte in einem Heim landen, wo er jahrelang dahinvegetieren würde, war ihm unerträglich, genau wie die Vorstellung, dass er in den Gassen irgendeines üblen New Yorker Viertels um Geld betteln musste, das ihm irgendein Verbrecher abends einfach wieder abknöpfen würde. Im Augenblick hatte Missus Donnelly ihn unter ihre Fittiche genommen, aber würde sie sich auch weiterhin um ihn kümmern, wenn sie erst einmal an Land waren? Hatte sie denn die Möglichkeit dazu? Er wusste, dass Witwen nur selten über ihr eigenes Leben bestimmen konnten.

Also dachte er darüber nach, wie es wäre, wenn er Liam bei sich behielte, wenn er ihm alles beibrächte, was sein Handwerk ausmachte. Stellte die Seefahrt überhaupt ein geeignetes Leben für einen kleinen Jungen dar? War das wirklich eine denkbare, vernünftige Lösung? Je länger er darüber nachdachte, desto mehr wurde ihm bewusst, dass er es unbedingt machen wollte – ob es nun vernünftig war oder nicht –, denn Liam Kelley bedeutete ihm inzwischen eine Menge.

Er warf einen Blick hinüber zu dem Jungen, der in einer Ecke der Kapitänskajüte saß, sein Essen verschlang und die Seekarten betrachtete.

»Kommt man mit diesen Karten überall hin, Sir?«, fragte er aufgeregt.

»Du kannst auch ohne Karten überall hinkommen«, erwiderte Reinders, ging zu dem Jungen und blickte ihm über die Schulter. »Aber dann weißt du möglicherweise nicht, wo du dich gerade befindest. Landkarten zeigen dir die geografische Lage eines Landes und des umliegenden Meeres, aber Seekarten bieten noch viel mehr: Sie geben an, welche Winde in bestimmten Regionen vorherrschen, wie tief das Wasser in einem Hafen oder einer Bucht ist, welche Route die schnellste Verbindung von einem Ort zum anderen darstellt.«

»Gibt es auch Orte, die nicht auf den Karten drauf sind?« Liam hob den Blick, und Reinders sah, dass Brotkrümel an seiner Unterlippe klebten.

»Es gibt viele Orte, die noch nicht eingezeichnet sind, von deren Existenz wir aber wissen.«

»Oh, ja, Käpt'n«, rief Liam begeistert. »Das will ich mal machen, wenn ich groß bin, alle diese Orte finden und sie für die Seeleute in Karten eintragen.« Er wandte sich wieder den kunstvollen Zeichnungen zu. »Sind sie nicht wunderschön, Sir?«

Reinders lächelte und legte dem Jungen eine Hand auf die Schulter. »Ja, das sind sie wirklich.«

Plötzlich klopfte es an der Tür, und Boardham trat ein. Er musterte die beiden mit einem derart anzüglichen Grinsen, dass Reinders seine Hand wegzog und sich schützend vor den Kartentisch stellte, um den Jungen zu verdecken.

»Was gibt es?«, fragte er scharf.

»Die Passagiere der Ersten Klasse fragen sich, warum das Essen so wenig Abwechslung bietet, Sir.«

Reinders verschränkte die Arme. »Weil wir bereits zwei Wochen länger auf hoher See sind als erwartet – wie Ihnen ja bekannt ist. Die Leute können sich glücklich schätzen, dass sie überhaupt etwas Abwechslung bekommen. Das Zwischendeck muss sich mit abgestandenem Wasser und trockenem Zwieback zufrieden geben.«

»Das habe ich ihnen schon gesagt, Sir, aber sie fragen sich, warum Sie nie Ihre Mahlzeiten im Salon einnehmen. Und sie finden, dass der Doktor schlecht behandelt wird«, fügte er hinzu.

»Es ist mir vollkommen egal, was sie finden. Der Doktor hat Patienten im Zwischendeck zu betreuen, und dort bleibt er auch, bis wir in New York ankommen. Und was meine Mahlzeiten anbelangt: Ich habe keine Zeit, meine Abende mit diesem geschwätzigen Haufen zu vertrödeln.«

»Natürlich, Sir.« Boardham verneigte sich kurz, fuhr dann aber scheinbar zögernd fort: »Wenn ich mir noch eine Bemerkung erlauben dürfte, Sir. Es gibt Gerede darüber, wie viel Zeit Sie mit diesem Jungen hier verbringen und wie oft Sie unter Deck gehen.«

»Das geht niemanden etwas an«, sagte Reinders mit fester Stimme.

»Oh, natürlich nicht, Sir. So ein Schiffsjunge ist auf einer langen Reise schließlich eine angenehme Gesellschaft. Das weiß doch jeder.« Boardham zwinkerte ihm zu.

Mit zwei Schritten war Reinders bei dem Steward, packte ihn am Kragen und drückte ihn gegen die Wand. »Wenn Sie das noch einmal sagen, Sie miese Ratte, dann verbringen Sie den Rest der Überfahrt im Frachtraum.«

»Bitte vielmals um Verzeihung, Käpt'n«, wand Boardham sich. »Ich habe mir nichts dabei gedacht.«

»Einen Dreck haben Sie!« Er ließ ihn los, blieb aber dicht vor ihm stehen. »Ich beobachte Sie schon eine ganze Weile, Boardham, und Sie gefallen mir nicht. Es passt mir nicht, wie Sie sich vor Ihren Pflichten drücken oder wie Sie die Passagiere behandeln, vor allem die Frauen. Es gefällt mir nicht, wie Sie überall rumschnüffeln und wie Sie mit den Männern spielen – Sie betrügen, Boardham, und ich hasse Betrüger. Mir gefällt noch nicht einmal Ihre Visage. Wenn Sie also nicht den Rest der Reise im Bauch meines Schiffs verbringen wollen, behalten Sie Ihre schmutzigen Phantasien besser für sich und befolgen meine Befehle aufs Wort. Sie können gleich damit anfangen: Raus!«

Mit hochrotem Gesicht schlüpfte Boardham durch die Tür. Als er verschwunden war, traute Reinders sich im ersten Moment nicht, Liam in die Augen zu schauen, aus Furcht, die Gehässigkeit des Stewards könnte die Unschuld des Jungen und ihre Freundschaft für immer verdorben haben.

»Ich hab ihn auch noch nie leiden können«, sagte Liam schließlich, und Reinders stieß erleichtert die Luft aus.

»Ich hätte nicht die Geduld verlieren dürfen. Ein guter Kapitän lässt sich von Abschaum niemals aus der Ruhe bringen – denk daran, wenn du einmal dein eigenes Schiff hast.«

Stolz errötete Liam.

»Und geh ihm aus dem Weg«, fügte Reinders hinzu. Die Art, wie Boardham den Jungen betrachtet hatte, gefiel ihm ganz und gar nicht. »Der Kerl macht nichts als Ärger.«

Trotz der Kälte wanderte Reinders auf dem Hauptdeck so lange auf und ab, bis er Grace entdeckte, die vor dem Abort anstand. Boardham war nirgends zu sehen. Zu schade, dachte Reinders; er hätte gern einen Grund gehabt, den Steward für den Rest der Überfahrt einzusperren.

»Missus Donnelly.« Er sprach sie an, bevor sie wieder hinunterging. »Ich hatte gehofft, Sie hier zu treffen. Hätten Sie wohl einen Moment Zeit für mich?«

»Natürlich, Käpt'n«, erwiderte Grace mit klappernden Zähnen. »Ich wollte auch mit Ihnen sprechen.«

»Sie frieren ja fürchterlich.« Er musste seine Stimme erheben, um das Pfeifen des Windes zu übertönen. »Wollen Sie mich nicht in meine Kajüte begleiten? Auf eine Tasse Tee?«

Grace nickte und folgte ihm dann zu einer Tür, die er für sie aufhielt. Als sie die kleine Kajüte betrat, sah sie sich rasch um und nahm alles in sich auf: die eingebaute Koje, die von der Decke baumelnde Lampe, der festgeschraubte Kartentisch, die mit einem flachen Stein beschwerten Seekarten, die Messinginstrumente, der kleine Tisch, die Truhe in der Ecke. Er bedeutete ihr, auf dem Stuhl neben der Truhe Platz zu nehmen, und ging zurück zur Tür.

»Fletcher«, rief er nach draußen. »Bringen Sie eine Kanne Tee und zwei Tassen. Jetzt gleich.« Dann schloss er die Tür und ließ sich hinter seinem Schreibtisch nieder. »Ich wollte mit Ihnen über Liam sprechen.«

»Das wollte ich auch«, sagte Grace, deren Zittern allmählich nachließ.

»Gut. Sehr gut. Wir steuern in dieselbe Richtung.« Er schwieg einen Moment und fragte sich, was er als Nächstes sagen sollte, beschloss dann aber, mit offenen Karten zu spielen. »Missus Donnelly, ich möchte Liam Kelley adoptieren.«

»Aber Käpt'n!« Grace fiel fast vom Stuhl. »Das ist überaus freundlich von Ihnen, aber er ist doch noch ein Kind, und was weiß ein unverheirateter Seemann wie Sie schon über neunjährige Jungen?«

Reinders hatte diese Reaktion erwartet. »Ich war selbst mal neun«, erwiderte er zuversichtlich. »Und natürlich auch ein Junge.«

»Tja, wenn das so ist, können Sie ihn natürlich haben«, zog Grace ihn auf.

»Ich meine es ernst! Der Junge ist ein Waisenkind, und ganz offensichtlich liebt er das Meer. Ich weiß, es ist kein normales Leben, aber ich werde dafür sorgen, dass er eine anständige Ausbildung bekommt, und ihm alles beibringen, was es über Navigation zu wissen gibt. Stellen Sie sich doch nur mal vor, was für ein großartiger Seemann er werden würde!«

»Daran hege ich keinen Zweifel, Käpt'n, aber der Junge hat einen Vater, in Amerika.« Sie sah die Enttäuschung auf seinem Gesicht, und er tat ihr leid.

»Er hat nie einen Vater erwähnt.«

»Liams Vater hat die Familie vor über einem Jahr in Dublin zurückgelassen und sich seitdem nicht mehr gemeldet. Aber so wie es in Irland zurzeit aussieht, blieb den Kelleys nichts anderes übrig, als ihm hinterherzureisen.«

»Hat Liams Mutter denn gedacht, sie könnten einfach von Bord gehen, und dann würde er am Kai stehen und auf sie warten?«, fragte Reinders ungläubig.

»Viele Auswanderer sind genau davon überzeugt. Sie haben einfach keine Ahnung, wie groß Amerika ist. Das gilt übrigens auch für mich, aber ich nehme an, dass man dort mühelos untertauchen kann, und für manch einen mag das sehr verlockend sein.«

»Vielleicht ist er ja tot.«

»Ja, vielleicht«, stimmte sie ihm zu. »Sehr wahrscheinlich sogar. Ein Trinker, auf den kein Verlass war. Aber vielleicht hat er dem Alkohol inzwischen auch abgeschworen, geht einer Arbeit nach und erwartet seine Familie.«

»Hat Missus Kelley ihm denn geschrieben?«

»Ja, schon vor einiger Zeit. Ich habe eine Adresse, wo ich mit der Suche beginnen kann.«

»Und wenn Sie ihn nicht finden?« Reinders konnte das alles kaum glauben.

»Ich habe oft darüber nachgedacht, seit dem Tod von Liams Mutter«, sagte Grace müde. »Ich habe ihr versprochen, mich um Liam zu kümmern, aber werde ich ihn einfach mitnehmen können?«

»Besteht denn ein Verwandtschaftsverhältnis?«

»Nein«, gestand sie. »Obwohl ich ihn fast als mein eigenes Kind betrachte.«

Reinders verzog das Gesicht zu einem schmerzlichen Lächeln. »Er wächst einem ans Herz, nicht wahr?« Er dachte einen Moment nach. »Wären Sie denn in der Lage, so lange für ihn zu sorgen, bis wir etwas über den Verbleib des Vaters wissen?«

»Aber ja.« Sie strahlte ihn an. »Ich werde bei meinem Bruder leben. Sean ist ein guter Mensch, und ein Esser mehr oder weniger wird ihm nicht viel ausmachen. Aber wird man mir gestatten, Liam mitzunehmen?«, fragte sie erneut.

Reinders runzelte die Stirn. »Ich weiß es nicht. Wir werden ihn wohl den Behörden übergeben müssen, und die stecken ihn vermutlich in ein Kinderheim.«

Grace schüttelte den Kopf. »Kommt nicht in Frage, Käpt'n.«

»Ganz meine Meinung. Das wäre einfach furchtbar für ihn.«

Die Tür ging auf, und Boardham trat mit einem Tablett ein. »Ihr Tee, Sir.« Er hielt die Augen gesenkt und machte ein zerknirschtes Gesicht. »Zwei Tassen, wie gewünscht. Sonst noch irgendetwas, Käpt'n?« Er schaute kurz hoch, und sein Blick wanderte von Reinders zu Grace und dann wieder zu Boden.

»Nein«, sagte Reinders kurz angebunden und bedeutete ihm zu gehen.

»Soll ich ausrichten, dass Sie nicht gestört zu werden wünschen, Sir?«, fragte Boardham in neutralem Ton von der Tür aus.

»Ja.« Reinders spürte, wie sein Gesicht rot anlief. »Nein. Gehen Sie an Ihre Arbeit«, befahl er.

»Ich mag diesen Kerl nicht besonders«, sagte Grace, als Boardham die Tür hinter sich geschlossen hatte.

»Niemand mag ihn.« Reinders schenkte Tee ein und reichte ihr die Tasse; er versuchte, seinen Ärger über den Steward zu verdrängen. »Ich hätte einen Vorschlag«, sagte er schließlich. »Sie sind einfach eine Verwandte von Liam. Ich mache einen entsprechenden Vermerk auf der Passagierliste und notiere in meinem Logbuch, dass Liam am Todestag seiner Mutter unter die Vormundschaft seiner Tante, Missus Gracelin Donnelly, gestellt wurde. Falls es dann bei der Ankunft irgendwelche Fragen geben sollte, sind wir abgesichert.«

Grace stellte die Teetasse ab und sah ihn an. »Ich danke Ihnen, Käpt'n. Von ganzem Herzen. Aber wäre das nicht gegen die Vorschriften?« Sie biss sich auf die Lippe. »Bringen Sie sich damit nicht in große Schwierigkeiten?«

»Es entspricht nicht ganz den Bestimmungen«, gestand er. »Das Logbuch des Kapitäns hat der Wahrheit zu entsprechen und darf im Nachhinein nicht geändert werden. Aber in Fällen wie diesem … Ich meine, wen kümmert es schon, wohin der Junge kommt?«

»Sie, Käpt'n«, sagte sie leise. »Sie hatten bereits Pläne für Liam.«

Einen Moment lang blickte er in seine Tasse. »Ich will nur das Beste für den Jungen. Aber um eins möchte ich Sie bitten: Wenn sein Vater tot ist oder nicht für ihn sorgen kann, würden Sie Liam dann zu mir schicken? Oder irgendwann in ferner Zukunft, wenn er das Meer dann immer noch liebt, könnte er jederzeit bei mir anheuern. Ich würde ihm alles beibringen.«

»Liam kann sich glücklich schätzen, dass ein Mann wie Sie Interesse an ihm zeigt.«

»Das wäre dann geregelt.« Reinders nickte. »Wir bleiben auf jeden Fall in Verbindung.«

»Darf ich Ihnen eine Frage stellen, Käpt'n?« Sie setzte die Tasse auf ihren Knien ab und beugte sich vor. »Eine persönliche Frage?«

Er musterte sie und nickte dann zögernd.

»Haben Sie selbst auch Familie in Amerika?«

»Meine Mutter und meine Brüder leben auf unserer Farm nördlich von New York«, erklärte er. »Ich dachte, ich könnte Liam eine Weile dorthin schicken, falls er sich als zu jung für das Leben an Bord eines Schiffes erweisen sollte. Und ich würde ihn dann besuchen, so oft ich könnte.«

»Ist es denn weit bis dorthin?«

»Die Reise dauert schon ein paar Tage«, räumte Reinders ein. »Aber ich bin ziemlich lange nicht mehr dort gewesen. Fünfzehn Jahre, um genau zu sein.« Und zum ersten Mal wurde ihm selbst bewusst, was für eine lange Zeit das war.

Überrascht schaute Grace ihn an. »Woher wissen Sie dann, dass sie noch leben?«

»Meine Mutter schreibt mir jedes Jahr zu Weihnachten.«

»Nehmen Sie es mir nicht übel, Kapitän Reinders, aber das ist schon ein etwas merkwürdiges Verhalten für einen erwachsenen Mann. Haben Sie denn irgendetwas Schreckliches getan, dass Ihre Mutter Sie nicht mehr sehen will?«

»Natürlich nicht! Sie würde mich sehr gerne wiedersehen!«

»Und warum um Himmels willen haben Sie sie in all den Jahren nicht ein Mal besucht?«

Er zögerte. »Ich weiß es nicht genau«, sagte er schließlich. »Ich denke oft an zu Hause. Ich vermisse meine Mutter. Vermisse die Farm.« Er verstummte und schüttelte energisch den Kopf. »Aber ich bin jetzt Kapitän zur See und führe ein vollkommen anderes Leben.«

»Wenn Sie Liam adoptieren könnten, würden Sie sie besuchen«, erinnerte Grace ihn. »Warum können Sie also nicht alleine hinfahren?«

Er runzelte die Stirn; der forschende Blick ihrer grünen Augen war ihm unangenehm. »Wenn ich Liam dorthin bringen würde, dann wäre es eher eine Rückkehr als Vater, nicht als Sohn. Niemand könnte dann von mir erwarten, dass ich bleibe. Aber wenn ich allein komme …« Er seufzte verärgert. »Sie erwarten einfach zu viel von mir. Sie erwartet zu viel. Und jetzt ist sie alt. Ich brächte es nicht übers Herz, ein zweites Mal fortzugehen.«

»Wie war es denn beim ersten Mal?«

»Sie hat meinen Rucksack gepackt, mich zur Tür gebracht und auf die Straße gezeigt«, erinnerte er sich. »Sie wollte, dass ich ging. Sagte, ich sei nicht für dieses Leben geboren und würde auf der Farm niemals glücklich werden.«

»Und das können Sie ihr nicht verzeihen?«

»Nein, das stimmt nicht!«, rief er. »Im Gegenteil, ich bin ihr sogar sehr dankbar dafür.«

»So dankbar, dass Sie sie nicht ein einziges Mal besucht haben?«

Grace warf ihm einen Blick zu, mit dem sie normalerweise törichte Kinder bedachte. »Oh nein, Käpt'n, niemand schreibt einem Mann vor, was er zu tun hat – Männer machen immer, was sie wollen. Ihre Mutter ist alt und lebt mit all den Entscheidungen, die sie getroffen oder nicht getroffen hat. Sie möchte nicht, dass Sie nach Hause kommen, um für immer zu bleiben; sie möchte nur noch einmal einen Blick auf Sie werfen, auf den Mann, der Sie geworden sind, Ihnen in die Augen schauen und sehen, ob Sie glücklich sind mit Ihrem Leben. Denn wenn Sie es sind, Käpt'n, hat sie die richtige Entscheidung getroffen und muss sich darüber keine Gedanken mehr machen.«

Reinders spürte, wie ihre Worte ihn mitten ins Herz trafen, und er fing an, sich zu rechtfertigen: »Mir scheint, Sie sind nicht alt genug, um solche Weisheiten über Mütter und Söhne zu verbreiten, Missus Donnelly.«

»Ich bin zwanzig«, erklärte sie ihm, und das Gewicht der vergangenen Jahre wog schwer in ihrer Stimme. »Und ich weiß deshalb so viel über Mütter, weil meine die beste auf der ganzen Welt war. Sie starb jung, und *ihre* Mutter wurde dann meine – ich hätte mir keine Bessere wünschen können. Und wenn eine von beiden noch am Leben wäre, am Kamin säße und auf mich wartete, dann würde ich zu ihr eilen, ganz gleich, an welchem Ort der Erde ich mich auch befände. Ich würde mich sofort auf den Weg machen. Denn nur durch sie bin ich zu der Frau geworden, die ich bin.« Ihr Blick wanderte über die ausgebreiteten Seekarten auf dem Tisch. »Kein Mensch kann sein Schiff sicher durch die Stürme des Lebens steuern, ohne zu wissen, woher er kommt und wohin er fährt. Nein, Käpt'n, wenn ich eine Mutter hätte, die noch lebt und mir nie etwas Böses zugefügt hat, würde ich sie im Alter gewiss nicht im Stich lassen.«

Schuldig, urteilte er über sich selbst, *schuldig im Sinne der Anklage.*

»Ich sage nicht, dass Sie Schuld auf sich geladen haben«, fuhr sie fort. »Aber Sie sind ihr Sohn, und Mütter lieben ihre Söhne. Auch das weiß ich aus eigener Erfahrung; ich habe bereits zwei verloren und musste einen zurücklassen.« Die Worte waren ihr entschlüpft, ehe sie sich eines Besseren besinnen konnte.

»Allein zurückgelassen?« Reinders war überrascht. »In Irland?«

»Er war gerade erst zur Welt gekommen«, erklärte sie zögernd, »und sehr schwach. Ich konnte ihn nicht mitnehmen, es wäre sein sicherer Tod gewesen.«

»Sie halten mir einen Vortrag über vernachlässigte Mütter, finden aber selbst nichts dabei, Ihren eigenen Sohn seinem Schicksal zu überlassen?« Er hörte die Schärfe in seiner Stimme, konnte seine Wut aber nicht zügeln. Sie hatte ihn zutiefst getroffen.

»Ich finde es keineswegs richtig«, gestand Grace leise ein. »Und ich verfluche mich jeden Tag dafür, dass ich nicht den Mut hatte, dort zu bleiben.«

»Und wo ist er jetzt? In einem Waisenhaus?«

Grace zuckte zusammen. »Er ist bei meinem Vater.«

»Sie haben also sowohl Ihren Sohn als auch Ihren Vater zurückgelassen?« Reinders schüttelte den Kopf. »So viel also zum Thema Treue gegenüber der Familie.«

»Ich liebe meine Familie von ganzem Herzen.« Grace senkte den Blick; sie wollte nicht, dass er den Schmerz in ihren Augen sah.

»Nun, Missus Donnelly, wenn das die Art ist, wie Sie Ihre Familie lieben, vor allem Ihren Sohn, dann sollte ich vielleicht noch einmal darüber nachdenken, ob ich Ihnen Liam wirklich anvertrauen kann.«

Grace betrachtete das erzürnte Gesicht des Kapitäns und fragte sich, wie sie es geschafft hatte, ihn so sehr zu verärgern. Sie suchte seinen Blick und wusste plötzlich, dass sie ihm die Wahrheit sagen musste.

»Ich hatte keine andere Wahl, als meinen Sohn zu Hause zu lassen«, sagte sie entschlossen. »Eine Mutter auf der anderen Seite des Ozeans ist besser als eine Mutter am Galgen.«

Er horchte auf.

Sie beugte sich vor und senkte die Stimme. »Ich werde in Irland gesucht, wegen Mordes an einem englischen Wachmann.«

Fassungslos starrte Reinders sie an. »Und haben Sie es getan?«

»Ja«, sagte sie in ruhigem Ton, wenn auch mit Gewissensbissen.

»Ich bin sprachlos.«

»Ich kann nur hoffen, dass Sie das auch weiterhin sein werden.« Sie lächelte reumütig. »Und dass Sie nicht zu hart über mich urteilen. Sie haben keine Ahnung, wie es in Irland aussieht, Käpt'n, wie viele Menschen gestorben sind, wie viele aus ihren Häusern vertrieben wurden. Mein eigenes Zuhause sollte niedergerissen werden, und mein alter Vater war von dem habgierigen Gutsverwalter bereits angeschossen worden – da tat ich, was ich tun musste«, sagte sie entschlossen. »Viele Menschen in Irland haben getan, was zu tun war, um ihre Familien am Leben zu halten. In Irland kann man nicht überleben, Käpt'n, ohne ein Stück Land, auf dem man etwas anbaut. Aber die Engländer wollen alles für sich, das gesamte Land, und sie sind nicht bereit, diejenigen zu ernähren, die den Boden bestellen. Wenn wir nicht sterben wollen, müssen wir also gegen sie kämpfen. Oder unsere Heimat verlassen.«

»Es tut mir leid«, sagte er aufrichtig.

»Ich erwarte kein Mitleid von Ihnen.« Grace schob das Kinn vor. »Ich habe meine Entscheidung getroffen und werde damit leben müssen. Aber ich bete zu Gott, dass ich meinen Sohn vor seinem ersten Geburtstag wiedersehe …« Sie biss sich auf die Lippe. »Allerdings kann natürlich alles Mögliche passieren, und ich hoffe inständig, dass er – sollte er ohne mich aufwachsen müssen – mich nicht für diese Entscheidung hassen wird, sondern versteht, dass es mir das Herz gebrochen hat. Und ich hoffe, dass er zu mir kommen wird, damit ich ihm sagen kann, dass keine Stunde verging, in der ich mich nicht danach gesehnt habe, sein Gesicht zu sehen.«

Reinders stieß einen langen, tiefen Seufzer aus. Plötzlich sah er Grace mit anderen Augen. »Deshalb haben Sie sich des Jungen angenommen … weil auch er ein verlorener Sohn ist.«

Grace nickte und kämpfte gegen die Tränen an. »Ich habe Ihnen mehr erzählt, als ich hätte tun dürfen.« Ihre Hände zitterten; das Geständnis hatte sie sehr mitgenommen.

»Sie sind für Liam dieses Risiko eingegangen. Und weil Sie wollen, dass ich meine Mutter besuche«, fügte er mit einem schiefen Lächeln hinzu.

»Ja.« Sie musste lachen und wischte sich über die Augen. »Werden Sie denn zu ihr fahren?«

»Ich schätze, jetzt bleibt mir keine andere Wahl.« Er klopfte seine Taschen ab, in der Hoffnung, ein Taschentuch hervorzaubern zu können. »Ich schwöre Ihnen, Missus Donnelly, dass das, was Sie mir anvertraut haben, diesen Raum niemals verlassen wird. Darauf gebe ich Ihnen mein Wort.«

Grace nickte dankbar.

»Und ich werde alles für Liam tun, was in meiner Macht steht«, versicherte er. »Sagen Sie ihm, er soll Sie von jetzt an Tante nennen, damit er sich daran gewöhnt.«

»Das mache ich.« Sie war jetzt ein wenig verlegen, fühlte sich erschöpft. Vorsichtig stellte sie die Tasse auf den Tisch, erhob sich, glättete ihren Rock und zog das Schultertuch fest.

Reinders stand ebenfalls auf und ging um den Schreibtisch herum auf sie zu. »Ich habe unser Gespräch ... sehr genossen«, sagte er etwas unbeholfen. »Und ich bin froh, dass wir eine Lösung gefunden haben.«

Grace schenkte ihm ein schüchternes Lächeln und reichte ihm die Hand, die er ergriff und herzlich schüttelte. *Was für außergewöhnliche Augen*, dachte er.

»Mein Vater sagt, ich hätte die gleichen Augen wie die berühmte Piratenkönigin Grainne O'Maille. Allerdings ist mir schleierhaft, woher er das wissen will. Er hat mich nach ihr benannt und wird es nie müde, davon zu erzählen.«

Reinders nickte peinlich berührt, da ihm bewusst wurde, dass er seinen Gedanken offenbar laut ausgesprochen hatte.

»Ich bin Ihnen jedenfalls sehr dankbar, Käpt'n.« Sie ließ seine Hand los. »Es ist sehr schwer für den Jungen, dass er seine Mutter verloren hat.«

»Auf Wiedersehen, Missus Donnelly«, sagte Reinders leise.

»Auf Wiedersehen, Käpt'n. Vielen Dank.«

Nachdem Grace gegangen war, setzte er sich wieder an seinen Schreibtisch und holte das Logbuch hervor. Allerdings machte er keinen Eintrag; er saß einfach nur da, starrte an die Wand und dachte angestrengt nach. Er war so sehr in Gedanken vertieft, dass er nicht hörte, wie draußen eine Diele knarzte. Boardham hatte sich aus dem Schatten des schmalen Ganges gelöst und schlich an der Tür vorbei, gegen die er sein Ohr gepresst hatte, bis Missus Donnelly sich verabschiedete.

17

Schön, dass du gekommen bist!« Danny stürmte quer durch den Raum und schüttelte Seans gesunde Hand. »Die reizende Miss Osgoode ist auch hier«, fügte er leise hinzu.

Sean zog seine Hand zurück. »Halt deine große Klappe, okay?« Verlegen sah er sich um. »Gott behüte, dass sie dein Gewäsch hört und mich für einen genauso großen Idioten hält wie dich.«

»Nicht doch, Junge.« Danny legte einen Arm um Seans Schultern und führte ihn in eine Ecke des Raums. »Du magst zwar mehr Grips haben als ich, aber wenn es um Herzensangelegenheiten geht …« – er schlug sich auf die Brust –, »… dann bin ich genau der Richtige für dich.«

»Willst du damit sagen, dass du in mich verliebt bist, Danny?«, fragte Sean, ohne eine Miene zu verziehen. »Du musst nämlich wissen, dass ich dich zwar sehr mag, aber eben nicht auf die Art und Weise.«

Danny lachte und verpasste ihm einen Knuff. »Du hast Nerven, Mann! Du weißt doch, dass du nicht mein Typ bist!«

»Ich bin niemandes Typ.« Sean blickte wehmütig zu Marcy hinüber, die von einer Gruppe Bewunderer umschwärmt wurde. »Sieh sie dir alle an – große, stramme Schweden und Deutsche. Wer will da schon einen verkrüppelten Iren, der kaum seinen Lebensunterhalt verdienen kann?«

»Zugegeben, du hast eine hässliche Visage«, räumte Danny ein, »und du bist nicht gerade der Stärkste, mit dem Arm da und dem Spezialschuh, und du wohnst über einer Gaststätte und deine Kleider sind geflickt …«

»Jetzt fühle ich mich schon viel besser«, unterbrach Sean ihn. »Warte einen Moment, dann gehe ich kurz rüber und bitte sie, meine Frau zu werden.«

»Meine Rede.« Danny grinste. »Du denkst vielleicht, du hättest nicht viel zu bieten, aber eines vergisst du dabei.«

»Und das wäre?«

»Deinen Charme.« Zufrieden verschränkte Danny die Arme. »Mit dir ist man gerne zusammen, O'Malley – vor allem dann, wenn du die Getränke bezahlst.« Er zwinkerte ihm zu. »Du bist ein wahrer Gentleman, und die Leute fühlen sich in deiner Gesellschaft ein wenig klüger, ein wenig scharfsinniger.«

»Okay, okay. Wie viel brauchst du?« Sean griff in die Tasche und tat so, als suche er nach seiner Geldbörse.

»Nein, nein! Du weißt genau, dass ich Recht habe! Du besitzt eine besondere Begabung! Ich wette, du könntest sogar Polizeidirektor Callahan um den Finger wickeln, diesen aalglatten Hund.«

»Ich möchte gar nicht erst in seine Nähe kommen, um das auszuprobieren«, erwiderte Sean. »Der Kerl gehört zu den Männern, deren Aufmerksamkeit ich gerne entgehen würde.«

»Ich wünschte, das könnte ich auch. Aber er ist unser neuer Hauswirt, und wir sind mit der Miete in Verzug.« Danny schüttelte angewidert den Kopf. »Hat uns gleich ein paar Schlägertypen auf den Hals gehetzt, um uns klar zu machen, dass wir entweder zahlen oder rausfliegen. Wir werden wohl noch jemanden mit ins Zimmer nehmen müssen, um das zu verhindern.«

»Ihr seid doch schon zu sechst! Und ist das Fenster immer noch kaputt?«

Danny nickte. »Ja, und durch das Loch in der Mauer kommen die Ratten rein. Aber Callahan hat nicht vor, in nächster Zeit irgendwelche Reparaturen durchzuführen. Stattdessen will er hinten noch weitere Zimmer anbauen.«

»Wie kommt er damit nur durch?«, rief Sean empört. »Gibt es denn keine Bauaufsicht? Sollte die Stadt diese Bruchbuden nicht abreißen und anständige Wohnhäuser bauen?«

»Anscheinend nicht.« Danny zuckte die Achseln. »Das ist offenbar nur Geschwätz für die Zeitungen. Ich wohne da jetzt schon seit zwei Jahren, und es wird von Tag zu Tag schlimmer.«

»Warum beschweren sich die Mieter nicht?«

»Wer würde ihnen schon zuhören? Jeden Tag strömen Hunderte von Einwanderern ins Land, die bereit sind, ein Fleckchen auf dem Fußboden in irgendeinem Keller zu mieten, wenn sie nichts anderes finden. Es dreht sich doch sowieso alles nur um Bestechung und Schmiergelder. Da will niemand Krach schlagen und als Erster rausfliegen.« Müde verdrehte er die Augen. »Aber allmählich bin ich es satt. Das ist kein menschenwürdiges Leben mehr, wie die Ratten übereinander zu kriechen.«

»Das muss dich ziemlich fertig machen.«

»Stimmt. Ich bin zwar ein rauer Bursche – nicht wie du, mit deinem Charme –, aber das Ganze macht mich nur noch härter und verbitterter.« Danny warf einen Blick zu dem blonden Mädchen hinüber, das am Tisch mit den Erfrischungen stand. »Ellen LeVang da drüben hat sich in den Kopf gesetzt, mich zu zähmen, und allmählich kann ich mir sogar vorstellen, mich von ihr zähmen zu lassen.«

»Du musst einen ziemlich harten Tag gehabt haben«, scherzte Sean.

Aber Danny lachte nicht. »Alle Tage sind hart. Und nicht mehr lange, dann bin ich ein Trinker, genau wie die anderen, mit denen ich das Zimmer teile – nur ein weiterer dummer Ire, der in dieses Land gekommen ist und es zu nichts gebracht hat.«

Sean blickte ihn erstaunt an. »Danny, ich …«

»Ach, mach dir nichts draus.« Danny legte erneut einen Arm um Seans Schultern. »Ich jammere ein bisschen vor mich hin, das ist alles. Aber das mit Miss LeVang meine ich ernst. Übrigens hat sie mir ein kleines Geheimnis anvertraut.«

Sean betrachtete ihn misstrauisch.

»Deine Miss Osgoode verschwendet nicht einen Gedanken an all diese strammen Bauernburschen. Anscheinend hat sie ihr Herz an einen hochgesinnten Großstadtburschen verloren – noch dazu einen Iren!« Danny drückte Seans Arm.

»Das glaube ich nicht.« Sean befreite sich aus der Umarmung. »Unmöglich. Und selbst wenn es stimmt … ihr Vater ist Anwalt, außerdem einer der Kirchenältesten. Er würde es niemals gestatten.«

»Das kannst du gar nicht wissen!«, beharrte Danny. »Der Mann ist ganz vernarrt in seine Tochter, wo sie doch ohne Mutter aufwachsen musste … Ich wette, was ihr wichtig ist, ist auch ihm wichtig.«

Sean sah zu Marcy hinüber; im selben Moment drehte sie sich um und schaute ihn an. Ihre Blicke trafen sich, und sie schenkte ihm ein freundliches, warmherziges Lächeln, entschuldigte sich dann bei ihren Begleitern und steuerte auf ihn zu.

»Oh, mein Gott«, murmelte Sean bestürzt.

»Sprich einfach mit ihr«, riet Danny. »Wenn es irgendetwas gibt, was du perfekt beherrschst, dann doch das Reden. Guten Abend, Miss Osgoode! Sie erinnern sich doch sicher an meinen lieben Freund Sean O'Malley?«

»Aber natürlich.« Sie lächelte, und Sean musste feststellen, dass er den Blick nicht von ihr abwenden konnte.

»Wenn ihr mich bitte entschuldigen würdet – ich möchte gern Miss LeVang begrüßen, bevor die Versammlung beginnt.« Danny verbeugte sich höflich, drehte sich um und zwinkerte Sean noch einmal aufmunternd zu, ehe er verschwand.

»Ich freue mich, dass Sie wieder bei uns sind, Mister O'Malley. Bei unserer letzten Zusammenkunft hat Danny uns berichtet, dass Sie schlechte Nachrichten aus der Heimat haben.« Marcy zögerte. »Der Tod Ihres lieben Freundes. Und das Schiff, mit dem Ihre Schwester reist, ist auch noch nicht angekommen. Wir haben für Sie gebetet.« Sie berührte kurz seine Hand.

»Ich danke Ihnen«, sagte er aufrichtig. »Die letzten Wochen waren wirklich sehr schwer. Morgan war für mich wie ein Bruder, und Grace …« Er verstummte; dies war nicht die heitere Konversation, mit der man das Herz einer jungen Dame eroberte.

Marcy sah ihn eindringlich an. »Sie müssen sich ziemlich einsam fühlen. Falls Sie das irgendwie tröstet: Ich hoffe, Sie wissen, dass Sie auch hier eine Familie haben. Uns.« Sie errötete und senkte rasch den Blick.

»Sind Sie sicher, dass Sie noch Platz für einen Iren haben?«, fragte er unverblümt. »Wir Iren sind in Familien wie dieser gern das fünfte Rad am Wagen.«

»Keineswegs!«, rief sie. »So denken wir überhaupt nicht! Wir sind keine Norweger oder Deutschen oder Schweden oder Polen oder Italiener – wir sind alle Amerikaner! Amerikanische Bürger, die hier zusammengekommen sind, um gemeinsam zu beten. Brüder und Schwestern im Herrn.« Ihre Augen funkelten, und sie beugte sich vor. »Und Sie sind ein willkommenes Mitglied dieser Familie … Sean. Wenn Sie es wollen.«

»Das will ich«, sagte er sofort, ergriffen von ihrer Leidenschaft, diesem intimen Moment, der Nähe ihres Körpers.

»Das freut mich.« Sie nahm seinen Arm, den verkrüppelten, und das bedeutete ihm mehr als alles andere. »Leisten Sie mir heute Abend Gesellschaft, während Vater seine Predigt hält?«

Sean nickte und ließ sich von ihr quer durch den Raum führen. Ellens zufriedenes Lächeln und Dannys hochgereckten Daumen bemerkte er gar nicht. Er setzte sich neben Marcy, roch ihren frischen Duft und hörte nicht ein Wort von dem, was ihr Vater sagte. Zum ersten Mal seit langer Zeit hatte er das wunderbar tröstliche Gefühl, zu jemandem zu gehören.

18

Dr. Draper fand seine Vereinbarung mit dem Steward mehr als zufrieden stellend: eine regelmäßige Versorgung mit anständigem Whiskey im Tausch gegen ein Plätzchen, an dem Mister Boardham ungestört seinen Geschäften nachgehen konnte, einem schwungvollen Schwarzhandel mit Lebensmittelrationen, Wasser, Decken, Alkohol, Tabak. Dass auf diese Weise die Autorität des Kapitäns untergraben wurde, konnte ihm nur recht sein, denn er verabscheute diesen Mann. Drapers Frau und sein jüngster Sohn waren inzwischen ebenfalls erkrankt, und Reinders erlaubte ihm zwar, sich um sie zu kümmern, doch er ließ nicht zu, dass der Schiffsarzt seine anderen Patienten unter Deck vernachlässigte. Da sein Vorrat an Laudanum inzwischen aufgebraucht war, blieb ihm nur der Whiskey, um die langen Nächte zu durchstehen. Und deshalb war er auf den Steward angewiesen, einen zugegebenermaßen raubeinigen, kleinen Mann, der aber Verständnis für die missliche Lage des Doktors zeigte.

An diesem Abend war Draper etwas betrunkener als sonst, doch was spielte das schon für eine Rolle? Die Kranken – dazu zählten inzwischen fast alle Passagiere im Zwischendeck – schliefen tief und fest; die einzigen, die noch nicht in ihren Kojen lagen, waren Mister Boardham und seine junge Dame. *Dame*. Draper schnaubte verächtlich. Nicht alle, die sich für die Schwarzmarktwaren des Stewards interessierten, besaßen das nötige Geld oder genügend Schmuck zum Tauschen – ihr Pech, sofern es sich um Männer handelte. Aber bei Frauen war das etwas anderes … Draper hörte das Kichern, das Rascheln von Kleidung – hoppla, das Reißen von Stoff! Ein Keuchen! Er schob seinen Stuhl etwas näher an den Vorhang, der seinen Privatbereich vom Rest der Krankenstation trennte, neigte den Kopf zur Seite und lauschte auf die Geräusche von der anderen Seite, die jetzt drängender klangen. Boardhams leise, befehlende Stimme, ein mädchenhaftes Aufkreischen. Erregt nahm der Schiffsarzt einen kräftigen Schluck aus der Flasche und schloss die Augen, um sich besser vorstellen zu können, was sich keine zwei Meter von ihm entfernt abspielte. Wieder riss ein Stück Stoff, und das Mädchen stieß einen unterdrückten Schrei aus; dann hörte er einen dumpfen Schlag – wahrscheinlich von Boardhams Handrücken. Ein paar Klapse und ein bisschen Spaß, sagte Draper sich, das war alles, was der Steward im Tausch gegen einen Laib Brot wollte. Dagegen war doch nichts einzuwenden! Das Mädchen war schließlich freiwillig zu ihm gekommen und wusste, was man von ihr erwartete. Draper leckte sich die Lippen und dachte daran, einen kurzen Blick hinter den Vorhang zu werfen, wo man jetzt offenbar zur Sache kam – das Geräusch der Schläge und das Stöhnen waren lauter geworden.

»Was geht hier vor?« Graces Stimme, die vor Erschöpfung ganz heiser klang, ließ den Doktor heftig zusammenzucken. Er riss die trüben Augen auf und runzelte die Stirn.

»Verschwinden Sie. Das geht Sie nichts an.« Er musterte Grace, deren Kleidung etwas zerzaust wirkte und deren Bluse nicht zugebunden war. »Es sei denn, Sie sind die Nächste.«

Sie sah die Flasche in seiner Hand, hörte die Geräusche auf der anderen Seite des Vorhangs und wollte sich an ihm vorbeidrängen.

Doch er sprang auf, stieß dabei den Stuhl um und versperrte ihr den Weg. »Kümmern Sie sich um Ihre eigenen Angelegenheiten«, sagte er mit drohender Stimme. Plötzlich erkannte er sie. »Ach, Sie schon wieder!«

Auf der anderen Seite des Vorhangs flog irgendetwas mit einem dumpfen Krachen zu Boden oder gegen die Wand, das Mädchen schrie auf, dann waren Schläge zu hören und lautes Fluchen.

Grace musterte den Doktor, und als ihr klar wurde, dass er nichts unternehmen würde, um dem Mädchen zu helfen, schob sie sich an ihm vorbei und riss den Vorhang zur Seite. Die junge

Frau lag unter Boardham begraben und sah Grace flehentlich an – ihre Lippe blutete, ein Auge war fast zugeschwollen, ihr Kleid zerrissen und der Rock hochgeschoben. Boardham drehte sich zu Grace um, rasend vor Wut über die Unterbrechung.

»Verschwinde«, zischte er mit Speicheltropfen im Mundwinkel.

Das Mädchen versuchte, ihn abzuschütteln, und er richtete sich auf, aber nur um ihr einen Faustschlag gegen den Kiefer zu verpassen.

»Lassen Sie sie los!« Grace machte einen Schritt nach vorne, doch Draper schlang einen Arm um ihre Taille und hielt ihr mit der anderen Hand den Mund zu.

»Na los«, spornte Boardham ihn an. »Sie können sie als Erster haben.«

In dem Moment trat Grace dem Schiffsarzt so fest mit dem Absatz auf die Zehen, dass er seine Umklammerung löste; dann rammte sie ihm den Ellbogen in den Magen, stieß ihn von sich und zog das Fleischermesser aus dem Schaft ihres Stiefels. Als sie ihm die Klinge unter die Nase hielt, wich der Arzt erschrocken zurück.

»Lassen Sie sie los«, befahl Grace erneut, und zu ihrer Überraschung stand Boardham auf, doch dann packte er das Mädchen an den Haaren und zog sie mit sich.

»Lass das Messer fallen.«

»Hilfe!«, schrie Grace laut.

»Halt's Maul!« Boardham kam nun näher. »Lass es fallen oder ich rede. Über den Mord. Dass du gesucht wirst, wegen Mordes.«

Grace sank der Mut, aber sie hielt das Messer fest umklammert.

»An Land wird man sich sehr dafür interessieren«, sagte er mit drohenden, funkelnden Augen. »Man wird dich einsperren. Dir dein kleines Miststück wegnehmen. Und auch den Jungen.« Er fuhr mit der Zungenspitze über den Schnitt in seiner Unterlippe. »Lass das Messer fallen, und keiner erfährt was.«

Grace ließ sich nicht einschüchtern und behielt sowohl den Steward als auch Draper im Auge. Sie spürte, dass weitere Passagiere aufgewacht waren und hinter ihr standen, außerhalb des Lichtkegels, aber niemand kam ihr zu Hilfe. Sie fragte sich, ob sie etwas mitbekommen hatten. Ob sie davon wussten. Oder ob sie einfach zu viel Angst hatten, um sich gegen den Schwarzhändler und den einzigen Arzt an Bord zu wenden.

»Lassen Sie sie laufen«, forderte Grace mit grimmiger Miene. »Dann bleiben Sie am Leben.«

Wütend stieß der Steward das Mädchen zu Boden und nickte dem Arzt zu, der sich von der Seite anschlich. Grace wich zwei Schritte zurück, schwang ihr Messer von Boardham zu Draper und wieder zurück, doch als der Steward plötzlich einen Satz nach vorn machte, zuckte sie keinen Millimeter zurück. Er war in gebückter Haltung auf sie zugestürzt, und stieß jetzt einen Schmerzensschrei aus, der alle Umstehenden erstarren ließ. Langsam nahm er die Hand von seiner Wange und blickte ungläubig auf das Blut an seinen Fingern und dann zu Grace.

»Du Hure«, knurrte er. »Du verdammte Hure.«

Er stürzte sich erneut auf sie, und wieder verletzte sie ihn, diesmal am Arm, und als er in die Knie ging, bohrte sich ihm die Klinge in die Schulter. Das Messer war jetzt ein Teil ihrer Hand, Teil einer blinden Wut, die so unermesslich war, dass sie Boardham mühelos hätte abschlachten können und danach den Schiffsarzt und jeden anderen, der sich ihr in den Weg stellte. Sie war es so leid, so furchtbar leid, sie war so wütend und zornig, hatte das alles hier so satt. Sie hob die Hand mit dem Messer, doch in dem Moment wurde sie abgefangen und festgehalten; ein kräftiger Arm legte sich um ihre Mitte und eine vertraute Stimme flüsterte ihr ins Ohr: »Genug, Missus Donnelly. Es reicht. Jetzt bin ich ja da.«

Grace entspannte sich. Sie konnte wieder klar sehen und entdeckte Boardham auf dem Boden, blutüberströmt. Dann bemerkte sie den Schiffsarzt, der mit weit aufgerissenen Augen in der Ecke stand, sah, wie die anderen Passagiere ins Licht traten und sie vorsichtig musterten. Sie erkannte Liam, der die Arme um Mary Kate geschlungen hatte, sodass das Mädchen nichts sehen konnte. Doch er selbst sah genau hin, starrte fassungslos auf die Szenerie. Im nächsten Moment schien sämtliche Kraft aus Graces Körper zu entweichen, und sie sackte gegen die Brust des Kapitäns, der ihr nun das Messer aus der Hand nahm.

»Was zum Teufel geht hier unten vor?« Reinders, der Mackley

und Dean mitgebracht hatte, blickte in die Runde. »Boardham?« Der Steward kam mühsam auf die Beine, hielt sich den Arm und stöhnte. »Draper? Antworten Sie, und zwar sofort!«

Der Schiffsarzt beäugte die Umstehenden und versuchte, die Situation abzuschätzen. »Diese Donnelly hat ihn angegriffen«, setzte er vorsichtig an. »Ein klarer Fall von Eifersucht, Käpt'n, wenn Sie mich fragen. Ihr Steward ist bei den Damen sehr beliebt.«

»Ach, tatsächlich?«, fuhr Reinders Boardham an.

»Ich wollte nur nach dem Rechten sehen, als die da plötzlich mit dem Messer auf mich zugestürmt kam«, nahm Boardham den Faden jammernd auf. »Ich blute, Sir. Ich bin schwer verletzt. Aus heiterem Himmel hat sie mich angegriffen.«

Reinders betrachtete das blutige Messer. »Was sagen Sie dazu, Missus Donnelly?«

Sie hörte ihn wie aus weiter Ferne, brachte aber kein Wort heraus, starrte nur den Steward an, als wüsste sie nicht mehr, wer er war.

Die am Boden liegende junge Frau schien vollkommen in Vergessenheit geraten zu sein, doch nun rappelte sie sich auf und trat vor. »Sie hat nichts damit zu tun«, sagte sie leise und hielt mit einer Hand ihr zerrissenes Kleid vor der Brust zusammen. »Es war allein meine Schuld.«

»Und wer sind Sie?«, fragte Reinders, nicht unfreundlich.

»Ada, Sir. Ada Murphy.« Sie ließ den Kopf hängen. »Ich hatte nicht gedacht, dass ich … dass er …« Sie schlug die Hände vors Gesicht und fing an zu weinen. »Er sagte, er würde uns Brot geben.«

»Stimmt das?«

Boardham zuckte mürrisch die Achseln. »Sie hat sich mir aufgedrängt – ich konnte nichts Falsches darin sehen, ihr Angebot anzunehmen.«

»Das glaube ich sofort.« Reinders wandte sich wieder dem Mädchen zu. »Was ist passiert, als Missus Donnelly versucht hat, Ihnen zu helfen?«

»Sie haben sie festgehalten«, sagte Ada unter Tränen. »Der da und der Doktor. Sie sagten, sie wäre die Nächste. Aber sie hat sich gewehrt.«

Reinders' Kiefermuskeln spannten sich an. »Verstehe. Ich habe genug gehört. Haben Sie noch Familie oder Freunde hier an Bord, Miss Murphy?«

»Eine Schwester.« Sie weinte nun herzzerreißend.

Reinders seufzte. »Mister Dean, bitte begleiten Sie Miss Murphy zu ihrer Schwester.«

Dean trat vor, legte schützend einen Arm um das schluchzende Mädchen und führte es durch die gaffende Menge.

»Alle anderen zurück in ihre Kojen«, befahl Reinders. »Sie nicht, Draper«, fügte er hinzu. »Sie bleiben hier.«

Draper riss überrascht die Augen auf. »Wer, ich, Käpt'n? Sie glauben doch nicht, dass ich irgendwas damit zu tun habe! Möglicherweise habe ich die Situation falsch eingeschätzt, aber mein einziges Verbrechen ist meine Naivität.«

»Ich bin mir noch nicht ganz darüber im Klaren, was genau Ihr Verbrechen ist«, sagte Reinders warnend. »Aber Ihres … «, wandte er sich an Boardham, »lautet ›tätlicher Angriff‹.«

»Tätlicher Angriff!« Boardham ballte die Fäuste und brüllte dann: »Sie hatte doch das Messer! Was ist mit ihr?«

Reinders und Mackley warfen einander einen raschen Blick zu.

»Das ist *Ihr* Messer, Boardham«, sagte der Erste Offizier kühl. »Ich habe es schon unzählige Male bei Ihnen gesehen.«

»Aber sie hat das Messer aus ihrem Stiefel gezogen!«, beharrte Draper. »Wirklich, Kapitän Reinders, diese Anschuldigungen sind falsch.«

»Bringen Sie mich doch vor Gericht«, rief Boardham mit drohender Stimme. »Dann zeige ich die da bei den Behörden an, sobald wir in New York sind. Wegen Mordes.«

Reinders spürte, wie Graces Körper sich wieder anspannte, und er hielt den Arm fest um ihre Mitte geschlungen.

»Man wird sie ins Gefängnis werfen«, lachte Boardham höhnisch. »Oder mit dem Schiff nach Hause schicken, um sie dort zu hängen.«

»Verrückte sperrt man ebenfalls ein. Führen Sie ihn ab, Mister Mackley.«

Der Erste Offizier packte Boardhams unverletzten Arm.

»Ich meine es ernst, Käpt'n.« Der Steward riss sich los. »Ich hab alles gehört. Vor Ihrer Kajüte. Sie stecken mit ihr unter einer Decke.«

Grace war jetzt hellwach, und schmerzhaft wurde ihr bewusst, dass Mary Kate und Liam zuhörten.

»Was?«, rief Draper und verengte die Augen zu Schlitzen. »Ist das wahr, Kapitän Reinders? Sie wussten, dass diese Frau wegen Mordes gesucht wird? Und jetzt hätte sie fast einen weiteren begangen!«

Aus den Augenwinkeln sah Reinders Liams Gesicht. »Boardham ist ein Lügner und Betrüger. Sein Wort gilt nichts auf meinem Schiff.«

»Offensichtlich nicht, aber vielleicht ja in New York. Ich beabsichtige, die Behörden zu informieren, sobald wir an Land sind.«

»Das steht Ihnen frei«, sagte Reinders gelassen. »Ah, Mister Dean. Alles in Ordnung mit der jungen Frau?«

»Ja, Sir.« Dean verschränkte die kräftigen Arme und musterte den Steward angewidert. »Es heißt, unser Mister Boardham führt hier unten einen schwunghaften Handel, und der gute Doktor …«

»Ich habe nichts damit zu tun!« Draper hielt abwehrend die Hände hoch.

Dean nickte. »Vermutlich zu betrunken. Boardham hat gemacht, was er wollte.«

»Bringen Sie ihn in den Frachtraum«, befahl Reinders.

Mackley und Dean packten den Steward unter den Armen und zerrten ihn zur Treppe.

»Jetzt zu Ihnen.« Reinders wandte sich an Draper. »Schnappen Sie sich Ihre Sachen und dann gehen Sie nach unten und flicken ihn wieder zusammen. Mackley wird Sie begleiten.«

»Ich muss schon sagen …«, hob Draper protestierend an.

»Sie sind nicht in der Position, irgendetwas zu sagen. Und jetzt machen Sie sich an die Arbeit.« Danach wandte Reinders sich Grace zu. »Können Sie laufen?«, fragte er leise. »Sind Sie verletzt?«

»Nein, Käpt'n.« Ihre Stimme zitterte. »Ich kann gehen.«

»Gut. Dann folgen Sie mir bitte.« *Sie ist totenbleich*, dachte er. »Liam.« Er legte dem Jungen eine Hand auf die Schulter. »Das war sehr gut, dass du Hilfe geholt hast. Ich bin stolz auf dich, mein Junge.«

Liam lächelte matt.

»Bring die Kleine zurück in die Koje. Wir sehen uns morgen früh.« Reinders ging vor Mary Kate in die Hocke. »Ich muss noch kurz mit deiner Mam reden, aber es dauert nicht lange«, versprach er ihr. »Sie war vorhin sehr mutig. Es tut mir leid, dass du dich gefürchtet hast.«

Mary Kate nickte ernst, lief dann zu Grace und vergrub das Gesicht in den Falten ihres Rockes. Grace versteckte ihre blutige Hand hinter dem Rücken und strich Mary Kate mit der anderen übers Haar.

»Geh mit Liam, mein Schatz«, murmelte sie. »Es ist alles vorbei. Gleich bin ich bei dir.«

Sie gab beiden Kindern einen Kuss und folgte dann dem Kapitän die Stiege hinauf an Deck, wo sie einen Moment stehen blieb, um zu den funkelnden Sternen aufzublicken und die kalte Nachtluft einzuatmen, ehe sie Reinders in seine Kajüte begleitete.

»Bitte nehmen Sie Platz.« Er schenkte ihr einen Brandy ein. »Trinken Sie das. Ich selbst kann jetzt auch dringend einen gebrauchen.«

Sie trank den Weinbrand und fühlte sich etwas gefasster. Dann hob sie den Blick und sah Reinders in die Augen. Sie musterten einander im Dämmerlicht der Öllampe.

»Was geschieht jetzt?«, fragte sie. »Jetzt, wo ich alles vermasselt habe.«

Er lachte kurz auf. »Zumindest haben Sie Miss Murphy davor bewahrt, in neun Monaten einen Bastard in die Welt zu setzen.«

»Boardham muss an der Tür gelauscht haben.« Grace schüttelte den Kopf. »Und jetzt wissen alle Bescheid, auch der Doktor. Ich mache mir Sorgen wegen der Kinder«, fügte sie hinzu, und Tränen stiegen ihr in die Augen.

Reinders setzte sein Glas ab. »Ich werde Boardham im Frachtraum festhalten, bis wir New York erreicht haben und Sie sicher an Land gegangen sind. Normalerweise müsste ich zuerst die Kranken im Marinehospital abliefern, aber ich werde mich dumm stellen, die gesunden Passagiere an Land bringen und danach mit dem Schiff nach Staten Island zurückfahren.«

»Wird man denn nicht mit dem Doktor sprechen wollen?«

»Bedauerlicherweise wird er dazu nicht in der Lage sein.« Reinders grinste. »Mit einem Patienten beschäftigt oder etwas Ähnliches. Vielleicht schicke ich ihn auch noch mal zu Boardham und vergesse dann, dass er da unten eingeschlossen ist. Seine Familie kann ja von Bord gehen, die ist es gewöhnt, dass er zu Notfällen gerufen wird.«

Grace nickte erleichtert. »Ich danke Ihnen, Käpt'n. Es tut mir leid, dass ich Ihnen so viele Umstände mache.«

Er winkte ab. »Wird Ihr Bruder Sie am Hafen abholen?«

»Ich weiß es nicht«, gestand sie. »Er denkt, wir wären mit einem anderen Schiff von Cork aus losgesegelt, aber ich werde ihn finden. Er wohnt über einer Gaststätte, die einem gewissen Mighty Dugan Ogue gehört.«

»Ogue, dem Boxer?« Überrascht zog Reinders eine Augenbraue hoch.

»Ich kenne ihn nicht persönlich«, sagte sie. »Aber er kämpft für unsere Sache, und Sean wohnt bei ihm, seit er in New York ist.«

»Falls es irgendwelche Probleme geben sollte, wenden Sie sich an die Irische Einwanderergesellschaft. Sie hat einen guten Ruf und wird Ihnen weiterhelfen.« Reinders ließ sich gegen die Stuhllehne sinken. »Ich würde mich jedenfalls freuen, wenn die Stadt Sie verschluckt.«

»Sind denn irgendwelche Schwierigkeiten zu erwarten?«

Er zuckte die Achseln. »Ich werde dafür sorgen, dass Boardham eine Tracht Prügel erhält und anschließend über Bord geht, und der gute Doktor wird zusehen. Wenn er nicht spurt, ereilt ihn das gleiche Schicksal. Das sollte die beiden wenigstens so lange zum Schweigen bringen, bis ich eine Beschwerde eingereicht und sie in Misskredit gebracht habe. Danach werde ich die Stadt wieder verlassen.«

»Müssen Sie denn so bald schon eine weitere Reise antreten?«

»Nur eine kurze«, sagte er beiläufig. »Aber in einer wichtigen Angelegenheit, die keinen Aufschub duldet. Und danach werde ich wohl jemandem im Norden des Staates New York einen Besuch abstatten.« Reinders lächelte. »Es wird höchste Zeit, meinen Sie nicht auch, Missus Donnelly?«

»Ja, Käpt'n. Da stimme ich Ihnen zu.«

Sie blickten einander in die Augen.

»Missus Donnelly.« Reinders beugte sich vor, zögerte. »Sie sollen wissen, dass ich nicht zu den Männern zähle, die großen Wert auf die Meinung anderer legen, vor allem nicht auf die jener

Dummköpfe, die die Klatschspalten der Zeitungen füllen. Aber ich stelle fest, dass mir Ihre Wertschätzung und Ihre Meinung sehr viel bedeuten.«

Überrascht sah sie ihn an. »Erinnern Sie sich noch an das, was ich Ihnen am Tag der Abreise geantwortet habe, als Sie mich fragten, ob ich vielleicht doch noch von Bord gehen wolle?«

Er dachte einen Moment nach. »Sie meinten, ich hätte den Ruf, mein Schiff auch durch schlimme Stürme sicher zu steuern.«

»Und was noch?«

Er runzelte die Stirn. »Dass Gott Ihnen aufgetragen habe, Ihr Leben in meine Hände zu legen.«

»Nun, Kapitän Reinders, wenn Gott eine solch hohe Meinung von Ihnen hat, wie könnte ich da zurückstehen?« Sie lächelte sanft. »War es denn ein guter Rat – mein Leben in Ihre Hände zu legen? Was meinen Sie?«

Während ihre Augen auf ihm ruhten, dachte Reinders darüber nach, und dabei kam ihm auch ihr erstaunliches Gottvertrauen und all das, was sie durchgemacht hatte, in den Sinn. In ein, zwei Tagen würden sie Amerika erreichen, ein Land, das von James Knox Polk regiert wurde, dem elften Präsidenten der Vereinigten Staaten. Sämtliche Passagiere, mit Ausnahme der fünfundsechzig Toten, würden eine Unterkunft und eine Arbeit finden, sich ihren Lebensunterhalt verdienen und eine Familie gründen. Und ganz allmählich würde sich in ihrer Erinnerung die Geschichte ihrer Überfahrt von einer Schicksalsprüfung in einen Triumph verwandeln – das hoffte er zumindest.

»Ja, Missus Donnelly«, sagte er schließlich. »Ja, es war ein guter Rat.«

Den Ruf »Land in Sicht« mitten in der Nacht hörte Grace nicht, aber als sie am nächsten Morgen an Deck ging, lag die Küste in all ihrer Pracht direkt vor ihr: große Schiffe und hohe Gebäude, Stimmengewirr und hektisches Treiben, dunkle Rußwolken und weißer Wasserdampf. Und am Bug, genau an dem Platz, den er am Tag der Abreise eingenommen hatte, stand der alte Mann, dessen wettergegerbtes Gesicht vor Freude strahlte.

»Ist das Amerika?« Behutsam legte sie ihm eine Hand auf die Schulter.

»Ja, Amerika!« Er drehte sich um und umarmte sie freudig. »Wir haben es geschafft, Mädchen! Den ganzen langen Weg übers Meer ins Land der Freiheit!«

Er pfiff vergnügt und führte ein kleines Tänzchen auf, was Grace zum Lachen brachte. Sie küsste ihn auf die Wange, wünschte ihm viel Glück und ging hinunter ins Zwischendeck, um sich von allen zu verabschieden, die sie näher kennen gelernt hatte – die Fiedler und Flötenspieler, die Alleinreisenden und die Familien, die Alten und die Kinder. Liam und Mary Kate wirbelten ungeduldig um Grace herum, doch schließlich war alles gepackt, und Grace ging mit ihnen an Deck, um zuzusehen, wie das Schiff an den langen Piers der South Street in Manhattan festmachte.

Die Laufplanke wurde hinuntergelassen, und die ersten Passagiere stellten sich in einer Reihe auf, um von Bord zu gehen, während Mackley sie darüber informierte, dass sie zuerst durch das Gebäude der Gesundheitsbehörde gehen mussten. Grace, Mary Kate und Liam standen mitten in der Schlange, als Reinders in frischer Kapitänsjacke und mit Kapitänsmütze an sie herantrat und Grace beiseite nahm.

»Sie müssen das Schiff sofort verlassen«, sagte er leise. »Zusammen mit den Passagieren der Ersten Klasse. Ich werde Sie begleiten.«

»Meine Truhe.« Suchend blickte Grace sich um.

»Hier.« Er nickte in Richtung seines Zweiten Offiziers, der sich die Truhe auf die Schulter gehievt hatte und bereits auf sie wartete.

Reinders führte sie an den Anfang der Schlange und übergab sie an Mackley, der ihren Namen auf der Passagierliste suchte.

»Missus Gracelin Donnelly«, verlas der Erste Offizier mit einem breiten Grinsen auf dem sympathischen Gesicht. »Mary Kathleen, Tochter. Liam Kelley, Neffe.«

»Ja.« Grace warf einen verstohlenen Blick in Richtung des Kapitäns.

»Willkommen in Amerika, Missus Donnelly.« Mackley tippte an seine Mütze und trat beiseite, damit sie passieren konnten.

»Kapitän Reinders, ich …«

Reinders hob eine Hand. »Missus Donnelly, ich wünsche Ihnen

alles Gute. Und dir auch, kleine Lady.« Er beugte sich zu Mary Kate hinunter. »Du hast dich als sehr seetüchtig erwiesen, genau wie du, Liam Kelley.«

»Aye, Käpt'n.« Liam richtete sich kerzengerade auf und salutierte. »Ich liebe die *Eliza J.*, Käpt'n!«

»Dann musst du wiederkommen, wenn du größer bist, und lernen, wie man sie segelt. Das ist ein Befehl.«

»Ja, wirklich?«, rief er aufgeregt.

»Ich werde dir einen Platz freihalten«, versprach Reinders. »Und jetzt ab mit euch. Ihr haltet die anderen Passagiere auf.«

Über den Kopf des Jungen hinweg wechselte Grace einen wissenden Blick mit dem Kapitän.

»Kommen Sie uns besuchen«, sagte sie leise und reichte ihm die Hand.

»Das werde ich.« Er hielt ihre Hand fest. »Dann erzähle ich Ihnen alles über den Besuch bei meiner Mutter.«

Ihre Augen funkelten, und sie lachte. Dann ließ sie seine Hand los und ging vorsichtig die Laufplanke hinunter. Die Kinder folgten dicht hinter ihr. Mary Kate hielt sich am Rocksaum ihrer Mutter fest, und Liam hatte eine Hand auf die Schulter des Mädchens gelegt. Als sie schließlich festen Boden unter den Füßen hatten, drehten sie sich noch einmal um und winkten dem Kapitän zu, der seine Mütze abgenommen hatte und sie vor die Brust hielt. *Viel Glück, Missus Donnelly,* dachte er.

»Viel Glück, Käpt'n!«, rief sie, wandte sich um und betrat eine neue Welt.

Grace hielt den Atem an, als sie das Gebäude der Einwanderungsbehörde verließen und das Gewimmel am Hafen vor sich sahen. Sofort entdeckte sie die Schlepper mit den grünen Halstüchern und winkte ab, ehe diese auch nur ein Wort zu ihr sagen konnten. Sie sah einen Iren mit Melone und grüner Weste, unterdrückte aber den Impuls, ihn anzusprechen, und war froh über ihren Entschluss, als sie beobachtete, wie er die Passagiere mit professionellem Blick musterte, eine einfache, erschöpfte Familie herauspickte und sie überschwänglich begrüßte wie der lang verlorene Onkel, bevor er sie in das Straßengewirr am Hafen entführte. Aber er war nicht mit ihnen verwandt – keine zehn Minuten später tauchte er wieder auf und bedrängte die nächsten verwirrten Opfer.

Es war genau das gleiche Spiel wie in Liverpool, und Grace musste gegen ihre Enttäuschung ankämpfen. Sie hatte gehofft, in Amerika wäre alles besser, aber vielleicht war das hier ja gar nicht das wahre Amerika – vielleicht begann das wahre Amerika weiter im Landesinneren, ein Stück vom Hafen entfernt. Grace sog die Luft tief ein, konnte aber kaum einen Unterschied zu der Luft in ihrer Heimat feststellen: Salzwasser, Kohlenstaub, gebratenes Fleisch, Pferdeäpfel. Sie sah sich um, konnte aber auch keinen Unterschied zu den Menschen in ihrer Heimat feststellen; ihre Gesichter wirkten genauso verwirrt und ihre Kinder genauso zerlumpt wie an jedem anderen Ort, den sie kannte. Die Hafengebäude waren neuer und etwas moderner, erfüllten aber den gleichen Zweck wie in jedem anderen Hafen. Nur die Sprache klang vollkommen anders; sie erschien ihr durchdringender und lebhafter, viele Worte waren ihr unbekannt und wurden begleitet von Gesten und Gebärden, die sie nicht sofort zuordnen konnte. Amerikanisch. Sie war umgeben von Amerikanern.

»Bleibt jetzt dicht bei mir«, ermahnte sie die Kinder. »Setzt euch auf die Truhe und bewegt euch nicht vom Fleck, während ich darüber nachdenke, was wir als Nächstes tun werden.«

Sie kämpfte gegen die lähmende Müdigkeit an, die sie auf einmal befiel, und zwang sich, stehen zu bleiben und sich einen Überblick zu verschaffen. Sie befanden sich auf einem großen Platz, von dem aus schmale Gassen zu dahinter liegenden Boulevards führten und der von hohen Gebäuden und einer Reihe kleiner Gästehäuser gesäumt wurde. Grace sah die Schilder mit der Aufschrift »Zimmer frei«, wusste aber, dass diese teuer und schmutzig waren, und bedauerte die Gruppen erschöpfter Reisender, die auf die nächstbeste Pensionstür zusteuerten.

Ihr Gepäck war ziemlich schwer; sie hatte alle Habseligkeiten von Alice in ihre eigene Truhe gestopft sowie in zwei Reisetaschen, die sie in den Händen hielt. Das Kunststück würde nun darin bestehen, die Truhe, die Taschen und die Kinder zu einer Mietdroschke zu bringen, denn die Kutschen fuhren nur auf den Boulevards, und die lagen weit entfernt. Sie zögerte, jemanden um Hilfe zu bitten, den sie überhaupt nicht kannte. Einen Moment lang musterte sie ratlos ihre kleine Gruppe, schüttelte dann aber energisch den Kopf. Es war bitterkalt; Schneeflocken blieben auf ihrem Kopf und ihren Schultern liegen. Ihre Zähne klapperten, und sie biss sich auf die Lippen und sandte ein Stoßgebet gen Himmel.

»Gracelin!«

Überrascht drehte sie sich um, und da war Sean, ihr geliebter Bruder, der den Platz mit ausgebreiteten Armen so schnell überquerte, wie es sein verkrüppeltes Bein erlaubte.

»Grace! Gütiger Gott! Grace!« Er schloss sie in die Arme, bedeckte ihr Gesicht mit Küssen, hielt sie einen Moment auf Abstand, um sie anzusehen, und drückte sie dann wieder und wieder, während er lachte, als könne er nicht glauben, sie gefunden zu haben.

»Sean«, flüsterte sie in seinen Mantelkragen; mehr brachte sie nicht heraus. Der vertraute Geruch, seine Wärme und die feste Umarmung überwältigten sie. Er war da. Sie klammerte sich an ihn und brach in Tränen aus.

»Nicht doch, mein kleines Mädchen«, murmelte er und wischte ihr die Tränen aus dem Gesicht. »Du bist jetzt in Sicherheit. Du hast es geschafft, bei Gott, du hast es wirklich geschafft.« Er warf einen Blick über ihre Schulter, als suche er jemanden.

»Er ist nicht …« Sie verstummte. »Er ist tot.«

Sean sah sie unendlich traurig an. »Ich weiß. William hat es mir geschrieben. Ich hatte einfach nur gehofft, es wäre ein Irrtum gewesen.«

Sie schüttelte den Kopf, und er nahm sie erneut in die Arme.

»Lass uns nach Hause gehen«, sagte er sanft. »Wir reden später.«

Sie nickte, und die Tränen liefen ihr übers Gesicht. Er wischte sie fort, dann sah er sich nach den beiden Kindern um, die auf der Truhe saßen.

»Wen hast du denn da mitgebracht?« Er tat verblüfft. »Das kann gewiss nicht unsere Mary Kathleen sein; die war doch viel kleiner, und dieses Mädchen hier ist eine schöne Riesin! Was hast du mit ihr gemacht, du wundersames Wesen? Weißt du denn nicht, dass ich nur meine kleine Mary Kate lieb habe?«

Mary Kate senkte schüchtern den Kopf. »Ich bin es doch«, sagte sie, und dann streckte sie ihm plötzlich die Arme entgegen.

Er hob sie hoch und vergrub das Gesicht an ihrem Hals. »Ach, meine Kleine«, flüsterte er ihr ins Ohr. »Das wusste ich doch die ganze Zeit! Wie hab ich dich vermisst, Mary Kate. Du bist genauso hübsch wie deine Mami.«

Liam saß schweigend da, hielt den Blick gesenkt und kickte mit der Ferse gegen die Truhe.

»Das ist Liam Kelley«, erklärte Grace ihrem Bruder. »Seine Mutter und seine Schwester sind an Bord gestorben. Er wird bei uns wohnen, bis wir seinen Vater gefunden haben. Das geht doch, Sean, oder? Hast du genug Platz für uns alle?«

Sean setzte Mary Kate ab und reichte dem Jungen seine gesunde Hand. »Willkommen in Amerika, Liam, und mein herzliches Beileid. Ich bin froh, dass du bei uns bist, denn sonst wäre ich allein mit diesen beiden Frauenzimmern, und du weißt ja, welch eine Last das für einen Mann sein kann.«

Liam schenkte ihm ein schüchternes Lächeln.

»Ist das deine Truhe?«, fragte Sean. »Oder hältst du sie nur für jemanden mit einer dickeren Geldbörse warm?«

Der Junge lachte. »Die gehört uns«, sagte er und sprang hinunter. »Und die Taschen auch. Die kann ich tragen.«

»Ich helfe dir dabei«, bot Sean an. »Aber zuerst besorge ich uns eine Kutsche. Der Fahrer kann die Truhe dann einladen. Hättest du Lust, mit mir gemeinsam diese Aufgabe für echte Männer zu erledigen?«

Liam nickte schüchtern.

Erneut küsste Sean seine Schwester. »Ich traue mich kaum, dich auch nur einen Moment aus den Augen zu lassen. Aber ich bin gleich wieder zurück.«

Grace öffnete den Mund, um zu antworten, doch ihr versagte die Stimme. Stattdessen schossen ihr wieder Tränen in die Augen, und ihre Lippen begannen zu zittern.

»Ich weiß.« Er legte eine Hand an ihre Wange. »Warte hier.«

Grace und Mary Kate sahen Sean und Liam nach. Dann setzte Grace sich neben ihre Tochter auf die Truhe und legte einen Arm um ihre Schultern.

»Wir haben es geschafft«, sagte sie, wischte sich die Tränen fort und fasste frischen Mut.

»Ja«, erwiderte Mary Kate ruhig. »Das hat Gott gemacht.«

Grace zog ihre Tochter noch fester an sich und hielt sie im Arm, während Schneeflocken um sie herumwirbelten, Marktschreier Kunden anzulocken versuchten, Matrosen an ihnen vorbeistapften, weitere Schiffe ihre menschliche Fracht an Land entließen und erschöpfte Einwanderer die Laufplanke hinunterschritten, sich niederknieten und weinend den Boden küssten.

19

Mighty Ogue beeilte sich mit den Vorbereitungen für die größte Feier im Harp and Hound seit der Niederlage von William Bell. Das war vor fünf Jahren gewesen, im Sommer, dem heißesten August, an den Ogue sich überhaupt erinnern konnte. Damals hatte James »Yankee« Sullivan seinen Kontrahenten in einem Faustkampf ohne Handschuhe in der vierundzwanzigsten Runde, nach nur achtunddreißig Minuten, k.o. geschlagen. Das war ein großer Tag für alle irischen Anhänger des Boxkampfes gewesen, und Dugan hatte mit Vergnügen die Siegesfeier ausgerichtet, da Sullivan ihn selbst auf dem Höhepunkt seiner eigenen Karriere im Sawdust House trainiert hatte.

Der ehemalige Boxer und jetzige Gasthausbesitzer unterbrach seine Arbeit und seufzte tief, denn Sullivan saß noch immer in Sing Sing ein, weil er den berüchtigten Kampf zwischen Thomas McCoy und Christopher Lilly arrangiert hatte – ein Boxkampf, der damit endete, dass der Ire McCoy an seinem eigenen Blut erstickte, und Lilly, der Engländer, außer Landes geschmuggelt werden musste. Das anschließende Gerichtsverfahren war einer der sensationellsten Prozesse gewesen, die die Stadt je gesehen hatte, und Sullivan wurde wegen Anstiftung zum öffentlichen Aufruhr und Totschlags verurteilt.

Ogue schüttelte den Kopf und fuhr fort, die Theke zu polieren. Seitdem war es in der Stadt ziemlich ruhig geworden; er selbst hatte seine Boxerhandschuhe an den Nagel gehängt, solange er noch ein paar Zähne im Mund und so etwas wie eine Nase hatte, also noch nicht zu hässlich war, um das Herz seiner geliebten Tara zu erobern.

Erneut dachte er an jenen schwülen Augustabend zurück, an dem die Iren geradezu hymnisch von einem Boxer schwärmten, den sie persönlich kannten – bei Gott, der beste Faustkämpfer, den die Welt je gesehen hatte, daran gab es keinen Zweifel. Das sagten alle, die den letzten Kampf miterlebt hatten, und wer nicht dabei gewesen war, der wusste überhaupt nicht, wovon er redete, und hielt besser den Mund. Doch dies war keine warme Augustnacht, sondern ein eisig kalter Januarabend, und die Gaststätte füllte sich allmählich mit all den Iren, die Zeuge geworden waren, wie Sean bei Wind und Wetter hinunter zum Hafen ging, für den Fall, dass seine Schwester auf ihn wartete. Und vor zwei Tagen war er von dort zurückgekehrt, seine Schwester samt Anhang im Schlepptau, und alle hatten sich gefreut – vor allem Ogue, der nach hinten ins Lager gegangen war, um Gott persönlich zu danken, und der später in der Kirche sogar einen zusätzlichen Penny in den Opferstock gesteckt hatte.

Obwohl es nicht laut ausgesprochen wurde, schienen doch alle zu wissen, dass O'Malleys Schwester, die dort am Kamin stand, Morgan McDonaghs Witwe war. Schüchtern näherten sich ihr die ersten Gäste: die Alten, die wussten, was Verlust bedeutete und Grace ihr Mitgefühl zum Ausdruck bringen wollten; die Jüngeren, Knaben an der Schwelle zum Mannesalter, weil diese junge Frau wunderschön und ihr verstorbener Mann eine Legende war, und weil sie von ganzem Herzen so edel wie dieser Held sein und die Liebe einer solchen Frau gewinnen wollten; und die Frauen, weil sie wussten, was es bedeutete, mit einem gebrochenen Herzen weiterleben zu müssen. Schließlich hatte jede von ihnen einen Ehemann, einen Geliebten, einen Sohn, eine Tochter, einen Freund oder Nachbarn verloren. Nachdem sie Grace ihr Mitleid ausgesprochen und Worte des Trostes gefunden hatten, ließen sie sie allein und verteilten sich im Schankraum, grüßten einander feierlich und tauschten Nachrichten aus der Heimat aus. Angeregt unterhielt man sich darüber, wo eine Stelle frei war und wo es das beste Brot gab, wer Arbeit hatte und wer nicht, wer ein Kind verloren und bei wem sich Nachwuchs eingestellt hatte, warum diese beiden jemals geheiratet hatten und wieso sich jener immer wieder in brutale Schlägereien verwickeln ließ.

Der Raum war jetzt gut gefüllt. Mindestens fünfzig Gespräche wurden gleichzeitig geführt, und das Stimmengewirr schwoll an, während sich die Wangen dank der leidenschaftlichen Debatten und des Whiskeys allmählich röteten. Als man sich schließlich dem Thema Boxen zuwandte, kamen Ogues Kämpfe aus längst vergangenen Tagen wieder zur Sprache. Jeder einzelne Haken wurde analysiert, was zu einer Diskussion über Sullivans hervorragende Trainereigenschaften und die gute alte Zeit im Sawdust House führte. Auf einmal ging das Gerücht, Sullivan würde nach seiner Entlassung aus dem Gefängnis wieder kämpfen – vielleicht in Maryland, weil der Boxsport in New York mittlerweile verboten war. Die Unternehmungslustigsten platzierten daraufhin ihre ersten Wetten auf Sullivans nächsten Kampf, obwohl niemand wusste, gegen wen er antreten würde und ob er bis dahin überhaupt noch lebte. Als jemand dieses letzte Argument anführte – ein Mann mit wenig Gottvertrauen, dessen Überfahrt schon zu lange zurücklag und der womöglich auch noch studiert hatte –, sah er sich plötzlich einem Sullivan-Anhänger gegenüber, der die Ärmel aufkrempelte, die Fäuste hochriss und schattenboxend um ihn herum tänzelte. Der Skeptiker nahm die Herausforderung an, legte Jacke und Mütze ab, krempelte seinerseits die Ärmel hoch und stürzte sich in den Ring. Er deutete ein paar kurze, schnelle Haken an, grinste in die Menge und zwinkerte den Mädchen zu, während sich ein Kreis johlender Zuschauer um die beiden Kontrahenten bildete.

Doch der erste Schlag wischte ihm das Grinsen aus dem Gesicht, und er sah seinen Gegner aufrichtig überrascht an – die gleiche Überraschung spiegelte sich auf dem Gesicht des anderen, denn wer hätte gedacht, dass das Ganze in einen richtigen Kampf ausarten könnte? Doch jetzt waren beide wie von Sinnen – aus Tausenden von Gründen, abgesehen von der eigentlichen Streitfrage. Und die Überraschung und die angedeuteten Haken verwandelten sich in wilde Entschlossenheit und gezielte Schläge. Geldscheine wechselten rasch die Besitzer, als zuerst der eine Mann zu Boden ging und dann der andere, nur um wieder aufgerichtet und zurück in den Ring geschoben zu werden – von denselben Händen, die die Geldscheine hielten. Eine Nase begann zu bluten, gefolgt von einem wütenden Aufschrei, eine Augenbraue platzte auf, der Ruf nach Revanche wurde laut, doch ehe Tische und Stühle zu Bruch gingen, beendete Ogue das Spektakel, indem er die Glocke läutete und rief: »Ein Glas für jeden und zwar aufs Haus, und zwei für die Boxer! Sie verdienen Applaus!« Die beiden Kampfhähne schüttelten einander die Hand und einigten sich darauf, dass Sullivan, immerhin Ire, noch einige gute Kämpfe vor sich habe und Ogue dann höchstpersönlich die Wetten annehmen werde. Arm in Arm wankten die Boxer zur Theke, hielten ihre Whiskeygläser hoch und ließen sich feiern – jeder von ihnen fest davon überzeugt, dass er gewonnen habe, während er gleichzeitig dem anderen lauthals zum Sieg gratulierte.

Die Leute beruhigten sich wieder und stellten fest, dass sie, zumindest für den Moment, alle Themen besprochen hatten, die ihnen am meisten am Herzen lagen: Irland und die irische Politik, Amerika und die amerikanische Politik, Politik im Allgemeinen, Gott und natürlich Boxen. Entspannt ließ man sich gegen die Stuhllehnen sinken, bestellte noch mehr Whiskey und rief nach Musik.

Die zierliche Tara Ogue holte ihre Fiedel hervor und stellte sich ans eine Ende des großen Raums. Nachdem sie ihr Instrument gestimmt hatte, klopfte sie mit dem Fuß den Rhythmus und begann zu spielen. Andere Füße fielen ein, Knie wippten, Hände klatschten, Köpfe nickten, bis schließlich eine Gruppe Halbwüchsiger sich nicht länger zurückhalten konnte und eine ausgelassene Gigue aufs Parkett legte. Das heizte die Stimmung weiter an, und Ogue schleppte noch mehr Soleier, Schinken, Brot und Butter heran, damit alle genügend zu essen hatten. Und so tanzten und feierten sie, bis er sie um Mitternacht vor die Tür setzte.

Als alle Gäste sich verabschiedet hatten, sämtliche Stühle wieder an ihrem Platz standen und die Türen verschlossen waren, kam die Witwe des großen irischen Helden – die Missus Donnelly genannt werden musste – zu ihm und dankte ihm. Und er erwiderte, dass es ihm eine Ehre gewesen sei, ein Vergnügen, das Mindeste, was er habe tun können. Denn schließlich seien sie alle zutiefst dankbar, dass sie hier mitten unter ihnen weile.

Sie stellte sich auf die Zehenspitzen, küsste ihn auf die Wange und dankte ihm erneut für alles, was er für ihren Bruder und für sie, für die beiden Kinder und für Irland tue. Ogue war zutiefst gerührt von ihren Worten und davon, wie sie direkt in sein Herz zu blicken schien, mit ihren Augen, die die Farbe der irischen See hatten. Sie erinnerte ihn an die alten Sagen und Legenden von Königen, Königinnen und Kriegerpoeten – all das war ein Teil von ihr, genau wie ihre Haltung und die Weisheit in ihren Augen, die ihr Alter Lügen straften. Sie erinnerte ihn auf eine Weise an seine Heimat, wie er es seit seiner Ankunft in Amerika nicht mehr erlebt hatte. Sie besaß eine ähnliche Ausstrahlung wie seine Mutter, seine Großmutter und seine sämtlichen Tanten – eigentlich alle starken Frauen, die er kannte, einschließlich seiner Tara. Eine innere Schönheit, eine wundersame Würde, die bei Tara durch die vielen Jahre in der Großstadt etwas an Glanz verloren hatte, bei Grace aber noch völlig unverfälscht strahlte. Sie war noch immer eine Tochter Irlands, eine Tochter der tausend Könige, die einst über die Insel geherrscht hatten, eine lebendige Erinnerung an das Erhabene, von dem sie alle abstammten. Er und Tara besaßen keine eigenen Kinder, aber er hatte väterliche Gefühle für Sean entwickelt, und jetzt schloss er auch Grace in sein Herz. Er würde nie mit ihnen darüber reden, noch nicht einmal mit Tara, doch er würde sich wie ein Vater um sie kümmern, um diese Kinder aus der Heimat. Denn auf diese Weise würde er sich immer daran erinnern, wer er wirklich war.

20

Abban und Barbara füllten das letzte der drei Gräber mit Erde auf, sammelten dann Hacke und Schaufel ein und gingen in die warme Küche.

»Zumindest sind sie jetzt alle beisammen, Gott segne ihre kleinen Seelen.« Abban ließ sich müde auf einen Hocker sinken und lehnte sich mit dem Rücken gegen die Wand.

»Ich frage mich, ob ihr großer Bruder es geschafft hat oder ob er auf der Straße gestorben ist.« Barbara hing den Kessel über das Feuer. »Für ihn ist es schlimmer, so ganz allein.«

»Ja.« Abban zog einen Stuhl zurück. »Setz dich und ruh dich ein wenig aus. Du hast dich in den letzten Tagen nur um die Kinder gekümmert und kaum geschlafen.«

»Ich vermisse Schwester George.« Tränen verschleierten Barbaras Blick, und sie strich ihre Haare zurück, wobei sie versehentlich etwas Schmutz über ihre Stirn verteilte. »Nicht nur wegen der Hingabe, mit der sie die Kinder gepflegt hat.«

»Diese junge Nonne, Schwester James, wird sich genauso gut um sie kümmern.« Abban klopfte auf den Stuhl. »Nun setz dich endlich.«

Barbara ließ sich müde am Tisch nieder und tätschelte ihm das Knie. »Ich bin dir so dankbar dafür, dass du hier bist und das alles mit uns durchstehst.«

»Ach was«, winkte er ab. »Ich habe ein Dach über dem Kopf und genieße den persönlichen Schutz der Franziskanerinnen, also musst nicht du dich bei mir bedanken. Für mich ist es hier im Kloster sicherer als da draußen in der weiten Welt.«

»Wo wir gerade von der weiten Welt sprechen ...« Sie schob einen eng beschriebenen Bogen über den Tisch. »Hast du Julias Brief gelesen?«

»Ich weiß nicht, ob ich das überhaupt will«, gestand er. »Heutzutage gibt es keine guten Nachrichten mehr, nur noch schlechte.«

Barbara nickte traurig. »Julia war noch mal in Liverpool, um bei der Einrichtung von Notunterkünften für die Armen zu helfen, die täglich in die Stadt strömen. Es gibt einfach nicht genügend Platz für all die Menschen.«

»Verlassen noch immer so viele das Land?«

»Sie überschwemmen förmlich die Häfen. Tausende sind es jede Woche, sagt Julia.«

»Tausende.« Abban seufzte. »Ich nehme an, die Grundbesitzer bezahlen ihnen die Überfahrt.«

Barbara nickte. »Ein paar Shilling, und schon sind die Menschen ein Problem Englands, und nicht mehr unseres.« Sie tippte mit dem Finger auf den Brief. »Julia schreibt, es sei der reinste Wahnsinn. Die Mannschaften würden sich aus Geldgier einen Dreck um die Sicherheit der Passagiere scheren und sie mit Tritten und Flüchen auf die Schiffe treiben, die so überfüllt sind, dass mancher zu Tode getrampelt wird oder über Bord geht. Überall laufen Schweine herum, sagt sie, die aber gut behandelt werden; anscheinend sind sie wertvoller als die irischen Auswanderer.«

»Arme Teufel.« Abban massierte den Oberschenkel seines gesunden Beins. »Werden die Engländer denn nicht versuchen, die Menschen davon abzuhalten, in ihr Land zu kommen?«

Barbara stand auf, um den Kessel vom Feuer zu nehmen. »Ich glaube nicht, dass sie das können. Wer die Überfahrt bezahlt, den müssen sie auch reinlassen. Aber die katholische Kirchengemeinde in Liverpool ist inzwischen vollkommen ruiniert, sagt Julia. Sie haben kein Geld mehr für die Armenfürsorge, sodass unsere Landsleute nun in Bretterverschlägen und Kellern hausen. Mit bis zu vierzig Menschen in einem Raum, schreibt Julia, die allesamt Hunger leiden oder sogar im Sterben liegen.«

»Also haben sie die Fieberkrankheit, der sie eigentlich entkommen wollten, mit nach England geschleppt.« Abban nahm die Tasse, die Barbara ihm reichte, und legte seine Hände darum, um sich die Finger zu wärmen.

»Ja, Liverpool steht jetzt auch eine Epidemie bevor. Es geht bereits das Gerücht, dass alle Iren zusammengetrieben und zurückgeschickt werden sollen.« Sie setzte sich wieder und nippte an ihrem Tee. »Julia schreibt, dass sich viele im Schutze der Nacht davonschleichen und über ganz England, Schottland und Wales verteilen. Aber sie finden nirgends Arbeit.« Sie runzelte die Stirn. »Die englischen Arbeiter mögen unsere Leute nicht, und jetzt haben sie mit der Angst vor Ansteckung einen guten Grund, sie fortzujagen.«

»Und was ist mit Manchester?«, fragte Abban. »Klein-Irland?«

»Da muss es noch schrecklicher sein, ein einziges Elendsviertel. Nichts als Schmutz und Sünde und sowieso schon überfüllt mit Iren. Nein, dort werden nicht viele Unterschlupf finden.« Sie schüttelte den Kopf. »Die meisten ziehen vermutlich weiter nach London, und wenn sie dort Arbeit finden, werden sie irgendwann versuchen, nach Amerika oder Kanada auszuwandern.«

»Alles nur, um etwas zu essen zu bekommen«, sagte Abban mit sorgenvoller Stimme. »Einmal auf die andere Seite der Welt für eine Schüssel Hafergrütze und ein Lager aus Stroh.«

»Und für die Freiheit. Befreiung aus diesem Jammertal.« Barbara ließ die Schultern sinken. »Manchmal bin ich versucht, selbst zum Hafen zu laufen und auf das erstbeste Schiff zu steigen. Um endlich dieses ganze Elend hinter mir zu lassen und ein neues Leben zu beginnen. Es gibt Momente, in denen ich dieses Land förmlich hasse. Da kannst du mal sehen, wie zermürbt ich bin.« Beschämt legte sie eine Hand vor den Mund.

Abban beugte sich über den Tisch und nahm ihre Hand. »Du hast Dreck im Gesicht, Mädchen«, tadelte er sie sanft. »Mit deinen zerzausten Haaren und so verschmiert erinnerst du mich an deinen Bruder.«

Sie schüttelte den Kopf. »Jetzt beschämst du mich aber. Morgan hat in seinem ganzen Leben bestimmt keinen einzigen schwachen Moment erlebt.«

»Und ob!« Abban sah ihr in die Augen. »Und deswegen war er auch wahrhaftig tapfer und mutig. Es gab Zeiten, da war er so erschöpft, so hungrig, verlaust und verzweifelt, dass er kaum einen Fuß vor den anderen setzen konnte – ganz zu schweigen davon, einen bunt zusammengewürfelten Haufen zerlumpter Männer zum Sieg zu führen.« Er drückte ihre Hand. »Und dennoch hat er es geschafft. Wieder und wieder.«

Einen Moment lang dachte Barbara schweigend nach. »Glaubst du, er wäre mit Grace nach Amerika gegangen, wenn er noch gelebt hätte?«

»Für sie wäre er bis zum Mond und zurück gelaufen.«

Tränen schossen ihr in die Augen. »Armer Morgan.«

»Ach was.« Erneut drückte er ihre Hand. »Glücklicher Morgan. Was für ein glücklicher Mann, der eine solch große Liebe erfahren durfte.«

»Dann arme Grace.«

»Ja. Die Hinterbliebenen sind diejenigen, die am meisten leiden. Doch seine Liebe wird sie bis ans Ende ihrer Tage begleiten. Davon bin ich fest überzeugt.«

»Warst du je verheiratet, Abban?«

Er ließ ihre Hand los und senkte den Blick. »Meine Frau starb zu Beginn der Hungersnot, sie und meine Söhne. Ich habe sie selbst begraben. Und dann bin ich fortgegangen.«

»Auch du bist ein tapferer Mann, Abban.«

»Irgendwie sind wir das alle, jeder auf seine eigene Weise. Selbst diejenigen, die es in der heutigen Zeit schaffen, jeden Morgen einfach nur aufzustehen.«

Sie sahen einander an, der erschöpfte, grauhaarige, einbeinige Mann mit genügend Kummer für drei und die todmüde junge Frau, die zeit ihres Lebens immer für andere gesorgt und ums nackte Überleben gekämpft hatte. Die Gesellschaft des jeweils anderen spendete ihnen Trost, und ihre Herzen, die schon lange keine Freude mehr empfunden hatten, wurden erfüllt von Licht und Wärme und neuer Zuversicht.

21

Die Vielfalt an Lebensmitteln verblüffte Grace am meisten. Selbst jetzt, mitten im Winter, sah sie an jeder Straßenecke Obst und Gemüse; die Schaufenster waren voll mit Brot, Kuchen und Gebäck; es gab Drops und etwas, das Speiseeis genannt wurde, außerdem Milch, Apfelwein und Bier, eine Vielzahl an Käsesorten, frischen Fisch, Fleisch und Geflügel, Innereien, Würste und Pasteten. Der Anblick dieser unglaublichen Fülle bereitete ihr Schwindelgefühle und ließ ihr die Tränen in die Augen schießen, sodass sie schließlich nicht in der Lage war, irgendetwas zu kaufen, obwohl Sean ihr Geld gegeben hatte. Geh einfach durch die Straßen und schau dich um, hatte er gesagt. Sieh dir die Stadt an, und schon bald wird sie dir nicht mehr unwirklich erscheinen.

In den ersten Wochen begleitete er sie noch, zeigte ihr die berühmten Straßen und die Parks, die hochherrschaftlichen Häuser und die Mietskasernen und ging mit ihr zur Irischen Einwanderergesellschaft, um Liams Namen registrieren und den seines Vaters, Seamus Kelley aus Dublin, aushängen zu lassen. Außerdem lehrte er sie den Gebrauch der ungewohnten Geldscheine und Münzen und zeigte ihr, wie man den Pferdebus benutzte. Schon bald war sie in der Lage, die Stadt auch ohne seine Hilfe zu erkunden: Jeden Tag spazierte sie durch New York, wobei sie ihrer Runde immer weitere Straßenzüge hinzufügte, bis sie sich an den Anblick, die Geräusche und den Geruch der Stadt gewöhnt hatte. Hin und wieder bat Tara Grace, ein paar Dinge für sie zu erledigen: Sie schickte sie zum Fischmarkt und zum Schuster, ließ sie eingelegtes Gemüse besorgen und Fleisch beim Metzger abholen. Und allmählich fand Grace sich immer besser zurecht.

Wie die meisten Deutschen war auch Karl Eberhardt, der Metzger um die Ecke, in New York geblieben, statt nordwärts nach Albany zu ziehen, oder nach Westen, um Farmer zu werden. In gestreiften, blutverschmierten Schürzen gingen die deutschen Einwanderer ihrem Fleischerhandwerk nach, unterstützt von ihren Söhnen, Frauen oder Töchtern. Karls Frau Dagmar arbeitete Seite an Seite mit ihrem Mann, wog das Fleisch aus und zählte das Geld ab – jeden Tag in der Woche, außer sonntags.

Einen irischen Fleischer konnte Grace nirgendwo finden. Die Iren verdienten ihren Lebensunterhalt eher als fliegende Händler und boten Knöpfe, Garn, Saiten, Strumpfbänder, Seife, Streichhölzer und viele andere Dinge feil, die sich leicht kaufen und wiederverkaufen ließen. Oder sie arbeiteten als Fuhrleute, Droschkenkutscher, Hafenarbeiter, Tagelöhner, Laufburschen, Schuhputzer, Straßenkehrer, Sensationshaie und Strandgutsammler, die »Frische Heringe!« oder »Muscheln! Frische Muscheln!« anpriesen und deren Stimmen Grace sofort sehnsüchtig an ihre Heimat denken ließ.

Die irischen Frauen betätigten sich meist als Näherinnen, oft in düsteren, lauten Fabriken, die sie blind oder taub werden ließen, oder schwindsüchtig, weil sie ständig der faserhaltigen Luft ausgesetzt waren. Viele arbeiteten aber auch für einen Hungerlohn als Heimnäherin, häufig betrogen von den Vorarbeitern, die ihnen nur einen Bruchteil der ausgehandelten Vergütung gaben, sofern sie überhaupt zahlten. Denn wer kümmerte sich schon um die Belange einer armen, ungebildeten Irin, die bei Kerzenlicht, umgeben von ihren Kindern, in einem kalten Keller saß und Hemden nähte? Diese Frauen bildeten das Heer jener Arbeitskräfte, die – für die Öffentlichkeit unsichtbar – hinter den Türen der heruntergekommenen Mietskasernen saßen. Dagegen fielen die Dienstmädchen und anderen Bediensteten deutlicher auf: Sie schrubbten die Böden der Wohlhabenden, bereiteten ihre Mahlzeiten zu, polierten das Silber, deckten die Tische und kümmerten sich um die Wäsche. Ihre weißen, wenn auch katholischen Gesichter waren den Reichen lieber als das dunkle Antlitz derjenigen, die zuvor alle Aufgaben im Haushalt erledigt hatten.

Diese Menschen mit dunkler Hautfarbe faszinierten Grace, und Sean hatte sie mehrfach getadelt, weil sie sie wie gebannt anstarrte, wenn sie Buttermilch oder Matratzenfüllung feilboten. Die Schwarzen arbeiteten aber auch als Schornsteinfeger und Servierer, Kutscher und Portiers, Matrosen und Laufburschen. Grace fragte Sean, ob sie alle aus Afrika kamen, und da erzählte er ihr von der Sklaverei und von den Staaten der Union, die eisern daran festhielten. Viele der Schwarzen in New York seien freie Menschen, erklärte er, aber andere seien entflohene Sklaven, die in der ständigen Angst lebten, von den überall in der Stadt herumlungernden Kopfgeldjägern gefasst zu werden. Selbst Freie seien nicht sicher vor diesen Schlägern, die nicht davor zurückschreckten, schwarze Männer und Frauen zu entführen, in den Süden zu verschleppen und dort gegen die ausgesetzte Prämie zu tauschen oder zu verkaufen. Deswegen halten die Schwarzen immer den Blick gesenkt, dachte Grace, und deshalb bewegen sie sich auch so schnell durch jede größere Menge. Genau wie die Iren zogen sie die Gesellschaft ihrer eigenen Leute vor und misstrauten allen anderen.

Auch die Juden blieben am liebsten unter sich. Dennoch hatte Grace die verschiedenen Gruppierungen zu unterscheiden gelernt: Die russischen und polnischen Juden erkannte sie an den Rufen, mit denen sie ihre Dienste als Glaser anboten, während die deutschen Juden, die aus romantisch klingenden Gegenden wie Bayern, Böhmen, Mähren oder Posen stammten, häufig vor ihren Trödelgeschäften in der Chatham oder Baxter Street standen und mit Kunden um die Waren feilschten.

Die Italiener verdingten sich vielfach als Hilfsarbeiter, während ihre Frauen Lumpen sammelten. Sie sparten ihren Lohn, um sich irgendwann einmal einen Obststand zu kaufen – wie Mister Marconi, der hoffte, eines Tages einen Lebensmittelladen eröffnen zu können. Die Franzosen waren etwas etablierter: Ihnen gehörten Restaurants und Hutgeschäfte, sie fertigten die Kleidung der Oberschicht oder besaßen wunderbare Bäckereien, wie etwa die, an deren Schaufensterscheibe sich Liam und Mary Kate jedes Mal die Nase platt drückten, um die winzigen glasierten Gebäckstücke, die hohen Schichttorten, süßen Hefezöpfe und knusprigen Brotstangen zu bestaunen.

Liam und Mary Kate waren zwar auch Einwandererkinder, aber sie mussten nicht arbeiten wie so viele andere Kinder, die im Sommer an den Straßenecken standen und Maiskolben mit zerlaufener Butter verkauften, im Winter die Gehwege fegten, wenn Schlamm und Dreck die Straßen fast unpassierbar machten, und das ganze Jahr über Zeitungen verkauften, um ihre Familien zu unterstützen oder sich selbst zu ernähren.

Amerika war tatsächlich das Land des Überflusses, aber es gab auch viele Menschen, die nichts hatten, und dazu gehörten besonders viele Iren. Jede Einwanderergruppe bildete eine Gemeinschaft, hatte ihren eigenen Platz in der Gesellschaft gefunden, und dennoch erkannte Grace sofort, dass die Iren im täglichen Überlebenskampf gemeinsam mit den Schwarzen auf der untersten Stufe der gesellschaftlichen Leiter standen. »Wir nehmen keine Iren«, hieß es auf Aushängen in vielen Schaufenstern und in Stellenanzeigen der Zeitungen, und Grace machte sich allmählich Sorgen. Sie konnte sich zwar als Dienstmädchen verdingen, aber nur, wenn man sie abends nach Hause gehen ließe, was nicht sehr wahrscheinlich war. Auch die Karikaturen, von denen es in den Zeitungen nur so wimmelte und die sich über die angebliche Dummheit und Unfähigkeit der irischen Haushaltshilfen lustig machten, beunruhigten Grace. Die Mädchen darin hießen alle Brigid und wurden als affengesichtige Wesen dargestellt, denen es an jeglichen Manieren fehlte. Grace zuckte jedes Mal zusammen, wenn sie eine dieser Karikaturen sah, und schwankte zwischen Scham und Wut.

Auch der Ruf der Iren, unverbesserliche Trinker zu sein, beschämte sie und machte sie zornig. In Irland hatten zu viel Arbeit und zu wenig Geld das Leben der Menschen bestimmt, sodass sich der Alkohol erst gar nicht zu einem ernsthaften Problem entwickeln konnte. Doch hier war er billig und an jeder Ecke erhältlich – Trostspender für all jene, die sich vertrieben und verloren fühlten, enttäuscht und entmutigt, unzufrieden und unerwünscht. Neben den Wirtshäusern in jeder Straße und den Schnapsbuden in den Mietskasernen gab es Bierschänken für Tagelöhner, Fuhrleute und Matrosen, Gaststätten für Handwerker, Angestellte und Händler, Cafés für Zeitungsleute und Literaten, Kneipen für billigen Fusel und natürlich die privaten Klubhäuser, jeweils mit eigenem Salon. Des Weiteren gab es die riesigen deutschen Tanzlokale – Deutscher Volksgarten, Atlantic Gardens und Lindenmüller's Odeon –, in denen Hunderte von Menschen Platz fanden, um etwas zu trinken, Musik zu hören und zu tanzen. Doch nicht die Iren: Sie konnten sich solche Vergnügungen nicht leisten, hatten Angst und blieben lieber in der Nähe ihrer Wohnung.

Grace wusste, dass ihre Landsleute sich am Ende eines Tages, an dem sie wieder keine Arbeit finden konnten, obwohl es genügend Stellen gab, gern einen Whiskey genehmigten. Und dass es dann nicht mehr lange dauerte, bis sie auch morgens tranken – ein Glas zur Stärkung, zum Schutz vor den Angriffen auf ihren Stolz und ihr Selbstbewusstsein. Und bald darauf gingen Morgen- und Abendtrunk ineinander über, sodass die Männer ganze Tage im Alkoholnebel verbrachten. Denn wie sollten sie abends mit leeren Händen nach Hause kommen, zu ihren Familien, die von ihnen abhängig waren? Ohne Geld, ohne Brot und ohne jede Aussicht auf Besserung, nur mit Dreck an den Schuhen und dem Gestank von billigem Whiskey und Tabak in der Kleidung. Wie sollten sie ihren Kindern, auf deren Gesichtern sich erst Hoffnung und dann Enttäuschung spiegelte, in die Augen sehen?

Grace verstand, dass sie sich mit Alkohol über ihre Verbitterung hinwegtrösten wollten und deshalb in den Gaststätten und Schnapsbuden zusammenkamen, von denen es in jedem Häuserblock eine und in den irischen Straßen gleich zwei gab. Die billigsten Spelunken bestanden nur aus einem über zwei Fässer gelegten Brett im feuchten Keller eines abbruchreifen Gebäudes, den man über eine steile Stiege erreichte und in dem es nach Urin und Erbrochenem stank. Wen der Fusel nicht umbrachte, musste damit rechnen, dass sein Thekennachbar es tat … Hier trafen sich die wirklich Verzweifelten, Männer und Frauen, die all ihr Geld ausgegeben hatten und in besseren Wirtschaften wie dem Harp and Hound keinen Kredit mehr bekamen, deren Tage sich nur noch um die Suche nach billigem Fusel drehten. Wer brauchte schon feste Nahrung? Die konnte ihr Magen sowieso nicht mehr vertragen. Wer brauchte schon eine Familie? Die war sowieso längst fort. Wer brauchte schon Stolz? Davon war sowieso nichts mehr übrig. Wer brauchte schon Gott? Der konnte sie in dieser Hölle sowieso nicht sehen.

Grace versetzte es jedes Mal einen Stich, wenn sie an einem dieser Löcher vorbeikam und ein Ire herauswankte, kaum fähig, sich auf den Beinen zu halten. Sie wappnete sich gegen das Elend der Frauen, die von ihren Männern verstoßen wurden, Unterschlupf bei einem Liebhaber fanden und später auch von diesem verlassen wurden, meistens mit einem Kind unter dem Herzen. Viel zu viele Kinder lebten auf der Straße: italienische und deutsche Kinder, die sich ihren Lebensunterhalt mit dem Singen von Liedern zusammenschnorrten; Banden dunkelhäutiger Kinder, die als Taschendiebe operierten und mit ihrer Beute in irgendwelchen Gassen verschwanden; bleichgesichtige, englische Knirpse, die jeden Passanten dahingehend beäugten, ob sie von ihm einen Penny erbetteln oder stehlen konnten. Grace hatte die Leitartikel gelesen, die sich über die verzweifelte, hoffnungslose Lage jener beklagten, deren Zahl von Tag zu Tag größer wurde. Die Gesellschaft könne nicht für die bettelnden Kinder von Einwanderern und Sklaven verantwortlich gemacht werden, hieß es in einigen Zeitungen. Aber es gab auch Stimmen, die sagten, es habe keinen Zweck, das Problem einfach zu ignorieren. Denn das würde nur dazu führen, dass man sich der Verantwortung zu einem späteren Zeitpunkt stellen müsse – und zwar dann, wenn diese Generation herangewachsen sei und einer Gesellschaft verbittert den Rükken kehre, die mehr für ihre Pferde tue als für ihre Kinder und die es zuließ, dass diese von perversen Lüstlingen geschändet werden durften. Grace hätte niemals gedacht, dass Kinder zur Prostitution gezwungen sein könnten, doch das gehörte zu den vielen nächtlichen Lastern, die diese Stadt zu bieten hatte. Und sie pflichtete dem Kommentator bei, der schrieb, dass sich diese Kinder aufgrund der von ihnen erlebten Rücksichtslosigkeit, der fehlenden Vorbilder und mangelnden Moral zu einer beispiellos brutalen und habgierigen Generation entwickeln würden. Wenn man nicht jetzt etwas für sie tue, müsse man sich später mit Erwachsenen auseinander setzen, die sich durch extreme Grausamkeit und das Fehlen jeglichen Moralempfindens auszeichnen werden. Grace hatte immer gedacht, die Armen in Dublin seien die verzweifeltsten Menschen auf dieser Erde, doch dann hatte sie

Liverpool gesehen … Und seit sie in New York lebte, wusste sie, dass die Menschheit noch viel tiefer sinken konnte.

Dennoch hatte sie in dieser Stadt auch die phantastischsten von Menschenhand geschaffenen Dinge gesehen und erlebt: großartige Architektur, herrliche Kunst, wundervolle Musik, atemberaubende Parks; Schulen, Geschäfte, Beförderungsmittel, Maschinen – Fortschritt, wohin sie auch blickte. Allerdings hatte sie auch erkannt, dass all diese Errungenschaften einher gingen mit einer fortschreitenden Erniedrigung des Menschen. New Yorks Antlitz wirkte strahlend und zuversichtlich, doch der Unterbau war von Korruption und moralischem Verfall geprägt. Die Iren gerieten in diesem Umfeld ins Straucheln, da ihnen der stabilisierende Einfluss ihrer alten Kirchengemeinden und ganzer Generationen von Familienangehörigen fehlte. Männer entfremdeten sich zunehmend von ihren Frauen und Kindern, zermürbt durch Alkoholmissbrauch und Selbstverachtung. Was Grace am meisten wunderte, war der Umstand, dass die Iren, denen Land alles bedeutete und die bis zum Tode um jeden Zentimeter gekämpft hatten, sich ausgerechnet in dieser Großstadt niederließen – noch dazu mitten in den schlimmsten, beengtesten Elendsvierteln. Sie waren zu einsam, erklärte Sean ihr, zu einsam und verzweifelt, um nach Westen zu ziehen, wo man für einen Tageslohn hektarweise Land kaufen konnte, der nächste Nachbar aber kilometerweit entfernt wohnte.

Grace sehnte sich danach, viele Hektar Land zu besitzen – frische Luft zum Atmen, genug Platz und Bewegungsfreiheit für die Kinder –, doch sie wusste, dass dieser Wunsch unerfüllbar war. Wenn ihr Vater mit dem Kleinen kam, hatte sie vielleicht genug gespart, um für sie alle eine Farm zu kaufen. Das, was von Aislinns Geld noch übrig war, hütete sie wie einen Schatz, aber ihr war klar, dass sie bald Arbeit finden musste. Sean verdiente etwas Geld durch seine Artikel und Vorträge, und Ogue stellte ihnen für Kost und Logis fast nichts in Rechnung, doch Grace dachte mit Sorge an die Schulden, die sich bereits angesammelt hatten – wobei sie ihrem Bruder die Ausgaben für medizinische Hilfsmittel nicht einen Moment missgönnte. Er trug jetzt einen speziell angefertigten Schuh, der sein Bein um fünf Zentimeter verlängerte, sowie eine Bandage, die seinem Knie zusätzlichen Halt gab, sodass er weniger hinkte; und sein Arm wurde mit Hilfe eines ledernen Schultergurts, den er nachts anlegte, ganz allmählich gerichtet – mit dem Ergebnis, dass Sean ein neuer Mensch geworden war. Er ging aufrechter, bewegte sich selbstbewusster und spickte seine Äußerungen nicht mehr mit selbstkritischen Kommentaren. Außerdem hatte er etwas zugenommen und wirkte insgesamt gesünder; diesen Winter hatte ihn noch keine lange, zermürbende Krankheit ans Bett gefesselt. Seine Haut schimmerte, seine Augen leuchteten, und sein Haar war gewachsen; er trug jetzt besser sitzende Kleidung und zum ersten Mal in seinem Leben Stiefel. Amerika bekam ihm gut – er blühte förmlich auf, worüber Grace sich sehr freute. Allerdings machte sie sich Sorgen, dass sie und die beiden Kinder für ihn zu einer Last werden könnten. Der Gedanke bereitete ihr schlaflose Nächte, und so lag sie manche Stunde wach und überdachte ihre Möglichkeiten.

Es würde wohl aufs Nähen hinauslaufen, beschloss sie. In der Grafschaft Cork war sie für ihre Nähkünste weithin bekannt gewesen, doch sie hatte nicht die geringste Ahnung, ob dies in einer Stadt mit einer Vielzahl erfahrener Näherinnen überhaupt eine Rolle spielte. Auf keinen Fall wollte sie die Kinder sechzehn Stunden am Tag allein lassen, um in einer der Bekleidungsfabriken zu arbeiten – nicht, wenn es sich vermeiden ließ. Daher dachte sie an Heimarbeit. In der Zeitung hatte sie eine Anzeige gesehen: Ein gewisser Daniel Devlin aus dem irischen Donegal zahlte fünfundsiebzig Cent pro Woche. Das war zwar nicht viel, wenn man bedachte, dass festangestellte Schneider und Näherinnen den gleichen Betrag am Tag verdienten, aber es war immerhin ein Anfang. Nachdem sie mit den Kindern stundenlang durch die Stadt gewandert war, kehrte Grace schließlich in die Gaststätte zurück, um mit Dugan über diese Erwerbsmöglichkeit zu sprechen.

»Nein, Grace, die Vermittler von Heimarbeit sind allesamt Betrüger, und die Fabrikbesitzer sind Sklaventreiber!«

»Aber ich muss irgendetwas tun«, beharrte Grace, während sie die Schneeflocken von ihrem Umhang schüttelte. »Wir müssen unseren Lebensunterhalt verdienen, Sean und ich, und außerdem genügend beiseite legen, damit wir uns eine Wohnung leisten können, wenn Dad und das Baby kommen.«

»Aber ihr könnt doch hier wohnen!« Ogue breitete überschwänglich die Arme aus. »Was machen ein weiterer Mann und ein Winzling schon für einen Unterschied?«

Liam und Mary Kate nickten begeistert, und Grace schickte sie zum Kamin, damit sie sich am Feuer aufwärmten.

»Das sind zwei weitere Mäuler, die gestopft werden müssen«, wandte sie sich danach wieder an Dugan. »Und du darfst deine eigene Familie nicht vergessen. Wie geht's Tara denn heute?«

Dugans Gesicht verdüsterte sich. »Nicht so gut, Grace. Schließlich ist sie nicht mehr die Jüngste. Ich war mein Lebtag ein bedauernswerter Junggeselle und danke Gott dafür, dass sie mich zum Mann genommen hat. Dass wir keine Kinder hatten, war mir egal; nicht einen Gedanken hab ich daran verschwendet! Ich war einfach nur glücklich, dass ich sie hatte. Und jetzt ...« Er suchte nach Worten. »Also, es ist ein Wunder, ein echtes Wunder. Allerdings muss ich gestehen, dass es mir auch Angst macht.«

»Das muss es aber nicht.« Grace nahm seine Hand. »Wie kann ich euch helfen?«

»Also, genau darum geht's.« Seine Augen strahlten wieder. »Ich weiß ja, dass du Arbeit suchst, und ich wollte dir schon eine Stelle anbieten, aber ... « Er senkte die Stimme. »Eine Dame wie du sollte nicht in einem Lokal wie diesem arbeiten.«

»So ein Unsinn«, schimpfte Grace. »Arbeitet nicht deine eigene Frau hier?«

»Nicht mehr«, räumte er ein. »Sie muss das Bett hüten, sagt der Doktor. Wegen der Blutungen. Sie könnte das Kind sonst verlieren. Aber das fällt ihr nicht leicht. Ihr ganzes Leben lang hat sie gearbeitet.«

»Also suchst du jemanden, der sich um sie kümmert und die Küchenarbeit erledigt?«

»Ja.« Er nickte erleichtert. »Ich müsste sowieso eine Küchenhilfe einstellen, Grace, aber es würde Tara verrückt machen, wenn irgend so ein junges Ding bei uns ein und aus gehen und in ihrer Küche rumhantieren würde. Verstehst du, was ich meine?«

»Natürlich.« Grace wusste, wie stolz Tara war.

»Deshalb hat sie zu mir gesagt: ›Frag unsere Grace, ob sie das nicht machen will. Sie kann ordentlich zupacken, und ich vertraue ihr.‹ Das hat sie gesagt.« Flehentlich hob er die Hände. »Und deshalb bitte ich dich: Nimm die Stelle an! Und wenn dein Vater und dein Junge kommen, werden wir sie auch noch irgendwo unterbringen.«

»Ich könnte etwas Geld sparen«, dachte Grace laut nach. »Und unsere Schulden bei dir bezahlen. Und wenn Tara wieder auf den Beinen ist, sehen wir zu, dass wir euch nicht länger zur Last fallen.«

»Ihr könnt so lange hier wohnen, wie ihr wollt, Grace. Das stört mich überhaupt nicht«, sagte er aufrichtig. »Und, was sagst du? Nimmst du das Angebot an?«

»Aber ja, Dugan. Natürlich.« Stürmisch umarmte sie den großen Mann, der ihr schüchtern auf den Rücken klopfte.

»Dann geh schnell nach oben und erzähl's ihr. Bevor sie noch mal auf den Boden stampft, um mich daran zu erinnern, dass ich dich frage.«

Grace lachte, angelte zwei Soleier aus dem großen Glas auf der Theke und brachte sie zusammen mit zwei dicken Scheiben Brot zu Mary Kate und Liam hinüber. Sie forderte den Jungen auf, nicht alles auf einmal hinunterzuschlingen, und ermahnte das Mädchen, ja alles aufzuessen und nicht wieder einen Teil für später unter ihrem Kissen zu verstecken. Beide nickten feierlich, doch Grace wusste, dass sie sich immer noch nicht daran gewöhnt hatten, fest mit einer nächsten Mahlzeit zu rechnen. Betrübt schüttelte Grace den Kopf und stieg die Treppe hinauf.

Dugan und Tara wohnten über der Küche, die sich im hinteren Teil der Gaststätte befand. Grace klopfte vorsichtig, öffnete dann die Tür und betrat das Wohnzimmer, dessen Fenster Spitzengardinen schmückten. Auf dem Holzboden lag ein sauberer Teppich; zwei Sessel, ein Sofa und ein ovaler Tisch bildeten eine Sitzgruppe, und auf dem Kaminsims stand eine kleine Pendeluhr. In dem Raum war es warm und gemütlich.

»Bist du das, Grace?«, rief Tara aus einem anderen Zimmer. »Komm doch bitte zu mir!« Sie lächelte gespannt, als Grace die Schlafzimmertür öffnete. »Hat er dich endlich gefragt? Wegen der Stelle?«

»Ja.« Grace ließ sich auf einem Stuhl neben Taras Bett nieder. »Und ich bin euch beiden sehr dankbar. Ihr seid so gut zu uns.«

»Ach was – es ist einfach Gottes Wille, dass du jetzt hier bist, Grace. Davon bin ich fest überzeugt.«

»Mach dir keine Sorgen.«

»Ich mache mir aber doch welche«, gestand Tara. »Ich muss immer an meine Mutter denken. Sie hat mich erst sehr spät bekommen und ist bei meiner Geburt gestorben. Und ich bin jetzt sogar noch älter als sie damals.«

»Aber das ist doch schon viele Jahre her, und du lebst in einer großen Stadt mit einer Vielzahl erfahrener Ärzte!« Grace lächelte ihr aufmunternd zu. »Pass auf, ich mach dir einen Vorschlag: Jedes Mal, wenn dich die Angst überkommt, schließt du einfach die Augen und stellst dir dich selbst mit einem entzückenden Säugling in den Armen vor. Ich hab das schon dreimal durchgemacht. Drei Schwangerschaften und vier Kinder.«

»Vier!«

Grace biss sich auf die Lippe. »Zwei sind früh gestorben, aber zwei leben noch: Mary Kate und mein kleiner Junge in Irland.«

»Ich wollte dich schon danach fragen, doch Dugan meinte, ich sollte es besser lassen. Der Junge … ist er Morgans Sohn?«

Grace nickte, und Tränen verschleierten ihren Blick.

Nachdenklich nahm Tara den Rosenkranz in die Hand. »Ich war schon einmal verheiratet«, sagte sie leise. »Caolan und ich kamen vor vielen Jahren gemeinsam von Irland aus hierher, voller Pläne für ein neues Leben in Amerika. Wir sind zusammen aufgewachsen. Ich konnte mir ein Leben ohne ihn überhaupt nicht vorstellen.«

Ich weiß, dachte Grace. *Ich weiß*.

»Keine zehn Tage nach unserer Ankunft in New York wurde er von einer Kutsche überfahren, bei der das Pferd durchgegangen war. Wir hörten plötzlich irgendeinen Tumult hinter uns, und er schob mich noch rechtzeitig aus dem Weg, doch er selbst schaffte es nicht mehr.« Taras Gesicht wirkte wie versteinert. »In einem Moment gingen wir spazieren, Arm in Arm, das ganze Leben noch vor uns, und im nächsten Augenblick lag er auf dem Boden, den Schädel regelrecht gespalten und alles voller Blut …« Ihre Hände zitterten. »Die Kutsche wurde von einem jungen Gentleman gesteuert, in feinem Tuch und mehr als nur leicht angetrunken. Andere, ebenfalls elegant gekleidete Männer drängten ihn zur

Weiterfahrt, doch vorher gab er mir noch eine mit Geld gefüllte Börse – für den Doktor, sagte er. Stattdessen habe ich damit die Beerdigung bezahlt.« Sie fasste sich wieder und sah Grace an. »Seit dem Tag deiner Ankunft und der Kunde von deinem furchtbaren Verlust habe ich ständig an meinen ersten Mann denken müssen. Ich wollte, dass du das weißt.«

»Es gibt Tage, da kann ich es kaum ertragen.« Graces Lippen bebten.

Tara nickte. »Als Caolan starb, da habe ich gedacht, ich lege mich gleich daneben und sterbe ebenfalls. Es hat Jahre gedauert, bis ich wieder Freude am Leben fand – und auch das war ein trauriger Moment. Doch Gott ist gütig und hat mir Dugan Ogue geschickt, der mich liebt und dessen Kind ich erwarte. Ich habe die schwärzesten Tage meines Lebens überstanden«, sagte sie mit fester Stimme. »Und dir wird das auch gelingen. Weil er dich geliebt hat.«

»Ja, das hat er«, sagte Grace und trocknete ihre Tränen.

22

Nehmen Sie Platz, Mister … äh, Boardham?« Callahan deutete mit seiner Zigarre auf einen Stuhl.

Boardham blieb in der Tür stehen. »Ich hab nichts Unrechtes getan«, brummte er. »Ich bin hier, um ein Unrecht anzuzeigen, das man mir angetan hat.«

»Davon habe ich gehört.« Callahan lehnte sich auf seinem Stuhl zurück. »Interessante Geschichte, die Sie meinen Leuten erzählt haben. Ich würde mich gerne noch mal mit Ihnen darüber unterhalten.«

»Warum?«

»Reine Neugier.« Callahan zuckte die Achseln. »Zigarre?«

Boardham leckte sich die Lippen. »Hab nichts dagegen.« Zögerlich wagte er sich bis zu Callahans Schreibtisch vor, nahm die Zigarre und ließ sich auf dem Rand des Stuhls nieder.

»Also, mal sehen, ob ich das richtig verstanden habe.« Callahan zog an der Zigarre, bis die Glut aufleuchtete. »Sie sind im November mit einem amerikanischen Schiff von Liverpool aus losgesegelt, richtig?«

Boardham zündete sich seine Zigarre an. »Mit der *Eliza J.* unter Kapitän Reinders.«

»Und Sie behaupten also, Kapitän Reinders hat illegalerweise Passagiere – darunter einen gesuchten Verbrecher – an Land gebracht, bevor er nach Staten Island gefahren ist. So weit richtig?« Callahan musterte Boardham durch den Rauch seiner Zigarre.

»Ja.«

»Sie und ein gewisser …« – er warf einen Blick in sein Notizbuch – »Draper, Doktor Draper. Sie beide haben Einwände dagegen erhoben und wurden daraufhin zusammengeschlagen.«

»Richtig.« Boardham zeigte mit der Zigarre auf den Polizeidirektor. »Draper hab ich danach nicht mehr gesehen, aber mich hat man nach Boston verschleppt und in den Hafen geworfen! Ich musste mich alleine nach New York durchschlagen, ohne Geld und ohne alles!«

»Warum haben Sie bis jetzt gewartet, um Anzeige zu erstatten?«

Boardham verkrampfte sich wieder. »Also, ich … ich musste um mein Leben fürchten«, jammerte er. »Sie haben gesagt, sie machen mich fertig, wenn ich rede. Und das tun sie bestimmt. Es passt mir gar nicht, dass ich hier sitze.«

Callahan beugte sich vor. »Und warum sind Sie dann hier?«

»Ich schätze, ich stecke in Schwierigkeiten«, murmelte Boardham.

»Sie waren in eine Messerstecherei verwickelt und haben einem Mann die Kehle aufgeschlitzt.«

»Sag ich doch! Das war einer von denen, die mich über Bord geworfen haben! Zwar nicht der, den ich erwischen wollte«, fügte Boardham düster hinzu, »aber es ist zumindest ein Anfang.«

Callahan musterte ihn interessiert. »Sind Sie sich eigentlich bewusst, dass Sie im Büro des Polizeidirektors sitzen und über einen Mord reden, den Sie zu begehen planen?«

»Kein Mord«, korrigierte Boardham ihn. »Rache. Außerdem hat er angefangen.«

»Dann war es also Notwehr? Sie haben sich gegen diesen Mann nur verteidigt?«

Boardham setzte sich kerzengerade hin: »Genau! Ich hab mich nur verteidigt. Er hat mich angegriffen.«

Callahan nickte. »Dafür könnten Sie eine lange Zeit hinter Gitter wandern.«

»Aber Sie sagten doch …«

»Ich würde gerne mehr über diesen Kapitän erfahren.« Callahan zog beiläufig an seiner Zigarre. »Irische Einwanderer, sagten Sie?«

»Ja.« Boardhams Herz schlug wild.

»Unsere Stadt wird überrannt von irischen Einwanderern.« Callahan betrachtete seinen Besucher. »Sie selbst sind kein Ire?«

»Nein«, stieß Boardham hervor. »Engländer reinsten Wassers.«

»Sie sehen aber sehr irisch aus. Klein und zäh, außerdem trinken Sie offensichtlich wie ein Ire.«

»Mein Name ist Boardham.« Zwei rote Flecken zeichneten sich auf den Wangen des Stewards ab. »Das ist ein englischer Name – im Gegensatz zu Callahan.«

Der Polizeidirektor zog eine Augenbraue hoch. »Schön.« Er nickte zustimmend. »Ein kluger Schachzug. Ja, Sie haben Recht: Callahan ist ein alter irischer Name, und ich stamme tatsächlich aus einer irischen Familie. Allerdings leben wir hier schon seit zwei Generationen.«

Boardham zögerte mit einer Antwort, ging dann aber auf Nummer Sicher: »Der Mädchenname meiner Mutter war Ceallachan.«

»Dann sind Sie also doch Ire.« Callahan machte ein zufriedenes Gesicht.

»Mein Vater war Engländer, ich bin in Liverpool aufgewachsen und betrachte mich selbst als Engländer.«

»Und ich betrachte mich als Amerikaner.« Callahan legte seine Zigarre beiseite. »Die Iren, die heutzutage hier an Land gehen, sind allesamt Pack – Bettler und Diebe, Trunkenbolde und Verbrecher. Und sie kommen zu Hunderten. Überfluten tagtäglich die Straßen – eine Schande für diejenigen, die es zu etwas gebracht haben.«

Boardham witterte Morgenluft. »Das ist alles die Schuld der Kapitäne, die sich an der Überfahrt bereichern. Wenn Sie denen das Handwerk legen, kommen keine weiteren Iren.«

»Ja.« Callahan nickte. »Sie sind gewiss ein Teil des Problems, vor allem wenn sie Kriminelle ins Land bringen. Ein wegen Mordes gesuchter Verbrecher, sagten Sie? Wie war noch gleich der Name?«

»Donnelly«, sprudelte Boardham hervor. »Missus Grace Donnelly.«

»Eine Frau?«

»Eine Hure«, zischte Boardham. »Hat mich mit einem Messer angegriffen.«

»Irgendwie scheinen Sie das anzuziehen.« Callahan grinste. »Wissen Sie, wo sie wohnt?«

»Nein, aber ich halte die Augen auf.«

»Gut.« Callahan schloss sein Notizbuch. »Wenn Sie sie finden, informieren Sie zuerst mich. Bevor Sie irgendetwas unternehmen. Klar? In der Zwischenzeit kümmere ich mich mal um diesen Kapitän Reinders und seine Einwanderergeschäfte.«

»Wär's das?«, fragte Boardham vorsichtig.

»Fürs Erste. Aber möglicherweise möchte ich, dass Sie noch mal hier auf der Wache erscheinen. Vielleicht muss ich Sie für den Mord an dem armen Mister ...« – Callahan überprüfte erneut seine Notizen –, »Mister Dean zur Rechenschaft ziehen.«

Boardham biss die Zähne zusammen.

»Was würden Sie davon halten«, fragte Callahan völlig unvermittelt, »für mich zu arbeiten?«

Überrumpelt gab Boardham vor, darüber nachzudenken. »Was ist für mich dabei drin?«

Der Polizeidirektor lachte. »Für den richtigen Preis würden Sie alles tun, stimmt's, Mister Boardham? Und genau das macht Sie zu einem Mann, den man anheuern sollte. Meine Geschäftspartner und ich besitzen mehrere Gebäude in Five Points. Ein Mietshaus in der Little Water Street, zwei in der Orange Street. Kennen Sie die Gegend?«

Boardham nickte. Five Points war ein raues Pflaster: Wirtshäuser und Nutten. Er war ziemlich häufig dort.

»Dort wimmelt es von Iren, die ihre Miete nicht zahlen. Ich brauche einen Mann, der dafür sorgt, dass sie zahlen oder verschwinden.« Callahan beugte sich vor. »Als Lohn bekommen Sie freie Unterkunft und zwei Dollar die Woche sowie einen Teil der Miete, die Sie eintreiben.«

Boardham sah ihn überrascht an. »Das ist ein faires Angebot.«

»Ich bin ein fairer Mann. Wenn ich bekomme, was ich will. Gelegentlich werde ich Sie um einen kleinen Gefallen bitten.« Er schwieg einen Moment. »Haben wir uns verstanden?«

»Ja.«

»Gut.« Callahan notierte etwas und reichte Boardham dann das

Papier. »Hier ist die Adresse. Kommen Sie morgen früh vorbei, dann besprechen wir alles Weitere.«

»Vielen Dank, Mister Callahan. Sir.« Boardham erhob sich. »Ich werde Sie nicht enttäuschen.«

»Nein.« Callahan lehnte sich lächelnd zurück. »Das werden Sie gewiss nicht.«

23

Der erste Tag im April war überraschend kalt. Regen prasselte unaufhörlich aufs Dach, und Grace lauschte dem gleichmäßigen Geräusch, während sie ihr Mansardenzimmer aufräumte. In einer Ecke saß Mary Kate und spielte mit ihrem Puppenbett, einem Geschenk, das sie von Liam zu ihrem vierten Geburtstag bekommen hatte. Der Junge hatte es aus einer kleinen Holzkiste gebastelt, die Dugan nicht mehr brauchte. Zuerst hatte er das Holz sorgfältig geschrubbt und weiß lackiert und dann den Namen von Mary Kates Puppe, Blossom, in das Kopfteil geritzt. Grace hatte noch eine kleine Bettdecke gefertigt und ein winziges Kopfkissen genäht. Seitdem schlief Blossom direkt neben Mary Kates Bett. Zu ihrem Geburtstag hatte die Vierjährige außerdem noch ein Bilderbuch von Sean bekommen, ein Kleid und eine Schürze von den Ogues, einen Apfel von Mister Marconi, ein Haarband von Seans Freundin Marcy Osgoode, ein Paar neue Stiefel und einen Riegel Schokolade von Grace. Das kleine Mädchen hatte seinen Kuchen gegessen, alle Geschenke ausgepackt und war dann in Tränen ausgebrochen, völlig überwältigt von der Fülle. Doch heute trug sie ihr neues Kleid, spielte mit den Puppensachen und teilte ihr Frühstück mit Liam, den sie förmlich anbetete.

Grace betrachtete den Jungen, der am Fenster saß und in Mary Kates Bilderbuch blätterte. Er hatte endlich an Gewicht zugelegt und war regelrecht in die Höhe geschossen. Bald würde er neue Kleidung brauchen und Stiefel, dachte Grace. Er hatte sich so tapfer gehalten und nicht ein einziges Mal geweint, auch wenn er den Haarkamm seiner Mutter und eine Socke von Siobhan wie einen Schatz hütete und nachts unter seinem Kissen aufbewahrte. Tagsüber widmete er sich hingebungsvoll Mary Kate, zeigte ihr die Kniffe des Damespiels, lehrte sie Seilhüpfen und spielte sogar gemeinsam mit ihr und den Puppen, wenn er sich unbeobachtet glaubte. Grace hatte ihn fest in ihr Herz geschlossen.

An diesem Morgen fühlte sie sich etwas erschöpft; die anregenden Gespräche vom Abend zuvor hallten noch in ihrem Kopf nach. Sean hatte sie zum Abendessen mit zu den Livingstones genommen, wo sie seine Freunde Jay und Florence kennen lernte. Jay war ein unverbesserlicher Charmeur, verteilte seine Gunst aber gleichmäßig auf alle anwesenden jungen Damen; Florence gab sich herzlich und humorvoll. Ihre wachen Augen funkelten, und sie besaß einen scharfen Verstand, fast wie Julia.

Grace hatte neben dem amerikanischen Schriftsteller Herman Melville gesessen, der ein Buch über die Polynesier verfasst hatte. Florence meinte, dieses Werk habe einen Skandal verursacht, ihm aber so viel Geld eingebracht, dass er bereits an seinem nächsten Buch arbeite. Beim Essen hatte Melville Grace seinen größten Wunsch anvertraut: Er wolle einen Roman über die Walfischjagd schreiben. Diese Idee verfolge er schon lange, gestand er nach ein paar Gläsern Wein: der Mensch im Kampf gegen die Kreatur und die rauen Kräfte der Natur. Er war sich sicher, dass dies sein bestes Buch werden würde, und versprach ihr ein signiertes Exemplar. Grace mochte ihn sehr. Ein anderer Schriftsteller, Edgar Allan Poe, war ebenfalls eingeladen gewesen, aber nicht erschienen. Jay hatte hinter vorgehaltener Hand irgendetwas von Opiumhöhlen erzählt, doch Florence sagte, Poes Frau sei gerade gestorben und man müsse Mitleid mit ihm haben. Ebenfalls anwesend waren der Gouverneur, eine Sängerin, zwei Bischöfe, die abolitionistische Damenriege von Florence sowie Jays Kollegen von der Zeitung. Grace hatte einfach nur dagesessen und keinen Ton herausgebracht, aber voller Bewunderung ihren Bruder beobachtet, der sich in dieser illustren Runde mühelos behauptete. Er hatte es in Amerika wirklich weit gebracht, und sie war sehr stolz auf ihn.

»Grace!«, rief Sean jetzt vom Fuß der Treppe und riss sie aus ihren Gedanken. »Gracie! Kannst du bitte mal kurz runterkommen?«

Sie warf einen Blick auf die Kinder, die vergnügt spielten, und ging dann nach unten.

»Sie haben ihn gefunden!« Sean nahm ihren Arm und führte sie zu einer Bank an der Wand. »Liams Dad. Die Irische Einwanderergesellschaft hat seine Adresse herausgefunden.«

Grace wurde das Herz schwer. »Aber es muss doch Tausende Kelleys in New York geben. Sind sie wirklich ganz sicher? Seamus Kelley aus Dublin?«

»Ja. Sie haben es nachgeprüft. Ehefrau namens Alice, zwei Kinder. Man hat ihm erzählt, was während der Überfahrt an Bord passiert ist, und er will den Jungen sofort sehen.« Sean ergriff die Hand seiner Schwester. »Ich weiß, was du empfindest, Grace, aber es ist sein Vater.«

»Liam spricht nie von ihm. Alice hat mir erzählt, dass er ein Trinker war, und ich habe ihr versprochen, vorsichtig zu sein.«

»Wir fahren gemeinsam hin«, beruhigte Sean sie. »Wir drei.«

»Wann?«

»Heute«, meinte er so sanft wie möglich. »Am besten sagst du es ihm; er sollte es unbedingt von dir erfahren. Dugan wird uns hinfahren.«

»Heute?« Sie konnte es kaum fassen. »Hat das denn nicht Zeit bis morgen? Können wir ihn nicht morgen früh aufsuchen?«

Sean schüttelte den Kopf. »Sie haben ihm schon gesagt, dass wir kommen. Und was ist, wenn er nicht mehr trinkt, Grace? Wenn er die ganze Zeit auf eine Nachricht von seiner Familie gewartet hat?«

Das verstand sie nur zu gut, schließlich wartete sie selbst sehnsüchtig auf ein Zeichen von ihrer eigenen Familie. »Also gut, ich sage es ihm.«

»Braves Mädchen. Ich helfe inzwischen Dugan.«

Bedrückt stieg Grace die Treppe hinauf, blieb einen Moment im Türrahmen stehen und betrachtete den Jungen, den sie inzwischen zu ihrer Familie zählte.

»Liam!« Sie zwang sich, etwas Begeisterung in ihre Stimme zu legen. »Liam, wir haben Nachricht von deinem Vater!«

Der Junge drehte sich um und sah sie mit weit aufgerissenen Augen an.

»Er lebt«, fügte sie rasch hinzu. »Er lebt und will dich sofort sehen. Heute noch.«

»Heute?« Liam blickte zu Mary Kate, die ihn anstarrte.

Grace ging zu ihrer Tochter, hob sie hoch und setzte sich mit ihr aufs Bett. Dann klopfte sie einladend auf den Platz neben sich, und Liam kam sofort zu ihr.

»Ich weiß, das kommt ziemlich überraschend. Sean hat den Aushang regelmäßig überprüft, und allmählich dachte ich schon, dass dein Vater vielleicht …«

»… tot ist«, beendete Liam ihren Satz.

»Ja, und dafür schäme ich mich.« Sie legte einen Arm um seine Schultern. »Denn er lebt, und zwar hier in New York, und hat die ganze Zeit auf dich gewartet.«

»Wirklich?« Liam blickte sie zweifelnd an.

»Aber natürlich. Und jetzt haben wir uns alle gefunden, und ist es nicht wunderbar, dass er hier ist und dass wir ihn gefunden haben und er dich gefunden hat?« *Ich rede dummes Zeug,* dachte Grace.

Mary Kate sah ihre Mutter an und runzelte die Stirn. »Ich will nicht, dass Liam weggeht.« Sie ergriff einen Zipfel seines Hemdes und hielt ihn fest.

Grace seufzte. »Das will ich auch nicht. Ich müsste lügen, wenn ich etwas anderes sagen würde.«

»Muss ich denn weg?« Liam sah sie so sehnsüchtig an, dass sie ihn fest an sich drückte, um ihm nicht in die Augen blicken zu müssen.

»Ja, Liam. Er ist dein Vater, und er liebt dich. Du bist alles, was er noch hat.«

Einen kurzen Moment vergrub Liam das Gesicht an ihrer Schulter, dann stand er auf. »Also gut«, sagte er tapfer. »Ich hol meine Sachen. Ist es weit? Werde ich weit weg sein?«

»Nein«, versicherte sie ihm. »Es ist überhaupt nicht weit. Dugan bringt uns heute mit dem Pferdewagen hin, weil wir die Truhe ja mitnehmen müssen und weil es so furchtbar regnet, aber Sean meint, es ist nur einen Katzensprung entfernt. Du kannst uns jederzeit besuchen kommen.«

Erleichterung machte sich auf seinem Gesicht breit. »Dann kann ich also zu Fuß gehen?«

Grace nickte. »Jederzeit. Wann immer du willst.«

Der Junge hatte noch eine ganze Reihe Fragen, von denen Grace zwar keine beantworten konnte, die aber die halbe Stunde ausfüllten, die sie benötigten, um Liams Sachen zusammenzupacken und dann hinunterzugehen.

Dugan hatte die Truhe aus dem Keller hochgeholt, und Liam legte sein kleines Bündel hinein.

»Also dann, Junge.« Der große Mann stemmte die Hände in die Hüften. »Du wirst deine alten Freunde hier im Harp and Hound doch nicht vergessen, oder?«

»Nein, bestimmt nicht.« Liam streckte die Hand aus, aber Dugan zog ihn an sich und schloss ihn fest in die Arme.

»Ach, du verrückter Kerl.« Dugan kitzelte den Jungen im Nacken, sodass dieser kichern musste. »Was soll ich nur ohne dich und deine kleinen Missgeschicke anfangen? Wer wird denn nun das Tablett fallen lassen, alle Getränke verschütten, die falschen Sachen vom Gemüsehändler mitbringen und eine Million Fragen stellen? Na?« Er pustete ihm ins Haar, und Liam lachte laut auf.

»Mary Kate!« Dugan blickte über seine Schulter. »Du wirst für ihn die Tabletts fallen lassen, in Ordnung?«

»Nein.« Mary Kate stampfte mit dem Fuß auf, und Grace musterte sie überrascht. »Das mach ich nicht.«

Liam befreite sich aus Dugans Umarmung und wandte sich an das kleine Mädchen, das bockig die Arme verschränkt hatte.

»Ach, du, sei nicht böse«, sagte er und ging in die Hocke. »Ich komme dich ganz oft besuchen, und dann springen wir Seilchen oder spielen Fangen.«

Sie schüttelte den Kopf, und Tränen stiegen ihr in die Augen.

»Nicht doch.« Er nahm sie in die Arme, flüsterte ihr etwas ins Ohr und küsste sie auf die Wange.

»Versprochen?«, fragte sie.

Er bekreuzigte sich und spuckte aus, und Mary Kate tat es ihm nach.

Sean kam durch die Hintertür herein. »Alles bereit zur Abfahrt?«

»Ja.« Liam sah sich noch einmal sorgfältig um und winkte dann Mary Kate zu. »Bis später.«

Grace tauschte über Liams Kopf einen Blick mit Dugan, der jedoch nur die Achseln zuckte.

Sie brachten Mary Kate in Taras Zimmer und fuhren nach Norden in Richtung Five Points. Es hatte aufgehört zu regnen, doch der Schlamm spritzte von den Wagenrädern hoch, und die Gegend wurde von Minute zu Minute trostloser, bis sie schließlich die Orange Street erreichten. Schweine liefen frei herum und wühlten im Dreck, während trotz der frühen Stunde bereits Männer an den Hauswänden lehnten und darauf warteten, dass irgendetwas geschah.

»Furchtbare Gegend«, murmelte Dugan. »Wird von Tag zu Tag schlimmer.«

»Wie weit ist es noch?«, fragte Grace.

»Wir sind da.« Dugan brachte den Pferdewagen vor einem schmalen Backsteinhaus zum Stehen, hinter dem sich eine Holzbaracke erhob. »Am besten gehe ich vor.«

Grace bemerkte eine Gruppe junger Männer, die den Karren interessiert musterten. »Du bleibst besser hier.« Sie deutete mit dem Kopf in Richtung der Männer. »Wir begleiten Liam.«

Die Truhe zwischen sich, bahnten Sean und Grace sich einen Weg durch den Unrat auf dem Gehweg und betraten das Haus.

»Wo finden wir die Nummer 9?«, fragte Sean eine verhärmt wirkende Frau, die mit ihrem Kind auf der morschen Treppe saß. »Seamus Kelley.«

Die Frau schnaubte verächtlich. »Durch die Gasse bis ganz nach hinten, dann drei Stockwerke hoch«, dirigierte sie. »Reine Zeitverschwendung, wenn Sie mich fragen.«

Sean und Grace tauschten einen Blick, hoben die Truhe wieder an, gingen durch die Eingangstür hinaus und steuerten auf die enge Gasse zu, von der weitere, dubiose Wege abzweigten. Ihre Schuhe versanken im Dreck, während sie sich vorwärts kämpften und schließlich einen kleinen Innenhof erreichten. Dort entdeckten sie auch die Quelle des stechenden Fäulnisgeruchs, der über dem gesamten Viertel hing: Männer und Frauen standen über stinkende Kessel gebeugt da und rührten in einer widerlichen Mischung aus tierischen Abfällen, die sie auf den Straßen und Märkten gesammelt hatten: Knochen, Eingeweide und Hautfetzen brodelten leise vor sich hin. Diese

Menschen waren die neuen Herren der »gesundheitsschädlichen Gewerbe« – Leimsieder, Abdecker, Schwefelholzmacher, alles Arbeiten, die niemand verrichten wollte und die nur die wahrhaft Verzweifelten übernahmen. Grace mochte sich gar nicht vorstellen, wie unerträglich der Gestank in den heißen Sommermonaten sein musste. Sie passierten die baufälligen Latrinen, bei denen ein ständiges Kommen und Gehen herrschte. Viele Mieter machten sich gar keine große Mühe und kippten ihre Eimer einfach irgendwo aus. Die Flüssigkeit, die im Boden versickerte, schimmerte grünlich und verströmte einen Übelkeit erregenden Gestank. Und dennoch befand sich keine fünf Schritte entfernt eine fensterlose, düstere Schnapsbude, vor der mehrere Wasserpfützen standen und sich der Unrat stapelte. Am Türrahmen lehnte ein Mann mit verschränkten Armen und beobachtete sie.

Die Holzbaracke war nicht mehr als ein windschiefer Anbau auf der Rückseite des Backsteingebäudes und in so viele winzige Quartiere unterteilt, dass die meisten ohne Fenster auskommen mussten. Im Dämmerlicht des Flurs konnte Grace fast nichts erkennen, deshalb tastete sie nach der Mauer, auf der der Schimmel blühte. Erschrocken zog sie die Hand zurück, versuchte in der Mitte des engen Gangs zu bleiben und folgte ihrem Bruder. Türen öffneten sich quietschend, und im Licht heruntergebrannter Kerzenstummel tauchte das eine oder andere Gesicht auf. Das hier war keinen Deut besser als die schlimmsten Behausungen in Skibbereen, dachte Grace: kein Stuhl, kein Bett, nur Stroh- oder Lumpenlager, zusammengekrümmte Leiber von Kindern oder erschöpften Erwachsenen, der Geruch von Schweiß und Erbrochenem. Es schnürte ihr förmlich die Kehle zu. Liam drängte sich dicht an sie und hielt sich an ihrem Rock fest, bis sie endlich Quartier Nr. 9 erreichten. Sean stellte die Truhe ab und klopfte. Hinter der Holztür hustete jemand, dann waren schlurfende Schritte zu hören, ein dumpfer Schlag, gefolgt von einem Fluch. Schließlich wurde die Tür geöffnet.

»Wer ist da?« Ein Mann, dessen Alter Grace wegen seiner fettigen Haare und des verschmutzten Gesichts nur schwer schätzen konnte, hielt eine Kerze hoch und musterte sie misstrauisch. »Was wollen Sie?«

Liam schob sich an Grace vorbei. »Dad? Ich bin's, Dad! Dein Liam!«

Das Gesicht des Mannes leuchtete auf, und seine wässrigen Augen füllten sich mit Tränen. Er streckte eine Hand aus, zog den Jungen an sich und küsste ihn aufs Haar. »Ach, mein Junge, da bist du ja! Endlich bist du hier! Hast den ganzen langen Weg hinter dich gebracht und deine arme Mutter verloren. Gott hab sie selig. Deine Mutter und deine Schwester. Ach, Junge!« Er weinte nun herzzerreißend und wiegte Liam in seinen Armen. »Ach, wenn ich sie doch nur noch einmal hätte sehen können!«

Vollkommen überwältigt brach auch Liam in Tränen aus, und Sean und Grace blickten einander an.

»Kommen Sie herein. Bitte treten Sie ein.« Seamus wischte sich mit dem Ärmel übers Gesicht, öffnete die Tür ganz und trat zur Seite. »Sie müssen Mister O'Malley sein.« Er streckte Sean eine feuchte, schmutzige Hand entgegen, die dieser jedoch ohne Zögern ergriff.

»Wir freuen uns, Sie kennen zu lernen, Mister Kelley.« Sean sah sich in dem düsteren Raum um und entdeckte einen Strohhaufen in einer Ecke, einen Hocker und ein Fass mit einer Kerze. »Obwohl wir Ihren Sohn vermissen werden.«

Liam konnte den Blick nicht von seinem Vater wenden.

»Die Dame kann hier sitzen.« Seamus schob Grace den Hocker zu.

»Das ist meine Schwester, Grace«, stellte Sean sie vor. »Sie war auf demselben Schiff wie Ihre Frau.«

»Alice war eine gute Mutter«, setzte Grace an. »Sie hat ihre Kinder über alles geliebt und mich gebeten, dafür zu sorgen, dass Liam ein Zuhause hat.«

Seamus nickte ernst. »Dann starb sie also am Fieber? Und die Kleine auch?«

»Ja. Es gab eine Trauerfeier für sie an Bord. Liam und ich haben die restliche Strecke gemeinsam zurückgelegt, und seit unserer Ankunft in New York wohnt er bei uns.«

»Dafür danke ich Ihnen. Wie Sie sehen, bin ich selbst nicht ganz wohlauf.« Er hustete heftig und spuckte anschließend in die Ecke. »Der Herr in Seiner Güte hat mir Liam gerade rechtzeitig geschickt, weil ich nämlich kein Geld mehr hab und die Miete fällig ist. Aber ein kräftiger Bursche wie er kann das mühelos verdienen, und noch viel mehr.«

Liam sah Grace an, die versuchte, keine Miene zu verziehen.

»Komm her, mein Junge, und gib deinem alten Dad einen Kuss.« Er breitete die Arme aus, und Liam trat pflichtbewusst einen Schritt vor, wirkte nun aber steif und unsicher. »Wir zwei werden's schon schaffen, jetzt, wo du hier bist, was, mein Junge?«

»Sind Sie sicher, dass Sie sich gesund genug fühlen?«, fragte Sean vorsichtig. »Wir würden uns freuen, Liam bei uns aufnehmen zu dürfen, bis Sie wieder auf den Beinen sind.«

Seamus runzelte die Stirn. »Ihn wieder hergeben, wo er endlich zu Hause ist? Niemals!« Ein Hustenanfall schüttelte ihn, und er griff nach einer Flasche, die hinter dem Fass stand. »Meine Medizin«, erklärte er und nahm einen kräftigen Schluck.

»Wirklich, Mister Kelley, Sie scheinen nicht gerade in der Verfassung zu sein …« Sean gestikulierte hilflos.

»Vielleicht gehen Sie jetzt besser.« Seamus zog Liam an sich. »Und geben uns etwas Zeit, damit wir uns wieder besser kennen lernen. Vielen Dank für alles, was Sie getan haben. Gewiss werden Sie dafür im Himmel fürstlich entlohnt. So, und nun verabschiede dich, Junge.«

»Auf Wiedersehen«, sagte Liam leise, während sein Blick von Sean zu Grace wanderte.

Grace nahm ihn in den Arm, küsste ihn und flüsterte ihm ins Ohr: »Du weißt, wo du uns findest, Liam.«

Er nickte und schüttelte Sean zum Abschied die Hand, und dann schloss sich die Tür hinter ihnen. Benommen tasteten sie sich nach draußen, durchquerten schweigend den Innenhof, folgten der Gasse und standen schließlich wieder auf der Straße. Es hatte erneut angefangen zu regnen.

Dugan sah sie und schlug mit der Faust gegen den Pferdekarren. »Ich wusste es. Verdammt noch mal, ich wusste es. Er ist ein alter Säufer, stimmt's?«

Sean und Grace nickten langsam, immer noch fassungslos.

»Wir können ihn nicht einfach hier lassen.« Dugan deutete mit dem Kopf auf die umliegenden Häuser. »Diese Gegend ist nichts für den Jungen.«

»Das ist alles meine Schuld«, sagte Sean wie betäubt. »Ich kann nicht glauben, dass ich das getan habe.«

»Nein, Sean.« Grace legte ihm eine Hand auf den Arm. »Wir mussten nach seinem Vater suchen. Wir wussten doch nicht, was ihn hier erwartet.«

Schweigend fuhren sie durch den Regen, ließen das üble Viertel hinter sich und erblickten schließlich die Laternen des Harp and Hound, die einladend leuchteten. Im Schankraum empfing sie der vertraute Geruch von frisch gezapftem Bier und eingelegtem Gemüse, von ofenwarmem Brot und Kartoffelsuppe. Die Gäste drängten sich bereits an der Theke, hinter der Danny Young stand und bediente, als hätte er nie etwas anderes getan. Mary Kate hatte den Pferdewagen gehört und kam nun die Treppe heruntergerannt, um sie zu begrüßen. Ihre Wangen glühten.

»Er kommt wieder«, sagte sie entschlossen.

Grace hob ihre Tochter hoch, vergrub die Nase in ihrem lockigen Haar und drückte sie fest an sich.

»Ganz bestimmt.« Mary Kate hielt den Kamm von Alice und Siobhans Socke hoch. »Er hat's versprochen.«

24

Julias Kutsche verließ den holprigen Feldweg und bog in die viel befahrene Straße nach Cork ein. Sie wusste, dass sie sich der Stadt näherten, weil ihnen immer mehr wohlgenährte britische Soldaten begegneten. *Weitere fünfzehntausend seit Januar. Vielen Dank, Lord Clarendon,* dachte sie. Julia hatte gehofft, die Invasion wäre bald beendet, da eine Kommission aus Richtern verkündet hatte, jeder der von ihr geprüften Mordfälle habe in einem Zusammenhang mit der Verteilung von Land gestanden – insbesondere mit Zwangsräumungen, bei denen ohnehin schon verzweifelte Familien vollkommen mittellos auf der Straße landeten. Nach Aussage des Lordoberrichters Blackburn lautete »das Motiv in allen Fällen Selbstjustiz aus Rache«. Clarendon hatte darauf erwidert, in Irland herrschten bürgerkriegsähnliche Zustände; dies sei ein Sklavenaufstand, der niedergeschlagen werden müsse. Anschließend entsandte er weitere Truppen nach Irland, allein zehntausend Mann nach Dublin, und ließ Kriegsschiffe in der Bucht von Cork vor Anker gehen.

Julia seufzte und schaute aus dem Fenster. Ein feiner Nieselregen hatte sich auf die Hecken gelegt, sodass sie in der Junisonne funkelten, und Wiesen mit bunten Wildblumen wiegten sich sanft im Wind. Überall an den Bäumen sah man mittlerweile üppig grünes Blattwerk, aber noch immer blieben die Vögel und andere Tiere aus, und in manchen kleinen Dörfern hatte man im Winter zahlreiche Bäume ihrer Rinde beraubt. Bei den Soldaten des irischen Widerstands handelte es sich zwar weiterhin um einen ausgezehrten und zerlumpten Haufen, aber zumindest mussten sie nicht länger frieren. Der Winter war lang und hart gewesen, und überall auf der Welt schien es Fortschritte zu geben: Der Aufstand in Sizilien zwang den König zur Anerkennung einer Verfassung, und auch die Menschen im Piemont hatten sich eine Konstitution erkämpft. Nach der Februarrevolution war König Ludwig Philipp von Frankreich gestürzt worden und nach Großbritannien geflohen; das Volk rief eine Republik aus und machte den Schriftsteller Alphonse de Lamartine erst zum Führer der provisorischen Regierung, dann zum Außenminister der jungen Republik. Die englische Presse schrieb, die französischen Verhältnisse seien nicht mit denen in Irland zu vergleichen, doch die irischen Zeitungen waren voll des Lobes für den Erfolg der Franzosen und feierten deren Triumph im ganzen Land mit Freudenfeuern. John Mitchel hatte diese Gelegenheit genutzt, England die gesamte Wucht seiner Rhetorik spüren zu lassen, und gleichzeitig den neuen Zweig von *Young Ireland*, die *Irish Confederation*, aufgefordert, militärischen Druck auszuüben und die britische Regierung zur Umsetzung der »Repeal«-Pläne zu zwingen: Nur eine sofortige Auflösung der Union und die Einsetzung eines irischen Parlaments könne Irland vor der endgültigen Zerstörung bewahren, verkündete er. Julia bewunderte seine Leidenschaft und sein Engagement.

Er war schrecklich enttäuscht gewesen, als die von den Chartisten organisierte Massenversammlung unter Leitung des irischen Repeal-Befürworters Feargus O'Conner nicht hatte stattfinden dürfen: Die Demonstranten waren auf der Brücke über die Themse von neuntausend Soldaten mit Feldartillerie und Hilfspolizisten aufgehalten worden. Der ausgehandelte Kompromiss bestand darin, dass die Chartisten ihre Massenversammlung absagten, dafür aber später eine private Versammlung abhalten durften. In alle Winde zerstreut und jeglicher Öffentlichkeit beraubt, hatte die Arbeiterbewegung daraufhin deutlich an Unterstützung verloren. Ein weiterer Schlag ins Gesicht.

Leidenschaftlich wie immer hatte John Mitchel sich daraufhin mit den *Young Irelanders* überworfen und zusammen mit James Fintan Lalor eine Partei gegründet, die sich dem bewaffneten Widerstand verschrieb und zu einem Streik gegen die hohen Pachtzinsen aufrief. Doch erst ein später veröffentlichter Zeitungsartikel, in dem er sich für die generelle Verweigerung der Pachtzahlungen aussprach, führte zum Bruch mit seinem Freund Charles Gavan Duffy. Duffy blieb eisern bei seiner Meinung, so schlecht es ihnen auch gehen möge, die Pachtzahlungen seien das Einzige, was zwischen Tausenden von Not leidenden Iren und ihrem sicheren Tod stünde. Er forderte John auf, einen Widerruf zu verfassen. John lehnte dies jedoch ab, kündigte und gründete eine eigene Zeitung, *The United Irishman,* in der er die Iren unerbittlich zur Rebellion aufforderte, während er gleichzeitig England durch Drohungen und Beleidigungen in Rage versetzte. Seine Artikel waren sehr impulsiv, doch Julia konnte sich eine heimliche Schadenfreude nicht verkneifen, als er Lord Clarendon einmal als »Generalscharfrichter und Generalschlächter Ihrer Majestät in Irland« bezeichnete.

Die anderen setzten ihre Arbeit fort, und Julia begleitete Thomas Meagher und William Smith O'Brien an dem Abend zur Music Hall in der Abbey Street, an dem sie zum Dienst in der *Armed National Guard* aufriefen, und die Männer daran erinnerten, dass in Amerika eine *Irish Brigade* zusammengestellt wurde und ein Drittel der britischen Armee aus Iren bestand. Wenige Tage später wurden Smith O'Brien und Meagher wegen aufrührerischer Reden angeklagt, und John wegen seiner Artikel, doch alle drei hinterlegten eine Kaution und machten sich gleich wieder an die Arbeit. Thomas und William planten eine Reise nach Paris, um Lamartine ein Schreiben zu überreichen, von dem sie sich Unterstützung für ihre Sache erhofften. John wandte sich weiterhin an die irische Bevölkerung, die in Massen herbeiströmte, um ihn brüllen zu hören: »Zu den Waffen, wenn euch euer Leben lieb ist!« Doch es gab nicht viel, womit die Menschen sich hätten bewaffnen können; mehrere von Amerika aus entsandte Schiffe waren konfisziert worden, als man an Bord Waffen entdeckte.

Jetzt, da das Verfahren vorbei war, fühlte Julia sich erschöpft – und verbittert wegen Johns Verurteilung –, aber sie wusste, dass sie unbedingt nach Cork reisen musste. Großbritannien hatte enormen Druck auf Rom ausgeübt, sodass Papst Pius IX., ein ehemals liberaler Stellvertreter Gottes, eine Erklärung abgegeben hatte, in der er die irische Geistlichkeit wegen ihres politischen Engagements tadelte und für die Zukunft jedwede politische Einmischung untersagte. Priester wurden versetzt, Ordensgemeinschaften aufgelöst, Klöster und Stifte geschlossen. Julias alter Freund, Pater Kenyon, war ein überzeugter und engagierter Förderer der *Young Irelanders*, und viele erwarteten von ihm, dass er eine Führungsrolle übernahm, doch Kenyon war spurlos verschwunden. Aber auch um Barbara machte Julia sich große Sorgen, und sie fragte sich, was mit Patrick und dem Jungen geschehen würde.

Endlich erreichten sie die lange, gewundene Straße, die zu dem grauen, verwitterten Kloster auf der Kuppe des Hügels hinaufführte. Das Tor stand nicht nur weit offen, sondern hing förmlich aus den Angeln, und die Droschke fuhr in den Hof. Julia kletterte aus der Kutsche und bat den Fahrer, die Kiste mit Lebensmitteln zur Küche auf der Rückseite des Klosters zu bringen. Sie selbst klopfte am Haupteingang. Als niemand antwortete, drückte sie die Tür einfach auf.

»Hallo?!«, rief sie und nahm ihren Hut ab. »Barbara?«

In dem Moment kam Barbara mit ausgestreckten Armen die Treppe herunter. »Julia! Gott sei Dank bist du da! Komm rein!« Sie umarmte ihre Freundin und führte sie in ihr Arbeitszimmer. »Abban hat deine Kutsche schon die Straße hochfahren gesehen. Er macht uns Tee.«

Julia blickte sich um, sah den ausgekühlten Kamin, die notdürftig geflickten Fensterscheiben, die verzogenen Holzrahmen. Und sie bemerkte die Stille. »Wo sind denn all die anderen?«, fragte sie und legte ihren Hut auf den Tisch.

»Die meisten sind bei unserem gütigen Vater im Himmel«, erwiderte Barbara nüchtern. »Das Fieber hat hier schrecklich gewütet. Nur Schwester James und ich sind übrig geblieben. Und natürlich Abban, Gott segne ihn.«

»Was ist mit Mister O'Malley und dem Jungen?«

Barbara wandte sich um und sah Julia an. »Hast du denn meinen Brief nicht bekommen? Mit der Nachricht von Patrick?«

Julia ließ sich auf einen Stuhl sinken. »Nein.«

»Er ist kurz nach Ostern gestorben.« Barbara seufzte und setzte sich ebenfalls. »Ich hab mich schon gefragt, warum du dich nicht meldest. Ich dachte, du wärst vielleicht wieder auf Reisen, möglicherweise in England, nach allem, was geschehen ist.«

»Du hast Recht, ich war nicht oft zu Hause«, sagte Julia geistesabwesend. »Und auf die Post ist kein Verlass mehr.«

»Nein«, stimmte Barbara ihr zu. »Aber ich hätte dir noch mal schreiben sollen.«

Julia schüttelte den Kopf. »Es ist nicht dein Fehler. Ich … war es das Fieber?«

»Ja. Aber er musste nicht lange leiden und starb friedlich.«

»Was ist mit dem Jungen?«

»Er lebt noch, aber frag mich nicht, wie. Als wir seine Amme verloren, ist Abban in die Stadt marschiert und hat den Engländern eine fette Ziege direkt unter der Nase weggestohlen! Gott vergebe ihm«, fügte sie zerknirscht hinzu.

»Hast du was von Grace gehört? Weiß sie es schon?«

»Nein, ich hab ihr noch nicht geschrieben.« Barbara blickte auf ihre Hände. »Hier war so furchtbar viel zu tun; einer nach dem anderen ist krank geworden. Und wir haben so lange nichts von ihr gehört – nur den Brief mit der Nachricht, dass sie es geschafft haben, und der war Monate unterwegs.« Sie seufzte. »Aber ich muss mich dringend bei ihr melden. Sie macht sich bestimmt schon schreckliche Sorgen.«

»Ich hab ihr geschrieben.« Julia runzelte die Stirn. »Ich habe ihr gesagt, es sei alles in Ordnung und dass ich im Frühling zu euch fahren und dann ihren Vater und ihren Sohn nachschicken werde.«

»Ich bringe ihn rüber.« Abban schob einen holprigen Teewagen in das Arbeitszimmer. »Und dann komme ich wieder zurück.«

»Du mit deinem einen Bein kannst doch keinen kränklichen, blinden Säugling mitsamt störrischer Ziege auf einem Schiff nach Amerika bringen!«, widersprach Barbara.

»Doch, das kann ich, und ich werde es auch tun!«

»Wirst du nicht! Der Junge ist sehr unruhig und spuckt ständig die Milch wieder aus! Er würde die Überfahrt nicht überstehen, Abban, das weißt du ganz genau! Wahrscheinlich würdest nicht einmal du die Überfahrt überleben.«

»Barbara hat Recht«, mischte Julia sich ein. »Du kannst ihn nicht nach Amerika bringen. Es hat keinen Zweck.«

»Und was sollen wir dann machen?«, fragte er. »Hat sie dir schon gesagt, dass das Kloster geschlossen und sie versetzt wird?«

»So etwas hatte ich befürchtet.« Julia blickte finster vor sich hin. »Im ganzen Land werden Ordensgemeinschaften aufgelöst. Man fürchtet einen Aufstand innerhalb der Klostermauern. Ihr Nonnen seid die Schlimmsten«, scherzte sie bitter. »Schmuggelt Lebensmittel und Waffen, bietet Flüchtlingen Unterschlupf ... euch kann man nicht trauen.«

»Und was ist mit Pater Kenyon?«, rief Barbara. »Er hält überall öffentliche Reden!«

»Neuerdings nicht mehr«, entgegnete Julia. »Entweder wurde er suspendiert, oder er ist untergetaucht.«

»Die Geistlichen befassen sich doch schon seit Gründung der Kirche mit Politik!« Abban schüttelte ärgerlich den Kopf. »Ich bin mein ganzes Leben lang ein guter Katholik gewesen, aber bei allem Respekt ... Seine Heiligkeit lässt zu, dass die lauten Stimmen wütender Männer die stille Stimme Gottes übertönen.«

»Und der Klerus sieht zu«, bemerkte Julia. »Niemand will dem Heiligen Vater die Stirn bieten; jeder fürchtet, versetzt zu werden.«

»Ich bezweifle, dass es eine Warteliste mit Priestern gibt, die darauf brennen, nach Irland zu kommen«, meinte Abban verächtlich. »Es gibt schwache Männer, und es gibt starke. Genau darum geht es hier. Diejenigen, die uns jetzt im Stich lassen, waren auch vorher schon nichts wert.«

»Du solltest einen eigenen Orden gründen«, neckte Julia ihn.

»Nein danke. Gott hält andere Aufgaben für mich bereit. Hier ...« Er nahm die Kanne vom Teewagen. »Der Tee wird kalt.« Vorsichtig schenkte er ein und reichte die Tassen weiter. »Kannst du uns irgendwas über die Gerichtsverfahren erzählen, Julia? Warst du dort?«

Sie nickte. »Zehntausend Demonstranten haben William von seinem Quartier in der Westland Row zum Gerichtshof begleitet. Die Geschworenen waren parteiisch, das wusste jeder, aber er wurde von Isaac Butt verteidigt.«

»Den Namen hab ich schon mal gehört.« Abban stand neben Barbaras Stuhl und hatte eine Hand auf ihre Schulter gelegt.

»Großartiger Anwalt«, sagte Julia voller Bewunderung. »Und ein großartiges Plädoyer. Er hat erreicht, dass William für nicht schuldig befunden wurde.«

»Und was ist mit Mister Meagher?« Barbara beugte sich vor. »Wurde er ebenfalls freigesprochen? Mister Butt hat doch auch ihn verteidigt, oder?«

»Meaghers Verfahren fand am Tag darauf statt, und Isaac redete leidenschaftlicher denn je. Natürlich waren die Geschworenen auch diesmal parteiisch, aber unter ihnen befand sich ein Quäker, der nicht nachgab. Also kam es zu keinem Schuldspruch.«

»Und wie haben sie dann Mitchel drangekriegt?«, fragte Abban. »Er hatte doch den alten Robert Holmes als Verteidiger, und wir waren überzeugt, dass er ihn freibekommen würde.«

»Mit dem neuen Hochverratsparagraphen«, erklärte Julia, »den die Whigs in Westminster genau aus diesem Grund noch durchgedrückt hatten. Mitchel war die ganze Woche vor dem Verfahren in Newgate im Gefängnis. Man wollte bei ihm kein Risiko eingehen. Irgendjemand musste ja für all die beißende Kritik bezahlen. Und natürlich hat er sich auch keinen Gefallen getan, als er laut verkündete, Volksverhetzung sei nur ein kleines Vergehen, und er habe vor, Hochverrat zu begehen.« Sie lächelte betrübt. »Unter den Geschworenen befand sich nicht ein einziger Katholik, obwohl Tausende auf der Liste standen.«

»Deportation?«

»Vierzehn Jahre auf die Bermuda-Inseln.« Julia seufzte. »Ihr könnt euch nicht vorstellen, wie viele Soldaten die Straßen Dublins bevölkern. Clarendon befürchtet offenbar, dass man ihn im Schlaf umbringen will.«

»Vielleicht wird er das ja auch.« Abban verstärkte den Druck auf Barbaras Schulter.

»Aber nicht von dir.« Julia sah ihn direkt an. »In jedem Bezirk formieren sich die Widerstandstruppen. William sagt, schon jetzt werden fünfzigtausend Männer gedrillt. Man rechnet damit, dass bald Geld, Waffen und Offiziere von außerhalb eintreffen, und die *Old* und *Young Irelanders* begraben ihre Differenzen. John O'Connell …«

»Oh Gott!«

»Ich weiß – der Vater hat Millionen Menschen für unsere Sache gewonnen und der Sohn hat sie alle wieder vertrieben. Aber er ist immer noch ein mächtiger Mann, und William hat eingewilligt, verschiedene Dinge mit ihm zu besprechen.«

»Verschiedene Dinge«, meinte Abban verächtlich. »Ich will nur eines wissen: Wann greifen wir endlich zu den Waffen?«

Julia stellte ihre Tasse ab. »Im Herbst. William sagt, er hat Verwendung für dich, falls du interessiert bist.«

»Das bin ich«, erwiderte Abban wie aus der Pistole geschossen und blickte dann auf Barbara hinab. »Aber was ist mit ihr und dem Jungen?«

Julia biss sich auf die Lippe. »Weißt du schon, wohin du versetzt wirst?«

»Nein. Und ich bin mir auch nicht sicher, ob ich überhaupt fortgehe.«

»Barbara …«

»Sei du einmal still.« Sie legte ihre Hand auf Abbans. »Das geht nur dich und mich etwas an und sonst niemand.« Dann wandte sie sich an Julia: »Ohne den Jungen gehe ich nirgendwohin.«

»Das ist mir klar.« Julia blickte von ihrer Freundin zu Abban und wieder zurück. »Hast du denn vor, aus dem Orden auszutreten?«, fragte sie vorsichtig.

Abban und Barbara wechselten einen vielsagenden Blick.

»Verstehe.« Julia lehnte sich auf ihrem Stuhl zurück, lächelte und klatschte dann energisch in die Hände. »Also gut. Ich habe eine Idee.«

Sie redeten den ganzen Nachmittag und Abend bis tief in die Nacht hinein; danach fanden sie kaum Schlaf und standen im Morgengrauen bereits wieder auf. Als Julia das Kloster verließ, hielt sie Morgans Sohn in den Armen.

25

Du kannst doch nicht andauernd weglaufen.« Grace war müde und erschöpft von der Hitze, und jetzt stand Liam schon wieder vor ihr.

»Kann ich bitte hier bleiben?«, bettelte er. »Heute Abend gehe ich auch zurück, versprochen.«

»Ach Liam, mein Schatz, das sagst du jedes Mal, und dann gehst du doch nicht, und ich bringe es nicht übers Herz, dich wegzuschicken, und dann taucht dein Dad wieder hier auf und macht einen furchtbaren Aufstand. Du weißt doch, womit er gedroht hat, wenn du noch mal wegläufst.«

Liam ließ den Kopf sinken. »Dass er mich in eine Besserungsanstalt steckt.«

»Ja, und ich habe nicht den geringsten Zweifel daran, dass er die Drohung wahr macht.« Sie seufzte und nahm ihn dann fest in die Arme. »Das Ganze ist ein einziges Trauerspiel. Ich weiß nicht mehr, was ich tun soll. Ich weiß nur, dass ich dich nach Hause bringen muss.«

Mary Kate, die auf einem Hocker saß, warf ihrer Mutter einen wütenden Blick zu.

»Jetzt reicht's aber, mein Fräulein«, schimpfte Grace. »Glaubst du denn, es macht mir Spaß, Liam dahin zu bringen? Die Gegend ist nichts für Kinder, egal ob groß oder klein. Eigentlich sollte niemand so hausen müssen. Kriegst du regelmäßig was zu essen?«, fragte sie den verdreckten kleinen Jungen.

Er schüttelte den Kopf.

»Und wie lange schon nicht?«

Liam blickte zu Boden und zuckte die Achseln.

»Habt ihr überhaupt Wasser zum Waschen?« Sie konnte das alles kaum noch ertragen. »Du siehst nämlich ganz schrecklich aus. Ist das Blut an deinem Kinn?« Sie rieb mit dem Daumen darüber.

»Bist du böse auf mich?« Tränen stiegen ihm in die Augen.

»Aber nein, mein Schatz.« Sie umarmte ihn erneut. »Ich ärgere mich über mich selbst und lasse es an dir aus. Setz dich erst mal; ich hole dir was zu essen.«

Grace stürmte in die Küche und stieß mit Dugan zusammen, der gerade die Vorräte überprüfte.

»Langsam! Immer langsam! Es ist viel zu heiß, um so zu rennen!«, beschwerte er sich, doch dann sah er den Ausdruck auf ihrem Gesicht. »Was ist los?«

Sie wischte sich den Schweiß von der Stirn. »Liam ist hier. Er hat Hunger. Und er sieht furchtbar aus. Anscheinend war er in einen Kampf oder so was Ähnliches verwickelt.«

Dugans Miene erstarrte. »Glaubst du, dass der Mistkerl den Jungen schlägt?« Er ballte seine Hände zu Fäusten. »Es wird wohl Zeit, dass ich diesem verdammten Hurensohn mal einen Besuch abstatte und ihm den Hals umdrehe. Entschuldige bitte meine Ausdrucksweise.«

»Du hast nichts gesagt, was ich nicht schon längst selbst gedacht hätte.« Grace zerrte ein Laib Brot aus dem Schrank und schnitt wütend eine Scheibe ab. »Aber wir können nichts machen. Er verleiht den Jungen und lässt sich dafür bezahlen, damit er sich besaufen kann. Das ist das Einzige, wofür dieser alte Trunkenbold sich interessiert.«

»Er verleiht ihn!« Dugan blickte finster. »Weißt du, was ich letztens gesehen habe? Wie Liam auf der Straße potenzielle Freier für eine Hure ansprach. Sie zahlte seinem Vater zehn Cent für jeden Kunden, den er anschleppte. Und ich weiß, dass er wieder mit dieser Horde Jungs durch die Stadt zieht, die streunende Hunde erschlagen.«

Grace warf einen Blick aus der Hintertür in die Gasse, als erwarte sie, dass jeden Moment eines dieser verwilderten Tiere auftauchte. »Und was ist, wenn er gebissen wird oder angefallen? Die Hunde sind doch tollwütig, jedenfalls viele von ihnen.«

»Das wird die Jungs nicht hindern. Nicht, solange sie fünfzig Cent pro Kadaver bekommen. Ich hasse es, mit anzusehen, wie diese kleinen Burschen laut schreiend und johlend hinter jedem Hund ohne Maulkorb herrennen und ihm einfach den Schädel einschlagen.« Dugan schüttelte den Kopf. »Sie sind genauso verwildert wie die Hunde, die sie jagen.«

»Liam sieht furchtbar mitgenommen aus.« Grace schnitt eine Scheibe Schinken ab und legte sie auf das Brot. »Jetzt haben wir schon Juli, und er ist noch immer so blass wie im Winter. Außerdem wimmelt es auf seinem Kopf vor Läusen, seine Nase läuft ständig, und er stinkt.« Sie knallte das Messer auf die Anrichte. »Ich kann das einfach nicht mehr ertragen, Dugan. Schlimm genug, dass ich nicht weiß, wo mein eigener Junge ist und was dort drüben vor sich geht. Wenn ich wenigstens für diesen hier sorgen könnte!«

»Ach, Grace. Ich weiß, du machst dir Gedanken, auch wenn du nie darüber sprichst. Du kümmerst dich so fürsorglich um Tara, und ohne deine Hilfe könnte ich den Betrieb nicht mehr bewältigen, mit so vielen Gästen jeden Abend …« Er schwieg einen Moment und griff in seine Hosentasche. »Ich hab gestern beim Wetten ein bisschen Geld gewonnen. Hier, nimm die Hälfte und kauf dem Jungen irgendwas.«

Sie betrachtete die Scheine, und plötzlich hellte sich ihre Miene auf. »Das ist es!«, rief sie. »Kannst du Liam nicht von dem Geld anstellen? Er könnte sich hier nützlich machen, und dann geben wir seinen Lohn direkt an seinen Vater weiter. Das ist bestimmt mehr, als der Junge normalerweise in einer Woche für ihn verdienen kann!«

»Keine schlechte Idee. Im Augenblick läuft der Laden ganz gut, und Liam ist groß genug, um mir zur Hand zu gehen.« Dugan grinste breit. »Das ist sogar eine großartige Idee! Komm, lass uns gleich mit ihm reden.«

Grace eilte in den Schankraum, mit Dugan im Schlepptau. Sie stellte das belegte Brot vor Liam auf den Tisch und sah zu, wie er es förmlich verschlang.

»Langsam, Junge«, sagte Dugan freundlich. »Hier im Harp and Hound gibt's immer eine Mahlzeit für dich.«

Liam hielt einen Moment inne, holte tief Luft und nickte.

»Grace und ich haben eine Idee.« Der große Mann setzte sich rittlings auf den Stuhl neben ihn. »Wir dachten, wir könnten dich vielleicht hier beschäftigen. Dir einen anständigen Lohn zahlen. Deinem Dad deinen Lohn zahlen«, verbesserte er sich.

Liams zog die Augenbrauen hoch und schluckte den letzten Bissen ohne zu kauen hinunter. »Ihn dafür bezahlen, dass ich hier bleiben darf?«, fragte er mit sich überschlagender Stimme.

»So würde ich es nicht ausdrücken. Wie wär's mit: Hier kannst du mehr verdienen als in der Orange Street, und wir zahlen ihm wöchentlich deinen Lohn aus.«

»Müsste ich dann immer noch jeden Abend nach Hause?«

Dugan schüttelte den Kopf. »Du müsstest schon hier wohnen, weil die Gaststätte ziemlich spät schließt. Was hältst du davon?«

Liam strahlte übers ganze Gesicht. »Das wäre toll! Einfach toll!« Er schlang die Arme um Grace. »Vielen Dank.«

»Bedank dich lieber bei dem da«, rügte sie ihn sanft. »Er ist derjenige, der dich bezahlt.«

»Danke, Dugan.« Liam drückte den großen Mann.

»Du musst dich natürlich erst mal waschen, Junge«, sagte Dugan schroff, um seine Rührung zu verbergen. »Mit dem Gestank vertreibst du uns ja noch alle Gäste.«

Liam lachte. »Geht klar. Wann fange ich an?«

»Sofort. Deshalb marschierst du jetzt am besten mit Grace zu deinem Dad und redest mit ihm.«

»Hurra!« Mary Kate warf begeistert die Hände in die Luft, worauf sich die anderen zu ihr umdrehten und in lautes Lachen ausbrachen.

Liam und Grace machten sich trotz der Hitze gleich auf den Weg. Während sie nach tollwütigen Hunden und frei laufenden Schweinen Ausschau hielten, wechselten sie regelmäßig die Straßenseite, um möglichst im Schatten zu bleiben. Seit Wochen hatte es nicht geregnet, sodass die Pferdeäpfel am Straßenrand hart wie Ziegelsteine waren. Aus jeder Gasse schlug ihnen der Übelkeit erregende Geruch von ungereinigtem Abwasser entgegen. Das ungewöhnlich warme Wetter war für die Bewohner der Mietskasernen alles andere als eine Wohltat. Leinen voller Wäsche erstreckten sich von Straßenseite zu Straßenseite; ermattete

Frauen in ärmellosen Westen und müde Männer in Unterhemden saßen auf den Treppenstufen und rauchten oder unterhielten sich. Die einzige Abwechslung, die sich den meist arbeitslosen Menschen bot, war hin und wieder ein Unfall mit einem Pferdewagen auf der Straße oder ein ordentlicher Krach mit den Nachbarn. Bis auf die Kleinsten, die in der Sonne spielten, hatten sich alle in den Schatten zurückgezogen.

»Meinst du, dein Vater ist zu Hause?«, fragte Grace, als sie in die Orange Street einbogen.

»Er ist immer zu Hause«, erwiderte Liam bitter.

Sie kamen an einer Gruppe halb nackter Kinder vorbei, von denen einige Liam begrüßten und hinter ihnen herliefen, bis sie den heruntergekommenen Holzanbau am Ende der Gasse erreichten.

»Genug jetzt!« Damit verscheuchte Grace die Kinder, die daraufhin kreischend davonstürmten. Nur zwei kleine Mädchen blieben schüchtern stehen. Grace fischte einen Penny aus der Tasche und gab dem größeren der beiden die Münze. »Hier, kauft euch ein Eis«, flüsterte sie. »Aber nicht weitersagen.«

Dann stiegen Grace und Liam die Treppen hinauf. Der Junge lief durch den düsteren Gang voran und öffnete die Tür mit der Nummer 9.

»Wo warst du?«, brüllte Seamus Kelley und kam taumelnd auf die Beine. »Der Mieteintreiber war hier und …« In dem Moment entdeckte er Grace. »*Sie* schon wieder. Ich hab Ihnen doch gesagt, dass Sie ihn nicht haben können. Er gehört mir. Er ist ein Kelley.«

Seamus war betrunken, und Grace hatte keine Lust, mit ihm zu streiten. Sie öffnete ihren Geldbeutel und ließ die Münzen auf das Fass prasseln. Überrascht riss der Mann die Augen auf, musterte sie dann aber misstrauisch.

»Ich verkauf ihn nicht«, knurrte er.

»Nein, natürlich nicht«, sagte Grace rasch. »Ich möchte Ihnen ein Geschäft vorschlagen, Mister Kelley.«

Er berührte die Münzen mit seinen dreckigen Fingern, schob sie auf dem Holz hin und her. »Ich höre.«

»Jedes Mal, wenn Liam zu uns kommt, erledigt er ein paar Aufgaben für Mister Ogue«, log sie und wagte es nicht, den Jungen anzusehen. »Er arbeitet gut, deshalb hat Mister Ogue ihm eine

Stelle angeboten. Diese Summe hier entspräche seinem Wochenlohn«, fügte sie hinzu.

Kelley leckte sich die Lippen, zählte das Geld und dachte nach. »Jede Woche, sagen Sie?«

»Ja. Aber er müsste bei uns wohnen«, erwiderte sie mit fester Stimme. »Das Gasthaus hat sehr lange Öffnungszeiten, und wir können ihn nicht jeden Abend nach Hause begleiten.«

»Wer bringt mir das Geld?«

»Ich.«

»Und woher weiß ich, dass ich mich darauf verlassen kann?« Er bedeckte die Münzen mit der Hand.

»Ich bezahle im Voraus«, erklärte Grace ihm. »Dies hier ist der Betrag, den Liam nächste Woche verdient. Ich werde einmal wöchentlich vorbeikommen und Ihnen den Lohn im Voraus zahlen. Auf diese Weise gehen Sie keinerlei Risiko ein.«

Kelley musterte seinen Sohn. »Ich schätze, du bist ganz versessen darauf, stimmt's?« Er spuckte in die Ecke. »Kannst ja anscheinend gar nicht genug von ihnen kriegen.«

»Ja, Dad.« Liam trat einen Schritt vor. »Ich werde hart arbeiten, und du kannst jeden Penny haben.«

»Werden Sie noch was für Essen und Unterkunft abziehen?«

»Nein. Wir sorgen für ihn. Was er verdient, geht alles an Sie.« Grace widerstand dem Drang, sich Liam zu schnappen und wegzulaufen. »Sind wir uns einig?«

Kelley nahm die Münzen vom Fass und steckte sie in seinen Beutel. »Ja, das sind wir. Sag deinem alten Vater auf Wiedersehen, Junge.«

»Wiedersehen, Dad.« Liam reichte seinem Vater die Hand.

»Komm mich ab und zu mal besuchen.«

»Mach ich.«

»Und vergiss nicht, was ich für dich getan habe.«

»Nein, werd ich nicht.« Liam sah Grace an.

»Auf Wiedersehen, Mister Kelley«, sagte Grace und hatte plötzlich Mitleid mit dem abgehärmten Mann. »Wir sehen uns dann nächsten Samstag.«

»Ja, und jetzt verschwindet.« Er kehrte ihnen den Rücken zu und begann zu husten.

Grace und Liam legten die Strecke nach Hause im Laufschritt

zurück und wurden jubelnd von Dugan begrüßt, der mit einem groben Handtuch über der Schulter und einem Stück Seife in der Hand am Türrahmen lehnte.

»Ich wusste, dass der gütige Vater im Himmel auf unserer Seite steht«, lachte er. »In der Küche wartet schon die Badewanne auf dich. Das kalte Wasser wird dich an diesem heißen Tag erfrischen!«

Liam leistete keinerlei Widerstand; er blieb nur kurz bei Mary Kate stehen, um sie liebevoll an den Haaren zu zupfen.

»Ich muss noch mal los, um unser Abendessen zu besorgen«, erklärte Grace ihrer Tochter und gab ihr einen Kuss. »Möchtest du mitkommen?«

Mary Kate schüttelte den Kopf. »Zu warm. Außerdem ist Liam ja da!«

»Ich weiß.« Grace lächelte. »Viel Spaß, ihr beiden.«

Grace war lange nicht so froh gewesen wie an diesem Tag und beschloss, mit dem Pferdebus zum Hafen zu fahren, wo immer eine angenehme Brise herrschte. Sie schätzte dieses schnelle und bequeme Transportmittel sehr, auch wenn die Busfahrer für ihren rücksichtslosen Fahrstil berüchtigt waren. Sorgfältig legte sie das Entgelt in die Kiste, die der Fahrer von seinem erhöhten Sitz herabließ, und als sie sich ihrem Fahrtziel näherten, zog sie an einem Seil, das an seinem Bein befestigt war, damit er wusste, dass jemand aussteigen wollte.

Der Kai war noch ein ganzes Stück entfernt, doch das machte ihr nichts aus; sie genoss die kräftige, salzige Brise, die ihr ins Gesicht blies. Mister Hesselbaum würde zwar am Nachmittag mit seinem Wagen in ihre Straße kommen, aber sie zog es vor, so oft wie möglich selbst zum Hafen zu gehen und Lily zu besuchen. Auch wenn Grace sie nicht direkt als Freundin bezeichnen konnte – dazu war Lily viel zu zurückhaltend –, freute sie sich darauf, ihr vertrautes Gesicht zu sehen. Tara hatte sie miteinander bekannt gemacht, und anfangs hatte Lily Grace nie direkt in die Augen geblickt. Doch eines Morgens hatte Grace Liam und Mary Kate zum Hafen mitgenommen, und danach war das Eis gebrochen. Lily hatte ebenfalls zwei Kinder, einen Jungen und ein Mädchen, und seitdem gab es immer etwas, worüber sich die beiden Frauen unterhalten konnten.

Grace bahnte sich einen Weg zwischen den Menschentrauben hindurch und eilte in Richtung des Fischmarkts. Als sie den Stand von Jakob Hesselbaum erblickte, sah sie, dass Lily in ein Gespräch mit einem Kunden vertieft war. Zögernd näherte sie sich den beiden, da sie die augenscheinlich wichtige Unterredung nicht stören wollte, und blieb in gebührendem Abstand stehen. Während sie darauf wartete, dass sie als Nächste bedient wurde, wunderte sie sich über den vertraulichen Ton, in dem der Mann mit Lily sprach. Und plötzlich wusste sie, wer er war.

»Kapitän Reinders?«, fragte sie und trat einen Schritt vor.

Er drehte sich um, sah sie verblüfft an und zog dann seine Kapitänsmütze. »Missus Donnelly! Was für eine Überraschung! Was machen Sie denn hier?«

»Also, eigentlich wollte ich bei meiner Freundin Lily Free einen schönen Fisch kaufen.« Grace lachte. »Ich nehme an, Sie sind aus dem gleichen Grund hier?«

»Nein«, erwiderte Reinders, wogegen Lily gleichzeitig zustimmend nickte. Eine unbehagliche Stille entstand. »Missus Free ist eine alte Freundin. Ich wollte nur kurz guten Tag sagen«, erklärte er Grace und wandte sich dann an Lily. »Missus Donnelly ist mit der *Eliza J.* von Liverpool nach Amerika gekommen.«

»Das hat sie mir erzählt.« Lily nickte. »Aber ich wusste nicht, dass es Ihr Schiff ist, Käpt'n. Sie sah ziemlich abgemagert aus, als sie hier eintraf.«

»Eine harte Überfahrt«, erwiderte er knapp und blickte von einer Frau zur anderen. »Warum überrascht es mich nicht, meine Damen, dass Sie beide einander hier in New York gefunden haben?« Er lachte. »Wie geht es Ihnen, Missus Donnelly?«

»Danke, recht gut.« Grace nahm ihren Einkaufskorb in die andere Hand. »Und Ihnen, Käpt'n? Bleiben Sie ein paar Tage an Land?«

»Um genau zu sein, lege ich morgen schon wieder ab. Eine Tabakladung – kurz und schmerzlos.« Er warf Lily einen Blick zu, die kaum merklich nickte. »Übrigens habe ich meine Mutter besucht, Missus Donnelly, und ich habe ihr gesagt, dass sie das Ihnen zu verdanken hat.«

»Und Sie haben sich nicht überreden lassen, für immer auf die Farm zurückzukehren?«

Er lachte. »Nein. Sie hat es auch gar nicht versucht, obwohl die Zeiten hart sind.« Sein Gesicht wirkte plötzlich ernst. »Es war gut, dass ich sie besucht habe. Sie ist alt und gebrechlich, und ich schäme mich, dass ich nicht schon früher zu ihr gefahren bin. Ich danke Ihnen.«

»Ach, nichts zu danken«, winkte Grace ab.

»Wie geht es Liam?« Er ging einen Schritt zur Seite, damit ihr die Sonne nicht länger direkt in die Augen schien. »Haben Sie seinen Vater gefunden?«

»Leider ja, und es war nicht zu Liams Bestem«, gestand sie. Doch dann hellte sich ihre Miene auf: »Allerdings gibt es gute Neuigkeiten.« Sie drehte sich etwas zur Seite, um Lily in das Gespräch einzubeziehen. »Wir haben heute mit ihm vereinbart, dass Liam für Dugan im Harp and Hound arbeitet und den Lohn seinem Vater gibt. Dafür darf er wieder bei uns wohnen.«

»Gott sei Dank«, sagte Lily und holte ein Stück Kabeljau für Grace hervor. »Liam ist ein guter Junge, und Mary Kate hängt so an ihm.«

»Ich bin froh, dass sich alles zum Guten gewendet hat.« Reinders drehte seine Mütze in den Händen. »Spricht er manchmal noch von der *Eliza J.*?«

»Ständig.« Grace lächelte. »Er erzählt jedem davon, ob man es hören will oder nicht. In seinen Augen sind Sie ein Held.«

»Dann sollte ich ihn wohl besser nicht besuchen. Die Enttäuschung könnte sonst allzu groß sein.«

»Nein, nein. Bitte kommen Sie, wann immer Sie mögen. Liam würde sich sehr freuen, Sie wiederzusehen.«

»Ich würde ihn auch gerne noch mal sehen.« Er schwieg einen Moment und fragte dann: »Haben Sie in letzter Zeit noch irgendwelche Schwierigkeiten gehabt?«

»Nein«, versicherte sie ihm. »Ich bin nur eine von Tausenden irischer Witwen. Aber ich kann nicht nach Irland zurück. Im Augenblick jedenfalls nicht. Waren Sie noch mal dort?«

»In Irland?« Er schüttelte den Kopf. »Nein. Und das habe ich auch nicht vor. Ich möchte nie wieder für so viele Menschen die Verantwortung tragen müssen.«

»Ich warte sehnsüchtig auf Nachrichten«, erklärte sie ihre Frage.

»Wegen Ihres Sohnes«, erinnerte er sich. »Ist er noch immer nicht nachgekommen?«

»Nein – weder er noch mein Vater. Und bis auf einen einzigen Brief von meiner Freundin Julia Martin haben wir nichts mehr aus der Heimat gehört.« Ihre Miene verdüsterte sich. »Es heißt, in Cork sei es besonders schlimm, und genau dort sind die beiden.«

»Das tut mir leid«, sagte er. »Ich wünschte, ich könnte Ihnen helfen.«

»Sie könnten mich zurück über den Ozean bringen«, erwiderte sie halb im Scherz.

»Ich wünschte wahrhaftig, ich könnte es. Wenn die Möglichkeit bestünde, würde ich es sofort tun.«

»Ich weiß.« Sie kam sich töricht vor, dass sie überhaupt davon angefangen hatte. »Ach, es wird schon alles in Ordnung sein. Schließlich sind sie in Gottes Hand.«

»Wie wir alle, wenn ich mich recht entsinne«, neckte er sie. »Missus Free teilt diese Ansicht übrigens mit Ihnen.«

»Gottes Hände sind groß, Käpt'n.« Lily reichte Grace den in Zeitungspapier gewickelten Fisch. »Ich hab noch ein paar Garnelen dazugetan.«

»Danke, Lily.« Grace legte das Päckchen in ihren Korb. »Sean liebt Garnelen über alles.«

»Ihr Bruder?«, fragte Reinders.

Grace nickte. »Er ist ein gefragter Mann und hält ständig flammende Reden für Irland, auch wenn er in letzter Zeit ziemlich fromm geworden ist. Das passiert ihm öfter«, fügte sie mit einem ironischen Lächeln hinzu.

»Noch frommer als Sie?« Reinders heuchelte Überraschung.

Sie lachte. »Oh ja. Er steht der Kirche Jesu Christi der Heiligen der letzten Tage sehr nahe. Wissen Sie irgendetwas über diese Leute?«

»Nein, fast nichts«, gestand er. »Was war der Auslöser?«

»Eine Miss Marcy Osgoode, wenn Sie mich fragen. Aber er behauptet, es handele sich um spirituelle Erleuchtung.«

»Aha«, meinte Reinders trocken. »Kein Kommentar.«

»Sie müssen unbedingt mal abends in den Harp and Hound kommen, damit ich Sie zu einem Glas echten irischen Ale einladen kann; Dugan braut es selbst.« Sie wischte sich mit dem Handrücken über die Stirn. »Und vielleicht gebe ich Ihnen ja auch ein Abendessen aus. Als kleines Dankeschön.«

»Ich weiß nicht, ob ich mich in einem Raum voller Iren behaupten kann«, meinte er zweifelnd. »Fangen die nicht immer unvermittelt an zu singen und zu tanzen?«

»Ja, und sie geraten sich ständig in die Haare!« Grace lachte. »Aber ich habe überhaupt keinen Zweifel daran, dass Sie sich mühelos behaupten können, Käpt'n. Außerdem würde ich Ihnen gerne dabei zusehen, wie Sie eine Gigue aufs Parkett legen.« Ihre Augen funkelten vor Vergnügen.

Plötzlich erinnerte er sich wieder daran, wie diese Augen ständig die Farbe wechselten, von Blau über Grün zu Hellbraun mit goldenen Tupfen – genau wie die Sonne die Farbe der Wellen veränderte.

»Ich wäre vielleicht versucht, ein Tänzchen zu wagen, wenn Sie mitmachen«, hörte er sich selbst antworten, verstummte dann und lief rot an. *Herr im Himmel, Reinders,* tadelte er sich selbst, *ist das alles, was du an Charme zu bieten hast?* Er sah Lily an, die jedoch den Kopf gesenkt hielt.

»Ich habe seit dem Tod meines Mannes nicht mehr getanzt«, gestand Grace. »Aber ich weiß, dass ich es eines Tages wieder versuchen sollte.«

»Morgen früh läuft die *Eliza J.* aus«, entschuldigte Reinders sich. »Aber sobald ich wieder zurück bin, komme ich vorbei ... um den Jungen zu besuchen.« Er blickte hinüber zu den Schiffen und den Seeleuten, die über die Kaianlagen streiften, und dann fragte er mit eindringlicher Stimme: »Erinnern Sie sich noch an Marcus Boardham, den Schiffssteward?«

»Wie könnte ich ihn je vergessen?«, entgegnete Grace ernst.

»Stimmt. Ich bin hinauf nach Boston gesegelt und habe ihn dort abgesetzt, aber es besteht Grund zu der Annahme, dass er jetzt hier in der Stadt ist.« Reinders zögerte einen Moment. »Einer meiner Männer – Tom Dean – wurde umgebracht, und die Beschreibung des Täters passt auf Boardham. Falls Sie ihm je begegnen sollten, müssen Sie unbedingt das Weite suchen. Versprechen Sie mir das?«

»Ja«, sagte sie entschlossen. »Und was ist mit dem Schiffsarzt?«

»Der wird keine Schwierigkeiten machen. Wir haben ihm ein wenig die Flügel gestutzt und ihn dann mit ein paar mahnenden Worten von Bord geschickt. Außerdem wird sich jemand seines Standes nicht häufig in Ihrem Viertel rumtreiben, im Gegensatz zu solchen Ratten wie Boardham. Nichts für ungut«, fügte er hinzu. »Im Übrigen glaube ich nicht, dass Draper Sie so leicht wiedererkennt – Sie haben sich verändert.«

»Tatsächlich?« Verlegen berührte sie ihr Gesicht.

»Sie waren schrecklich dünn.«

»Stimmt!«, platzte Lily heraus, beschäftigte sich dann aber wieder geflissentlich mit ihrem Verkaufsstand.

»Ja, dünn und blass und mit dunklen Ringen unter den Augen. Und immer das Tuch um den Kopf. Jetzt sehen Sie viel besser aus.« Er betrachtete sie anerkennend; ihr wohlgeformtes Gesicht war mit Sommersprossen übersät, und in ihren dunklen Haaren schimmerten rote Strähnen. »Wirklich. Sehr viel besser. Ihre Wangen und Ihre …« Hilflos fuchtelte er mit den Händen. »Und Sie haben ordentlich zugenommen.« *Oh Gott, Reinders*, sagte er zu sich selbst, *halt endlich den Mund!*

»Vielen Dank.« Grace biss sich auf die Lippe und versuchte, nicht zu lächeln.

Reinders kam sich vor wie ein Idiot. Da er sich nichts mehr zu sagen getraute, fummelte er an seiner Kapitänsmütze herum, vermied jeglichen Blickkontakt mit diesen eindrucksvollen Augen und setzte die Mütze schließlich wieder auf.

»Sicher müssen Sie noch viele Vorbereitungen für die Reise treffen«, sagte Grace, um ihm aus seiner Verlegenheit zu helfen.

»Stimmt. Es ist schon ziemlich spät.« Er schaute zur Sonne hoch. »Es freut mich, dass wir uns wiedergesehen haben, Missus Donnelly. Viele Grüße an Mary Kate und Liam, und bitte richten Sie ihnen aus, dass ich vorbeikomme, sobald ich zurück bin.« *Falls ich den Mut dazu habe*, fügte er in Gedanken hinzu.

»Aber, Käpt'n, Sie brauchen doch keine Angst zu haben.« Lächelnd reichte sie ihm die Hand. »Gute Reise und hüten Sie sich vor Eisbergen.«

Er musste lachen und hielt ihre Hand einen Moment lang fest. »Es war mir ein Vergnügen, Missus Donnelly.« Dann wandte er sich an Lily: »Ich schaue vor der Abfahrt noch mal kurz vorbei.«

Mit großen Schritten hastete er den Kai entlang, sodass entgegenkommende Passanten ihm eilig Platz machten und sich dann umdrehten, um diesem großen, eindrucksvollen Mann hinterherzusehen, der leise vor sich hin fluchte.

»Er ist nicht wie andere Männer«, bemerkte Lily.

»Nein.« Grace blickte ihm nach. »Das ist er wirklich nicht.«

Marcus Boardham liebte seine neue Aufgabe so sehr, dass er schon frühmorgens seine erste Runde machte. Und bei dieser Gelegenheit entdeckte er eines Tages Missus Donnelly, die eine der Mietskasernen in der Orange Street betrat. Ja, wusste sie denn nicht, dass dies eine gefährliche Gegend war, fragte er sich selbst. Rasch duckte er sich in den Schatten am Ende des Ganges. Hier widerfuhren Frauen doch ständig schlimme Dinge, ging es ihm durch den Kopf, und er leckte sich genießerisch die Lippen. Vielleicht nicht gerade am Samstagvormittag, wenn alle ihren Rausch ausschliefen, aber trotzdem, dies war kein Ort für eine Dame. Er beobachtete, wie sie an einer der Türen klopfte, eintrat und nur wenige Minuten später wieder herauskam. Im ersten Moment wollte er ihr folgen, aber das Risiko, gesehen zu werden, erschien ihm dann doch zu groß. Er behielt gern die Fäden in der Hand. Der Säufer aus Nummer 9 würde ihre Adresse schon wissen, dachte er, und es wäre ein Leichtes, ihn zum Reden zu bringen.

»Hallo, alter Säufer.« Mit einem Fausthieb stieß Boardham die Tür auf und lachte hämisch. »Ich war grad in der Gegend.«

»Ich hab diesen Monat schon gezahlt.« Kelley schlurfte in die Ecke, doch Boardham hatte den Beutel in seiner Hand bereits gesehen.

»Was haben wir denn hier?« Mit zwei Schritten durchquerte Boardham den Raum und riss ihm das Säckchen aus der Hand. »Geld? Woher hast du das?«

»Es gehört meinem Jungen«, jammerte Kelley. »Geben Sie's wieder her!«

»Deinem Jungen, ja?« Boardham hielt den Beutel gerade außerhalb von Kelleys Reichweite. »Was treibt er denn so, dein Junge, dass er so viel Geld verdient?«

»Warum wollen Sie das wissen?«

»Es ist meine Aufgabe, alles zu wissen.«

»Er arbeitet in einem Wirtshaus, räumt auf und putzt und so was.« Kelley versuchte, nach dem Beutel zu schnappen, doch Boardham war schneller.

»Welches Wirtshaus?«

»Das Harp and Hound, in der Nähe vom Hafen. Wird von 'nem Boxer geführt«, fügte Kelley herausfordernd hinzu. »Mighty Ogue. Ein riesiger Kerl. Dem wird es gar nicht gefallen, dass Sie das Geld von meinem Jungen stehlen.«

»Ich stehle es ja gar nicht«, erwiderte Boardham leichthin. »Ich halte es nur für einen Moment. Also …« Er lehnte sich gegen die Wand. »Wer ist die Frau, die dir das Geld bringt?«

»Weiß ich nicht«, log Kelley. »Irgend so 'ne Frau, die für Ogue arbeitet.«

»Falsche Antwort.« Boardham öffnete den Beutel, nahm ein paar Münzen heraus und steckte sie in seine Tasche. »Versuch's noch mal.«

»Okay, okay. Liam nennt sie Grace. Grace Donnelly.«

Und plötzlich fiel es Boardham wie Schuppen von den Augen. »Jetzt verstehe ich: Dein Sohn ist Liam Kelley. Natürlich. Und er wohnt bei Missus Donnelly. Du bist Liam Kelleys Vater.«

Kelley hatte den dringenden Verdacht, dass Boardham betrunken war – einer von ihnen beiden musste betrunken sein. »Ich bin krank«, erklärte er. »Für den Jungen ist es besser, wenn er bei denen wohnt und seinen Lebensunterhalt verdient.«

»Und deinen gleich mit.«

Der alte Mann schwieg.

Einen Moment lang verharrte Boardham regungslos, dann warf er Kelley unvermittelt den Beutel zu. »Mehr wollte ich gar nicht wissen«, sagte er freundlich. »War nett, mit dir zu plaudern.«

Als er die Tür hinter sich geschlossen hatte, hörte Boardham, wie Kelley sich auf sein Strohlager fallen ließ. Der Mieteintreiber grinste, tätschelte die Münzen in seiner Tasche und überlegte genüsslich, was er mit dieser Information anfangen würde. Callahan brauchte nicht sofort davon zu erfahren, beschloss er. Zuerst einmal würde er Missus Donnelly einen kleinen Besuch abstatten.

26

Mit einem Kleid über dem Arm betrat Grace das Mansardenzimmer.

»Wie gefällt dir das hier?« Sie hielt es hoch. »Es ist das alte Kleid, aber ich habe einen neuen Kragen und Ärmel drangenäht, jetzt wo es wieder kühler wird. Meinst du, das geht? Für das Fest von Florence am Samstagabend?«

Sean legte die Zeitung beiseite. »Ach, Grace, es tut mir leid, aber ich kann nicht mitkommen. Ich bin den ganzen Tag unterwegs, und am Abend hält Mister Osgoode eine Versammlung ab, bei der ich unbedingt dabei sein muss.«

Enttäuscht verzog Grace das Gesicht. »Und wann genau wolltest du mir das mitteilen, Sean O'Malley? Morgen ist doch schon Samstag, oder etwa nicht?«

»Stimmt«, gab er reumütig zu. »Entschuldige bitte, aber ich habe selbst erst heute Morgen davon erfahren. Marcy hat mir nach dem Frühstück eine Nachricht zukommen lassen.«

Grace versuchte, ihren Ärger zu verbergen. »Willst du mir damit sagen, Sean, dass du ein wundervolles Fest sausen lässt, obwohl du bereits zugesagt hast, nur um an einer weiteren Versammlung der Heiligen der letzten Tage teilzunehmen? Und was ist mit deinen Freunden?«

»Die Heiligen der letzten Tage sind meine Freunde«, erwiderte er entrüstet.

»Aber nicht die Sorte von Freunden, die dir Arbeit verschaffen oder sich um deine Zukunft kümmern«, entgegnete Grace aufgebracht.

»Da irrst du dich!« Er stieß mit dem Finger in die Luft. »Sie kümmern sich um meine Zukunft – meine Zukunft im Himmel, und die ist wesentlich wichtiger. Gott sagt, man soll seine Reichtümer im Himmel anhäufen, nicht auf Erden.«

»Wenn du sie im Himmel anhäufst, wie kommt es dann, dass es dich hier unten auf Erden so viel kostet?« Grace warf das Kleid über einen Stuhl in der Ecke und stemmte die Hände in die Hüfte. »Du nimmst jedes Mal Geld mit, wenn du zu ihnen gehst, und kehrst mit leeren Taschen zurück.«

Seans Gesicht lief feuerrot an. »Dir fehlt es doch an nichts, oder?« Er stand auf und verzog das Gesicht, als er sich die Hüfte an der Tischkante stieß. »Oder reicht das Geld, das ich mit nach Hause bringe, etwa nicht für Essen und Kleidung und sogar zum Durchfüttern eines Jungen, der noch nicht mal zur Familie gehört?«

»Schäm dich, Sean O'Malley.« Angewidert schüttelte sie den Kopf. »Du weißt, dass ich für alles, was du tust, sehr dankbar bin; darum geht es gar nicht. Aber hast du das nicht alles schon mal mitgemacht? Warst du nicht schon Katholik und Protestant, Quäker und Freimaurer? Was ist mit deinen Freunden – Quinn und Cavan, Danny Young? Siehst du sie überhaupt noch?«

»Danny hat mich doch überhaupt erst zu den Heiligen der letzten Tage gebracht!«, erinnerte er sie. »Sein Onkel kannte Joseph Smith persönlich, aus seiner Zeit als Freimaurer, als er das Buch übertrug!«

»Welches Buch?«

»Das Buch Mormon natürlich!« Er wühlte in den Stapeln auf seinem Tisch herum und zog ein abgegriffenes, mit Lesezeichen gespicktes Buch hervor. »Was glaubst du denn, was ich tagein, tagaus lese?«

»Die Bibel«, erwiderte sie verwirrt. »Da liegt sie doch.«

»Ja, ich habe auch in der Bibel gelesen«, räumte er ein. »Aber vornehmlich in dem Buch, das dort ansetzt, wo die Bibel aufhört.«

Grace musterte ihn misstrauisch. »Was meinst du mit ›aufhört‹?«

»Das Buch Mormon berichtet von der Zeit, als Christus hier in Amerika war und unter den Ureinwohnern weilte.« Sean beugte sich vor; in seinen Augen leuchtete ein Feuer, das Grace an seinen alten religiösen Eifer erinnerte.

»Pah!«, rief sie. »Die Bibel ist das Heilige Wort Gottes, und am Ende steht nichts von ›Fortsetzung folgt‹ oder so.«

Sean musste unwillkürlich lachen. »Aber denken nicht die Juden genauso über das Neue Testament? Nur weil *du* nicht daran glaubst, heißt das noch lange nicht, dass es sich nicht um das Wort Gottes handelt.«

»Oder um das Wort eines Scharlatans«, erwiderte sie. »Ich weiß über deinen Joseph Smith Bescheid, Sean. Er war ein Seher, der nach den Schätzen anderer Leute grub, des Betruges und der Fälschung schuldig, und den man schließlich erschoss – und zwar bei einem Fluchtversuch aus dem Gefängnis, in dem er und sein Bruder auf ihren Prozess warteten.«

»Er und Hyrum waren Märtyrer«, meinte Sean empört. »Der Satan ist ständig bemüht, die Wahrheit von uns fern zu halten.«

»Und vielleicht ist ihm das ja gelungen, indem er dafür sorgte, dass dein Smith im Handumdrehen zum Propheten erklärt wurde«, hielt sie dagegen.

»Grace!« Gekränkt streckte er ihr die Hände entgegen. »Warum streiten wir uns überhaupt darüber?«

Sie verschränkte die Arme und ließ die Schultern hängen. »Ich weiß es nicht. Das Ganze ergibt für mich keinen Sinn. Es macht mir sogar Angst.«

»Aber warum?«

»Wahrscheinlich, weil du klüger bist als ich, Sean – du gibst den Weg vor, und ich folge dir. Aber diesen Weg will ich nicht beschreiten; es scheint mir der falsche zu sein.«

»Aber warum hast du denn nicht schon früher was gesagt?«

Grace runzelte verlegen die Stirn. »Weil ich nicht erkannt habe, dass es dir ernst damit ist. Ich dachte immer, du würdest dich nur für Miss Osgoode interessieren. Jedenfalls ist sie sehr an dir interessiert.«

»Dann hast du also geglaubt, ich würde nur zu den Versammlungen gehen, um Marcy den Hof zu machen?«

»Ja«, gestand sie. »Ich bin davon ausgegangen, dass du sie irgendwann von diesen Leuten weglotsen würdest. Ich wäre nie auf die Idee gekommen, dass sie dich da hineinziehen könnte.«

Sean schüttelte den Kopf, und Grace fürchtete, er würde wieder wütend werden. Doch stattdessen lachte er.

»Also, so ganz Unrecht hast du nicht. Noch nie hat eine Frau mir so viel Aufmerksamkeit geschenkt wie Marcy, und ich muss gestehen, es gefällt mir. Sie scheint das hier gar nicht wahrzunehmen …« Er zuckte mit seiner verdrehten Schulter. »Und das zu kurze Bein stört sie auch nicht. Es bedeutet mir sehr viel, Grace, dass eine Frau über diese Behinderungen hinwegsehen kann.«

»Ich weiß«, sagte sie zerknirscht. »Und wenn sie dich aufrichtig liebt und du sie auch liebst, dann freue ich mich für euch beide.«

»Sie liebt mich wirklich.« Er schwieg einen Moment. »Aber ich bin Christ.«

»Natürlich bist du das! Sie denn nicht auch?«

Er schüttelte den Kopf. »Gott hat Joseph Smith aufgetragen, eine neue Kirche zu gründen, weil die alte korrupt und zersplittert ist; die Heiligen der letzten Tage sind die wahren Gläubigen. Alle anderen, einschließlich der Juden, sind Ungläubige.«

»Ach Sean, jetzt jagst du mir schon wieder Angst ein. Soll das heißen, dass du Miss Osgoode nicht heiraten kannst, solange du den Heiligen der letzten Tage nicht angehörst?«

Er nickte zögerlich.

»Willst du sie denn heiraten?«

»Vielleicht. Ich glaube, ich fange an, mich in sie zu verlieben. Aber der Beitritt zu ihrer Kirche wäre eng verbunden mit meiner Liebe zu Gott, Gracie. Es ginge nicht darum, eine Ehefrau zu finden.«

Sie betrachtete das vertraute Gesicht ihres Bruders, die Brille, die ihm vorn auf die Nase gerutscht war. »Ich möchte, dass du glücklich bist, Sean«, sagte sie vorsichtig. »Aber ich möchte dich auch nicht verlieren. Ich bin noch nicht bereit, dir zu folgen, und werde es möglicherweise niemals sein. Was dann?«

»Die Heiligen der letzten Tage kümmern sich um ihre Angehörigen«, erwiderte er leise, aber mit ruhiger Gewissheit. »Ich werde dich nicht allein lassen, egal, was kommt.«

»Kannst du mir das wirklich versprechen?«

»Ja«, sagte er. »Und versprichst du mir im Gegenzug auch etwas?«

Sie nickte.

»Wirst du es dir wenigstens mal überlegen? Kommst du wenigstens ein Mal zu einer Versammlung mit, um diese Menschen kennen zu lernen und dir selbst ein Urteil zu bilden? Und blätterst du vielleicht sogar mal hier drin?« Er hielt das zerlesene Buch hoch.

Nein, sagte ihr Herz. Nein, nein, nein. Schweigend sahen sie einander an.

»Also gut«, sagte sie schließlich, aus Furcht, ihn sonst zu verlieren. »Ich denke darüber nach.«

Er setzte sich wieder und griff nach der Zeitung. »Das wäre schön, Grace. Wirklich schön. Und natürlich gehst du morgen zum Fest von Florence, auch wenn ich nicht dabei bin.«

»Aber das geht doch nicht!«, protestierte sie. »Ich kann doch nicht allein da hin!«

»Jay kommt morgen direkt vom Club hierher, um uns abzuholen. Er kann dich mitnehmen. Es wird dir gut tun, mal auszugehen und auf andere Gedanken zu kommen«, beharrte er. »Außerdem brauche ich dich dort, damit sie nicht hinter meinem Rücken über mich lästern können.« Er zwinkerte ihr zu.

Hin- und hergerissen, biss sie sich auf die Lippe.

»Es wäre doch schade um die ganze Mühe, die du dir mit dem Kleid gemacht hast«, versuchte er sie zu überreden. »Stundenlange Näharbeiten, die Ausgaben für den Spitzenbesatz …«

»Schon gut, schon gut.« Sie hob eine Hand. »Ich gehe ja hin. Aber nicht wegen des Kleides. Sondern nur, weil ich dort vielleicht ein paar von diesen Transzendentalphilosophen und Shakern, Freimaurern und Theosophen kennen lerne und sie mir eventuell helfen können, dich zu verstehen.«

»Das hoffe ich sehr.« Sean lachte und schob seine Brille hoch.

»Pah«, meinte Grace nur und verließ das Zimmer.

»Ich habe eine Überraschung für euch«, wandte Grace sich an Liam und Mary Kate, als sie am nächsten Morgen von ihrem Besuch in der Orange Street zurückkehrte. »Dugan hat uns heute freigegeben, und vielleicht nehme ich euch beide ja mit zu einer Geburtstagsfeier!«

Die Kinder starrten sie mit offenen Mündern an.

»Wenn ihr mir heute Vormittag helft, ein paar Vorbereitungen zu treffen, damit Dugan nicht alles alleine machen muss, könnten wir am Nachmittag in die Stadt gehen und danach …« – sie machte eine dramatische Pause – »… Lily und ihre Kinder im Park zu einem Picknick treffen. Die Zwillinge haben nämlich Geburtstag. Was meint ihr?«

Liam und Mary Kate brachen in Jubelschreie aus und schlangen die Arme um sie – der Junge um ihre Taille, das Mädchen um ihre Beine. Grace drückte sie fest an sich. Die Freude der beiden erwärmte ihr Herz; sie waren wirklich liebe Kinder.

Gemeinsam räumten sie auf und wischten den Boden, und danach backte Grace zahlreiche Brote, die Dugan am Abend zusammen mit Käse, Wurst und Soleiern als herzhaften Imbiss anbieten würde. Dann packte sie einen Korb für das Picknick, band sich ein Tuch um den Kopf und schickte Liam und Mary Kate noch einmal nach oben, damit sie sich wärmere Mützen holten. Denn trotz des strahlend blauen Himmels wehte bereits ein unangenehm kühler Oktoberwind, der an der leuchtend bunten Herbstpracht der Bäume zerrte.

»Wo gehen wir zuerst hin?«, fragte Liam, der neben ihr herlief.

Der Junge braucht bald wieder neue Stiefel, dachte Grace, als sie sah, wie sich seine alten an den Seiten ausbeulten und vorne schon fast durchgewetzt waren. Neue Stiefel, neue Hose, neuer Wintermantel. Das Gleiche galt für Mary Kate, die jetzt in einem erstaunlichen Tempo wuchs. Auch Liams Vater musste weiterhin sein Geld bekommen, selbst wenn die Einnahmen im Gasthaus während der Wintermonate etwas zurückgehen würden. Nicht zu vergessen ihr eigener Vater und ihr Baby – das inzwischen kein Baby mehr war.

»Mam?« Mary Kate zupfte an ihrem Mantel.

»Hm?« Grace schob die Sorgen beiseite, die ihr schon so viele schlaflose Nächte bereitet hatten. »Ach ja, wir gehen zum Broadway und schauen uns eine Ausstellung mit Daguerreotypien an.«

»Was?« Liam blinzelte sie verwirrt an.

»Bilder, die von einem Mann mit einer Kamera angefertigt wurden«, erklärte sie. »Ein ganz berühmter Mann, noch dazu Ire. Er heißt Matthew Brady, und sein Name stand in allen Zeitungen.

Man nennt ihn auch den ›Brady vom Broadway‹, da er Aufnahmen von berühmten Leuten macht.«

Sie wollte gerne, dass die Kinder bedeutende Iren kennen lernten, Iren, die es zu etwas gebracht hatten – als Ausgleich zu all den Vorurteilen, denen sie tagtäglich begegneten. Doch ihre Gesichter verrieten ihr, dass sie noch überlegten, ob dieses Vorhaben nicht furchtbar langweilig zu werden versprach.

»Die Daguerreotypie ist etwas vollkommen Neues«, fuhr Grace fort. »Und da wir abenteuerlustige Großstädter sind, sollten wir vor neuen Dingen keine Angst haben.«

Das genügte, um Liam bei seinem Stolz zu packen: Er richtete sich zu voller Größe auf und warf sich in die Brust.

»Wer sagt, dass ich Angst habe?«, rief er. »Ich fürchte mich doch nicht vor Bildern! Los, die sehen wir uns an! Angst vor ein paar alten Bildern«, murmelte er vor sich hin. »Pah!«

»Pah!«, imitierte Mary Kate Liams Empörung.

Grace lächelte, während sie die Kinder durch die engen Straßen zu einem breiten Boulevard führte. Dort angekommen, zog sie sie rasch vom Straßenrand fort, weg von den gefährlich schnellen Pferdedroschken und Kutschen, dem hektischen Verkehr.

Schließlich erreichten sie den Broadway und entdeckten in den Schaufenstern von Gurney's, Edward's und Anthony's Fotografien berühmter, gefeierter Leute.

»Die sind von Mister Brady«, sagte Grace, und die Kinder blieben pflichtbewusst stehen, um die Bilder zu bewundern.

Nach einer Weile erreichten sie ein Gebäude an der Kreuzung Broadway und Fulton Street, gingen hinein und stiegen die Treppen hinauf bis zum obersten Stockwerk, wo sich die *Daguerrean Miniature Gallery* befand.

»Nichts anfassen«, sagte der dünne, penible Wärter hinter dem Tisch und musterte vor allem Liam. »Und nicht rumtrödeln. Immer schön in der Reihe bleiben und zügig weitergehen.«

Grace nickte und führte die Kinder ans Ende einer langen Menschenschlange, die sich langsam in Richtung eines großen Raums bewegte. Auf einer Staffelei stand ein Plakat mit einer Skizze von Brady und ein paar Sätzen zu seinem Leben und Werk. Leise las Grace den Kindern den Text vor, ließ aber die Passage aus, die besagte, dass Brady keine gewöhnlichen Arbeiter fotografierte, jedoch Studien von Insassen des Zuchthauses auf Blackwell's Island angefertigt hatte – für ein Buch zum Studium der Schädelformen. Denn das erinnerte sie zu sehr an Doktor Draper und verpasste ihrem Stolz auf den Iren Matthew Brady einen kleinen Dämpfer.

Die Bilder waren sehr gelungen, und Grace fühlte sich besonders von den Frauen angezogen, von ihrem zuversichtlichen Lächeln, ihrer eleganten Kleidung und ihrer faszinierenden Ausstrahlung. Vor allem die Augen zogen sie in den Bann; sie wirkten so echt, so lebendig und doch zurückhaltend. Grace beugte sich vor, sah direkt hinein und versuchte, einen Blick auf die Seele dieser Frauen zu erhaschen, sich ein Bild von ihrem Leben zu machen und zu verstehen, was es bedeutete, Amerikanerin zu sein. Ihr forschender Blick durchdrang die von den Frauen nach außen hin aufgebaute schützende Mauer und erkannte ihr wahres Ich.

Diese Dame beispielsweise – eine berühmte Theaterschauspielerin mit elegantem Kleid, kostbaren Ohrringen und Perlenketten – hatte in ihrer Jugend zahlreiche Verehrer gehabt, viele Geliebte und drei Schwangerschaften, die sie ohne langes Zögern hatte abbrechen lassen; das sah Grace ganz deutlich. Später hatte sie endlich die Liebe ihres Lebens gefunden, war aber nicht in der Lage gewesen, ihm die Kinder zu schenken, nach denen er sich so sehnte. Die Ironie des Schicksals war ihr nicht entgangen, und ihre Verbitterung darüber hatte ihn fortgetrieben. Sie wurde von Tausenden von Verehrern geliebt, aber nicht von ihm. Ihr Schmerz zeigte sich in der Tiefe ihrer Augen und in den feinen Linien, die sich von ihren Mundwinkeln nach unten zogen, auch wenn sie selbstsicher in die Kamera lächelte.

Neben ihr hing das Bildnis eines wohlhabenden Mannes, der Millionen von Dollar durch den An- und Verkauf von Grundstücken verdient hatte. Er war elegant gekleidet und hatte eine Hand in die Tasche gesteckt, während die andere auf einem reich verzierten Gehstock ruhte. Sein Gesicht verbarg sich hinter einem dichten Bart, und dunkle Brauen überschatteten die wachsamen Augen, in deren Inneres Grace nur mit äußerster Konzentration vordringen konnte. Dort stand er, der kleine Junge mit seiner Mutter, aus dem Haus gesetzt, im eisigen Winter bettelnd auf der Straße. Und dort war er erneut: am Ende einer dunklen Gasse, über den leblosen Körper der Mutter gebeugt, um den leise herabrieselnden Schnee von ihrem Gesicht fern zu halten. Inzwischen war er zu einem Mann herangewachsen, dem Reichtum alles bedeutete und der seinen nagenden inneren Hunger mit Ländereien zu stillen versuchte, die er kaufte und wieder veräußerte, immer auf der Suche nach mehr – mehr Land, mehr Geld –, damit ihm die Winternächte, in denen es schneite, nicht die Luft nahmen; damit er vor einem warmen Kaminfeuer sitzen, seinen Brandy trinken und feine Speisen genießen konnte; und damit er sich sagen konnte: Dies ist mein wahres Ich, nicht der Knabe von damals. An die Bettler im Schnee vergeudete er keinen Gedanken; er sah ihnen niemals ins Gesicht und schon gar nicht in die Augen. Denn er hasste sie, vor allem die kleinen Jungen, weil sie ihn an all die Dinge erinnerten, die er in seiner Verzweiflung getan hatte, um etwas zu essen zu bekommen. In seinen Augen lag noch viel mehr, doch Grace verspürte nicht den Wunsch, tiefer hineinzusehen.

Mit den Kindern im Schlepptau, trat sie ein paar Schritte zurück und betrachtete die Fotografien aus größerer Entfernung. Doch selbst von dort aus konnte sie das wahre Ich der Menschen noch erkennen – Waisenkinder, Prostituierte, Spieler, Lügner, Betrüger, Propheten, Gelehrte, duldsame Arbeiter und auch Heilige. Der wohlhabende Mann und seine Frau, die leicht verlegen zur Seite blickten, finanzierten eine Privatklinik für junge, in Not geratene Frauen – Mädchen, die kurz vor der Niederkunft standen und nicht wussten, wohin sie sich wenden sollten. Die beiden versorgten die jungen Mütter nicht nur mit Geld, sondern kümmerten sich auch um sie, besuchten sie und redeten mit ihnen, sahen sich nach einem guten Zuhause für die Neugeborenen um und halfen den Mädchen wieder auf die Beine, damit sie ein neues Leben beginnen konnten. Grace konnte der Versuchung nicht widerstehen und ging näher heran, um der Frau in die Augen zu sehen – und dort war sie, die Tochter, deren Verehrer die Eltern abgewiesen hatten, deren Kummer sie ignoriert hatten, die Tochter, die eines Tages einfach verschwunden war, weil sie ein Kind unter dem Herzen trug.

Grace ging zügig mit den anderen Besuchern weiter und hütete sich davor, die Bilder von Bischöfen und Richtern näher zu betrachten, obwohl der strengste und würdevollste unter ihnen einen ganz schwachen Heiligenschein besaß. Sie hatte gar nicht gewusst, dass beim Anfertigen dieser Bilder so viel von der Seele des Fotografierten eingefangen wurde, und sie fragte sich, was ihr eigenes Abbild womöglich denjenigen preisgab, die genau hinsehen konnten.

»Ich glaube, das reicht jetzt.« Liam und Mary Kate war durch die Enge und Wärme des Raums und all die starrenden Augen schon leicht schwindelig. Grace führte sie wieder die Treppe hinunter, knöpfte ihnen die Mäntel zu und setzte ihnen die Mützen auf, bevor sie auf die Straße hinaus traten.

»Und, wie hat es euch gefallen?« Der schneidende Wind machte sie wieder munter.

»Sind das alles reiche Leute?«, fragte Liam. »Sie sehen reich aus.«

»Die meisten sind ziemlich berühmt, und mit dem Ruhm kommt häufig auch der Reichtum.«

»Wofür sind sie berühmt?«

»Manche sind hervorragende Sänger oder Bühnendarsteller«, erklärte Grace. »Andere sind Sportler oder Politiker, Schriftsteller oder Erfinder. Einige haben hohe Gebäude errichtet oder wichtige Entdeckungen gemacht. Und wieder andere haben mit Geschäften viel Geld verdient.«

»Man kann berühmt sein, weil man viel Geld verdient?«

Grace zuckte die Achseln. »Geldverdienen ist ein Talent wie jedes andere, und viele Menschen interessieren sich für diese Gabe am meisten.«

Während sie in Richtung des Parks gingen, bemerkte Grace, dass Mary Kate ihre Hand fester als sonst umklammerte und ein ernstes Gesicht zog.

»Und wie fandest du die Bilder, Süße?«

»Traurig«, erwiderte das Mädchen mit leiser Stimme.

Grace blieb stehen und beugte sich zu ihr hinunter. »Warum?«

»Ich weiß nicht. Sehen die Menschen wirklich so aus?«

»Nicht immer. Sie haben sich für die Kamera fein gemacht.«

»Ich meine die Gesichter.« Mary Kate sah ihre Mutter direkt an. »Die Augen.«

»Ah, verstehe.« Grace nickte. »Manche waren nicht so traurig wie andere.«

»Nein?«

»Nein. Und wenn du älter bist, erkläre ich dir auch, was das bedeutet, damit es dich nicht belastet.«

Mary Kates Züge entspannten sich, und sie streichelte ihrer Mutter die Wange. »Können wir jetzt in den Park gehen?«

Grace nahm beide Kinder an die Hand, und gemeinsam marschierten sie den Broadway hinauf, überquerten die Chambers Street und wandten sich in Richtung der Reade Street. Vor einem fünfgeschossigen Gebäude, das mit weißem Marmor verkleidet war und dessen obere Stockwerke von massiven korinthischen Säulen getragen wurden, blieben sie stehen. In den großen Schaufensterscheiben spiegelte sich das strahlende Sonnenlicht.

»Wer wohnt denn hier?«, fragte Liam atemlos.

Grace lachte. »Das ist ein Geschäft.«

»Ein Geschäft?«, kiekste er. »Was für ein Geschäft?«

»Ein Kaufhaus mit unterschiedlichsten Waren.« Sie warf einen Blick durch das Schaufenster. »Kleidung, Stiefel, Hüte, Parfüm, Spielzeug …«

»Spielzeug?«, unterbrach er sie.

»Ja.« Als sie sein Gesicht sah, musste sie lachen. »Dieses Warenhaus wird ›Marble Palace‹ genannt, Marmorpalast. Erinnert ihr euch noch an die erste Fotografie, die wir gesehen haben, von diesem großen Mann, der in einem Polstersessel saß?«

Beide Kinder nickten.

»Das war Mister Stewart, Alexander T. Stewart. Er hat das Kaufhaus bauen lassen. Die Menschen kommen von weit her, um es sich anzusehen. Es heißt, im Inneren sei es genauso schön.«

»Können wir hineingehen?«, fragte Liam hoffnungsvoll.

Grace biss sich auf die Lippe; schmerzhaft wurde sie sich ihrer geflickten Kleidung und der schmutzigen Stiefel bewusst. »Heute haben wir keine Zeit. Ein anderes Mal. Versprochen.«

Sie gingen weiter, doch Liam konnte kaum den Blick von diesem großartigen Bauwerk wenden. An der nächsten Kreuzung mussten sie stehen bleiben, um eine Lücke in dem dichten Verkehr aus Kutschen, Karren und Pferdeomnibussen abzuwarten.

Während die Kinder das Treiben auf der Straße beobachteten, fiel Graces Blick auf die Auslagen eines kleinen Bücherstands an der Ecke. Kurz nach ihrer Ankunft in New York hatte sie auf der Suche nach Lektüre für Sean oder vielleicht sogar für sich selbst das Angebot eines ähnlichen Standes durchstöbert, doch die reißerischen Titel wie *Bekenntnisse einer Kammerzofe, Aus dem Leben eines Butlers, Ihr intimstes Tagebuch* – ganz zu schweigen von den Zeitschriften mit Namen wie *Straße des Verbrechens, Berühmte Ganoven, Nationales Polizeiblatt* und *Großstadtleben* – hatten sie abgeschreckt. Als sie sich vertraulich an den Verkäufer wandte und ihn fragte, ob er nicht etwas anderes habe, etwas, das für ihren Bruder, einen jungen und sehr wählerischen Mann, vielleicht interessanter sei, musterte er sie wissend und reichte ihr ein Buch, das in gelbes Papier eingeschlagen war. Nur zehn Cent, hatte er gesagt – genau die Lektüre, die alle eleganten jungen Männer heutzutage läsen. Voller Stolz hatte sie das Buch unter dem Arm nach Hause getragen, ihr erstes Geschenk für ihren Bruder. Die Blicke der Männer, die ihr entgegenkamen, hatte sie irrtümlich als Bewunderung für ihre exquisite Anschaffung aufgefasst. Doch zu Hause angekommen, hätte ihre Verlegenheit kaum größer sein können: Beim Anblick der Verpackung brach Sean in Gelächter aus, nahm ihr das Buch sanft aus der Hand und erläuterte ihr, dass billige, exotische Romane eigentlich nur ein Deckmantel für das wesentlich lukrativere Geschäft dieser Buchhändler seien – erotische Schriften. Und als er versuchte, ihr möglichst taktvoll zu erklären, was darunter zu verstehen sei, starrte sie ihn peinlich berührt und verärgert an. Sean empfahl ihr, die Antiquariate auf der Nassau und der Pearl Street aufzusuchen oder die Buchhandlungen am Kanal, aber niemals die Bücherstände an den Straßenecken. Fortan mied sie diese wie die Pest, hielt die Kinder sorgsam davon fern und musterte jeden empört, der dort die Bücher und Zeitungen durchstöberte.

Schließlich konnten sie die Straße überqueren und liefen schnell um die Pfützen und Pferdeäpfel herum auf die andere Seite. Als sie den Park erreichten, verlangsamten sie ihre Schritte: Trotz der Kälte war es ein wunderschöner Oktobertag, und Grace genoss den Anblick des leuchtend bunten Herbstlaubs vor dem blauen, wolkenlosen Himmel und erfreute sich an den rosigen Wangen und funkelnden Augen der Spaziergänger. Männer und Frauen flanierten Arm in Arm über die Wege; Kindermädchen schoben Kinderwagen vor sich her oder saßen auf einer Bank und wiegten die ihnen anvertrauten Kleinen in den Schlaf; Ladenmädchen lustwandelten lachend und plaudernd in Gruppen umher und musterten die jungen Männer, die wiederum sie in Augenschein nahmen und – wenn sie besonders kühn waren – sogar ansprachen. Mary Kates Aufmerksamkeit konzentrierte sich vor allem auf Leute, die Hunde ausführten, denn sie war vollkommen vernarrt in alle Hunde, ganz gleich, ob groß oder klein, und hoffte immer darauf, mal einen streicheln zu dürfen.

Grace gestattete den Kindern, vorzulaufen, und folgte ihnen gemächlich durch den halben Park, bis sie schließlich denEntenteich erreichten. Erschöpft ließ sie sich auf eine Bank sinken und sah den beiden zu, wie sie am Ufer standen und versuchten, die Enten anzulocken. Nach einer Weile gaben sie es jedoch auf und fingen an, Stöcke und Steine zu sammeln. Lily war noch nicht da, also schob Grace ihr Tuch nach hinten und wandte das Gesicht der Sonne zu.

Lily hatte diesen Teil des Parks als Treffpunkt vorgeschlagen, und Grace verstand nun auch, wieso. Bei den meisten Passanten handelte es sich um Dienstboten, Arbeiter, Händler oder Lieferanten, die eine Abkürzung durch den Park nahmen. In der Nähe des Haupteingangs gab es einen weiteren Teich mit einem eleganten Springbrunnen, und Grace nahm an, dass sich dort die besseren Familien vergnügten. Eine Weile beobachtete sie die Spaziergänger auf den Wegen und Rasenflächen, bis sie schließlich die Frau erblickte, auf die sie gewartet hatte. Mit großen Schritten eilte Lily quer über die Wiese, ein Kind an jeder Hand.

»Lily!« Grace stand auf und winkte.

»Ich dachte mir schon, dass du hier bist«, sagte Lily, als sie Grace erreichte. »Ich hab die Kinder unten am Teich gesehen.«

Grace nickte. »Und ihr müsst Samuel und Ruth sein.«

»Guten Tag, Missus Donnelly«, erwiderten die Zwillinge gleichzeitig, und Grace musste lachen.

»Was seid ihr für hübsche Kinder!« Lächelnd schaute sie von dem schlaksigen Jungen mit den langen Wimpern zu dem etwas kleineren Mädchen mit den ebenso ausdrucksvollen Augen. »Eure Mutter hat mir schon so viel von euch erzählt. Die Kinder und ich freuen uns, mit euch euren Geburtstag feiern zu dürfen.«

»Warum lauft ihr nicht zum Teich und spielt dort eine Weile mit Liam und Mary Kate?«, wandte Lily sich an die Zwillinge, während sie ihren Schal lockerte. »Wir rufen euch, wenn es Zeit zum Essen ist.«

Die beiden gaben ihrer Mutter einen Kuss, rannten dann zum Teich und begrüßten Liam, der ernst nickte und zu Grace hinübersah. Sie winkte ihm zu, woraufhin er zurückwinkte und Samuel einen Stock zum Werfen reichte. Mary Kate starrte Ruth mit großen Augen an; sie hatte noch nie so dicht neben einem Menschen mit so dunkler Hautfarbe gestanden.

»Und schon sind sie Freunde.« Grace rutschte ein wenig zur Seite, damit Lily sich setzen konnte. »Hat Mister Hesselbaum dir freigegeben oder hast du heute Morgen schon gearbeitet?«

»Ich hab den ganzen Tag frei. Er meinte, wir sollten uns mal ein bisschen vergnügen.« Sie ließ sich auf die Bank sinken. »Jakob ist ein guter Mann. Wir hätten es nicht besser treffen können.«

»Und Kapitän Reinders kennst du auch.«

Lily zögerte. »Ich nehme an, er hat dir von mir erzählt.«

Grace schüttelte verwirrt den Kopf, erinnerte sich dann aber an den Blick, den die beiden am Fischstand getauscht hatten. »Ist er dein Kavalier?«

»Gütiger Gott, nein!« Lily lachte. »Davon hab ich die Nase voll. Er tut mir einen Gefallen, das ist alles. Allerdings einen ziemlich großen, und ich hoffe dringend auf Nachricht von ihm. Ich hab gedacht, er ist vielleicht *dein* Kavalier«, fügte sie hinzu.

Jetzt musste Grace lachen. »Nein, nein, ich bin nur eine dankbare Passagierin und wollte mich mit der Einladung zum Abendessen für einen mir erwiesenen Gefallen erkenntlich zeigen. Was soll er denn für dich erledigen?«

Lilys Miene verdüsterte sich, und sie schaute zur Seite.

»Tut mir leid«, sagte Grace rasch. »Du brauchst es mir nicht zu sagen. Es ist schließlich ganz allein deine Angelegenheit.«

Lily runzelte die Stirn, dachte einen Moment lang nach und rückte dann etwas näher an Grace heran. »Ich hab noch zwei Kinder. Sie sind Sklaven.« Sie musterte Grace sorgfältig. »Ich erzähl dir das, weil ich weiß, dass du auch ein Kind zurücklassen musstest.«

Grace nickte steif; der Gedanke daran schmerzte sie wie am ersten Tag. »Er ist jetzt fast ein Jahr alt und heißt Morgan, nach seinem Vater.«

»Mein Ältester heißt Solomon«, sagte Lily leise. »Und meine andere Tochter heißt Mary.«

»Dann seid ihr also entflohene Sklaven?«, fragte Grace.

»Ja. Ich und die Zwillinge. Aber ich hab Papiere, in denen steht, dass wir freie Menschen sind. Jakob hat sie uns besorgt.«

»Und die beiden anderen sind noch immer dort, von wo ihr geflüchtet seid?«

»Vielleicht ist Sol noch dort.« Lily schwieg einen Moment. »Aber Mary wurde verkauft.«

»Verkauft«, wiederholte Grace atemlos. Das Wort versetzte ihr einen Stich ins Herz, und ihre Augen suchten nach Mary Kate.

Auch Lily beobachtete die Kinder. »Eines Morgens ging sie wie üblich zur Feldarbeit, aber January – das ist mein Mann – kam ohne sie zurück. So machen sie das immer«, erklärte sie. »Auf diese Weise ist es leichter, sagen sie – kein Weinen und Festklammern, kein Betteln, dass man zusammenbleiben will.«

Grace drehte den Kopf zur Seite, um die Frau neben sich direkt anzusehen. Doch Lily starrte unverwandt in Richtung der Kinder.

»Der Master hat sie auf die andere Seite vom Fluss verkauft und so getan, als müssten wir dafür dankbar sein. Sie soll mal Haussklavin werden, hat er gesagt, statt sich den Rücken auf den Feldern kaputtzumachen. Sonntags könnten wir sie sehen, meinte er, aber nur, wenn sie brav war.« Lily runzelte die Stirn. »Ein großes Haus ist nicht gut, wenn man hübsch ist. Und groß gewachsen, sehr groß für ihr Alter.«

»Wie alt ist sie denn?«

»Zwölf«, sagte Lily und verbesserte sich dann. »Vierzehn inzwischen.«

»Und Solomon?«

»Zwei Jahre älter. Er ist ein großer Junge, genau wie sein Papa.« Sie seufzte. »Sol hasst es, Sklave zu sein – alles daran. January hat ihm gesagt, dass er stark sein muss, keinen Ärger machen soll und seine Arbeit erledigen. Aber Solomon konnte es irgendwann nicht mehr aushalten und ist weggelaufen. Sie haben ihn geschnappt und zusammengeschlagen. Aber dann waren die Wunden verheilt, und er ist wieder weggelaufen.« Gequält kniff sie die Augen zusammen. »Nach dem dritten Mal haben sie ihn verstümmelt; er kann noch arbeiten, aber nicht mehr weglaufen.«

»Heilige Mutter Gottes«, stieß Grace hervor.

»Sie bewachen ihn die ganze Zeit. Er kann sich auf dem Feld noch nicht mal hinhocken, um sein Geschäft zu machen, ohne dass jemand neben ihm steht. Er kann aber auch nicht verkauft werden; niemand kauft einen Sklaven wie ihn, der nichts als Ärger macht. Wenn er also noch mal wegläuft, haben sie gesagt, hängen sie ihn auf. Da wussten wir, dass wir fortmussten.«

Grace nickte.

»January hat alles so geplant, dass uns jemand abholt, aber der Mann wollte nicht lange warten. Und als das vereinbarte Zeichen kam, konnten wir Mary und Solomon nicht aus dem Stall holen, wo sie die ganze Nacht arbeiten mussten.« Ihre Augen suchten Graces Augen, in der Hoffnung, dass sie verstand. »Jan sagte, vielleicht kommt so eine Gelegenheit nie wieder, und es ist besser, zwei Kinder zu retten, als vier zu verlieren. Er sagte, ich soll mit den Zwillingen gehen, und er kommt mit Mary und Sol so bald wie möglich nach.« Sie schwieg einen Moment. »Das ist zwei Jahre her.«

»Vielleicht konnten sie ja fliehen«, sagte Grace hoffnungsvoll. »Vielleicht haben sie dich nur noch nicht gefunden. Amerika ist schließlich ein großes Land.«

»Aber nicht so groß, dass er die Viertel der Schwarzen nicht finden würde. Nein, wahrscheinlich haben sie ihn ausgepeitscht, nachdem wir weg waren – ihn bestraft, damit die anderen erst gar nicht auf die Idee kommen, wegzulaufen. So geht das. Ich hab es oft genug gesehen. Am besten legen sie dem alten Jan noch Fußfesseln an, damit er uns nicht folgen kann.«

»Ach, Lily.« Grace war tief betroffen.

»Ich versuch, nicht zu oft daran zu denken. Ich tu, was ich kann.« Lilys Stimme klang nun fest und entschlossen. »Sie sind in Gottes Hand. Und in denen vom Käpt'n.«

»Woher kennst du ihn eigentlich, Lily?«, fragte Grace.

»Ich hab ihm mal das Leben gerettet«, sagte sie schlicht. »Einmal war ich im Dunkeln noch am Hafen, und da hab ich ein paar schwarze Jungs gesehen, die einen weißen Mann mit einem Knüppel schlugen, ihn traten und seine Taschen durchwühlten. Ich dachte mir, lauf einfach weiter, der Weiße geht dich nichts an, und bestimmt haben die Jungs ihre Gründe, ihn zu hassen. Aber dann hörte ich die Stimme Gottes laut und deutlich sagen: ›Hilf diesem Mann.‹ Ich hab immer ein Messer bei mir; man weiß ja nie. Und das hab ich dann gezogen und bin brüllend auf sie zugerannt, wie eine Verrückte.« Sie lachte. Grace starrte sie mit offenem Mund an. »Das waren nur 'n paar Jungs, zwar groß und kräftig, aber sie sind panisch weggerannt. Und dann hab ich gesehen, dass der Mann schwer verletzt war, das ganze Gesicht voller Blut. Er versuchte aufzustehen und was zu sagen, fiel aber sofort wieder hin. Also hab ich ihm aufgeholfen und ihn gestützt. Und dann kam auch schon dieser Mackley angerannt und hat gefragt, was passiert ist, und hat mir Geld gegeben.« Sie schwieg erneut. »Aber Jakob ist ein kluger Mann, und als der Käpt'n vorbeigekommen ist, um sich persönlich bei mir zu bedanken, da hat er zu ihm gesagt, dass er mir sein Leben verdankt und wir ein Geschäft machen sollten.«

»Ist es das, was er gerade tut, Lily? Kauft er deine Familie frei?«

Sie schüttelte den Kopf. »Kein Nordstaatler kann einen Sklaven kaufen; da passen sie höllisch auf. Es gibt aber einen anderen Weg: Er muss erst Erkundigungen einziehen, auf Sklavenmärkte gehen und rausfinden, wo die anderen sind. Dann muss er einen Vermittler beauftragen, und dann müssen wir sie auch noch aus Georgia rausholen.«

»Hat er schon irgendetwas herausgefunden?«

»Eine Weile dachten wir, Mary steht vielleicht zum Verkauf, aber wir haben die Spur verloren. Ich hoffe immer noch darauf, was von January oder Sol zu hören. Darum kümmert der Käpt'n sich jetzt.«

»Ich wünschte, ich wüsste, wann er zurückkommt.«

»Ja, das wünschte ich auch.« Lily beugte sich vor. »Du darfst niemand was davon erzählen. Er könnte 'ne Menge Schwierigkeiten kriegen, sein Schiff verlieren, ins Gefängnis kommen.«

»Ich werde nichts verraten«, versprach Grace. »Du kannst mir vertrauen.«

Lily lächelte und nickte; jetzt, nachdem sie die schwere Last ihrer Geschichte geteilt hatte, war ihr etwas leichter ums Herz. Die beiden Frauen standen auf und reckten sich, dann riefen sie die Kinder, die sofort angerannt kamen. Grace und Lily breiteten eine Decke auf der Wiese aus, verteilten Brot, Wurst, Käse, Äpfel, Nüsse und Apfelsaft an alle und überreichten den zehnjährigen Zwillingen dann kleine Geburtstagskuchen. Die beiden lächelten scheu, aber glücklich und verteilten die Küchlein an ihre Gäste. Buntes Herbstlaub fiel von den alten Bäumen und wirbelte im böigen Wind umher; Eichhörnchen huschten hin und her und sammelten Nüsse für den Winter; Gänse erhoben sich vom Teich und stiegen in einer perfekten Formation gen Himmel. Und während die letzten Sonnenstrahlen sie erwärmten, wurden Grace und Lily für einen Moment von einem Gefühl tiefen Friedens durchströmt.

27

Sean und Jay Livingston standen dicht nebeneinander an der Bar, tranken ein Glas von Ogues »Mighty Irish Ale« gegen die aufkommende Nachtkühle und sprachen leise miteinander. Jay schimpfte mit Sean, weil er das Dinner in seinem Hause zugunsten eines religiösen Treffens sausen ließ, und Sean erwiderte, derjenige, der seine Seele zugunsten seines Bauchs vernachlässige, riskiere seinen Platz an der Tafel, die als Einzige wirklich zähle. Jay runzelte die Stirn. Er hasste es, wenn Sean diesen selbstgerechten Ton anschlug. Mit einem Mann, der eine Einladung von Gott gegen eine Einladung bei Florence Livingston, Jays intelligenter und freimütiger Schwester, ins Feld führte, ließ sich nicht diskutieren.

Dugan hörte aufmerksam zu, während er das Glas in seiner Hand wieder und wieder polierte. Er stimmte mit Livingston überein, dass Sean zu viel Zeit mit diesen Fanatikern verbrachte, sich zu sehr für sie einsetzte und seine eigene Arbeit vernachlässigte. Seans Aufgabe bestand darin, die Trommel für Irland zu rühren, die Herzen der Menschen mit seiner Beredsamkeit zu bewegen. Er war schließlich Ire; wenn er das Bedürfnis nach mehr Religiosität in seinem Leben verspürte, warum schloss er sich dann nicht den Katholiken an? Der Katholizismus hatte doch mehr als genug zu bieten! Dugan schüttelte den Kopf; er konnte nicht verstehen, was an goldenen Platten und dem Verbot von Alkohol so reizvoll sein sollte. Kein Alkohol! Dabei hatte Jesus Christus höchstpersönlich nicht eine Sekunde gezögert, Wasser in Wein zu verwandeln. Dugan stellte das Glas mit einem Knall auf die Theke und wollte sich trotz seines gegenteiligen Versprechens gerade in Seans Angelegenheiten einmischen, als plötzlich der gesamte Raum in Ehrfurcht erstarrte. Die Gäste an den Tischen blickten wie gebannt in Richtung der Seitentür.

»Guten Abend, Missus Donnelly«, murmelten sie respektvoll.

»Sie sehen zauberhaft aus …«

»… die Rose Irlands in Person.«

»Oh, wenn ich nur ein paar Jahre jünger wäre …«

»Welch eine Wohltat für jedes arme irische Auge …«

Dugan lächelte stolz, als Grace durch den Schankraum schwebte. »Ich glaube, sie wäre dann so weit, Mister Livingston.«

Jay, der mit dem Rücken zum Geschehen saß, warf nun einen Blick über die Schulter und verschluckte sich fast an seinem Bier. Mit einem Taschentuch, das Sean ihm hinhielt, tupfte er sich rasch den Schnurrbart ab. Dann überprüfte er den Sitz seines schwarzen Satinhalstuchs, strich glättend über seine braune Samtweste, räusperte sich, fuhr sich mit der Zunge über die Lippen und drehte sich langsam um, um sie zu begrüßen.

»Ah, Gracelin, Sie sind in der Tat die Lieblichkeit in Person.« Er nahm ihre Hand, beugte sich elegant darüber und küsste sie.

»Sie sehen heute aber auch nicht übel aus, Jay«, erwiderte sie. »Würden Sie mir freundlicherweise helfen?«

Sie reichte ihm ihren Kapuzenmantel, kehrte ihm den Rücken zu und wartete, nicht ahnend, dass er in diesem Moment wie gebannt auf ihre Schultern starrte, die durch den dünnen Stoff schimmerten. Als nichts geschah, wandte Grace sich zu ihm um und bemerkte den Ausdruck auf seinem Gesicht.

»Ein Mann von Welt wie Sie, Mister Livingston, ist doch gewiss in der Lage, einer Dame in den Mantel zu helfen, oder?« Mit einem bewusst unschuldigen Augenaufschlag sah sie ihn an. »Falls nicht, könnte ich natürlich Mister Ogue hier bitten, es Ihnen zu zeigen.«

Dugan lachte, und alle in Hörweite sitzenden Gäste prusteten los und schlugen sich auf die Schenkel. War ihre Grace nicht ein wunderbares Mädchen? Auch Sean musste lachen; er genoss den Anblick des weltgewandten Jay Livingston, den eine arme irische Witwe aus der Fassung gebracht hatte.

»Dazu wäre er gewiss in der Lage«, sagte Jay, an seine zahlreichen Zuhörer gerichtet. »Dennoch glaube ich, dass diese Ehre mir zukommt.« Er trat einen Schritt vor und legte den langen Kapuzenmantel gekonnt über Graces zarte Schultern. »Sie sehen bezaubernd aus«, flüsterte er ihr ins Ohr.

»Sie sind zu freundlich.« Sein warmer Atem an ihrem Hals machte sie nervös, und sie drehte sich entschlossen zu ihrem Bruder um. »Bist du sicher, dass du nicht doch mitkommen möchtest? Du würdest dich bestimmt amüsieren.«

»Ach, Grace, das haben wir doch schon geklärt. Aber ich begleite euch beide hinaus; es wird Zeit, dass ich mich auf den Weg zu den Osgoodes mache. Sie erwarten mich bestimmt schon.«

»Sind sie bereit?« Jay bot Grace seinen Arm an, den sie ergriff – ein wenig nervös, dachte er erfreut.

Seit dem Moment, als er Grace zum ersten Mal gesehen hatte, war sie eine Herausforderung für ihn. Immer wieder schaffte sie es, ihn zu verwirren, ob sie nun mit Eimer und Wischmopp den Schankraum putzte, die Haare zerzaust, mit feuchter Schürze und mehreren Kindern am Rockzipfel; oder ob sie bei einem Fest allein dastand und den Gesprächen um sich herum lauschte, in ihrem besten Kleid, das wunderschöne Haar kunstvoll frisiert. Aber Jay war ein Mann, der Herausforderungen zu schätzen wusste, vor allem wenn es sich dabei um eine begehrenswerte Frau handelte.

Vor der Gaststätte verabschiedeten sie sich von Sean, der in die entgegengesetzte Richtung musste und sich nicht bringen lassen wollte, und stiegen in Jays elegante Kutsche.

»Ihr Bruder ist schon ein komischer Vogel«, sagte Jay, als sie losfuhren.

»Ach, wissen Sie, er erscheint einem nur komisch, wenn er mit Pfauen wie Ihnen zusammen ist.« Grace musterte Jays geschmackvolle Abendgarderobe, vom perfekten Hut bis zu den glänzenden Lederschuhen. »Sieht man ihn dagegen in seinem eigenen Revier, unterscheidet er sich kaum noch von den anderen.«

Jay schnaubte. »Sie sind genauso schlagfertig wie er. Vielleicht werde ich ihn heute Abend ja doch nicht vermissen.«

»Das werden Sie ganz gewiss«, erwiderte sie. »Denn ich besitze nicht annähernd seinen Verstand.«

»Dafür aber doppelt so viel Charme. Und Sie sind tausendmal

schöner. Ich werde es genießen, Sie den ganzen Abend zu betrachten, selbst wenn Sie nichts zu sagen haben sollten!«

Er lachte, während die Kutsche über das Pflaster holperte und sein Knie wie zufällig an ihrem lehnte.

»Aber Ihre Schwester wird ihn vermissen.« Während sie sprach, nahm sie geschickt eine andere Sitzposition ein.

Anerkennend registrierte er Graces Gegenzug in ihrem kleinen Spielchen und zog kaum merklich eine Augenbraue hoch.

»Wohl wahr«, stimmte er zu. »Den beiden geht nie der Gesprächsstoff aus – Freiheitskämpfer und Abolitionisten haben viel gemein. Florence hat Sean ganz besonders ins Herz geschlossen.«

Überrascht sah Grace ihn an. »Ach, tatsächlich?«

»Ja.« Jay lehnte sich zurück, und sein Bein berührte ihres erneut. »Sie hofft nur, dass es nichts an ihrer Freundschaft ändert, wenn er der beliebten Miss Osgoode den Hof macht.«

»Es stimmt wohl, dass er Miss Osgoode mag«, räumte Grace ein. »Aber ich wüsste nicht, dass er ihr den Hof macht.«

»Bitte vergeben Sie mir, ich habe voreilige Schlüsse gezogen«, erklärte Jay. »Aus purer Enttäuschung, vermute ich. Er ist in den letzten Wochen so oft verhindert, und wenn er doch einmal Zeit hat, redet er über nichts anderes als über diese … Gruppe.« Er machte eine unbestimmte Handbewegung. »Jedenfalls vermissen wir ihn. Vor allem Florence, bei deren Nachmittagsgesellschaften er regelmäßig zu Gast war, was sie sehr genossen hat. All die anregenden Gespräche und dergleichen. Da kommt man schon auf Ideen.«

»War er … hat er …« Grace zögerte. »Wollen Sie damit sagen, dass zwischen den beiden ein gewisses Einvernehmen bestand?«

»Keineswegs«, erwiderte Jay rasch. »Ihr Bruder ist ein ehrenhafter Mann, und über seine Absichten hat er nie einen Zweifel aufkommen lassen, auch wenn – und ich ziehe Sie hiermit ins Vertrauen, meine Liebe –, auch wenn Florence gehofft hat, dass seine Gefühle ihr gegenüber im Laufe der Zeit an Intensität gewinnen würden.«

»Ich verstehe.« Grace zog an den Fingern ihrer Handschuhe. »Ich mag Florence.«

»Und sie mag Sie.«

Grace gestattete sich einen raschen Blick in seine Augen und war froh festzustellen, dass er es offenbar ernst meinte.

»Sean ist in letzter Zeit nicht mehr er selbst«, gestand sie, verstummte dann aber. Sie wünschte sich, ihren Bruder zu verstehen, befürchtete jedoch zugleich, sie könne ihn verraten. »Es sieht ihm gar nicht ähnlich, sich von Freunden wie Ihrer Schwester oder Ihnen abzuwenden.«

»Er wendet sich von allen alten Freunden ab!«, rief Jay. »Wenn wir auch vielleicht nicht ganz unschuldig daran sind. Er musste einige Hänseleien über sich ergehen lassen, aber wir waren es einfach so leid, dass er ständig darüber redete. Möglicherweise hätten wir etwas taktvoller sein können.«

»Aha.« Grace faltete die Hände, um ein Zittern zu unterdrücken.

»Anfangs haben wir es geduldig ertragen. Weil er so klug ist und andere so leicht überzeugen kann! Aber es ist einfach zu viel verlangt. Kein vernunftbegabter Mensch kann so etwas glauben. Man muss sich doch nur mal Joseph Smiths Vergangenheit ansehen ...« Entschuldigend zuckte er die Achseln.

Grace blickte aus dem Fenster, betrachtete die feuchte Straße und die langen Schatten der Gaslaternen, die auf unbeleuchtete Gebäude fielen, sagte aber nichts.

»Äh, ich ... vielleicht denken Sie ja genauso wie Ihr Bruder, und dann habe ich Sie jetzt womöglich beleidigt. Ich bitte um Verzeihung«, fuhr er fort.

»Wenn Sean sagt, es ist die Wahrheit ...« – sie kämpfte sichtlich damit, ihre Loyalität zu bewahren –, »dann muss ich den Schluss ziehen, dass ich es nur deshalb nicht so sehen kann, weil ich mich nicht genug darum bemüht habe.«

»Oder vielleicht, weil es nicht die Wahrheit ist«, gab Jay zu bedenken. »Diese neuen Religionen sind mit solch starken Gefühlen verbunden, dass der Verstand nicht mehr klar sieht.« Er schaute aus dem Fenster. »Wir sind da.«

Die Kutsche fuhr eine halbkreisförmige Auffahrt hinauf und blieb vor dem Haupteingang stehen. Jay stieg aus, reichte Grace die Hand und begleitete sie zur Tür, die sofort geöffnet wurde. Ein Butler half Grace aus ihrem Kapuzenmantel und nahm dann Mantel, Hut und Handschuhe seines jungen Herrn in Empfang.

»Ah, da seid ihr ja endlich!« Florence schwebte in die Eingangshalle, um sie zu begrüßen. »Sie sehen wundervoll aus, Grace! Was ist mit Sean?«

»Unpässlich«, log Jay elegant. »Er wollte unbedingt kommen und machte einen riesigen Wirbel, aber ich habe gesagt: ›Ausgeschlossen, nicht in deinem Zustand.‹«

»Wie krank ist er denn?« Voller Sorge musterte Florence ihren Bruder. »Sollen wir einen Arzt rufen?«

»Nein, wenn er erst mal eine Nacht durchgeschlafen hat, ist er morgen wieder so gut wie neu«, versicherte Jay ihr. »Aber ich habe darauf bestanden, dass Grace mich begleitet, und sie hat freundlicherweise eingewilligt.«

»Ich bin so froh, dass Sie kommen konnten.« Florence war viel zu gut erzogen, um sich ihre Enttäuschung anmerken zu lassen. Freundschaftlich hakte sie sich bei Grace unter. »Kommen Sie, ich mache Sie mit den anderen Gästen bekannt. Sie sind alle sehr diskutierfreudig. Ich werde Ihren Bruder vermissen«, gestand sie Grace leise.

»Ja.« Grace nickte. »Er hat immer zu allem eine Meinung.«

Florence lachte, und Grace ließ sich in den Salon führen, wo die anderen Gäste in kleinen Gruppen zusammen saßen oder standen und sich bereits angeregt unterhielten. Florence stellte Grace hier und da vor und begleitete sie dann zu einer Runde junger Männer, die Darbietungen verschiedener Minstrelgruppen miteinander verglichen. Florence verdrehte die Augen und wollte gerade weitergehen, als einer der Männer sie am Ärmel zupfte.

»Ah, Miss Livingston, bitte lassen Sie uns Ihre Meinung hören«, flehte er sie in gespielt ernstem Ton an. »Sie sind mit den Dunkelhäutigen besser vertraut. Wer trifft sie am besten – die *Christy Minstrels* oder die *Kentucky Rattlers*?«

Die gesamte Gruppe schien den Atem anzuhalten, und Florence musterte die Männer mit durchdringendem Blick.

»Sie treffen sich selbst am besten«, sagte sie spitz. »Ich habe viele herausragende Schwarze gesehen, die ihre eigene Musik gespielt, ihre eigenen Witze erzählt und ihre eigenen Tänze aufgeführt haben. Und das war ein bedeutend eindrucksvolleres Erlebnis als eine Bühne voller weißer Männer mit schwarz bemalten Gesichtern.«

Der junge Mann beharrte auf seinem Standpunkt. »Aber verstehen Sie, Miss Livingston, dass die Minstrelgruppen das Leben der Neger würdigen? Wir sehen, wie sie leben; wir begreifen sie besser; wir sind eher in der Lage, ihren Stellenwert in unserer zivilisierten Gesellschaft einzuschätzen. Habe ich Recht?«, wandte er sich an die Gruppe, zufrieden mit seiner eigenen Großspurigkeit.

Grace biss sich auf die Lippe und bemerkte, wie Florence rot anlief.

»Ich hätte Sie nicht für so begriffsstutzig gehalten, Mister … Tweedle, richtig?«

»Tweedham, um genau zu sein.« Sein Lächeln schwand.

»Also, Mister Tweedle, die Minstrelgruppen preisen die Kultur dieses Volkes, das gewaltsam hierher gebracht und so abscheulich behandelt wurde, keineswegs, im Gegenteil, sie verhöhnen alle guten Eigenschaften und Errungenschaften dieser Menschen und ziehen ihr Leid ins Lächerliche. Die Darbietungen sollen uns davon überzeugen, dass diese Menschen zu dumm und zu ungebildet sind, um an ihrem eigenen Schicksal Anstoß zu nehmen. Das Ganze ist eine Beleidigung, Mister Tweedle, ein Schlag ins Gesicht all jener Menschen, deren Leben dem Ziel untergeordnet wurde, Wohlstand für einige wenige zu schaffen.«

Vor Graces innerem Auge tauchten die Gesichter von Lily und ihren Kindern auf, und sie betrachtete Florence voller Bewunderung.

»Ich hoffe, das beantwortet Ihre Frage, Mister Tweedle?« Florence starrte ihn feindselig an.

»Tweedham«, stammelte der junge Mann. »Ich danke Ihnen.«

»Keine Ursache.« Florence nahm erneut Graces Arm und führte sie in eine Ecke des Salons. »Ich kann diese Ignoranz einfach nicht ertragen. Es tut mir leid, wenn ich Sie dadurch in Verlegenheit gebracht habe.«

»Keineswegs.« Grace lächelte verschmitzt. »Ihre Worte haben mich an eine Frau erinnert, die ich kenne. An ihr Schicksal.«

»War sie eine Sklavin?«

»Ja. Sie ist jetzt frei, hat aber Familienangehörige zurückgelassen.«

»Ich kenne viele Menschen, die diese Entscheidung treffen mussten«, sagte Florence mit finsterer Miene. »Die Sklaverei ist eine Ungeheuerlichkeit, ein Schandfleck auf der Seele dieser Nation.«

»Sie sind Abolitionistin.«

»Und afrophil – nach Meinung nicht gerade weniger Leute hier im Raum.« Ihre Augen funkelten. »Aber sie werden es schon noch begreifen. Die Lage wird sich zuspitzen, und wenn nicht schnell etwas geschieht, haben wir bald Krieg. Und das wäre furchtbar.« Sie erschauderte. »Die Freiheit wird so häufig mit Unmengen von Blut bezahlt.«

»Stimmt«, sagte Grace, und die beiden Frauen wechselten einen verständnisinnigen Blick.

»Entschuldigen Sie mich bitte. Darf ich Sie für einen Moment allein lassen?«, fragte Florence.

»Selbstverständlich. Ich höre gerne zu, was man sich so erzählt.«

»Vielleicht wollen Sie sich zu der Gruppe dort drüben gesellen?« Florence zeigte auf einen Kreis dicht beieinander stehender Männer neben dem offenen Kamin, die augenscheinlich in eine hitzige Diskussion vertieft waren. »Mister Sullivan kennen Sie ja bereits von der Zeitung. Höchstwahrscheinlich geht es um Irland.«

Dann eilte sie davon, und Grace begab sich unter dem Vorwand zu der Gruppe, sich am knisternden Kaminfeuer aufwärmen zu wollen.

»Duffy hätte erst gar kein Ultimatum stellen dürfen«, sagte ein vornehmer Herr mit Brille. »Loyalitäten sollte man niemals aufspalten.«

»Das zeigt nur, wie unbeständig die *Young Irelanders* in Wirklichkeit waren«, erwiderte ein rundlicher Mann mit Backenbart, der bei jedem Satz mit dem Finger in die Luft stach. »Mitchel ist ein Hitzkopf. Sie sind alle Hitzköpfe. Die haben überhaupt nicht bedacht, was es für Folgen hat, wenn sie sich von O'Connells Gruppe lossagen!«

»Doch, sie haben lange darüber nachgedacht«, warf Sullivan ein. »*Old Ireland* weigerte sich, zu den Waffen zu greifen, obwohl die Unterdrückung schlimmer war als je zuvor. Wenn Mitchel und Smith O'Brien nicht gewesen wären, würden die Menschen dort immer noch …«

» … verhungern?«, unterbrach der rundliche Mann ihn. »Wie

die Fliegen am Fieber sterben? Zu Tausenden auswandern? Pah! Ich kann nicht erkennen, dass die *Young Irelanders* irgendeine Veränderung bewirkt hätten.«

»Das ist doch jetzt müßig, meine Herren«, mischte der Brillenträger sich wieder ein. »Mitchel ist deportiert worden – vierzehn Jahre auf den Bermuda-Inseln. John Martin hat zehn Jahre bekommen. Smith O'Brien wurde zum Tode durch den Strang verurteilt, und Meagher ...«

Grace löste sich vom Kamin und trat in den Kreis der diskutierenden Männer; sie konnte sich einfach nicht länger zurückhalten. »Wollen Sie damit sagen, Sir, dass die Opfer, die diese Männer gebracht haben, ihrem Land nichts bedeuten? Dass sie ihr Leben für nichts und wieder nichts gelassen haben?«

Mister Sullivan räusperte sich. »Gentlemen, das ist Missus Grace Donnelly, die Schwester unseres großartigen Redners, Sean O'Malley.«

Die Männer nickten pflichtschuldig, aber einigen war deutlich die Verärgerung darüber anzusehen, dass ihre intellektuelle Debatte nun durch weibliche Gefühlsduselei beeinträchtigt werden würde.

»Was wir damit sagen wollen, Missus Donnelly, ist Folgendes«, erwiderte der Dicke bedächtig, als habe er ein kleines Kind vor sich. »Es waren zu große Opfer mit zu geringer Wirkung, und wenn die Bewegung der *Young Irelanders* sich an die Grundsätze von *Old Ireland* gehalten hätte, wäre es zu all dem gar nicht erst gekommen.«

»Ja, weil O'Connells Gruppe sich zu kämpfen geweigert hat!« Die Empörung ließ Graces irischen Akzent deutlicher hervortreten. »Letztlich war sie doch mehr mit ihrer eigenen Politik beschäftigt als mit der Bekämpfung des Hungers!«

»Das lässt sich wohl kaum als korrekte Darstellung bezeichnen, Missus Donnelly.« Der Dicke konnte sich gerade noch zurückhalten, nicht mit dem Finger nach Grace zu stechen. »Die *Young Irelanders* wurden von verhätschelten Idealisten angeführt, Männern, denen die Erfahrung fehlte, die unerlässlich ist, um die Konditionen von Irlands Unabhängigkeit auszuhandeln. Man muss sich doch nur mal ansehen, wen sie mit der Durchführung der Überfälle beauftragt haben. Nichts gegen Ihren Bruder, Madam«, fügte er hinzu. »Er ist ein außergewöhnlicher Mann und wahrscheinlich der einzige Grund dafür, dass sie überhaupt etwas erreicht haben. Aber von diesem McDonagh – einem ungebildeten Bauern, der, soweit ich weiß, kaum des Lesens mächtig war und von vornherein keine Chance hatte – wurde erwartet, dass er eine ganze Armee aus Männern zusammenstellte, die genauso unterernährt und zerlumpt waren wie er selbst! Was in Gottes Namen hat man sich nur dabei gedacht? Gab es denn wirklich keine besseren Leute?«

Grace spürte, wie sie vor Zorn rot anlief. Sie zwang sich, ruhig zu bleiben und diesem wohlgenährten, gut gekleideten, selbstgerechten Schwachkopf nicht ins Gesicht zu schlagen.

»McDonagh hatte im kleinen Finger mehr Mut und Überzeugung als Sie alle zusammen«, sagte sie mit beherrschter Stimme. »Er hätte Irland jederzeit verlassen können. Er hatte die Wahl. Er hätte hierher kommen können, mit seiner Familie, seiner geliebten Frau …« Sie musste schlucken. »Aber das hat er nicht getan. Er blieb in Irland und sammelte seine Landsleute, sprach für sie, kämpfte für sie.« Sie blickte den Männern ins Gesicht und fuhr fort, als sie Sullivan kaum merklich nicken sah. »Während der schlimmsten Hungersnot, die uns je heimgesucht hat, schenkte er uns Hoffnung. Er gab uns etwas, wofür es sich zu leben lohnte! Sie, meine Herren, unterstützen die irischen Unabhängigkeitsbestrebungen, indem Sie Geld geben. Er unterstützte sie, indem er sein Leben gab.« Sie stach mit dem Finger nach dem Dicken. »Wer ist da wohl der bessere Mensch?«

Der Dicke legte eine Hand auf die Brust, als könne er gar nicht fassen, dass ihm ein solcher Vorwurf gemacht wurde. »Verehrteste, wir alle hier sind mit der Legende inzwischen wohl vertraut. Ich rede aber von der traurigen Wirklichkeit – davon, dass ein auf diese Bürde vollkommen unvorbereiteter Mann von den Verantwortlichen als Schachfigur benutzt wurde.«

Grace war jetzt fast blind vor Wut. »Sie müssen wahrlich den Verstand verloren haben, wenn sie so etwas behaupten. Morgan McDonagh war der großartigste Mann, den ich je gekannt habe.«

»Er war der großartigste Mann, den jeder Ire je gekannt hat, meine Liebe.« Der Dicke wandte sich mit einem vergnügten Kichern an seine Gefährten. »Und sie haben ihn *alle* gekannt. Jeder

Ire, der hier an Land geht, weiß von einem Erlebnis zu berichten, das er mit dem ›großartigen Morgan McDonagh‹ hatte.«

»Wenn Missus Donnelly sagt, sie kennt diesen Mann, dann kennt sie ihn auch.«

Die Stimme hinter Grace klang ernst und gebieterisch und sorgte dafür, dass das einfältige Grinsen aus dem Gesicht des Dicken verschwand.

»Kapitän Reinders. Sie haben mich missverstanden, Sir. Ich habe Missus Donnellys Behauptung keineswegs angezweifelt.«

»Das ist keine Behauptung, sondern eine Tatsache«, erwiderte Reinders. »Sie schulden ihr eine Entschuldigung.«

»Natürlich.« Der Dicke runzelte die Stirn und versuchte dann, eine reuige Miene aufzusetzen. »Bitte vergeben Sie mir, Missus Donnelly, falls ich Sie beleidigt habe. Ich hege gewiss keinerlei Zweifel daran, dass McDonagh tatsächlich einer Ihrer Bekannten war.«

»Und ein großartiger Mensch«, fügte sie hinzu. »Jedenfalls tausendmal besser als Sie. Wenn Sie mich nun entschuldigen würden. Meine Herren. Kapitän Reinders. Mister Sullivan.«

»Bitte richten Sie Ihrem Bruder meine herzlichen Grüße aus, Missus Donnelly.« Sullivan verneigte sich vor ihr und sagte mit gesenkter Stimme: »Gut gemacht.«

Zutiefst aufgewühlt durchquerte Grace die Eingangshalle und flüchtete in die Bibliothek. Im Kamin glühten ein paar Holzscheite. Sie kniete sich auf den davor liegenden Teppich, ließ den Kopf hängen und schloss die Augen, um die Worte dieses ignoranten Schwätzers aus ihren Gedanken zu vertreiben. So vergingen mehrere Minuten, in denen sie nur dem gleichmäßigen Ticken der Kaminuhr und dem Knistern der Glut lauschte. Als sie hinter sich ein Räuspern hörte, schreckte sie auf, riss sich aber zusammen und setzte eine gefasste Miene auf, ehe sie sich umdrehte.

»Ich habe etwas zur Stärkung mitgebracht.« Reinders hielt zwei Kristallgläser mit dunkelrotem Punsch in der Hand. »Darf ich hereinkommen?«

Er stand in der Tür und lächelte verlegen. Erst jetzt wurde ihr bewusst, dass er Abendgarderobe trug. Ohne die Kapitänsmütze sah er irgendwie anders aus.

»Ich fürchte, Sie haben mich in meinem Versteck aufgestöbert.«

»Meinetwegen brauchen Sie sich nicht zu erheben. Der Platz vor dem Kamin sieht sehr gemütlich aus.« Er reichte ihr eines der Gläser.

Sie nahm es dankbar an, und nachdem sie einander zugeprostet hatten, leerte Reinders sein Glas in einem Zug.

»Ich schätze, ich war ziemlich durstig«, sagte er und runzelte die Stirn. »Diese Gläser sind aber auch wirklich klein. Punschgläser sind ja immer so klein. Vielleicht war ich aber auch nur durstig.« *Oh Gott*, dachte er, *jetzt rede ich schon wieder dummes Zeug*. Er lächelte matt und wünschte, er hätte seine Kapitänsmütze auf.

»Ich habe Sie ohne Ihre Mütze fast gar nicht erkannt; aber ich war noch nie so froh wie heute, Sie zu sehen«, sagte Grace dankbar. »Sie haben mich vor mir selbst gerettet, daran gibt es keinen Zweifel.«

»Unsinn.« Er stellte sein Glas auf dem Kaminsims ab. »Zu schade, dass Florence Sie nicht gehört hat. Sie wären ihre neue Heldin.«

»O Gott.« Grace schlug beide Hände vors Gesicht. »Ich glaube, ich war kurz davor, den Mann zu schlagen.«

»Ja, das glaube ich auch«, sagte er, seltsam vergnügt. »Er hatte es verdient, und ich hätte Sie nicht daran hindern sollen.«

»Ach was.« Sie machte eine abschätzige Handbewegung. »Das wäre zu beschämend gewesen – wo die Livingstons doch so viel für meinen Bruder getan haben.«

»Daher kennen Sie also Florence.«

»Ja. Sean sollte heute Abend eigentlich auch hier sein, aber …« Sie zögerte. »Er war verhindert. Da hat Jay mich alleine mitgenommen.«

»Jay Livingston ist Ihre Begleitung?«

Sie verstand sofort, was er meinte. »Ich weiß, er hat bei manchen den Ruf eines Charmeurs.«

»Bei manchen!« Reinders schnaubte verächtlich. »Ich bin überrascht, dass Ihr Bruder Sie überhaupt mit ihm allein gelassen hat.«

»Ich bin durchaus in der Lage, auf mich selbst aufzupassen, Käpt'n.«

»Ich weiß.«

Sie sahen einander lange in die Augen. Nach einer Weile wandte Grace den Blick ab und schaute ins Feuer.

»Haben Sie Neuigkeiten von zu Hause?«

»Nicht ein einziges Wort.« Sie sah wieder zu ihm hoch, und er entdeckte einen Anflug von Panik in ihren Augen, doch dann war der Moment auch schon wieder vorüber. »Ich habe viele Male geschrieben, aber es kam keine Antwort. Von niemandem, und jetzt ist das Wetter umgeschlagen, sonst würde ich mich sofort auf den Weg machen.«

»Ziehen Sie es nicht einmal in Erwägung«, riet er ihr. »Alle Zeichen deuten auf einen langen, stürmischen Winter hin, der – wie Sie ja wissen – auf hoher See noch viel schlimmer ist.«

»Ja.« Sie seufzte. »Ich könnte das den Kindern nicht noch einmal zumuten.«

»Wie geht es ihnen eigentlich? Ich war sehr … beschäftigt«, entschuldigte er sich.

»Mary Kate geht es prächtig, und seit Liam wieder bei uns ist, geht es auch ihm besser. Er ist so ein guter Junge, fest entschlossen, sein Glück zu machen und eines Tages das Land zu regieren.«

»Er will Präsident werden?« Reinders versuchte, seine Enttäuschung zu verbergen.

»Aber erst, nachdem er ein berühmter amerikanischer Kapitän geworden ist, so wie sein großes Vorbild, und ein paar Mal die Erde umsegelt und neue Länder entdeckt hat.«

Reinders grinste. »Ich wusste von Anfang an, dass er der geborene Seemann ist.«

»Wann könnten Sie denn wohl mal vorbeikommen, Käpt'n? Er würde sich sehr freuen, Sie wiederzusehen. Ständig läuft er am Hafen rum und hält nach Ihrem Schiff Ausschau.« Und dann fiel ihr etwas ein. »Natürlich müssen Sie zuerst Lily besuchen.«

»Wieso Lily?«

»Weil sie sich doch bestimmt Sorgen macht, oder? Wegen ihrer Familie.« Grace sah den wachsamen Ausdruck in Reinders' Gesicht. »Sie hat mir erzählt, was Sie für sie tun wollen.«

Er musterte sie eindringlich. »Ihnen ist aber klar, dass das auf keinen Fall an die Öffentlichkeit dringen darf, oder?«

»Sie hat mir nur davon erzählt, weil sie so lange nichts von Ihnen gehört hatte und dachte, ich wüsste vielleicht mehr.«

»Sie?«

»Ja. Sie dachte, wir würden … Sie wissen schon …« Grace spürte, wie sie errötete. »Miteinander Umgang pflegen. Oder etwas Ähnliches.«

Erstaunt sperrte er den Mund auf und fing dann an zu lachen. »Warum sollte sie so etwas denken?«

»Ich weiß es nicht«, sagte Grace abwehrend.

»Ich kann mich nicht erinnern, Sie auch nur ein einziges Mal erwähnt zu haben.«

»Das hat sie auch nicht gesagt.«

»Warum sollte sie dann denken, dass wir miteinander Umgang pflegen?«

»Ich weiß es nicht«, wiederholte Grace und erhob sich. »Vermutlich ein Missverständnis. Ich habe den gleichen Fehler gemacht.«

Verblüfft starrte er sie an. »*Sie* dachten, wir würden miteinander Umgang pflegen?«

»Seien Sie doch nicht so begriffsstutzig«, schimpfte sie. »Ich dachte, Sie würden mit *ihr* Umgang pflegen.«

»Tatsächlich?« Er kam sich jetzt ziemlich töricht vor, und sein Gesicht fühlte sich heiß an. »Warum?«

»Ich weiß es nicht«, sagte sie zum dritten Mal, nun noch aufgebrachter. »Wir haben nur über Sie gesprochen; das ist schon alles. Es war ein Missverständnis. Wir haben herzlich darüber gelacht.«

»Herzlich darüber gelacht.« Er hatte das Gefühl, dass das Gespräch vollkommen aus dem Ruder lief.

»Aber sicher doch«, rief sie. »Oder können Sie sich vorstellen, dass eine von uns beiden mit Ihnen ausginge, Käpt'n?«

»Nein.« Seine Stimme klang schärfer, als er beabsichtigt hatte, und das verärgerte sie – das war nicht zu übersehen.

»Nein, natürlich nicht«, sagte sie und blickte zur Seite.

Eine unangenehme Stille breitete sich in der Bibliothek aus, und plötzlich fühlte Reinders sich leer und alt.

»Vielleicht sollte ich jetzt besser gehen.«

»Ja. Man fragt sich bestimmt schon, was Sie hier so lange aufgehalten hat. Und Sie möchten doch nicht, dass noch mehr Missverständnisse entstehen, oder?«

Er öffnete den Mund, als wolle er etwas sagen, schloss ihn dann aber wieder und verließ den Raum.

Grace ließ sich in den nächstbesten Sessel sinken, verärgert über ihn, aber noch wütender auf sich selbst. Er war ihr zu Hilfe geeilt und hatte dann das Gespräch gesucht, was sie wirklich genossen hatte, bis sie offensichtlich etwas Verkehrtes gesagt und ihn beleidigt hatte. Aber was hatte sie falsch gemacht? Sie war nicht an einer Liebesgeschichte interessiert, und er doch auch nicht. Warum war er dann so aufgebracht gewesen? Und warum war sie selbst so zornig? Es ermüdete sie, darüber nachzudenken – sie verstand die Männer einfach nicht. Vor allem die amerikanischen Männer. Die sagten nie, was sie wirklich meinten. Aber es war nicht seine Schuld, sondern ihre, und sie wünschte, sie könnte es wieder gutmachen.

Plötzlich räusperte sich jemand an der Tür. Erleichtert blickte sie auf; die Entschuldigung lag ihr bereits auf den Lippen.

»Käpt'n, ich …«

»Ich hoffe, Sie sind bereit für das Dinner.« Amüsiert zog Jay eine Augenbraue hoch. »Ich habe schon überall nach Ihnen gesucht, Missus Donnelly. Wie tadelnswert von Ihnen, uns Ihre reizende Gesellschaft vorzuenthalten.«

»Es tut mir leid, Jay.« Sie presste eine kühle Hand gegen ihre heiße Wange und glättete dann ihr Kleid. »Sollen wir hineingehen?«

»Mit dem größten Vergnügen.« Er bot ihr den Arm, und als sie sich bei ihm einhakte, legte er seine Hand auf ihre und zog Grace dicht an sich. »Wir werden heute Abend einen Gast weniger haben als geplant«, vertraute er ihr leise an. »Der arme Kapitän Reinders fühlte sich plötzlich unwohl und ist nach Hause gegangen.«

28

Julia hatte das Gefühl, dass sie nicht noch einen weiteren Monat voll katastrophaler Verhandlungen und grausamer Urteile durchstehen konnte. John Mitchel war auf die Bermudas verbannt und William Smith O'Brien zum Tod durch den Strang verurteilt worden. Das hatte Julia am härtesten getroffen, zumal die Staatsanwaltschaft ihm einen Ausweg angeboten hatte: William hätte nichts anderes tun müssen, als zuzugeben, dass Duffys »teuflischer Charakter« sie zu solch extremen Handlungen angestiftet habe. Aber der gute, alte William hatte abgelehnt, da er die öffentliche Meinung nicht gegen einen Mann aufbringen wollte, der noch auf seinen Prozess wartete. Tom Meaghers Verfahren war gerade zu Ende gegangen; man hatte ihn zusammen mit MacManus und O'Donohoe angeklagt, die zum Tode durch Erhängen verurteilt wurden. Allgemein ging man davon aus, dass Meagher dieses Urteil wegen seines jugendlichen Alters erspart bleiben würde, doch dann hatte auch er, genau wie Smith O'Brien, es abgelehnt, gegen Duffy auszusagen. Stolz verkündete er dem Gericht, er bereue nichts und werde nichts widerrufen; sein einziges Bestreben sei es, Irland zu helfen – aus diesem erbärmlichsten Bettler der Welt einen Wohltäter der Menschheit zu machen. Weiter sagte Tom Meagher, ihm sei durchaus klar, dass ihm genau das zur Last gelegt werde, aber die Geschichte Irlands rechtfertige diesen Schritt und er freue sich bereits darauf, vor dem höchsten Gericht zu stehen – vor jenem Richter von unendlicher Gnade, der ganz gewiss die falschen Urteile aufheben werde.

Julia seufzte schwer, als sie sich an Meaghers leidenschaftliche

Rede erinnerte, deren Zeugin sie geworden war. Mittlerweile ging sie nicht mehr aus, schon seit Wochen hatte sie das Haus nicht mehr verlassen. Ihre Wut war verraucht, sie hatte keine Tränen mehr, und die Tinte in ihrer Feder war getrocknet. Im Augenblick gab es für sie nur noch einen Grund, sich morgens aus dem Bett zu quälen, nur noch einen Menschen, der sie vor der endgültigen Verzweiflung bewahrte. Sie warf einen Blick auf den Jungen, der in seinem Bettchen in einer Ecke ihres Zimmers schlief.

In ihren Augen war er wunderschön, auch wenn andere das Gesicht abwandten, sobald sie ihn zeigte. Seine milchigweißen Augen und die verkrusteten Wimpern verstörten die meisten Menschen. Aber für sie war er das kostbarste Wesen auf der Welt, und sie liebte ihn von ganzem Herzen, obwohl viele der Meinung waren, dass er nicht mehr lange zu leben habe. Sie weigerte sich einfach, es zu glauben, und nahm jeden Tag mit ihm als Geschenk, hielt ihn stundenlang auf dem Arm, wenn er wimmerte, schob unermüdlich warmen Haferbrei in seinen kleinen Mund, ließ ihn jede Stunde ein wenig heiße Milch trinken. Inzwischen war er fast ein Jahr alt, der kleine Morgan McDonagh, und er nannte sie Mam.

»Hallo.« Julias Vater steckte den Kopf durch die Tür. »Wie geht's dem Kleinen? Schläft er noch?«

Sie nickte.

»Ich setz mich zu ihm.« Mister Martin kam herein. »Warum gehst du nicht mal ein paar Minuten an die frische Luft? Mach doch einen Spaziergang am Fluss entlang oder zum Trinity College.«

»Es geht mir gut, Vater, wirklich.«

Er schob einen Stapel Bücher beiseite und ließ sich vorsichtig auf der Kante ihres Schreibtischstuhls nieder. »Wir haben wundervolles Wetter«, versuchte er, sie zu überreden, »herrlich blauen Himmel. Wahrscheinlich ist es einer der letzten schönen Herbsttage. Und in den Schaufenstern gibt es so viele neue Dinge zu bewundern.«

»Das interessiert mich nicht.« Sie verzog das Gesicht.

»Ach, du hast dich sehr verändert, mein Schatz.« Er beugte sich vor. »Geht es dir auch wirklich gut, Julia?«

»Die Situation ist vollkommen anders als letztes Jahr«, erwiderte sie mit fester Stimme.

»Ja?« Er blickte sich in ihrem kleinen Zimmer um, sah die zugezogenen Vorhänge, die Teller mit unberührtem Essen, die verschüttete Tinte, die staubigen Bücherstapel.

»Ich geh einfach nicht mehr gerne aus. Es ist zu deprimierend.«

»Ja. Deprimierend.« Er nickte. »Aber findest du es nicht auch deprimierend, die ganze Zeit hier eingesperrt zu sein?«

»Nein, überhaupt nicht.« Sie sah zu dem schlafenden Jungen hinüber. »Ich ziehe seine Gesellschaft der jedes anderen vor.«

»Er ist ein liebes Kerlchen«, stimmte Mister Martin zu. »Und du weißt, wie gern ich ihn habe. Aber es ist für euch beide nicht gut, hier so aufeinander zu hocken. Kinder brauchen frische Luft, Sonne, die Begegnung mit anderen Menschen, neue Anregungen.«

Julia musterte ihren Vater misstrauisch. »Seit wann bist du solch ein Fachmann in Sachen Kindererziehung?«

»Glaubst du etwa, du wärst deiner Mutter fix und fertig aus dem Schoß entsprungen?« Er lachte. »Deine Mutter war eine viel beschäftigte Frau, und ich habe eine Menge Zeit mit dir verbracht, wofür ich immer sehr dankbar war. Sie wusste, wann sie uns allein lassen konnte und wann sie bleiben musste. Und jetzt sieh dich nur an, wie wohlgeraten du bist!«

»Willst du damit sagen, dass ich keine gute Mutter bin?«

»Natürlich nicht!« Mister Martin schüttelte den Kopf und beugte sich dann vor. »Aber um ehrlich zu sein, bist du genau genommen überhaupt keine Mutter. Hast du vergessen, dass der Junge bereits eine Mutter hat? Es sieht nämlich ganz so aus.«

Julia fuchtelte mit ihrer Schreibfeder herum. »Wie könnte ich das jemals vergessen? Aber wir haben schon so lange nichts von ihr gehört … Wir wissen ja noch nicht mal, ob sie überhaupt noch lebt.«

»Das wissen wir tatsächlich nicht«, räumte er ein. »Aber was ist mit Barbara? Sie liebt den Jungen; er ist schließlich ihr eigenes Fleisch und Blut.«

»Sie ist zusammen mit Abban nach Galway gegangen, das weißt du doch. Um an den dortigen Schulen auszuhelfen.« Julia legte die Feder beiseite. »Der Junge wird hier medizinisch versorgt, außerdem können wir ihn besser ernähren. Ich habe ihr versprochen, mich um ihn zu kümmern.«

»Bis sie wieder zurückkommt.«

»Ja. Natürlich.«

Mister Martin betrachtete Julia mit seinen großen, gütigen Augen. »Ich will nur nicht, dass du noch einmal enttäuschst wirst, mein Schatz. Du hast für dein Alter schon so viel mitgemacht. Und ich weiß, wie einsam du bist«, fügte er leise hinzu.

Sie wandte sich ab – ihr Vater sollte die Tränen in ihren Augen nicht sehen. Er stand auf und ging zum Kinderbett hinüber, um ihr Zeit zu geben, sich wieder zu fassen.

»Du meinst also, dass dieser kleine Bursche noch eine Weile bei uns bleiben wird?«

»Ja.« Sie wischte sich die Tränen fort, ehe er sich wieder zu ihr umdrehte. »Ja, das glaube ich.«

»Also, dann schlage ich vor, dass wir beide ein Abkommen treffen«, sagte er lächelnd.

»Ein Abkommen?« Sie versuchte, misstrauisch zu klingen, musste aber lachen. »Soll ich jetzt wieder reingelegt werden?«

Er zuckte die Achseln. »Nur ein kleines bisschen.«

»Ich nehme an, es geht dabei auch um frische Luft und Sonnenschein.«

»Meine kluge Tochter!« Mister Martin zog die Vorhänge auf, und Sonnenlicht durchflutete den Raum. »Ich will dir nicht zu große Hoffnungen machen, aber ich habe Verbindung zu einem sehr interessanten, sehr fortschrittlichen jungen Arzt in London aufgenommen.«

»England?« Sie schüttelte den Kopf. »Da fahre ich nie wieder hin, Vater.« Und dann riss sie plötzlich die Augen auf. »Du willst mich doch nicht etwa in ein Sanatorium stecken, oder?«

»Nicht doch.« Er lachte und fing an, Teller und Tassen auf ein leeres Tablett zu stapeln. »Es geht um Morgan. Ich habe einige Nachforschungen angestellt und bin dabei auf Dr. Nigel Wilkes gestoßen.« Er schwieg einen Moment. »Dr. Wilkes ist Augenchirurg.«

Julia hielt den Atem an.

»Er hat eingewilligt, sich den Jungen anzusehen. Aber dafür müsstest du bereit sein, das Haus zu verlassen und nach England zu reisen.«

»Oh, Vater.« Erneut schossen ihr die Tränen in die Augen, doch diesmal verbarg sie sie nicht. »Ich danke dir. Ich danke dir so sehr.

Am besten fange ich sofort an zu packen.« Sie stand auf und verschob einen Stapel Bücher. »Ich kann es kaum erwarten.«

Er lächelte, erleichtert, dass die alte Julia wieder zum Vorschein kam. »Ich kann dir für Ende der Woche eine Überfahrt buchen. Aber bevor du abreist, musst du unbedingt an Barbara schreiben.« Seine Stimme klang jetzt ernst. »Und du musst Grace einen Brief schicken. Sie müssen Bescheid wissen … für den Fall …«

»Das werde ich tun«, versprach sie. »Noch heute Nachmittag setze ich mich hin und schreibe.«

»Aber erst, wenn du mit dem Jungen spazieren warst.« Mister Martin nahm das Tablett hoch.

»Stimmt.« Sie lächelte verschmitzt. »Nach unserem Spaziergang.«

»Braves Mädchen.« Er küsste sie auf die Wange, ging hinaus und brachte das klappernde Geschirr nach unten in die Küche.

Julia beugte sich über Morgans Bettchen und betrachtete den Kleinen, den sie schon beinahe als ihren Jungen ansah. Sie musste Grace schreiben, daran führte kein Weg vorbei; sie hatte es Barbara versprochen. Stattdessen hatte sie einen Tag nach dem anderen verstreichen lassen, und nun war Barbara schon seit Wochen fort und der Brief immer noch nicht fertig.

Barbara war nur wenige Tage in Dublin geblieben, da sie fürchtete, Pater Sheehan in die Arme zu laufen, der vielleicht versuchen würde, sie von ihrem Vorhaben abzubringen. Sie und Abban hatten Schwester James beauftragt, Pater Sheehan von Barbaras Austritt aus dem Kloster zu berichten, denn die junge Schwester plante ebenfalls, dem Kloster den Rücken zu kehren und zu ihrer alten Mutter zurückzugehen – falls sie den Mut dazu aufbrachte. Sie würde nur wenige Tage allein im Kloster sein, bis der zuständige Priester eintraf. Barbara hatte ihre Nonnentracht gegen eine Arbeiterkluft mit Hose und Mütze getauscht und sich zusammen mit Abban auf den Weg nach Norden gemacht. In Dublin angekommen, fiel ihnen rasch auf, wie gefährlich es hier für sie war. In der Stadt wimmelte es von Soldaten; überall waren Wachleute, die nach Verrätern und Verbrechern Ausschau hielten und Abban wegen seines amputierten Beins misstrauisch beäugten. Julia hatte Morgan zu diesem Zeitpunkt bereits so fest ins Herz geschlossen, dass sie die beiden anflehte, ihn bei ihr zu lassen. Hier hatte er ein Dach über dem Kopf, bekam regelmäßig zu essen und wurde medizinisch versorgt. Nachdem Barbara stundenlang mit sich gerungen hatte, willigte sie schließlich schweren Herzens ein. Sie und Abban beschlossen, nach Westen zu gehen und sich dort, wo das Leid am größten war, nützlich zu machen. Sie versprachen, in Verbindung zu bleiben und den Jungen so oft wie möglich zu besuchen.

Julia blickte auf Morgan hinunter, und in diesem Moment erwachte er und richtete sich mühsam auf. Dann begann er plötzlich zu weinen. Julia nahm ihn hoch, drückte sein verschwitztes, süß duftendes Köpfchen an ihre Brust und betete, dass Gott ihr vergeben möge.

29

Vor den Fenstern des Harp and Hound fielen dichte Schneeflocken aus einem dunklen Himmel, wirbelten im Schein der Laternen durch die Luft, wehten in Toreinfahrten und bedeckten die schmutzigen Gehwege mit einer weißen Schicht. Der Morast auf den Straßen gefror zu tiefen Furchen, die Pferde und Kutschen gleichermaßen gefährdeten. Die Stadt war seltsam still; das dichte Schneetreiben dämpfte jedes Geräusch. Es gab kaum noch Verkehr, und die wenigen Fußgänger, die sich bei dem Wetter überhaupt noch hinauswagten, schlitterten über die Gehwege und hielten sich aneinander fest, um das Gleichgewicht nicht zu verlieren. Es war eine wunderschöne, tückische Nacht.

Grace drückte die heiße Stirn gegen die eisige Fensterscheibe und betete, dass Dugans schwere Schritte bald auf der Treppe dröhnten. Er war schon vor drei Stunden, als bei Tara die Wehen eingesetzt hatten, davongeeilt, um die Hebamme herbei zuschaffen. Allmählich wurde Grace bewusst, dass sie das Kind wahrscheinlich allein auf die Welt holen musste. Sie sah sich in Taras Schlafzimmer um, in der Hoffnung, hier alles Nötige zu finden. Ihre eigenen Geburten waren ihr noch frisch im Gedächtnis, und sie vertraute darauf, dass ihre Erfahrungen ihr jetzt nützten. Sie hatte noch die Stimmen von Brigid Sullivan und Barbara im Ohr, die ihr sagten, was sie tun musste, und vor ihrem inneren Auge erschien wieder der Kessel mit heißem Wasser, die Schüssel zum Waschen des Neugeborenen, der Stapel sauberer Handtücher sowie das Zeitungspapier und das zusätzliche Laken für die werdende Mutter. Sie band sich eine frische

Schürze um, krempelte die Ärmel hoch und wusch sich die Hände. Sie erinnerte sich auch an das Pressen, nur wusste sie nicht mehr genau, wann die Gebärende damit anfangen musste. Als Tara eine Stunde zuvor zum ersten Mal laut aufstöhnte, hatte Grace ein Gebet gesprochen, doch jetzt vertraute sie darauf, dass der Herr sie führen würde, selbst wenn ihr keine Zeit mehr für Gebete blieb.

Taras zierlicher Körper war von der Schwangerschaft förmlich überwältigt worden, und sie hatte durch die monatelange Bettlägerigkeit viel Kraft verloren, was auch dazu beitrug, dass sie schreckliche Angst vor der Geburt hatte. Obwohl auch Grace nun ziemlich nervös war, versuchte sie nach außen ruhig und beherrscht zu wirken und den Eindruck zu erwecken, als wisse sie genau, was zu tun sei.

»Oh nein«, stöhnte Tara. »Oh nein, nein! Ich bin zu alt für so was! Das schaff ich nie!«

»Hör sofort auf damit!«, befahl Grace. In dieser Situation empfahl es sich, resolut zu sein; daran erinnerte sie sich noch. Eine Frau in den Wehen brauchte alle Kraft, die ihr zur Verfügung stand – Mitleid konnte da nur schaden. Entschlossen ging sie zum Bett, nahm Taras Hand und tätschelte sie energisch. »Du wirst dieses Kind zur Welt bringen und noch am selben Tag ein Tänzchen aufführen. Schließlich bist du eine kerngesunde Frau, oder etwa nicht?«

Tara versuchte in Graces Augen zu lesen, ob vielleicht ja tatsächlich ein Körnchen Wahrheit in dieser Behauptung steckte, und die Angst wich einem zaghaften Lächeln. Doch dann verzog sich ihr Gesicht, und sie kniff die Augen zusammen, als die nächste Wehe sie überrollte. Schweiß perlte auf ihrer Stirn, sie packte mit beiden Händen nach Graces Hand und bäumte sich auf vor Schmerz.

»Halt dich an mir fest.« Grace schien Taras Qualen am eigenen Körper zu spüren. »Du schaffst das!«

Die Wehen kamen nun so schnell hintereinander, dass Tara zwischendurch kaum eine Minute Zeit blieb. Inzwischen war sie restlos erschöpft, spürte ihre Kräfte schwinden. Nachdem die Wehe vorbei war, lag sie vollkommen reglos im Bett, und ihre Atmung ging flach.

»Nimm du das Kind zu dir, Grace. Es gibt sonst niemanden. Und Dugan … Dugan …« Tränen rannen ihr über die Wangen und versickerten im schweißfeuchten Kopfkissen.

»Mach die Augen auf!«, befahl Grace. »Meinst du, meine Familie wäre nicht schon groß genug?« Sie zwang sich, wütend zu klingen. »Du wirst dieses Kind zur Welt bringen, Tara Ogue, und du wirst leben, um es selbst großzuziehen, denn *ich* werde das bestimmt nicht für dich übernehmen. Also mach weiter.«

Dieses Mal brachte Grace Tara dazu, die Knie anzuziehen, und schob dann ihre Fersen bis zu den Hüften. Die verzweifelte Frau schrie vor Schmerz.

»Ich sehe was!«, rief Grace, während sie Taras Fußknöchel festhielt, damit diese ihre Haltung nicht veränderte. »Es ist das Köpfchen, Tara! Ich seh schon das Köpfchen!«

Tara warf sich hin und her, stöhnte und umklammerte die Eisenstangen des Bettgestells. Ihr Gesicht war puterrot vor Anstrengung.

»Gut so!«, rief Grace. »Pressen! Du musst pressen!«

Zu ihrer größten Verblüffung kam nun das Köpfchen des Kindes zum Vorschein, gefolgt von den winzigen Schultern – ein schier unvorstellbarer Kraftakt. Im nächsten Moment flog die Tür auf, und die Hebamme stürmte herein.

»Es ist da!«, rief Grace ihr zu. »Schnell!«

Die Hebamme warf einen Blick auf die Gebärende und ging dann zu der mit Wasser gefüllten Schüssel, um sich die Hände zu waschen. »Jetzt besteht kein Grund mehr zur Eile. Das Schlimmste ist überstanden. Machen Sie weiter«, forderte sie Grace freundlich auf und trocknete sich die Hände ab. »Nehmen Sie ihn hoch.«

Grace starrte verwundert auf das kleine Wesen, das nun kreischend und strampelnd auf dem Bett lag, durch die Nabelschnur noch immer mit der Mutter verbunden. Vorsichtig nahm sie das Kind hoch, und die Hebamme durchtrennte die Nabelschnur.

»Wickeln Sie ihn in ein Tuch und geben Sie ihn seiner Mutter«, dirigierte die Hebamme. »Er kann sich schon mal an der Brust versuchen, während ich hier den Rest übernehme. So, jetzt noch mal pressen, Missus Ogue.« Sie tätschelte Taras Bein, und Grace sah fasziniert zu, wie die Nachgeburt erschien. »Gute Arbeit, meine Damen«, lobte die Hebamme. »Sie haben einen gesunden, kräftigen Knaben zur Welt gebracht.«

Noch immer sprachlos vor Staunen über das Wunder, dessen Zeugin sie geworden war, wickelte Grace das Neugeborene in ein sauberes, weiches Tuch und reichte es Tara. Atemlos nahm die junge Mutter ihren Sohn entgegen und bewunderte ergriffen das winzige Gesichtchen. Als das Wimmern des Kleinen läuter und drängender wurde, blickte sie ihre Freundin fragend an.

»Er ist nur hungrig nach der ganzen Anstrengung, und du hast alles, was er jetzt braucht.« Grace öffnete die oberen Knöpfe von Taras Hemd und half ihr dabei, das Kind an die Brust zu legen. Sofort hörte der Kleine auf zu weinen und versuchte zu nuckeln, während seine Mutter ihn mit unendlicher Zärtlichkeit in den Armen hielt und sich gar nicht satt sehen konnte. Doch dann war er auch schon eingeschlafen, vollkommen erschöpft von der anstrengenden Reise.

Nun nahm sich die Hebamme des Jungen an, untersuchte ihn, wusch ihn und wickelte ihn, wobei er während der ganzen Prozedur nicht einmal aufwachte. In der Zwischenzeit kümmerte Grace sich um das Bett, drehte Tara behutsam von einer Seite auf die andere, um die verschmutzten Laken und das Zeitungspapier zu entfernen, das Bett frisch zu beziehen und das Kissen aufzuschütteln.

Als Mutter und Kind wieder beieinander lagen und ruhten, wusch sich die Hebamme die Hände, krempelte die Ärmel herunter und verkündete, sie werde nun in die Küche gehen, um das Glas Bier zu genießen, das Mister Ogue ihr versprochen hatte, und den Räucherschinken. Und da alles so gut geklappt habe, sei ja vielleicht noch ein zweites Glas Bier drin. Schließlich bleibe sie die Nacht über da, denn bei diesem Wetter komme sie wohl kaum noch nach Hause. Grace dankte ihr überschwänglich und drängte sie, nach unten zu gehen. Sie selbst werde sich um alles Weitere kümmern.

Tara schien eingeschlafen zu sein; ihr linker Arm war in einem seltsamen Winkel um das Neugeborene gekrümmt. Vorsichtig nahm Grace das winzige Bündel und legte es in die Wiege, als Dugan die Nase durch die Tür steckte.

»Ich hab mich schon gefragt, wann du endlich kommst, um deinen neugeborenen Sohn zu begrüßen«, sagte Grace lächelnd.

»Ja«, flüsterte er verlegen und trat ein. »Die Hebamme sagt, es ist ein Junge. Ein gesunder, kräftiger Junge. Und Tara …« Er warf einen Blick auf seine bleiche Frau, die mit leicht geöffnetem Mund und geschlossenen Augen in dem großen Bett lag.

»Es geht ihr gut«, versicherte Grace ihm. »Sie ruht sich nur aus. Der kleine Bursche hier war ein hartes Stück Arbeit, auch wenn es gegen Ende ziemlich schnell ging. Komm, sieh ihn dir an.«

Der große Mann schlich auf Zehenspitzen durch das Zimmer und beugte sich unbeholfen über die Wiege. Im selben Moment öffnete das Neugeborene die Augen, und Vater und Sohn betrachteten einander verwundert. Vorsichtig berührte Dugan das Bündel mit einem Finger.

»Das hat sie für mich getan.«

»Das habe ich für uns beide getan.« Taras Stimme klang heiser. »Aber ich bin mir nicht sicher, ob ich so was noch mal durchstehen würde.«

Er ging zu ihr hinüber, ließ sich behutsam auf der Bettkante nieder, nahm ihre Hand und lächelte sie zärtlich an.

»Ein Wunder reicht mir völlig«, sagte er. »Wie willst du ihn nennen?«

»Tja, ich hab eine Schwäche für ›Dugan‹, wie du ja weißt.«

»Ach nein, einer in der Familie mit dem Namen ist mehr als genug, meinst du nicht?« Er lachte, wurde dann aber wieder ernst. »Also, ich habe mir überlegt … unten am Kamin … Ich meine, wenn es dir recht ist … Also, ich dachte … ich dachte, wir könnten ihn vielleicht Caolon nennen. Nach deinem ersten Mann.«

Tara starrte ihn ungläubig an und schlug dann die Hände vors Gesicht. Erschrocken sah Dugan zu Grace hinüber, rückte etwas näher zu seiner Frau heran und nahm sie in den Arm.

»Ach, Tara, verzeih mir«, murmelte er. »Du hast einen schrecklichen Dummkopf geheiratet. Es tut mir leid, dass ich überhaupt davon angefangen habe. Noch dazu an diesem Tag.«

Sie befreite sich aus seiner Umarmung, wischte die Tränen fort und betrachtete ihn mit der gleichen Verwunderung, mit der sie kurz zuvor ihren Sohn betrachtet hatte.

»Du bist der beste Mann, den ich je kennen gelernt habe, Dugan

Ogue.« Ihre Lippen bebten. »Wer sonst würde seinem Erstgeborenen so einen Namen geben?«

»Ach was. Warum denn nicht?«, erwiderte er. »Schließlich war er dein erster Mann, und er hat sich gut um dich gekümmert, solange ihr verheiratet wart. Dafür bin ich ihm sehr dankbar. Es ist eine Schande, dass er so früh gestorben ist und du so lange leiden musstest. Ich dachte mir, wenn wir den Kleinen nach ihm benennen, würde das den Verlust vielleicht ein wenig aufwiegen.«

Tara umfasste sein Gesicht mit beiden Händen. »Ach, du.« Sie suchte seine Augen. »Du hast den Verlust aufgewogen und zwar an dem Tag, an dem du mir sagtest, dass du mich liebst. Du, Dugan …«, sagte sie. »Der Kleine, er … er ist ein Geschenk, eine wunderbare Dreingabe, aber du …«, fuhr sie mit tränenerstickter Stimme fort, verstummte dann aber und schüttelte den Kopf.

Dugan nahm sie erneut in den Arm und küsste sie, so zärtlich wie ein Mann nur eine Frau küssen kann, die er wirklich liebt. »Das wäre dann also geklärt«, sagte er. »Wir nennen ihn Caolon. Caolon Ogue.«

»*Mighty* Caolon Ogue«, verbesserte sie ihn, und beide lachten und hielten einander so fest, dass sie gar nicht hörten, wie Grace leise aus dem Zimmer schlüpfte.

Im kühlen, dunklen Flur blieb Grace einen Moment stehen. Dann ging sie die Treppe hinunter und betrat den Schankraum, der inzwischen leer war, aber wie immer nach Bier und Tabak roch. Nachdem sie sich vergewissert hatte, dass alles verriegelt war, stieg sie die gegenüberliegende Treppe zu ihrem eigenen Zimmer hinauf, öffnete die Tür und freute sich darüber, dass Sean die Petroleumlampe auf kleiner Flamme hatte brennen lassen. Müde sank sie in der Nähe des Fensters in einen Sessel; sie war noch zu aufgewühlt, um gleich schlafen zu gehen. Aus den Betten drangen die leisen Atemgeräusche der Kinder zu ihr, während Sean im hinteren Teil des Zimmers schnarchte und gelegentlich etwas murmelte. Seine Träume waren wohl genauso bunt und lebhaft wie sein Alltag.

Draußen fiel noch immer Schnee, und der Anblick der weißen Pracht erfüllte sie mit neuem Mut. Auf der Straße herrschte vollkommene Stille, und sie fühlte sich warm und geborgen. Hunger,

Kälte und Kummer waren weit weg. Das Baby lebte, genau wie Tara, und das schenkte ihr Hoffnung. Dieses Kind lebte, ebenso wie ihr eigenes, und eines Tages würde sie ihren Jungen wieder im Arm halten, auch wenn er inzwischen ein Jahr alt war und sicher längst krabbelte. Sie lächelte und stellte sich vor, wie ihr Vater auf allen vieren hinter einem Kleinkind herkrabbelte, das ihm inzwischen bestimmt mehr als alles andere auf der Welt bedeutete. Wie sah er wohl aus, dieser Junge, ihr Junge? Wie sah er wohl aus?

Sie entdeckte ihr Spiegelbild in der vereisten Glasscheibe und streckte die Hand aus, um es zu berühren. Doch dann fiel ein Lichtstrahl auf ihren Ehering, und sie berührte stattdessen den Ring, drehte ihn an ihrem Finger. »Ach, Morgan«, flüsterte sie leise und erinnerte sich an sein liebes Gesicht, an sein Lachen und daran, wie ihr Herz einen Satz gemacht hatte, wenn er sie umarmte und ihr ins Ohr flüsterte, dass er sie liebte. Dann schloss sie sanft, aber bestimmt die Tür zu diesen Erinnerungen. Denn sie wusste, jeder weitere Gedanke an ihn würde ihr das Herz brechen. Zärtlich führte sie den Ring an die Lippen – den Ring, den er ihr in der Nacht angesteckt hatte, als sie ihn zum letzten Mal sah – und riss sich endgültig von der Vergangenheit los. Dann streifte sie die Schuhe ab, drehte die Lampe vollständig herunter und schlüpfte leise ins Bett.

Boardham hatte viele Leidenschaften – Trinken, Herumhuren, Glücksspiele und Hundekämpfe –, aber was ihm am meisten gefiel, war das Observieren von Missus Donnelly. Als er auf der gegenüberliegenden Straßenseite stand und zu dem Fenster über dem Harp and Hound hinaufblickte, stellte er fest, dass er sogar eine gewisse Zuneigung zu ihr entwickelt hatte, so wie ein Farmer voller Stolz die Sau betrachtet, die er für den Winter mästet. Selbst kleinste Veränderungen entgingen ihm nicht: eine andere Frisur, ein neues Kleid, die etwas fülligere Figur.

Es war bereits spät und die letzten Gäste waren längst nach Hause gegangen, doch in der Gaststätte brannte noch Licht. Offensichtlich hatte dort jemand in dieser kalten Nacht ein Kind zur Welt gebracht. Allerdings nicht Missus Donnelly; eine derartige Veränderung ihres Erscheinungsbildes hätte er schon zuvor mit Interesse zur Kenntnis genommen. Nein, Missus Donnelly war an diesem Abend sehr geschäftig gewesen. Nervös hatte sie immer wieder aus einem der Fenster gesehen, um nach diesem riesigen irischen Trottel Ausschau zu halten, der schließlich mit einer alten Hebamme im Schlepptau angeschlittert kam. Offensichtlich war es *seine* Frau, die pünktlich zu Weihnachten einen weiteren irischen Bastard in die Welt setzte. Wahrscheinlich hatten sie für den Balg schon eine Krippe bereitstehen, und seine Frau würde sich dann so kleiden wie die Jungfrau Maria persönlich. Diese ignoranten Papisten!

Boardham lachte hämisch; der Rum, den er am Abend getrunken hatte, wärmte ihm noch immer die Gedärme. Er holte einen Zigarrenstummel hervor, schob ihn sich zwischen die Lippen und schaute hinauf zum Fenster. Und da war sie ja wieder! Vorsichtig berührte sie die Glasscheibe. Mehrere Strähnen hatten sich aus ihrem Haarknoten gelöst. Sie sieht müde aus, dachte er. Zeit, ins Bett zu gehen. Er hätte nichts dagegen gehabt, ihr beim Ausziehen zu helfen, aber er konnte warten. Er zündete ein Streichholz an, hielt eine Hand schützend vor die Zigarre, während er sie ansteckte, zog dann daran und stieß eine Rauchwolke in die eisige Luft. Das Zigarrenende leuchtete rot in der Dunkelheit.

Aber eigentlich hatte er es auf Reinders abgesehen; Missus Donnelly war nur der Köder. Er wusste, dass sie noch Kontakt zueinander hatten, war er doch Zeuge ihres kurzen Gesprächs am Hafen gewesen. Reinders, der sich nicht schämte, vor Gott und aller Welt mit Iren und Negern zu reden. Der Mann hatte keinerlei Gespür für das, was sich gehörte. Er hielt sich wohl für was Besseres, dachte Boardham und kniff die Augen zusammen. Aber das würde sich bald ändern. Dann war Zahltag für den langen Fußmarsch von Boston nach New York mit gebrochenen Rippen, wo er bei jedem Atemzug vor Schmerzen hätte brüllen können.

Boardhams Rachephantasien waren köstlich und süß, und er schwelgte häufig darin, wägte die verschiedenen Möglichkeiten gegeneinander ab und beglückwünschte sich zu seinen Einfällen. Er brauchte sich keinerlei Beschränkungen aufzuerlegen, denn er hatte das Gesetz auf seiner Seite, oder besser: in seiner Tasche. Er hatte sich Callahan gegenüber als ausgesprochen loyal erwiesen und jeden Auftrag bis zum bitteren Ende durchgeführt – Erpressung, Wucher, Schlägerdienste, Diebstahl –, ohne je irgendwelche Fragen zu stellen. Gelegentlich hatte er sich, wenn Callahans Anteil bereits abgezogen war und niemand mehr etwas merken konnte, von der Beute noch selbst bedient. Deswegen war Boardham jetzt eine große Nummer in all den schäbigen Vierteln und dunklen Ecken dieser Stadt. Jeder wollte sein Freund sein. Die Männer überschlugen sich förmlich, ihm einen auszugeben, ihn ins Vertrauen zu ziehen oder sogar ihre eigenen Leute anzuschwärzen. Und das alles nur, um in seiner Gunst zu steigen, um auf der richtigen Seite zu stehen, auf der Seite von Mister Boardham aus Liverpool. Jeden Abend sammelte und sichtete er die neuesten Nachrichten aus der Unterwelt und bot Callahan diejenigen an, die spruchreif waren und die sich zu wissen lohnten. Inzwischen war Callahan ihm verpflichtet; daran gab es keinen Zweifel. In Bezug auf Kapitän Reinders konnte Boardham also tun und lassen, was er wollte. Niemand würde sich eingehend damit befassen, genauso wenig, wie man sich mit Tom Deans Tod näher befasst hatte.

Ja, Boardham konnte in diesem Viertel ganz nach Gutdünken verfahren, aber das nutzte ihm nichts, solange der Käpt'n weg war. Wieder einmal. Eine weitere Fahrt die Küste hinunter – ein Umstand, der Boardham sowohl wurmte als auch interessierte. Aber er konnte warten; er hatte schließlich seinen Köder. Im Obergeschoss des Hauses erlosch das Licht, und hinter den Fenstern wurde es dunkel.

»Angenehme Träume, Missus Donnelly«, knurrte er und drückte den Stummel seiner Zigarre im leuchtend weißen Schnee aus.

30

Schweißgebadet wachte Kapitän Reinders auf und wusste einen Moment lang nicht, wo er sich befand. Charleston. Er war in Charleston. Wieder einmal. Geträumt hatte er allerdings von Georgia – Georgia im Sommer, die Sonne so glühend heiß über den Feldern, dass er glaubte, jeden Moment tot umfallen zu müssen. Wie die Menschen das aushielten, war ihm ein Rätsel. Vom Morgengrauen bis zur Abenddämmerung schufteten sie auf diesen Feldern; wer ohnmächtig wurde, den zerrte man in den Schatten eines Strauchs, bis er wieder zu sich kam. Und dann ging es sofort wieder an die Arbeit. Niemand wagte es, sich zu beklagen. Reinders hatte einmal persönlich miterlebt, wie die Aufseher auf solche Beschwerden reagierten: Einer hochschwangeren Frau hatten sie die Kleider vom Leib gerissen und sie vor den Augen ihrer Kinder ausgepeitscht. Aber es gab noch andere Hinweise: der junge Mann mit der Kette an den Füßen und dem eisernen Halsband, das ihm die Haut wund scheuerte; die Brandmale; die fehlenden Gliedmaßen oder geblendeten Augen; die Verkrüppelungen und Verstümmelungen. Und das waren nur die sichtbaren Narben.

Als er zum ersten Mal nach Charleston kam, war Reinders beeindruckt gewesen von den freien Schwarzen, die ihren Geschäften nachgingen, von den Sklaven, die zur Arbeit in den Fabriken oder auf den Feldern verliehen wurden, von dem ständigen Kommen und Gehen. Alle schienen sich recht frei zu bewegen, und fast jeder trug anständige Kleidung. Die Menschen hatten genügend Geld in der Tasche, um Nahrungsmittel und andere Bedarfsgüter zu kaufen; sie betrieben kleine Geschäfte und besaßen sogar ihre eigene Kirche. Das Zusammenleben der verschiedenen Bevölkerungsgruppen gestaltete sich vollkommen anders als in den Nordstaaten, doch jeder schien die Regeln zu kennen und sich bereitwillig daran zu halten. Im Großen und Ganzen war es gar kein so schlechtes Leben. Reinders hatte schon Schlimmeres gesehen, in den New Yorker Mietskasernen, wo hungernde Schwarze in Dreck und Elend dahinvegetierten. Hier hatten sie wenigstens genug zu essen und ein Dach über dem Kopf. Nein, die Sklaverei war gar nicht so furchtbar, wie die Nordstaatler sie immer darstellten, dachte er bei sich. Und an dieser Überzeugung hielt er fest – bis er zum ersten Mal nach Georgia kam. Dort änderte er seine Meinung grundlegend.

Reinders kletterte aus seiner Koje und zog sich an, denn er wusste, dass er in dieser Nacht kein Auge mehr zumachen würde. Nachdem er eine Lampe angezündet und sich an seinen Schreibtisch gesetzt hatte, öffnete er die Schublade und holte eine verschlossene Metallkiste hervor, die einen Stapel Papiere enthielt, darunter auch Bekanntmachungen, mit denen entlaufene Sklaven gesucht wurden, und Handzettel zur Ankündigung von Versteigerungen. Er glättete die Papiere und musste an einen Tabakhändler denken, den er kennen und achten gelernt hatte – ein Mann, der das elterliche Unternehmen insgeheim ablehnte und Reinders die Augen über das Geschäft mit den Sklaven geöffnet hatte. Die meisten Käufe und Verkäufe fänden unter der Hand statt, hatte er Reinders erklärt; manchmal wurden sie sogar von den Sklaven, die für einen anderen Herrn arbeiten wollten, selbst in die Wege geleitet. Obwohl sich diese Verkaufspraktiken, fernab jeder Öffentlichkeit, allgemeiner Beliebtheit erfreuten, gab es durchaus noch Versteigerungen, die dazu dienten, große Mengen von »Ware« umzuschlagen. Zu einer solchen Sklavenauktion hatte er Reinders mitgenommen. Und obwohl Florence ihm die Zustände bereits eindringlich geschildert hatte, war es ein Schock für ihn gewesen, wie man ganze Familien einfach auseinander riss. Er wurde Zeuge, wie ein Mann, seine Frau und fünf ihrer Kinder an verschiedene Plantagenbesitzer versteigert wurden, obwohl ihr bisheriger Eigner verlangt hatte, dass sie gemeinsam verkauft wurden, und obwohl das Ehepaar gefleht hatte, zusammenbleiben zu dürfen. Er sah, wie Schwestern getrennt, kleine Kinder einzeln veräußert und alte Männer für zwanzig Dollar angeboten wurden – schließlich hätten sie noch ein paar gute Arbeitsjahre vor sich. Nach diesem Nachmittag war Reinders nicht mehr derselbe gewesen; das Feuer der Empörung, das in ihm brannte, sollte nie wieder erlöschen.

Er vermutete, dass er die Befreiung von Lilys Kindern auch in dieser Hinsicht als Möglichkeit der Wiedergutmachung empfand. Als Lily ihn darum bat, hatte er sofort seinen Partner Lars Darmstadt unterrichtet. Und der hatte ihm seinen Segen gegeben, unter einer Bedingung: Auf keinen Fall durfte er das Schiff verlieren. Lars hatte zwar noch andere Einkommensquellen, aber ein Großteil seines Kapitals steckte im Tabakhandel, und das wollte Reinders nicht gefährden. Keiner der beiden hatte sich bis dahin Gedanken über die Arbeitskräfte gemacht, die die Männer nutzten, mit denen sie Handel betrieben. Vielleicht hatten sie es aber auch gar nicht wissen wollen, dachte er, und die mahnenden Worte von Florence klangen ihm in den Ohren. Sie hatte die Verbindung zu einem Kundschafter hergestellt, einem Südstaatler, der als vorgeblicher Kopfgeldjäger Familienangehörige ehemaliger Sklaven aufspürte. Florence besaß viele solcher Kontakte und hatte auch die Papiere für Lily und ihre Kinder besorgt; drei weitere Pässe lagen schon bereit.

»Entschuldigung, Käpt'n.« Mackley öffnete die Tür und riss Reinders aus seinen Gedanken. »Ich habe Licht gesehen. Brauchen Sie irgendwas, Sir?«

»Ich wüsste gar nicht, wo ich anfangen sollte«, erwiderte Reinders trocken.

»Sie sollten versuchen, noch etwas zu schlafen, Sir. Wir haben einen langen Tag vor uns.«

»Warum sind Sie wach? Ist der neue Mann nicht auf seinem Posten?«

»Nickerson. Doch, Sir, er hält Wache.«

»Nickerson«, wiederholte Reinders und seufzte. »Ich wünschte, Dean wäre hier. Ich kann immer noch nicht glauben, dass er tot ist.«

Mackleys Kiefermuskeln spannten sich an. »Wir hätten den Dreckskerl umbringen sollen, als wir die Gelegenheit dazu hatten.«

Auch Reinders konnte sich diesen Fehler nicht verzeihen.

»Wir kriegen ihn schon noch«, versprach er Mackley. »Eines Tages wird seine hässliche Visage wieder auftauchen, und dann schneiden wir ihm den Kopf ab und schicken ihn an Deans Frau.«

»Ich bin durchaus für's Abschneiden, Käpt'n, aber ich würde ihn lieber an die Fische verfüttern, als ihn Laura zu schicken.« Mackley trat einen Schritt vor. »Geht es Ihnen auch wirklich gut, Sir?«

Reinders stand auf. »Ich bin nur etwas unruhig. Mache mir Sorgen, dass die Männer einfach mit dem Geld durchgebrannt sind, wie beim letzten Mal. Oder dass der Junge wieder weggelaufen ist. Wir haben ihn jetzt schon zweimal verpasst.«

»Aber nur um wenige Tage, Sir.«

»Verpasst ist verpasst. Das nächste Mal bringen sie ihn um.« Er legte eine Hand auf seinen Magen. »Und wir haben keine Ahnung, wo January steckt.«

»Hatte der Kundschafter nicht gesagt, dass er nach Mississippi verkauft worden ist, Käpt'n? Und dass er wusste, dass wir ihn holen wollten?«

»Wahrscheinlich war das mehr, als er ertragen konnte.« Reinders hielt einen Handzettel hoch. »Jedenfalls ist er wieder geflohen.«

»›Gesucht‹, las Mackley, ›January. Entlaufener Sklave aus dem Besitz von Charles Beaustead. Etwa 40 Jahre alt, graue Haare. Groß, kräftig, hager, sehr dunkle Haut, Narben von Peitschenhieben, Brandmal auf der rechten Wange. Der linke Arm fehlt …‹« Mackley stockte. »Ich wusste gar nicht, dass er nur einen Arm hat.«

»Der hat ihm auch beim letzten Mal noch nicht gefehlt«, sagte Reinders finster.

»Diese Dreckskerle. ›Zuletzt mit eisernem Halsband gesehen. Möglicherweise auf dem Weg zur Westerfield Plantation, Georgia.‹« Mackley schaute Reinders an. »Sie haben eine Belohnung in Höhe von 200 Dollar ausgesetzt.«

»Das hört sich gar nicht gut an.« Reinders warf einen Blick auf seine Schreibtischuhr. »Inzwischen müssten sie den Jungen haben. Falls alles nach Plan gelaufen ist. In ein paar Stunden wissen wir mehr.«

»Und was ist mit seiner Schwester, Käpt'n?«

»Die Nachricht wurde gestern Abend übermittelt.« Er schwieg einen Moment. »Jetzt liegt es an ihr.«

Mackley schaute aus dem Fenster. Es war noch immer stockdunkel. Der Kapitän würde die ganze Zeit in seiner Kajüte auf und ab gehen. Er musste mal vom Schiff runter, die frische, kühle Nachtluft atmen, damit er den Kopf frei bekam und ruhiger wurde.

»Entschuldigen Sie, Sir. Was halten Sie davon, wenn wir jetzt schon zu dem Lagerhaus gehen? Ein Spaziergang würde uns gut tun, und es ist noch lange dunkel genug.«

Reinders nickte; die Idee gefiel ihm. »Mister Mackley«, sagte er und griff nach seiner Mütze, »Sie sind wirklich jeden Penny Ihres Lohns wert.«

31

Es war ein Jahr her, seit Grace ihren Sohn zum letzten Mal gesehen hatte, und je näher das Weihnachtsfest rückte, desto mehr hegte sie die verzweifelte Hoffnung, Patrick und Morgan würden nun bald in New York eintreffen. Das war Gott ihr einfach schuldig. Sie gestattete sich nicht, darüber nachzudenken, welche Strapaze die Überfahrt zu dieser Jahreszeit bedeutete; sie und Mary Kate hatten die Reise schließlich überstanden, also würden die beiden es ebenfalls schaffen. Da Grace sich niemandem anvertraute, wuchs ihre Hoffnung ins Unermessliche, bis sie endlich fest davon überzeugt war, dass ihr Vater und ihr Sohn jeden Moment in der Tür stehen würden.

Heimlich legte sie etwas Tabak für ihren Dad beiseite, überlegte, wo er schlafen könnte, und stopfte ein Kopfkissen für ihn. Für ihren Sohn nähte sie Hemd und Hose, da er bestimmt bald laufen würde; sie kaufte ihm Tellerchen und Becher und tauschte etwas aus ihrem persönlichen Besitz gegen einen Beutel Bauklötze ein, den sie unter dem Bett versteckte. Die Vorfreude in ihr wuchs immer wieder so stark an, dass sie mehrmals am Tag vergnügt vor sich hin kicherte.

»Na, da hat aber jemand Geheimnisse, was?«, begrüßte Sean sie, als sie mit roten Wangen und Schneematsch an den Stiefeln vom Markt zurückkehrte. »Du brauchst gar nicht zu versuchen, es vor mir zu verbergen.«

»Nur die Weihnachtsvorbereitungen, das ist alles«, erwiderte sie und kramte in ihrem Korb.

»Das ist aber nur ein Teil der Wahrheit, stimmt's?« Er musterte sie mit einem breiten Grinsen. »Allerdings wäre ich bereit, dich vom Haken zu lassen, vorausgesetzt, ich bekomme am Weihnachtsmorgen ein besonders großes Geschenk.«

Grace musste lachen. Sie hatte das Geschenk für ihn bereits besorgt, einen Band der *Lederstrumpf*-Erzählungen von James Fenimore Cooper. Sean war begeistert von den Geschichten über den amerikanischen Westen und die Pioniere, und in seiner Sammlung fehlte ihm nur noch *Der Pfadfinder*.

»Wie wollen wir Weihnachten feiern?«, fragte sie und hängte ihren schweren Umhang zum Trocknen an den Kamin. »Sollen wir zum Gottesdienst gehen? Dugan hat uns eingeladen, mit ihnen die Messe in der St. Patrick's Cathedral zu besuchen, aber wir könnten auch in die Grace Church gehen, wenn du magst.«

Seans Miene verdüsterte sich. »Das ist für mich alles nur noch hohles Gerede, das weißt du genau.«

»Dann wirst du also mit Miss Osgoode Weihnachten feiern?« Grace versuchte, sich ihre Verärgerung nicht anmerken zu lassen.

»Du könntest mich doch begleiten«, bot er ihr an. »Ich wünschte, du würdest mitkommen, Grace. Die Kinder könnten wir ebenfalls mitnehmen. Es würde dir bestimmt gefallen.«

Grace zögerte. »Wie viele Iren werden denn da sein?«

Sean musterte sie enttäuscht. »Du kennst die Antwort darauf: nicht viele. Aber das spielt keine Rolle. Wir Heiligen der letzten Tage sind alle Amerikaner.«

»Also, ich ziehe es vor, einfach nur Irin zu sein.« Sie setzte sich ihm gegenüber an den Tisch. »Außerdem vermisse ich unsere irischen Freunde. Die sehen wir kaum noch.«

»Wovon, zum Teufel, sprichst du? Bist du hier in diesem Raum nicht jeden Abend von Iren umgeben?«

»Du weißt, was ich meine. Was ist mit deinen Freunden bei der Zeitung? Mister O'Sullivan und die anderen? Wo sind die Jungs von der Irischen Gesellschaft? Außer Danny Young lässt sich hier keiner mehr blicken.« Trotzig schob sie das Kinn vor. »Hast du mit deiner irischen Herkunft vielleicht abgeschlossen? Sind wir dir nicht mehr gut genug?«

Sean schlug mit der Faust auf den Tisch, und Grace sah plötzlich ihren Vater vor sich, wie er an jenem Abend, als er ihre Verlobung mit Bram Donnelly bekannt gab, gerufen hatte, er sei Ire, das sei nun mal seine Religion, und wenn Sean auch nur ein bisschen Verstand besitze, würde er es genauso machen.

»Hast du den Verstand verloren?« Sean klang jetzt wirklich wie ihr Vater. »Man kann mit seiner irischen Herkunft überhaupt nicht abschließen! Ich werde jeden Tag aufs Neue daran erinnert, dass ich aus Irland komme – wenn ich wieder eine dieser Zeichnungen sehe, auf denen ein affengesichtiger Lumpensammler mit einer Flasche in der einen und einer Kartoffel in der anderen Hand abgebildet ist. ›Iren in Amerika‹ steht darunter, ›so glücklich wie die Schweine, mit denen sie leben!‹ Oder die Dienstmädchen, die alle Brigid oder Colleen heißen, als hätten unsere Frauen keine anderen Namen, und die ihre Herrschaft Dinge fragen, die jedes Kind weiß.«

Angewidert schüttelte er den Kopf. »Aber da sind sie selbst schuld! Ständig spielen sie den unbekümmerten Naturburschen. Ich bin sie so satt, diese Iren, die sich als dumm und ungebildet verkaufen, und uns andere dafür büßen lassen«, sagte er wütend. »Oder wenn ich in ein Geschäft komme und die Ladenbesitzer mein Gesicht und mein Bein mustern und dann auf das Schild ›Wir nehmen keine Iren‹ zeigen. Und wenn ich dann antworte: ›Ich suche keine Arbeit, ich will etwas kaufen‹, dann sagen sie nur, ich soll woanders hingehen. ›Mit Iren machen wir keine Geschäfte‹.«

Fassungslos lehnte Grace sich zurück. Die abweisende Haltung vieler New Yorker gegenüber den Iren war ihr durchaus bekannt, aber sie hätte nicht gedacht, dass Sean davon betroffen war. Sie war immer davon ausgegangen, dass er sich ausschließlich in einer Welt der Ideale bewegte, die mit der bitteren Wirklichkeit der Straße nichts zu tun hatte.

»Schämst du dich?«, fragte sie leise.

»Nein, ich schäme mich nicht. Ich bin wütend«, sagte er. »Und ich bin sie einfach so leid, diese Iren, die sich winden anstatt aufzustehen. Ich bin es satt mit anzusehen, wie sie überall niedergemacht werden, aber nie zurückschlagen – oder wenn sie kämpfen, dann zu spät und mit zu wenigen Leuten. Die verlorene Kämpfe austragen. Die ständig verlieren. Es scheint fast, als wären wir dazu geboren, anderen als Fußabtreter zu dienen.« Wieder schlug er mit der Hand auf den Tisch. »All die Arbeit, die wir geleistet haben. All die Leben, die wir geopfert haben – und wofür? Als die Aufstände fehlschlugen und sie alle verhaftet wurden, einer nach dem anderen …« Er verstummte, wusste nicht mehr weiter.

»Aber sie verhungern, Sean.« Grace beugte sich vor. »Sie können sich kaum auf den Beinen halten, ganz zu schweigen davon, eine Schlacht zu schlagen – das ist die traurige Wahrheit. Vielleicht hätten wir noch warten sollen.«

»Warten worauf?«, fragte er verbittert. »Auf das Ende der Hungersnot? Wir haben in Irland schon immer gehungert, und daran wird sich auch nichts ändern. Sollten wir warten, bis die Fieberepidemie vorbei ist, bis die Männer wieder bei Kräften sind, bis wir Waffen und Nahrung haben? Pah«, rief er verächtlich. »Wir schicken Geld und Waffen, doch die werden in den Häfen konfisziert. Wir schicken Lebensmittel, doch die verschwinden einfach; nicht mal ein Bruchteil kommt bei denen an, die sie wirklich brauchen.«

»Willst du damit sagen, dass wir einfach aufgeben sollen, nach allem, was wir durchgemacht haben?«, hielt Grace ihm entgegen. »Denk doch mal drüber nach: Königin Elisabeth I., Cromwell, die ständigen Invasionen und immer wieder Fieber, Hungersnöte und schreckliche Armut. Wir haben uns das nicht selbst angetan! Das hat schon vor Jahrhunderten begonnen!«

»Doch, das haben wir uns selbst angetan!«, fuhr er sie an. »Wir haben zugelassen, dass sie unser Land plündern, unsere Wälder abholzen, unsere Könige zu Bettlern machen, unsere Religion verleumden. Und die ganze Zeit über haben wir den Hut gezogen und ihnen unseren besten Whiskey angeboten. Die Iren sind dumm und starrköpfig, Grace, das ist traurig, aber wahr. Wir können zwar den Ozean überqueren, aber dieser Tatsache können wir nicht entkommen.«

Grace starrte ihn empört an. Starrköpfig? Vielleicht. Aber dumm? »Da bin ich ganz anderer Meinung«, schimpfte sie. »Du bist mit deinen Gedanken ständig bei deiner neuen Religion. Du weißt doch überhaupt nicht mehr, wer du wirklich bist – wer wir sind! Und jetzt schüttle nicht den Kopf. Du tust dir nur selbst leid. ›Wir nehmen keine Iren!‹ Wann hast du dich hier je um eine Arbeit bemühen müssen?« Sie wartete seine Antwort nicht ab.

»Nicht ein einziges Mal! Kaum hattest du einen Fuß an Land gesetzt, hat man dir auch schon eine Stelle angeboten, noch dazu bei einer Zeitung. Und warum? Weil du Ire bist! Weil du intelligent bist! Und gibt es hier vielleicht nicht noch andere intelligente Iren? Die alle möglichen Posten innehaben? Bist du vielleicht der einzige Ire auf der ganzen Welt, der was im Kopf hat?« Sie schob ihren Stuhl zurück und stand auf. »Ich sag dir jetzt mal was, mein lieber Bruder: Was mich betrifft, gibt es in dieser Stadt nur einen einzigen starrköpfigen, dummen Iren, und der sitzt genau vor mir. Ich hab mich in meinem ganzen Leben noch nie für einen Iren geschämt, aber jetzt schäme ich mich. Eines Tages wird Irland frei sein, und dann bereust du deine Worte.«

»Irland wird niemals frei sein. Das Land hat keine Kraft mehr, zu kämpfen; alle anständigen Männer sind tot oder verschwunden.« Er sah ihr in die Augen. »Und selbst wenn Irland frei wäre, würde ich nicht zurückgehen. Niemals. In Irland war ich ein Niemand, ein Krüppel, der sich seinen Lebensunterhalt mit Akkordarbeiten am Kamin verdiente, ohne jede Aussicht auf Besserung. Aber hier kann ich es zu etwas bringen, trotz meiner …« Er sprach den Satz nicht zu Ende. »Ich bin Amerikaner, Grace. Amerikaner und nichts anderes.«

»Ja.« Sie verschränkte die Arme vor der Brust. »Das scheint mir auch so.« Kannte sie ihren Bruder überhaupt noch?

Er schloss die Augen, und sie sah die Müdigkeit in seinem Gesicht, die Falten um den Mund. »Es tut mir leid.« Er schaute sie wieder an. »Ich will mich gar nicht mit dir streiten. Ich hätte das alles nicht sagen sollen.«

Sie runzelte die Stirn, wollte ihm verzeihen, konnte es aber noch nicht.

»Die Wahrheit ist …«, hob er zögernd an und nahm allen Mut zusammen. »Die Wahrheit ist: Die Männer, die mich beauftragen, fangen an, ihren Einsatz für die Revolution in Frage zu stellen. Mittlerweile machen sie sich lieber für die Abschaffung der Sklaverei in den Südstaaten stark, obwohl dort nicht mal halb so viele Sklaven leben wie in Irland.« Er seufzte. »Ich wollte dir das nicht erzählen, um dich nicht zu beunruhigen, aber in letzter Zeit gibt es für mich kaum noch Arbeit.«

Grace ließ die Arme sinken und setzte sich wieder.

Sean blickte auf seine Hände, die auf dem Tisch lagen. »In den vergangenen Wochen habe ich mit Erschrecken feststellen müssen, in wie vielen Schaufenstern das Schild ›Keine Iren‹ steht, und mir wurde klar, dass mein Aussehen und mein Akzent mich daran hindern, meinen Lebensunterhalt zu verdienen.«

Grace legte eine Hand auf den Tisch und berührte seine Fingerspitzen.

»Aber es ist mir ernst damit, dass ich nicht nach Irland zurückkehren werde. So schwer es hier auch sein mag – es ist zumindest nicht aussichtslos.« Er sah sie an. »Ich bin zu der Überzeugung gekommen, dass Gott meine verzweifelten Gebete erhört hat; er lässt mich einen Schlussstrich unter die Vergangenheit ziehen und zwingt mich, darüber nachzudenken, warum ich wirklich hier bin.« Sean schwieg einen Moment und dachte nach. »Du fragst mich, warum unsere Freunde uns nicht mehr besuchen. Also, das liegt daran, dass sie sich immer noch an die Vergangenheit klammern, an ihre irische Nationalität, an die Rettung Irlands. Stattdessen sollten sie sich hier in Amerika eine Zukunft aufbauen, eine Zukunft, in der sie sich Gott auf eine ganz neue Weise widmen. Sie meiden mich, weil ich Teil einer Bewegung bin, die sie nicht verstehen, und das akzeptiere ich. Aber ich will nicht, dass das auch mit uns geschieht, Grace.«

Sie legte ihre Hand auf seine, drückte sie.

»Ich behaupte nicht, Gottes Willen zu verstehen«, fuhr Sean fort. »Aber Er hat mich aus einem bestimmten Grund nach Amerika gebracht und zu diesen Menschen geführt. Und ich glaube, dass Er sich das Gleiche auch für dich wünscht.«

Sie betrachtete sein Gesicht, seine müden Augen und liebte ihn plötzlich über alles – ihren leidenschaftlichen, fanatischen Bruder. Sie dachte an die Hoffnung, die sie in ihrem Herzen trug. War es möglich, dass Gott ihre Gebete nicht erhört hatte, weil sie nicht allen Mut zusammengenommen und ihrem Bruder blind vertraut hatte? Sie schloss die Augen und sah das wettergegerbte Gesicht ihres Vaters vor sich, das glatte Antlitz ihres kleinen Jungen. Ihr ganzes Leben lang war sie Sean in so vielen Dingen gefolgt; sie hatte ihm stets die Führung überlassen, weil er dem Herrn so nahe stand. Und er hatte sie nie in die Irre geführt.

»Also gut, Sean.« Sie öffnete die Augen. »Ich komme mit.«

Der Gottesdienst erinnerte eher an eine Gebetsversammlung, dachte Grace. Innerhalb einer Stunde entspann sich unter der Leitung von Mister Osgoode eine heftige Diskussion über die Angriffe auf die Mission in Illinois. Sean hatte ihr von Nauvoo erzählt, der Modellstadt, die von Heiligen der letzten Tage regiert wurde, nach den Gesetzen und Geboten von Joseph Smith und seinem zielstrebigen Nachfolger, Brigham Young. Allerdings hatte es Probleme gegeben, und Nauvoo wurde von Andersgläubigen belagert, die sich von den Mormonen bedroht fühlten und neidisch auf den Reichtum der Stadt blickten. Einige Anhänger der Lehre von Joseph Smith waren in der ursprünglichen Siedlung geblieben, aber Young hatte eine größere Gruppe weiter nach Westen geführt, um in der Einsamkeit von Utah eine noch größere Mission zu errichten.

Um dieses Thema drehten sich an dem Abend sämtliche Gespräche. Einige Mitglieder sprachen davon, alle weltlichen Besitztümer verkaufen zu wollen, den Erlös der Kirche zu übergeben und sich im Frühling dem Planwagentreck nach Westen anzuschließen. Grace hatte den Eindruck, dass viele dort bereits Freunde oder Verwandte besaßen, und hörte aufmerksam zu, als Auszüge aus Briefen verlesen wurden, die die Wildnis beschrieben, die Gebäude, die man für den Winter bereits fertig gestellt hatte, die Methoden der Landbestellung und welche Güter und Waren aus dem Osten man am dringendsten benötigte. Grace sah zu Sean hinüber, der in ein Gespräch mit Danny Young vertieft war; und als er schließlich aufblickte, lächelte er Marcy Osgoode zu, die neben Grace saß.

Ein paar Minuten später standen alle auf und schoben die Stühle beiseite; die Männer versammelten sich auf einer Seite des Raums, während die Frauen auf der anderen zusammenkamen. Marcy hakte sich bei Grace unter und führte sie zu einer Gruppe von Frauen in ihrem Alter. Darunter befanden sich allerdings auch ein paar Matronen, die nachsichtig lächelnd an den Mädchen herumzupften, hier und da einen verrutschten Kragen richteten oder ein paar Haarsträhnen zurücksteckten, während sie die jungen Männer wachsam im Auge behielten.

»Meine Damen«, sagte Marcy mit ruhiger Stimme, »das ist Missus Donnelly, verwitwete Schwester unseres Sean O'Malley.«

Interessiert wurde Grace gemustert, und man bot ihr eine Erfrischung an, die sie dankbar annahm, weil sie auf diese Weise ihre Hände beschäftigen konnte.

»So jung und schon Witwe«, stellte Missus Bishop fest, die als Erste sprach. »Und Ihr Bruder sagt, Sie haben auch Kinder.«

Grace wusste nie, wie sie ihre Familienverhältnisse erklären sollte. Sollte sie Morgan in Irland erwähnen? Oder Liam, der nicht direkt zur Verwandtschaft gehörte? »Das stimmt«, antwortete sie vage.

»Es war gewiss sehr schwer, sie alleine hierher zu bringen.« In Missus Bishops Stimme schwang echte Anteilnahme mit. »Und wie freundlich von Ihrem Bruder, Sie alle bei sich aufzunehmen.«

»Er ist solch ein guter Mensch«, verkündete Marcy errötend. »Seit Sie hier sind, ist er richtig glücklich. Und er hofft so sehr, dass Sie sich uns anschließen.«

»Wir haben schon dafür gebetet«, fiel eine junge Frau ein und schlug dann schüchtern die Hand vor den Mund.

»Ja, und auch für Ihre Kinder«, fügte Missus Bishop hinzu.

Sämtliche Frauen nickten zustimmend.

»Kinder sind die ewige Zukunft.« Die junge Frau nahm die Hand vom Mund und lächelte verzückt.

»Haben Sie denn Kinder?«, fragte Grace höflich.

»Noch nicht. Aber ich hoffe, dass ich später mal ganz viele habe. So viele wie Gott mir schenkt«, fügte sie rasch hinzu. »Ich heirate nächsten Monat. Ihn dort.« Sie zeigte auf den jungen Mann, der neben Sean stand.

»Danny? Sie heiraten Danny Young?«

»O ja!«, säuselte das Mädchen, lief puterrot an und legte die Hände an die Wangen.

Die anderen Frauen lachten und berührten sie liebevoll am Arm. Das Mädchen war sehr hübsch – für sie hatte man Gott nicht um einen Ehemann bitten müssen.

»Ellen und Danny sind seit kurzem verlobt«, erklärte Marcy. »Wir freuen uns alle so sehr für die beiden.«

Ellens Augen funkelten vor Glück. »Es ging alles so schnell, aber wenn wir jetzt heiraten, können wir im Frühling meine Brüder und ihre Frauen beim großen Planwagentreck nach Westen begleiten, statt erst später nachzukommen.«

Grace biss sich auf die Lippe. Dass Danny nach Utah ging, war keine gute Neuigkeit, nicht bei dem großen Einfluss, den er auf ihren Bruder ausübte.

»Wie viele Familien werden denn fortgehen, wenn ich fragen darf?«

»Fast alle«, verkündete Missus Bishop stolz. »Mein Mann und unser ältester Sohn gehörten zu der Gruppe, die mit Brigham Young bereits nach Westen gezogen sind. Bald wird unsere Familie endlich wieder zusammen sein. Allerdings bleiben einige Gemeindemitglieder noch hier in New York zurück. Nicht jeder kann schon die benötigten Mittel aufbringen.«

Grace stieß innerlich einen Seufzer der Erleichterung aus. Wenn man Geld brauchte, um sich den anderen anzuschließen, dann würde Sean nicht mitgehen. Noch nicht, jedenfalls.

»Und natürlich gibt es hier eine Reihe wichtiger Aufgaben zu erledigen, sodass auch einige hier bleiben müssen«, fuhr Missus Bishop fort. »Aber in nicht allzu ferner Zeit werden wir alle in der neuen Gemeinschaft zusammenleben und Gottes Auftrag erfüllen. Diese Stadt hier ist für christliche Frauen kein guter Ort, finden Sie nicht auch, Missus Donnelly?«

Grace dachte einen Moment lang nach. »Als ich Irland verlassen habe, lagen die Menschen sterbend in den Straßengräben oder Armenhäusern. Ich muss sagen, Missus Bishop, dass ich es als Segen empfinde, an einem Ort zu sein, wo ich arbeiten kann, wo es Nahrung und Kleidung zu kaufen gibt und meine Kinder ein Dach über dem Kopf haben. Das Leben in der Großstadt ist sicher nicht einfach, aber ich glaube, das hängt eher mit der Armut zusammen als damit, ob jemand Christ ist oder nicht.«

»Du meine Güte.« Das Gesicht der Matrone erstarrte zu einer höflichen Maske. »Ich sehe, Sie haben die gleiche Gabe der Freimütigkeit wie Ihr Bruder.«

»Ach, nicht doch.« Grace entschied sich, sie misszuverstehen. »Sean ist viel intelligenter. Er ist der Kopf unserer Familie.«

»Und Sie sind die tätigen Hände?«, fragte Missus Bishop spitzfindig. »Die die ganze Arbeit verrichten?«

»Nein«, erwiderte Grace vorsichtig. »Wir teilen uns die Arbeit. Vielleicht kann man mich als die Seele der Familie bezeichnen«, fügte sie hinzu, in Gedanken an die Kinder.

»Oh, wie wundervoll«, rief Marcy. »Frauen sind wirklich die Seele einer Familie, nicht wahr? Das ist sehr gut beobachtet, Grace. Nicht wahr, meine Damen?«

Die Frauen nickten freundlich und lächelten Grace ermutigend zu. Grace sagte nichts, erwiderte nur das Lächeln und spürte, dass sie offenbar eine Art Prüfung bestanden hatte. Allerdings hätte sie nicht sagen können, worum es dabei gegangen war. Die folgenden Minuten erschienen ihr wie Stunden, bis Sean endlich mit ihrem Umhang kam und meinte, sie sollten sich jetzt besser auf den Heimweg machen, ehe die Gehwege vollkommen zugefroren seien.

Während sie nach Hause gingen, war Sean äußerst guter Laune und erzählte, was für ein feiner Mensch Mister Osgoode sei, und dass unter seiner starken Führung die gesamte Gemeinde nach Utah umsiedeln werde. Als unverbesserlicher Romantiker war Sean begeistert von der Vorstellung, dass Menschen sich zu einer Gruppe zusammenschlossen, um in der Wildnis ein neues Leben zu beginnen. Grace erkannte die Zeichen, und ihre Sorge wuchs.

»Ich habe das Mädchen kennen gelernt, mit dem Danny Young sich verlobt hat«, unterbrach sie Seans Lobgesang.

»Ellen LeVang«, bestätigte er. »Nettes Mädchen. Gute Familie und jede Menge tüchtige Brüder. Sie alle mögen Danny sehr.«

»Sie sagt, dass sie sich dem Planwagenzug anschließen werden.«

»Stimmt. Danny ist ein Mann mit Zukunftsplänen, und es wird ihm gut tun, eine liebende Ehefrau an seiner Seite zu haben. Hier in New York hat er keine Menschenseele, und er ist das Leben in der Großstadt einfach leid.« Vorsichtig stapften sie über den vereisten Gehweg. »Ich werde ihn sehr vermissen.«

»Das heißt, du hast nicht vor, dich ihnen anzuschließen?«, fragte Grace atemlos.

Sean blieb abrupt stehen und sah sie an. »Natürlich nicht! Warum sollte ich ausgerechnet nach Utah wollen?«

»Du hast selbst gesagt, dass du bei den Heiligen der letzten Tage eine neue Heimat gefunden hast, und ich kenne dich, Sean O'Malley – die Vorstellung, mit ihnen nach Westen zu ziehen, hat für dich etwas Verlockendes. Warst du denn nicht schon immer verrückt nach Abenteuern?«

»Nicht verrückt.« Er schwieg einen Moment. »Allerdings muss ich zugeben, dass sich ein Teil von mir danach sehnt, mit ihnen zu gehen.«

Grace sank der Mut.

Er hakte sich bei ihr ein, sodass sie weitergehen konnten. »Aber solange Dad und der kleine Morgan nicht hier sind, gehen wir nirgendwohin. Mehr gibt es dazu nicht zu sagen.«

Sie nickte, traute sich aber nicht zu antworten.

»Außerdem«, fuhr er fort, »bleibt Mister Osgoode hier, um die Umwandlung der Besitztümer in Bargeld zu überwachen. Und er hat mich gefragt, ob ich ihm nicht helfen will. Das ist bezahlte Arbeit und wird eine ganze Weile dauern.«

»Dann bleibt Marcy also auch hier?«

»Natürlich! Was denkst du denn? Ohne ihren Vater würde sie niemals weggehen. Und er hat auch für sie genügend Arbeit.«

»Verstehe.« Grace lächelte verschmitzt.

»Ach was, gar nichts verstehst du.« Er drückte ihren Arm und lachte. »Ich mag Marcy, das weißt du ja, aber wir beide müssen noch viel übereinander in Erfahrung bringen, ehe wir ans Heiraten denken können.«

»Du wirst sicher viele Dinge in Erfahrung bringen, wenn du so eng mit ihrem Vater zusammenarbeitest«, zog Grace ihn auf.

Sean lachte erneut, und Grace freute sich, dass er so fröhlich war.

»Danke, dass du heute Abend mitgekommen bist. Ich wollte, dass du dir selbst ein Bild machst – und dass du Marcy kennen lernst. Deine Meinung bedeutet mir sehr viel, Grace. Du bist meine Schwester.«

»Ich glaube, jetzt wirst du ein wenig sentimental, Sean O'Malley, aber natürlich bin ich deine Schwester, und du bist mein Bruder, und wir haben schon immer gut aufeinander aufgepasst, stimmt's?«

»Stimmt.« Er drückte ihr einen Kuss auf die geröteten Wangen, und sie schob ihre Hand in seine große Manteltasche, um ihm näher zu sein.

Froh gestimmt gingen sie quer durch die Stadt, die still unter der weißen Schneedecke lag und über der Millionen Sterne am Himmel funkelten. Pferdeglöckchen bimmelten, wenn die großen

Tiere schnaubend ihre Mähnen schüttelten, doch das Klappern der Hufe wurde vom Schnee gedämpft. Vor den festlich erleuchteten Schaufenstern standen winterlich vermummte Paare, bewunderten die Auslagen und lachten leise in ihre warmen Handschuhe. Kerzenschein ergoss sich auf den Gehweg, als Gottesdienstbesucher das große Portal öffneten und mit Körben für die Bedürftigen herausströmten. Doch Sean und Grace eilten an all dem vorbei, nach Hause zu den Menschen, die bereits auf sie warteten.

32

Mammie, Mammie, es ist Weihnachten!«
Zwei kleine Hände rüttelten Grace energisch aus dem Schlaf, und Mary Kates Atem streifte warm über ihre Wange.

»Aufstehen, Mam, steh auf!«

»Wieso soll ich aufstehen?« Grace zog ihre Tochter zu sich ins Bett und kitzelte sie. »Du kleines, unartiges Mädchen. Weckst deine arme, alte Mutter am falschen Tag! Weihnachten ist erst morgen, das weißt du doch!«

Mary Kate hörte abrupt auf zu lachen, setzte sich hin, und ihre Unterlippe begann zu zittern.

»Nicht doch.« Grace umarmte sie rasch. »Das war gemein von mir, und zur Strafe finde ich bestimmt nur Kohlen in meinem Strumpf!«

»Dann ist heute doch Weihnachten?«, fragte Mary Kate zaghaft.

»Ja. Frohe Weihnachten, mein Schatz.« Grace küsste ihre Tochter. »Meinst du, der Heilige Nikolaus hat uns hier gefunden, so weit weg von zu Hause?«

Mary Kate nickte mit großen Augen, und Grace schlüpfte aus dem Bett, zog die kalte Unterwäsche unter ihrem warmen Nachthemd an und tauschte dann das Nachthemd gegen ein grünes Wollkleid, das sie speziell für diesen Tag genäht hatte. Weihnachten. Sie hielt den Atem an und sandte ein Stoßgebet gen Himmel: Bitte lass sie heute ankommen!

»Fertig?« Sie streckte die Hand aus, stellte dann aber fest, dass das Kleid ihrer Tochter falsch zugeknöpft war und ihr Haarband schief saß. »Wer hat dich denn heute Morgen angezogen? Hast du das vielleicht ganz allein geschafft?«

Mary Kate schüttelte den Kopf. »Liam. Aber er war böse und hat immer ›Halt still!‹ gesagt.«

Grace lachte, knöpfte Mary Kates Kleidchen richtig zu, glättete ihren Kragen und steckte ihr die langen, lockigen Haare hinter die Ohren. »Und wo ist dein Diener jetzt?«

»Unten. Ich soll dich holen.«

»Wie habt ihr es nur geschafft, aufzustehen, ohne dass ich das Geringste davon mitbekommen habe?« Sie stemmte die Hände in die Hüften.

»Onkel Sean hat gesagt, wir sollen uns unten am Kamin anziehen.« Mary Kate senkte die Stimme und machte ihn nach: »Scht, leise, ihr Rowdys, scht!« Sie dachte einen Moment nach und fragte dann: »Was sind Rowdys?«

»Ich weiß es selbst nicht«, lachte Grace. »Warte mal!« Sie ging zu ihrer Truhe, holte eine kleine Schachtel heraus und gab sie Mary Kate. »Hättet du Lust, den hübschen Ring zu tragen, den Aislinn dir geschenkt hat? Schließlich ist Weihnachen. Ein ganz besonderer Tag.«

Mary Kates Augen weiteten sich. »O ja«, flüsterte sie, öffnete die Schachtel und nahm den Ring mit dem grünen Stein aus Connemara heraus. Vorsichtig schob sie ihn sich über den Ringfinger und zeigte ihn ihrer Mutter.

»Er ist fast so schön wie du, meine Süße«, sagte Grace. *Frohe Weihnachten, Aislinn,* dachte sie, während sie Mary Kate über den Kopf strich. *In Gedanken sind wir bei dir.*

»Komm jetzt, Mam«, kicherte Mary Kate, nahm Grace bei der Hand und führte sie aus dem Zimmer die Treppe hinunter.

Als sie den Schankraum betraten, schallte ihnen ein vielstimmiges »Frohe Weihnachten!« entgegen, und Grace sah, dass der lange Tisch in der Nähe des Kamins liebevoll gedeckt war und man ihr den Ehrenplatz am Kopfende freigehalten hatte.

»Da du bestimmt den Rest des Tages damit zubringen wirst, uns alle zu bekochen und zu bewirten, dachten wir, wir bereiten dir ein schönes Frühstück«, verkündete Sean und wirkte sehr zufrieden mit sich. »Tee?« Er hielt die Kanne hoch.

»Danke schön.« Grace setzte sich, und ihre Augen leuchteten. »Wie lieb von euch. Frohe Weihnachten euch allen. Frohe Weihnachten, Tara … Dugan. Und auch dir ein frohes allererstes Weihnachtsfest, kleiner Caolon.«

Die Ogues strahlten, und Liam küsste Grace auf die Wange und überreichte ihr schüchtern ein sorgfältig eingewickeltes Päckchen.

»Öffnen wir denn jetzt schon unsere Geschenke?«, fragte sie, woraufhin die anderen Erwachsenen gutmütig die Achseln zuckten.

»Also, es ist ein ganz besonderes Geschenk«, erklärte Dugan mit seiner brummigen Stimme. »Warum machst du es nicht auf? Er hat so hart daran gearbeitet, nicht wahr, mein Junge?«

Liam nickte; er wirkte angespannt, obwohl er lächelte. Grace tätschelte ihm die Wange, zog an der Schleife und entfernte vorsichtig das Packpapier.

Zum Vorschein kam ein kleines Kästchen mit passendem Deckel. Das Holz war sorgfältig geschliffen und mehrfach geölt worden, sodass seine Maserung wundervoll schimmerte. In der Deckelmitte erhoben sich die Umrisse eines großen Segelschiffs in rauer See, und auf der Vorderseite der Schachtel prangte mit großen Buchstaben das Wort MUTTER.

»Sean und Dugan haben gesagt, das sei in Ordnung – weil du doch die ganze Zeit für mich gesorgt hast.« Liam stand steif vor ihr. »Und, ist es das?«

Grace stellte das Kästchen vorsichtig auf den Tisch, als sei es das kostbarste Geschenk der Welt, stand dann auf, umarmte ihn und drückte ihn an sich, bis er seine Arme um ihre Taille schlang.

»Ja.« Lächelnd betrachtete sie sein liebes Gesicht und bedeckte es mit Küssen, bis er ganz verlegen wurde und sich aus ihrer Umarmung zu befreien versuchte. »Nein, nein, mein Sohn«, tadelte sie ihn zärtlich. »Es ist das Recht einer Mutter, ihren Jungen zu küssen, wann immer es ihr gefällt. Oder möchtest du deine Meinung etwa ändern?«

Er schüttelte den Kopf und hörte auf, sich zu winden. Dann hielt er ihr stoisch sein Gesicht entgegen.

»Schon besser.« Erneut küsste sie ihn auf beide Wangen. »Das ist ein wunderschönes Geschenk, Liam. Ich werde es immer in Ehren halten. Vielen Dank.«

Mary Kate hämmerte mit dem Löffel auf den Tisch und rief: »Wir wollen essen!«

Über so viel Begeisterung mussten alle lachen. Dann wurden Eier und Wurst, Christstollen und Butter aufgetischt, und jeder griff beherzt zu. Es wurde gegessen und gelacht und gelacht und gegessen, bis selbst die letzten Krümel vertilgt waren.

Nach dem Frühstück trug Grace das Holzkästchen nach oben und stellte es auf den Tisch neben dem Fenster. Sie war schon die ganze Zeit den Tränen nahe, hielt sie aber zurück – sie musste noch so viel für das Weihnachtsmenü vorbereiten. Sean war zu den Osgoodes gegangen, und Dugan hatte die Kinder in die Messe mitgenommen, damit Tara und der Kleine sich ausruhen konnten. Grace hatte die Küche also für sich allein.

Während sie zwischen dem langen Tisch und den Schränken hin und her eilte, lauschte sie ständig mit einem Ohr, ob jemand an der Tür klopfte. Sie war sich sicher, dass sie heute ankommen würden. Schließlich war sie mit Sean zu den sonntäglichen Zusammenkünften gegangen, oder etwa nicht? Und sie hatte alles gelesen, was man ihr zu lesen gegeben hatte, sie hatte alles gehört, was sie hören sollte, und alles gesagt, was man von ihr erwartete! Die Frauen waren immer sehr freundlich, gaben ihr Kleidung für die Kinder und Ratschläge für deren Erziehung, schenkten ihr Gläser mit Eingemachtem und Fläschchen mit Heilkräuterextrakten. Sie hatten alles getan, um Grace willkommen zu heißen, um sie zu einem Teil ihrer Gemeinschaft zu machen. Es war allein ihr Fehler – auch wenn sie alles versucht hatte. Ihre täglichen Zwiegespräche mit Gott waren voll von Bitten und Versprechen; sie war geduldig und gehorsam gewesen, hatte vertraut und geglaubt. Gott würde sie doch nicht noch einmal enttäuschen?

Heute Abend würden an ihrem Tisch lauter Verwandte und Freunde sitzen – die Ogues, die Osgoodes, Lily und ihre Kinder. Da Liams Vater trotz aller Bitten nicht kommen wollte, hatte Liam für Kapitän Reinders eine Nachricht an der Anschlagtafel für Seeleute hinterlassen: Falls er kommen könne, sei er herzlich zu ihrem Weihnachtsessen eingeladen. Alle würden am Tisch sitzen, wenn Graces Vater mit dem kleinen Morgan auf dem Arm durch die Tür hereinkam; und Grace würde ihnen entgegeneilen, sie beide an sich drücken und ihren kleinen Jungen nach so langer Zeit endlich wieder im Arm halten. Sie konnte es förmlich sehen, sie konnte es hören – genau so würde es sein.

33

Hier oben im Norden war es kalt, bitterkalt. Die Hafenanlagen waren mit einer schmutzigen Schneeschicht bedeckt, und der Himmel wirkte grau. Das Schiff lag sicher vertäut am Kai, sämtlicher Papierkram war erledigt, die Fracht entladen. Aber Reinders' Anspannung ließ nicht nach.

Mackley befand sich unten im Laderaum, mit der Frachtliste in der Hand, und hielt die Mannschaft von den beiden großen, verschlossenen Truhen im hinteren Bereich fern. Die Truhen gehörten Reinders, wie jeder wusste. Während der kurzen Fahrten nach Süden nahm er sie häufig mit, um private Rum- oder Melassevorräte, Zigarren oder Tuche darin einzulagern. Gelegentlich verstaute er in ihnen auch eine Antiquität für Detra, die Frau seines Geschäftspartners. Für die Besatzung war der Anblick der Truhen nichts Ungewöhnliches, und schon lange fragte niemand mehr, welchen Schatz sie denn diesmal bargen. Reinders war dankbar für das mangelnde Interesse, denn bei dieser Fahrt war er auf den kostbarsten Schatz der Welt gestoßen.

Daran musste er nun denken, und er kämpfte gegen den Drang, sofort unter Deck zu stürmen. Sie hatten es bis hierher geschafft, sagte er sich, und es würde nicht mehr lange dauern. Er durfte jetzt nichts tun, was er sonst nicht auch tat.

»Alles erledigt, Käpt'n.« Mackley trat zu ihm und reichte ihm die Frachtliste.

Reinders warf einen Blick darauf. Dann dankte er seiner Mannschaft für die gute Arbeit, entließ sie und wünschte ihnen allen ein frohes Weihnachtsfest. Anfang des neuen Jahres würde man sich wiedersehen. Erst als wirklich der letzte Mann das Schiff verlassen hatte, stießen der Kapitän und sein Erster Offizier einen Seufzer der Erleichterung aus.

»Wie sieht es unten aus?«, fragte Reinders. »Irgendwelche Probleme?«

»Das Mädchen hat ein paar Mal gehustet, Käpt'n. Einmal sogar ziemlich heftig, das arme Kind. Aber ich glaube nicht, dass es jemand gehört hat. Je eher wir sie da rausholen, desto besser.«

Reinders konnte dem nur zustimmen. »Ich kümmere mich darum. Sie gehen bitte hinüber zum Markt und holen Lily. Falls sie nicht dort ist ...« – er reichte ihm ein Stück Papier, auf das er mit Tinte ein Symbol gemalt hatte –, »hinterlassen Sie diesen Zettel bitte an der Anschlagtafel.«

»Ja, Sir. Und was dann?«

»Ehrlich gesagt, habe ich keine Ahnung. Ich hatte nicht damit gerechnet, dass wir schon am Weihnachtstag hier einlaufen würden.«

Als Mackley von Bord gegangen war, zog Reinders die Laufplanke hoch und ging in Gedanken noch einmal alle Einzelheiten des Unternehmens durch. Das Logbuch war sorgfältig präpariert, denn er wusste, dass er möglicherweise über jeden seiner Schritte Auskunft würde erteilen müssen. Er hatte Alibis, er hatte Zeugen, und die einzigen Beweismittel, die gegen ihn verwendet werden könnten, würde er schnellstmöglich ihrer Mutter übergeben. Der ursprüngliche Plan sah vor, die Ankunft vorher mitzuteilen, dann auf den Einbruch der Dunkelheit zu warten, die Kinder in Hesselbaums Pferdewagen zu legen, mit Stroh zu bedecken und an den Sklavenfängern vorbeizuschmuggeln, die im gesamten Hafengebiet nach blinden Passagieren Ausschau hielten. Normalerweise war Lily immer am Hafen, jeden Tag – aber bestimmt nicht an Weihnachten. Sie wusste nicht einmal, dass sie kamen, denn er hatte ihr nichts gesagt, um sie nicht zu enttäuschen, falls es wieder nicht klappen sollte. Was war er nur für ein Dummkopf!

Sorgfältig sicherte er die Taue und stieg die schmale Treppe hinunter. Noch bevor er den Laderaum erreichte, hörte er das unterdrückte Husten eines Menschen, der versucht, leise zu sein. Er machte sich Sorgen um Mary: Bereits im Lagerhaus in Charleston hatte sie nicht besonders gesund ausgesehen, und dann hatten sie sie in eine Truhe gesteckt und aufs Schiff gebracht. Die mehrtägige Reise im kalten, feuchten Laderaum, mit wenig Nahrung, dafür aber inständiger Angst, hatte sicher nicht zur Besserung ihres Zustands beigetragen. Solomon erging es nicht anders. Er konnte kaum laufen, denn man hatte ihm die Beinsehnen durchtrennt und die Zehen abgeschnitten. Aber Reinders hatte die Wut in den Augen des Jungen gesehen und wusste, dass grenzenloser Hass seinen Überlebenswillen nährte. Solomon hatte kein einziges Wort gesagt, weder im Lagerhaus noch während der gesamten Reise. Das wusste Reinders von Mackley.

»Wenn er könnte, würde er mir die Kehle durchschneiden«, hatte ihm sein Erster Offizier berichtet. »Er hasst weiße Männer, das steht fest.«

»Kann man ihm das übel nehmen?«, hatte Reinders gefragt.

»Nein, Sir.« Mackley kam nicht darüber hinweg, wie grausam man die Füße des Jungen verstümmelt hatte. »Ich ganz bestimmt nicht.«

Reinders öffnete nun das Schloss der ersten Truhe und klappte den schweren Deckel hoch. Marys Augen leuchteten ihm in der Dunkelheit entgegen; ihr Gesicht sah müde und erschöpft aus. Der Kapitän öffnete auch die andere Truhe, und Solomon musterte ihn mit kaum verhohlenem Trotz. Die beiden kletterten aus ihren Verstecken, ganz steif von den langen Stunden in immer derselben Haltung. Das Mädchen wurde von einem neuerlichen Hustenkrampf geschüttelt, und Reinders legte einen Arm um sie, bis der Anfall vorüber war.

»Ich weiß, die Fahrt war hart für euch«, sagte er entschuldigend. »Aber wir sind jetzt da. Die Mannschaft ist bereits von Bord. Streckt euch ein bisschen und vertretet euch die Beine, dann gehen wir nach oben in meine Kajüte.«

Mary und Solomon gingen unbeholfen bis ans Ende des Laderaums und blieben kurz stehen, um leise ein paar Worte miteinander zu wechseln, die Reinders aber nicht verstehen konnte.

»Vorsicht auf der Stiege«, warnte er sie, als sie wieder bei ihm standen. »Ich habe keine Laterne mitgebracht.«

Er führte sie aus dem Laderaum, dann den Gang entlang und die paar Stufen hinauf zu dem schmalen Flur, der in seine Kajüte führte. Erst nachdem er die Tür sorgfältig hinter ihnen verriegelt hatte, entzündete er die Lampe und hing sie an ihren Haken. Im schwachen Schein der Laterne sahen die beiden noch mitgenommener aus. Das Mädchen wirkte vollkommen entkräftet und klapperte mit den Zähnen.

»Zieht das hier über.« Reinders reichte dem Mädchen einen dicken Seemannspullover und dem Jungen ein Wollhemd. »Setzt euch.«

Sie streiften die wärmenden Kleidungsstücke über und ließen sich dann vorsichtig an Reinders' Schreibtisch nieder.

»Ich habe Mackley losgeschickt, um eure Mutter zu holen. Sie arbeitet am Hafen. Allerdings haben wir Weihnachten. Ich weiß nicht, ob sie heute auch dort ist.«

»Und wenn nicht?« Solomons Stimme klang wie ein dumpfes Grollen. »Suchen wir sie dann?«

Reinders schüttelte den Kopf. »Ihr beiden bleibt besser hier. Ihr könntet genauso gut ein Schild mit der Aufschrift ›Entlaufener Sklave‹ auf dem Rücken tragen.«

»Ist New York denn kein freier Staat?« Angst spiegelte sich in Marys Augen.

»Doch, schon«, versicherte Reinders ihr. »Aber auch hier gibt es mehr als genug Kopfgeldjäger, die nur darauf warten, euch einzufangen und zurückzuschleppen. Die Abolitionisten versuchen zwar, so etwas zu verhindern, aber sie können nicht viel tun, wenn man euch einfach entführt. New York ist ein freier Staat«, wiederholte er, »doch ihr seid ganz auf euch allein gestellt.«

»Wie sollen wir unsere Mutter dann finden?« Der junge Mann runzelte die Stirn.

»Am Kai gibt es eine Anschlagtafel, die eure Mutter regelmäßig auf Nachrichten von mir überprüft.«

»Sie kann nicht lesen.« Mary wechselte einen Blick mit Solomon.

»Ich weiß. Wir haben ein Symbol vereinbart. Sie wird es wiedererkennen.«

»Geht es ihr gut?« Plötzlich stiegen dem Mädchen Tränen in die Augen, und Reinders fiel ein, dass er ihnen noch gar nichts erzählt hatte.

»Ja, es geht ihr gut. Wirklich sehr gut.« Er kramte in seiner Erinnerung nach Einzelheiten. »Sie arbeitet auf dem Fischmarkt, für Jakob Hesselbaum. Ein guter Mann. Er kümmert sich um eure Mutter. Und euren Geschwistern geht es auch gut. Samuel … Samuel und Ruth.«

Das Mädchen beugte sich vor, nahm begierig jedes Wort auf, während ihr die Tränen über die Wangen liefen. Auch der Junge hörte zu, zeigte aber keinerlei Gefühle.

»Sie wohnen in Five Points. Das ist gar nicht weit von hier. Allerdings eine ziemlich raue Gegend«, fügte Reinders hinzu.

»Aber sie sind frei, oder?«, vergewisserte Solomon sich erneut.

Der Kapitän nickte. »Sie sind frei. Eure Mutter trägt die Papiere immer bei sich. Und ihr kriegt auch welche.«

Vom Kai klang ein Pfeifen herüber.

»Das ist Mackley«, verkündete Reinders und stand gleichzeitig mit den Kindern auf. »Bleibt erst mal hier. Wenn eure Mutter dabei ist, hole ich sie her.«

Er ging an Deck und lief zur Reling. Aber der Erste Offizier war allein. Reinders schob die Laufplanke zu ihm hinunter.

»Hier, Käpt'n.« Mackley reichte ihm einen kleinen Umschlag. »Als ich Ihre Nachricht anbringen wollte, fand ich das hier.«

Reinders riss den Umschlag auf.

»Lieber Kapitän Reinders!
Bitte kommen Sie zu unserem Weihnachtsessen, wenn Sie können.
Lily und die andern sind auch da. Bitte kommen Sie.
Ihr Freund Liam Kelley.«

»Ha!« Er zerknitterte den Brief. »Sie ist im Harp and Hound!«

»Was meinen Sie, Sir? Sollen wir es wagen?«

Reinders blickte sich sorgfältig um. Der Hafen wirkte wie ausgestorben; nur ein paar Matrosen gingen ihrer Wege, und am anderen Ende des Platzes stand vor einem Lagerhaus ein Haufen zerlumpter Seeleute, die eine Flasche kreisen ließen. Sie sahen nicht aus wie Sklavenjäger; ihr Interesse galt eher einem hoch beladenen Karren, der unbewacht vor einer offenen Tür stand.

»Gehen Sie zum Boulevard und mieten Sie eine geschlossene Droschke. Dann warten Sie am Ende der Gasse auf uns. Wir brauchen nicht länger als fünf Minuten, um bei Ihnen zu sein.«

»Alles klar!« Mackley betrat die Laufplanke, drehte sich dann aber noch einmal um. »Ist das nicht eine seltsame Fügung, dass sie ausgerechnet an Weihnachten zu ihrer Mutter zurückkehren?«, fragte er.

»Reiner Zufall«, verkündete Reinders. »Und jetzt beeilen Sie sich.«

Mary und Solomon besaßen nichts außer der Kleidung, die sie am Leib trugen; dabei hatten sie noch nicht einmal vernünftige Schuhe an den Füßen, wie Reinders bestürzt feststellte. Das Mädchen trug dünne Baumwollschläppchen und der Junge war sogar barfuß. Während der Kapitän den beiden das weitere Vorgehen erklärte, holte er ein altes Paar Stiefel hervor und warf es Solomon zu. Dann nahm er die Lampe vom Haken, ging in den Flur und betrat den feuchten Schlafraum der Mannschaft. Sein Weg führte ihn direkt zur Seekiste des Kochs, einem der kleinsten Männer der Besatzung. Er wühlte darin herum, bis er ein Paar Stiefel für das Mädchen fand. Als er wieder in seiner Kajüte war, legte er Solomon seinen eigenen Umhang über die Schultern, setzte ihm einen Hut auf den Kopf und zog ihm die Krempe tief in die Stirn. Mary bekam Mackleys Umhang und eine Wollmütze, die sie über die kurzen Haare streifte.

»Haltet den Kopf gesenkt«, befahl er. »Schaut auf keinen Fall hoch, egal, was passiert. Solomon, du hakst dich bei mir ein, damit wir schneller gehen können.« Er warf einen Blick auf die Stiefel des Jungen. »Und, wie sieht's aus?«

»Tun weh.« Solomon verzog das Gesicht zu einem kaum sichtbaren Lächeln.

»Kann ich mir vorstellen.« Reinders erschauderte bei dem Gedanken, wie die zehenlosen Füße gegen das steife Leder stießen. Socken – er hätte ihm Socken geben sollen. »Bis zur Kutsche müsste es aber gehen.«

Solomon nickte, zog den Hut noch tiefer in die Stirn und hüllte sich so fest in den Umhang, dass auch sein Hals bedeckt war.

Reinders wandte sich an das Mädchen. »Mary, du bleibst dicht hinter mir. Mach große Schritte und halt den Blick gesenkt. Wenn ich renne, rennst du auch. Und bleib erst stehen, wenn wir die Kutsche erreicht haben.«

»Ja, Sir.« Als er eine Pistole aus der Schublade holte, sie lud und in seine Jackentasche steckte, weiteten sich ihre Augen vor Schreck.

»Fertig?«

Die beiden nickten.

»Dann los.«

An Deck warfen die jungen Menschen einen ersten Blick auf ihre neu gewonnene Freiheit. Der Schnee und die beißende Kälte überraschten sie, aber sie sagten nichts und konzentrierten sich darauf, Reinders über die Laufplanke zu folgen. Unten angekommen, hakte Solomon sich beim Kapitän ein und ging so schnell wie möglich über den eisglatten Kai. Mary war direkt hinter ihnen; sie hielt den Blick fest auf Reinders' Fersen geheftet. Mit gesenkten Köpfen eilten sie auf den Platz zu, der im letzten Licht der späten Nachmittagssonne vor ihnen lag. Niemand schenkte ihnen Beachtung; der Besitzer des unbewachten Karrens war mittlerweile aufgetaucht und beäugte die Gruppe heruntergekommener Seeleute misstrauisch. Als er sein Pferd antrieb, hallte seine Stimme durch die Stille und kündete von einer Tapferkeit, die er in diesem Moment gewiss nicht besaß. Der Kapitän betrachtete ihn kurz, senkte dann aber rasch wieder den Kopf, da er merkte, dass die Seeleute auf ihn und seine beiden Begleiter aufmerksam geworden waren.

Boardham nickte den anderen kurz zu und löste sich dann von der Gruppe. Er wickelte sich noch fester in seine Jacke und folgte Reinders mit gebührendem Abstand in die Gasse. Wie aufmerksam von dem Kapitän, sich ihm ausgerechnet am Weihnachtstag zu präsentieren, lachte Boardham in sich hinein. Er hatte gesehen, wie dieser Mistkerl Mackley über den Kai gelaufen, dann zum Schiff zurückgekehrt und kurz darauf erneut durch die Gasse gekommen war. Und wenige Minuten später kam dieser feine Kapitän hinterher, mit zwei seltsamen Gestalten im Schlepptau. Boardham folgte den dreien und beobachtete aus einiger Entfernung, wie sie am Ende der Gasse rasch in eine bereitstehende Droschke stiegen.

Mackley klopfte gegen das Verdeck der Kutsche, und das Gefährt setzte sich ruckartig in Bewegung, sodass Solomon und Mary fast von ihren Sitzen rutschten. Nachdem sie sich gefangen hatten, warfen sie einander einen Blick zu, sagten aber nichts. Gespannte Stille breitete sich aus. Die Kutsche bog um mehrere Ecken und neigte sich jedes Mal zur Seite, doch sie passten sich rasch den Schaukelbewegungen an. Nach einer Weile hob Mackley eine Ecke des Vorhangs an und sah hinaus. Er erkannte die Straßenzüge; sie waren ein ganzes Stück vom Hafen entfernt. Lächelnd drehte er sich zu den anderen um und rieb sich die Hände.

»Ha!«, rief er erfreut. »Wir haben es geschafft!«

Solomon legte kurz eine Hand auf Marys Bein. Reinders nahm seine Mütze ab und fuhr sich mit den Fingern durch die verfilzten Haare.

»Gut gemacht, Mackley!« Reinders klopfte seinem Ersten Offizier auf den Rücken. Die Erleichterung war seiner Stimme deutlich anzuhören.

»Das Kompliment kann ich nur zurückgeben, Sir.« Mackley grinste und blickte erneut aus dem kleinen Fenster. »Wenn es Ihnen recht ist, Käpt'n, würde ich hier gern aussteigen.« Er gab dem Kutscher ein Zeichen, und die Droschke hielt am Straßenrand. »Hier in der Nähe wohnen Freunde von mir, und ich hätte nichts dagegen, ein Stück Weihnachtsgans und eine halbe Flasche Whiskey gegen eine gute Geschichte zu tauschen.«

»Allerdings nicht diese hier«, ermahnte Reinders ihn.

»Oh, nein, Sir. Ich bin jeden Penny meines Lohns wert, falls Sie sich erinnern. Außerdem …«, sagte er und zwinkerte dem Kapitän zu, »habe ich mir etwas Seemannsgarn aufgespart, für den Fall, dass ich es mal brauche.«

Reinders lachte und reichte ihm die Hand. »Sie sind ein guter Mensch, Mackley. Und das meine ich ernst. Danke für alles und frohe Weihnachten.«

»Frohe Weihnachten auch Ihnen, Sir.« Sie schüttelten sich die Hand, und Mackley stieg aus der Kutsche, drehte sich jedoch noch einmal um, ehe er die Tür schloss. »Viel Glück«, sagte er, an Solomon und Mary gewandt. »Alles Gute, und bestellt eurer Mutter herzliche Grüße.« Dann war er verschwunden.

Die Kutsche setzte sich wieder in Bewegung und rumpelte über die vereisten Straßen. Die ersten Laternenanzünder liefen vorsichtig über die glatten Gehwege, um ihre Arbeit zu verrichten.

Es hatte erneut zu schneien begonnen, und die dicken Flocken hingen in den Mähnen und Schweifen der Arbeitspferde, aus deren Nüstern weiße Wolken aufstiegen. Noch ein paar von diesen Tagen, dachte Reinders, und die Kutschen würden gegen Schlitten ausgetauscht werden. Der Anblick der dampfenden Pferde und der winterlich eingepackten Fahrgäste gefiel ihm, genauso wie das Geräusch der Kufen auf dem festgefahrenen Schnee. Doch am meisten gefiel ihm die Stille – die Stille einer eingeschneiten Stadt. Es war dann fast so, als wäre man auf See, als wäre die Zeit stehen geblieben und die Welt zur Ruhe gekommen …

Plötzlich hielt die Kutsche an. Reinders blickte aus dem Fenster.

»Wir sind da.« Reinders bezahlte den Fahrer und half Solomon und Mary beim Aussteigen.

Das Gasthaus wirkte auf den ersten Blick dunkel, doch dann entdeckte er den warmen Schein eines Kaminfeuers, hörte die gedämpften Stimmen von Menschen, die sich unterhielten und leise lachten. Er nickte seinen beiden Begleitern zu und klopfte dann laut an die Tür. Im Inneren des Harp and Hound verstummte das Gespräch. Schwere Schritte näherten sich der Tür, und im nächsten Moment stand ein hünenhafter Ire mit Boxernase vor ihnen.

»Wir haben geschlossen«, brummte der Mann. »Aber trotzdem: Frohe Weihnachten.«

»Ogue?«, fragte Reinders rasch. »Mighty Ogue?«

»Ja. Kenne ich Sie?«

»Kapitän Reinders.« Er nahm seine Mütze ab. »Liam hat uns eingeladen.«

Ogues Gesicht verzog sich zu einem breiten Grinsen, und er bugsierte die drei Gestalten in den warmen Raum.

»Liam!«, rief er über die Schulter. »Ich glaube, Gott ist höchstpersönlich zu uns gekommen.«

Der Junge rannte zur Tür und warf sich Reinders in die Arme, erinnerte sich dann jedoch an seinen Stolz und richtete sich zu ganzer Größe auf. Er strahlte vor Freude.

»Sie sind gekommen«, rief er und drehte sich zu den anderen um. »Er ist gekommen! Ich wusste es!«

Reinders beugte sich hinab, fuhr dem Jungen durchs Haar und lachte ihn an.

»Das wollte ich mir um nichts in der Welt entgehen lassen«, erwiderte er. »Und ich bin auch nicht mit leeren Händen gekommen.«

»Kapitän Reinders!« Grace wischte sich die Hände an der Schürze ab. Ihr Gesicht war von der Wärme des Feuers und vom Bier leicht gerötet. Aufmerksam musterte sie die beiden jungen Leute, die sich zögernd umsahen. »Wen haben Sie uns denn da mitgebracht?«

Doch im selben Moment wusste sie, wer dort stand – genau wie Lily, die sich schweigend von ihrem Platz erhoben hatte und sich ihrer Tochter und ihrem Sohn näherte. Vorsichtig berührte sie deren Gesichter mit den Fingerspitzen, als wären sie aus Glas.

Auch die beiden streckten die Hände aus und berührten ihre Mutter, ihre Haare, ihr Gesicht, ihre Schultern, bis Lily die Arme um sie schlang und sie an sich drückte. Vollkommene Stille erfasste den Raum, während die drei einander mit geschlossenen Augen festhielten. Und dann flüsterte Mary: »Mama.«

»Mama«, sagte auch Solomon mit heiserer Stimme.

Lily zog sie noch fester an sich, öffnete die Augen und drehte sich zu ihren beiden anderen Kindern um, die ebenfalls aufgestanden waren.

»Ruth«, rief sie leise. »Samuel. Kommt her.«

Schüchtern traten die beiden vor, und nun musterten die fünf einander ausgiebig.

»Bist du groß geworden.« Mary lächelte ihre jüngere Schwester unter Tränen an und berührte das Band in ihrem Haar.

»Wie geht's dir, Sam?« Solomon legte dem Kleinen eine Hand auf die Schulter, spürte die Wärme seines Bruders durch das Baumwollhemd, und wusste auf einmal, dass er leibhaftig vor ihm stand.

»Gut, Sol. Sehr gut.« Samuel versuchte, an seinem großen Bruder vorbeizusehen. »Habt ihr Papa mitgebracht?«, fragte er hoffnungsvoll.

Die beiden älteren Geschwister ließen den Kopf hängen.

»Ist schon in Ordnung«, sagte Lily schnell und schob ihren eigenen Kummer beiseite. »Es reicht, dass ihr beide hier seid.« Sie fasste Solomon und Mary am Kinn und hob ihre Köpfe an, bis sie ihnen in die Augen schauen konnte. »Das ist mehr, als man sich wünschen kann.«

Und dann nahm sie ihre vier Kinder in die Arme, die kräftig genug schienen, sie alle für immer festzuhalten. Sie schaukelte sie, beruhigte sie, murmelte ihnen tröstende, liebevolle, dankbare Worte ins Ort. Sie bräuchten sich keine Sorgen mehr zu machen – sie, ihre Mutter, werde sich von nun an um alles kümmern.

Grace stand schweigend daneben, unfähig, den Blick abzuwenden, das Herz dem Zerspringen nahe. Nach einer Weile räusperte Dugan sich und meinte: »Wollen Sie sich nicht setzen, Kapitän Reinders? Dann lassen wir diese Familie ein paar Minuten allein.«

Reinders nickte und blickte Grace an. Er sah, wie sie mit ihrer Sehnsucht kämpfte, sah, wie sie ihren Schmerz unterdrückte und sich für ihre Freundin freute. Diese Geste berührte ihn sehr, doch er wusste, dass jedes tröstende Wort ihre mühsam errungene Fassung ins Wanken gebracht hätte. Deshalb bot er ihr seinen Arm an, den sie dankbar ergriff. Liam klammerte sich an die andere Hand des Kapitäns, und gemeinsam folgten sie Dugan zum Tisch.

»Sean O'Malley, Käpt'n. Graces Bruder. Es freut mich, Sie endlich kennen zu lernen, Sir.« Sean lächelte und schüttelte ihm die Hand.

»Ganz meinerseits.« Reinders mochte ihn sofort, diesen begabten jungen Mann, dessen Augen denen von Grace so sehr ähnelten.

»Ich bin froh, dass ich endlich Gelegenheit habe, mich persönlich bei Ihnen zu bedanken, Käpt'n. Dafür, dass Sie meine Schwester und die Kinder wohlbehalten übers Meer zu mir gebracht haben.«

»Es war mir ein Vergnügen.« Reinders sah zu Grace hinüber. »Ihre Schwester ist wirklich eine ganz erstaunliche Frau.«

»Ja, und Sie sollten erst mal ihre Kochkünste kennen lernen«, gab Sean zurück.

»Wenn du nicht aufhörst zu reden, kommt er nie dazu«, schaltete Dugan sich ein. »Bitte nehmen Sie Platz, Käpt'n.« Er zeigte auf den Stuhl am Kopfende des Tisches. »Es ist uns eine Ehre, Sie heute Abend hier zu Gast zu haben, Sir.«

»Ich danke Ihnen.« Reinders setzte sich und nickte den anderen zu, die ihn interessiert betrachteten. »Hallo, Mary Kate«, begrüßte er das kleine Mädchen, das neben seiner Mutter saß und ihn mit großen Augen anstarrte. »Weißt du noch, wer ich bin?«

Sie nickte und schenkte ihm ein herzerwärmendes Lächeln. »Aye, aye, Sir«, sagte sie und salutierte.

»Aye, aye.« Er salutierte zurück.

Dugan schenkte Reinders ein großes Glas Dunkelbier ein. »Am besten ölen Sie schon mal Ihre Kehle«, sagte er augenzwinkernd. »Denn wir erwarten, gleich ein paar schöne Geschichten über riesige Kraken und Eisberge und dergleichen zu hören! Grace, würdest du diesem armen Mann bitte einen Teller zurechtmachen, ehe er uns hier noch verhungert?«

Grace lachte und schnitt mehrere Scheiben Rinderbraten ab, häufte Kartoffeln, Kohl, Möhren und Pastinaken auf seinen Teller und übergoss das Ganze mit einer sämigen Sauce. Mary Kate nahm ein großes Stück Brot vom Holzbrett und legte es auf den Berg Essen, der sich auf Reinders' Teller türmte.

»Guck mal – so viel!«, rief sie.

»Das duftet köstlich.« Reinders merkte plötzlich, wie hungrig er war. »Aber sollten Sie nicht zuerst ihnen etwas zu essen geben?« Er deutete mit dem Kopf auf Lily und die Kinder, die mittlerweile an einem der kleineren Tische saßen und in ein ernstes Gespräch vertieft waren. Dann senkte er die Stimme, sodass nur Grace ihn verstehen konnte: »Es war ziemlich hart auf dem Schiff.«

»Wir haben mehr als genug für alle.« Sie tätschelte seine Hand. »Langen Sie ruhig zu und genießen Sie Ihr Abendessen.«

Während Grace und Mary Kate zwei Teller für Solomon und Mary füllten, widmete Reinders sich dem zarten Rinderbraten. Doch schon im nächsten Moment unterbrach Sean ihn.

»Käpt'n, ich würde Sie gerne mit Mister Franklin Osgoode und seiner Tochter bekannt machen.« Er zeigte auf die beiden Gäste zu seiner Rechten.

»Guten Abend«, sagte Reinders und schluckte hastig den Bissen hinunter.

»Kapitän Reinders ist ein berühmter Seefahrer«, erklärte Sean den Osgoodes. »Hat zahllose tapfere und kühne Fahrten unternommen. Liam wird euch mit Freuden davon berichten, auch wenn ihr ihn gar nicht darum bittet.«

»Ja«, rief Liam begeistert, errötete dann und wandte sich wieder der letzten Kartoffel auf seinem Teller zu. Mary Kate kicherte.

»Und heute, scheint es, haben Sie Ihrem Ruf noch den eines Wohltäters hinzugefügt«, sagte Mister Osgoode, »indem Sie diese Familie zusammengebracht haben.«

»Ich habe sie nur mitgenommen«, improvisierte Reinders, da er nicht wusste, wie weit die Osgoodes eingeweiht waren. »Von ... Boston.«

»Dienstboten?«

»Nicht mehr.« Reinders dachte rasch nach. »Ihr Arbeitgeber geht in den Westen, deshalb sind sie nach Hause gekommen. Zu ihrer Mutter. Es ist eine ziemliche Überraschung«, fügte er hinzu. »Sie hatte sie nicht vor dem nächsten Frühjahr erwartet.«

»Ein ergreifendes Bild«, bemerkte Mister Osgoode. »Ich nehme an, sie haben sich eine ganze Weile nicht gesehen.«

»Vielleicht möchten sie ja jetzt etwas essen.« Grace warf dem Kapitän rasch einen Blick zu, ehe sie zu Lily und den Kindern ging.

»Und was machen Sie beruflich, Mister Osgoode?« Reinders wechselte das Thema, damit Grace Lily kurz informieren konnte.

»Ich bin Rechtsanwalt«, sagte Osgoode mit wichtiger Miene. »Und im Ältestenrat der Kirche Jesu Christi der Heiligen der letzten Tage.«

Aha, dachte Reinders, *dann ist das also besagte Miss Osgoode.*

»Sind Sie mit unserer Kirche vertraut, Käpt'n?« Osgoode legte seine Gabel beiseite.

»Nein, Sir, kaum. Religion ist nicht meine ... meine Stärke.«

»Kapitän Reinders ist ein Mann der Vernunft.« Grace war an den Tisch zurückgekehrt und lächelte verschmitzt. »Ein Mann der Logik. Von der Existenz Gottes nicht vollkommen überzeugt.«

»Ein Atheist!«, rief Osgoode, dessen Interesse jetzt geweckt war.

»Ach, hin und wieder nähert er sich durchaus unserer Überzeugung an, vor allem bei heftigen Stürmen auf hoher See«, neckte Grace ihn. »Aber im Allgemeinen zieht er es vor, sein Schiff selbst über die Meere des Lebens zu steuern.«

»Und was ist mit Ihrer Seele, Sir?« Osgoode begeisterte sich nun für den Gedanken, den Kapitän zu bekehren. »Steuern Sie deren Geschicke auch?«

Reinders runzelte die Stirn; diese Art von Gesprächen hatte er schon oft genug geführt – zu oft. »Ich habe eine ganze Reihe Anatomiebücher gelesen, Mister Osgoode, aber bisher noch keines gefunden, das mir den Sitz der Seele zeigt.«

»Und deshalb existiert sie nicht?«

Reinders ahnte, dass Osgoode ihn als Nächstes mit lauter Argumenten konfrontieren würde, die sich allesamt mühelos entkräften ließen. Doch er wollte sich nicht an diesem Tag und an diesem Tisch auf eine solche Diskussion einlassen.

»Ich nehme an, die Idee der Seele ähnelt der der Liebe: Entscheidet man sich dafür, an sie zu glauben, dann existiert sie auch.« Er schenkte Osgoode ein höfliches Lächeln und wandte sich an Grace, die neben ihm stand. »Das schmeckt einfach köstlich«, sagte er. »Das beste Weihnachtsessen, das ich je genossen habe.«

»Dann hole ich Ihnen noch etwas. Sonst noch jemand?« Und im nächsten Moment klapperte Grace so laut mit Tellern und Schüssel, dass jedes weitere Gespräch über religiöse Themen im Keim erstickt wurde.

Lily und die Kinder setzten sich wieder zu den anderen; Solomon und Mary aßen schweigend, während ihre Mutter kaum den Blick von ihnen wenden konnte. Schließlich verkündeten die Osgoodes, sie müssten nun gehen. Und zu Graces Überraschung holte auch Sean seinen Mantel.

»Aber es ist Weihnachten«, flehte sie leise.

»Mister Osgoode hat mich eingeladen, in seinem Gästezimmer zu übernachten. Morgen früh müsste ich sowieso zu ihnen. Außerdem brauchst du mich hier doch nicht mehr, oder?«

»Nein, vermutlich nicht. Aber es tut mir leid, dich gehen zu sehen.«

Er küsste sie auf die Wange. »Bis morgen Abend. Vielen Dank für das wundervolle Weihnachtsessen. Und vor allem für das Buch!« Er zog es aus seiner Manteltasche.

»Ach, nun geh schon.« Sie gab ihm einen liebevollen Schubs.

Die Osgoodes verabschiedeten sich von allen, und Grace sah, wie Sean Marcys Arm nahm, ehe sie hinaus in die Kälte traten. Als die Tür wieder verriegelt war, holte Dugan seinen Tabakbeutel hervor und stellte ein weiteres Glas Bier vor Reinders auf den Tisch. »Ich kann eine gute Geschichte aus einer Meile Entfernung riechen«, verkündete er.

Reinders sah Lily an, die ihrerseits ihre Kinder ansah und dann nickte.

»Also gut. Aber es muss unbedingt innerhalb dieser vier Wände bleiben.«

Die Menschen am Tisch, auf deren Gesichtern sich der Schein des Kaminfeuers spiegelte, nickten ernst.

»Solomon und Mary sind Sklaven. *Waren* Sklaven«, berichtigte er sich und prostete ihnen zu. »Wir hatten schon eine ganze Weile versucht, sie in den Norden zu bringen, aber es wollte einfach nicht gelingen. Doch plötzlich bot sich eine neue Gelegenheit. Um die wahrzunehmen, musste ich allerdings sofort in See stechen. Lily habe ich nichts davon erzählt, weil ...«

»... die Enttäuschung von Mal zu Mal schwerer zu ertragen war«, beendete sie den Satz mit leiser Stimme.

»Ja. Aber glücklicherweise waren die beiden diesmal zur selben Zeit in Charleston.« Er trank einen Schluck Bier. »Mary war als Kindermädchen mitgekommen, als ihre Herrin einen Familienbesuch in der Stadt machte.«

Mary beugte sich vor und hörte aufmerksam zu.

»Solomon arbeitete in den Reisfeldern, nur wenige Stunden entfernt. Unser Kundschafter beauftragte mehrere Sklavenjäger damit, ihn in der Nacht zu holen – ein Risiko, da wir schon mehrfach betrogen worden waren. Aber wir versprachen den doppelten Preis, wenn sie ihn unversehrt bei uns ablieferten. Trotzdem mussten wir noch eine zusätzliche Prämie zahlen.« Reinders grinste. »Du hast ihnen einen ziemlichen Kampf geliefert, was, mein Junge?«

Solomon gestattete sich ein zaghaftes Lächeln, jetzt, da alles vorüber war.

»In derselben Nacht, in der sie Solomon geholt haben, überbrachte ein freier Schwarzer, der die Wäsche für Marys Herrin erledigte, Mary eine Nachricht von uns: Sie sollte sich im Morgengrauen aus dem Haus schleichen, um sich mit ihrem Bruder zu treffen.« Reinders blickte zu ihr hinüber. »Was ihr offensichtlich auch gelungen ist.«

Mary lächelte schüchtern, aber in ihrer Stimme schwang Stolz mit. »Ich hab Missus Hayes gesagt, in der Stadt würde eine Schwester von mir wohnen, die ein neugeborenes Kind hat. Und ich hab sie gefragt, ob ich sie besuchen darf. Sie hat Ja gesagt und mir einen Zettel mitgegeben und sogar ein paar Kindersachen. Die hab ich aber fallen gelassen. Als sie mich gepackt haben.«

Lily legte einen Arm um ihre Tochter.

»Ich hab sie durchs Fenster vom Lagerhaus gesehen«, erzählte Solomon aufgeregt weiter. »Ich hab auf sie gezeigt, und dann haben sie sie geholt. Sie hatte ziemliche Angst, bis sie mich sah.«

»Für Erklärungen blieb keine Zeit«, fuhr Reinders fort. »Ich musste dafür sorgen, dass sie in die Truhen stiegen und an Bord gebracht wurden, damit wir von dort verschwinden konnten.«

»Ich hatte solche Angst«, gestand Mary. »Ich dachte, vielleicht ist das ja nur ein Trick und wir sollen woandershin verkauft werden. Das wollte ich natürlich nicht.«

»Jedes Mal, wenn sie die Truhen aufgemacht und uns was zu Essen gebracht haben, konnten wir kurz miteinander reden. Wir haben uns Sorgen gemacht, weil es so lange gedauert hat.«

Mary nickte. »Aber wir haben's geschafft.«

Lily stiegen erneut Tränen in die Augen. »Ja, das habt ihr«, flüsterte sie.

Die anderen sahen einander mit vor Staunen offenen Mündern an. Dann schlug Dugan mit der Faust auf den Tisch. »Gütiger Gott im Himmel, das ist die beste Geschichte, die ich je gehört habe!«

»Wir haben sehr viel Glück gehabt«, räumte Reinders ein.

»Nein, nein, Käpt'n.« Dugan schüttelte energisch den Kopf. »Das war kein Glück. Das war die Hand Gottes, die Sie geführt hat.«

»Ja«, stimmte Grace leise zu. »Es ist ein Wunder.«

»Und was ist mit Ihrem Mann, Lily?«, fragte Tara von ihrem Platz am Kamin, wo sie den kleinen Caolon in den Schlaf wiegte. »Wissen Sie, wo er ist?«

Lily schüttelte den Kopf. »Wissen Sie irgendwas?«, fragte sie den Kapitän.

Reinders holte einen gefalteten Zettel aus der Tasche und reichte ihn Lily, die ihn auf dem Tisch ausbreitete und glatt strich.

»Ich kann das zwar nicht lesen«, sagte sie, »aber ich weiß, was es ist.«

»Es tut mir leid, Lily. Er ist auf der Flucht, und sie suchen ihn. Aber wir suchen ihn auch.«

Sie nickte, den Blick fest auf das Papier geheftet. »Er ist ein kräftiger Mann, und er vertraut auf Gott. Außerdem muss ich mich glücklich schätzen, dass ich den Rest meiner Familie hier habe.« Sie rang sich ein Lächeln ab und sah ihre Kinder an, die allesamt am Tisch eingenickt waren. »Am besten bringe ich sie jetzt nach Hause, damit sie ins Bett kommen.«

»Auf keinen Fall, Lily, das wäre viel zu gefährlich!« Dugan zeigte mit der Hand auf die von Eisblumen überzogenen Fenster. Draußen schneite es noch immer. »Sie sind meine Gäste, falls es Ihnen nichts ausmacht, mit den Kindern im Wohnzimmer zu schlafen.«

»Dort liegt auch ein weicher Teppich«, ergänzte Tara.

»Ich werd mal nachsehen, was ich an Decken und Kissen finde.« Dugan stand auf. »Kapitän Reinders, möchten Sie auch hier übernachten?«

Reinders dachte an sein eiskaltes Zimmer, von dem er durch eine lange, ungemütliche Fahrt quer durch die Stadt getrennt war. »Gerne«, sagte er, »wenn es Ihnen nicht zu viel Mühe macht.«

Dugan und Tara führten Lilys Familie nach oben zu ihrem Nachtquartier; dann kehrte Dugan mit mehreren dünnen Decken und einem Kissen zurück und reichte alles dem Kapitän.

»Mehr habe ich leider nicht zu bieten. Aber Sie können sich dort auf die Bank vor dem Kamin legen, da frieren Sie bestimmt nicht. Das verspreche ich Ihnen.«

»Ich habe schon schlechter geschlafen, Mister Ogue, vielen Dank.«

»Das kann ich mir vorstellen, Käpt'n.« Dugan lachte. »Und Sie können den Mister weglassen. Sie sind ja jetzt ein Freund der Familie.«

Reinders schüttelte dem großen Mann die Hand, wünschte ihm eine gute Nacht und machte sich daran, seine provisorische Bettstatt herzurichten.

»Ach, lassen Sie mich Ihnen helfen«, rief Grace, die aus der Küche kam und bereits das ganze Geschirr abgeräumt hatte. »Liam, bring Mary Kate ins Bett. Sei ein braver Junge.«

Liam blieb wie angewurzelt stehen, als hätte er sie nicht gehört.

»Nun, komm schon. Das ist kein Traum; morgen früh ist er auch noch hier.« Sie zwinkerte dem Kapitän zu.

Reinders kam zu ihr, nahm Liam auf den Arm, hob dann noch Mary Kate hoch und trug die beiden zur Treppe. »Auf, auf, Matrosen«, befahl er und stellte sie auf die unterste Stufe. »Ich sehe euch morgen früh in der Kombüse.« Er gab ihnen einen leichten Klaps auf den Po, und sie marschierten nach oben.

»Bis morgen früh, Käpt'n.« Liam konnte die Augen vor Müdigkeit kaum aufhalten, aber es gelang ihm, ein letztes Lächeln auf sein Gesicht zu zaubern – für den Mann, den er so bewunderte und der mit Lilys Kindern und der unglaublichen Geschichte ihrer Rettung zu ihnen gekommen war. *Was für ein Weihnachtsfest,* dachte er, und ihm schwirrte der Kopf, *was für ein wundervolles Weihnachtsfest.*

34

Im Schankraum war es still geworden, nachdem sich alle zu Bett begeben hatten, und Grace wurde sich der Tatsache bewusst, dass sie und der Kapitän allein waren. Geschäftig hantierte sie mit Decken und Kissen, bis es nichts mehr zu tun gab. Als sie sich umdrehte, stand Reinders direkt vor ihr und betrachtete sie amüsiert.

»Nun wissen Sie, warum ich beim Fest von Florence so plötzlich verschwunden bin. Jay habe ich gesagt, ich fühle mich nicht wohl. Es tut mir leid, wenn Sie sich Sorgen gemacht haben.«

»Ich habe mir keine Sorgen gemacht«, erwiderte sie. »Ich … ich habe gar nicht darüber nachgedacht.«

Sein Lächeln schwand. »Nein. Natürlich nicht. Warum auch?«

Sie sahen einander in die Augen und blickten dann gleichzeitig weg. Eine unangenehme Stille breitete sich im Raum aus.

Grace brach als Erste das Schweigen. »Was für ein aufregender Abend, nicht wahr, Käpt'n? Ihr unerwarteter Besuch, mit Solomon und Mary im Schlepptau …« Sie schüttelte den Kopf. »Ich kann es immer noch kaum glauben. Dass sie alle wieder zusammen sind.« Zu ihrem Entsetzen rannen ihr heiße Tränen die Wangen hinunter.

»Grace …« Er ging einen Schritt auf sie zu.

»Nein«, unterbrach sie ihn. »Ich freue mich für Lily und die Kinder. Nach allem, was sie durchmachen mussten, haben sie das wirklich verdient.«

»Auch Sie haben es verdient«, sagte er leise. »Ich weiß, dass Sie an Ihren Vater und Ihren Sohn gedacht haben. Ich konnte es Ihrem Gesicht ansehen.«

»Dann muss ich mich wirklich schämen, dass ich ausgerechnet in dem Augenblick an mich und meine Wünsche gedacht habe, als Gott uns gerade seine Gnade erwies. Verwundert es da noch, dass Er mich nicht mehr hört, wo ich so selbstsüchtig bin?« Sie zwang sich zu einem Lächeln.

»Er hört Sie.«

»Ach was, Käpt'n, daran glauben Sie doch selbst nicht«, rügte sie ihn. »Über Ihr Verhältnis zu Gott weiß ich mehr als die meisten Menschen, oder etwa nicht?«

»Richtig! Und übrigens vielen Dank dafür, dass Sie mich heute Abend diesem religiösen Fanatiker ausgesetzt haben.«

Sie musste lachen und wischte sich die Tränen fort.

»Ich verrate Ihnen ein kleines Geheimnis, wenn Sie versprechen, es nicht gegen mich zu verwenden.« Er wartete, bis sie nickte. »Also, nach allem, was mir in den vergangenen zwei Jahren widerfahren ist, bin ich bereit, darüber nachzudenken – darüber nachzudenken, wohlgemerkt! –, dass es irgendwo möglicherweise … *möglicherweise* … eine höhere Macht gibt. Vielleicht. Eventuell.«

Grace starrte ihn verblüfft an. »Dann bin ich heute Abend ja Zeuge gleich zweier Wunder geworden, Käpt'n! Aber Ihr Geheimnis ist bei mir sicher. Und machen Sie sich keine Sorgen: Ich glaube nicht, dass Sie in naher Zukunft zum Glauben bekehrt werden, nicht einmal, wenn sich die sehr überzeugenden Osgoodes persönlich darum kümmern.«

Er lachte, und auch Grace lachte, und im nächsten Moment machte er einen Schritt auf sie zu, nahm sie in die Arme und zog sie an seine Brust, sodass ihre Wange den rauen Stoff seines Oberhemdes berührte. Sie verharrte reglos. Auch er wagte keine Bewegung, aus Sorge, den Zauber zu brechen, wagte kaum zu atmen, obwohl ihr zarter Duft ihm die Sinne raubte. Aber dann wurde er sich plötzlich seines eigenen Geruchs bewusst, dieser Mischung aus saurem Schweiß und salziger Seeluft, die in seiner Kleidung hing und seine Haare und seinen Bart verfilzt hatte. Gütiger Gott, er stank ja förmlich nach Öl und Ruß und Schmutz! So hatte er an ihrem Tisch gesessen, und jetzt drückte er ihre

Nase auch noch mitten hinein! *Geh einen Schritt zurück,* ermahnte er sich. Aber dann spürte er, wie sie die Arme um ihn schlang, und sein Herz begann so laut zu pochen, dass sie es hören musste. *Lass sie los,* befahl er sich, doch stattdessen presste er seine Lippen auf ihr Haar. Sein Körper gehorchte nicht länger seinem Verstand. Ihm brach der Schweiß aus. *Oh Gott,* dachte er, *was gäbe ich jetzt für ein Bad.*

Sie sah ihn an. »Jetzt?«, fragte sie verwirrt. »Heute Abend noch?«

»Was?«

Sie löste sich aus der Umarmung und trat einen Schritt zurück. »Ein Bad?«

»Wie?«

»Oh.« Grace errötete. »Ich ... ich habe Sie wohl missverstanden. Haben Sie nicht gesagt, Sie wollten ein Bad?«

Er spürte, wie ihm das Blut in die Wangen schoss. »Habe ich das etwa laut gesagt?«

Grace biss sich auf die Lippe.

»Ich fürchte, ich bin ein wenig durcheinander«, stammelte er und legte eine Hand an seine Stirn. »Es war ein langer Tag, und vermutlich ist das alles ein bisschen viel für mich gewesen. Ich bin viel müder, als ich dachte, und es war ein langer Tag ...« *Hör auf, dummes Zeug zu reden,* schalt er sich. »Wollen Sie mir vielleicht ein Bad anbieten?«, fragte er, nun vollkommen verwirrt.

»Nein, das hatte ich nicht vor.« Ihre Mundwinkel zuckten vergnügt. »Aber ich mache Ihnen gerne etwas Wasser warm, dann könnten Sie sich in der Küche waschen, wenn Sie wollen.«

»Nein. Nein, ist schon in Ordnung. Ich ... äh ...« Er deutete auf die Bank vor dem Kamin. »Wir sollten jetzt ins Bett gehen. *Ich* sollte ... jetzt ins Bett gehen.«

»Sie müssen schrecklich erschöpft sein.« Sie berührte ihn am Arm.

»Ja. Erschöpft. Genau.«

»Dann gute Nacht, Käpt'n.« Sie küsste ihn leicht auf die Wange und trat einen Schritt zurück. »Bis morgen früh.«

»Morgen früh«, wiederholte er und blickte ihr hinterher, als sie aus dem Raum ging. Bereits jetzt vermisste er die Wärme ihres Körpers in seinen Armen.

Er schlug sich vor den Kopf. *Diese Frau,* dachte er gequält, *diese*

Frau verwandelt einen im Handumdrehen in einen Volltrottel. Er war ein Mann der Logik, ein Mann mit überragendem Verstand, der selbst in gefährlichen Situationen die Ruhe bewahrte, aber sie machte aus ihm jedes Mal einen verwirrten Schuljungen! Frustriert schlug er die Decken zurück und kletterte in sein provisorisches Bett, starrte an die Decke und versuchte verzweifelt, dieses Phänomen logisch zu durchdringen, anstatt auf sein Herz zu hören. Denn natürlich kannte sein Herz die Wahrheit, schon seit ihrer ersten Begegnung, als er einen Blick in diese Augen geworfen hatte, die ihre Farbe wechselten wie das Meer. Und jetzt wartete sein Herz geduldig darauf, dass der Schlaf die Mauern seines Verstandes niederriss, sodass es zu dem Mann, in dessen Brustkorb es schlug, sprechen konnte. Zu diesem Mann, der nun seine müden Glieder auf der harten Bank ausstreckte und die raue Decke bis zum Kinn zog, der die Augen schloss und von den vergangenen Begegnungen mit Grace träumte – davon, wie sie hätten verlaufen können, wenn er auf sein Herz gehört hätte. Schließlich übermannte ihn der Schlaf, und er entspannte sich, ihren Namen auf den Lippen. Und sein Herz frohlockte.

»Steh auf!«, zischte eine Stimme, und Reinders erwachte mit einer kalten Klinge an der Kehle. »Los, mach schon. Wo sind sie?«

Vor ihm stand der hässlichste Mann, den er je gesehen hatte, aber auch einer der größten, und instinktiv wusste er, wer das war – ein Sklavenfänger.

»Lauft weg!«, schrie er, so laut er konnte, ehe ihm der hässliche Mann mit der Faust ins Gesicht schlug. Der Kapitän ging zu Boden; Blut strömte ihm aus der Nase. Im nächsten Moment traf ihn ein Stiefel am Kinn, und er verlor das Bewusstsein.

Kurze Zeit später kam er wieder zu sich, während um ihn herum das Chaos ausgebrochen war. Stöhnend rollte er sich auf die Seite und sah, wie der hässliche Kerl und drei weitere Männer Lily und die Kinder, gefesselt und geknebelt, die Treppe hinunterzerrten, gefolgt von Ogue, der nichts machen konnte, weil die Männer den beiden Jüngsten Messer an die Kehle hielten. Mühsam kam Reinders auf die Beine und taumelte vorwärts.

»Nicht!« Ogue stürzte auf ihn zu und hielt ihn fest. »Sie bringen sie sonst um.«

»Stimmt«, knurrte der Hässliche, während er langsam zur Tür zurückwich, das Messer an Ruths Kehle gedrückt. »Wir haben nichts zu verlieren.«

»Wir bezahlen euch!« Reinders' Stimme klang in seinen eigenen Ohren seltsam weit entfernt, und sein Blick war verschwommen. »Lasst sie los. Wir zahlen das, was sie wert sind.«

Der Mann, der Samuel festhielt, lachte. »Fünf kräftige Neger bringen auf dem Markt viel mehr, als ihr bezahlen könnt.«

Lily starrte ihn mit vor Angst geweiteten Augen an.

Die Männer zerrten ihre Geiseln zur Hintertür, die sie zuvor aus den Angeln gehoben und an die Hauswand gelehnt hatten. Dann ging es hinaus in die Gasse, wo bereits ein Karren auf sie wartete. Reinders und Ogue folgten ihnen in gebührendem Abstand, und Ogue griff nach einem großen Holzscheit.

»Leg das weg, Alter«, sagte der Hässliche mit drohender Stimme. »Ich schwör bei Gott, dass ich dem Nigger hier sonst die Kehle durchschneide. Den Verlust kann ich mir leisten – das Mädchen wird ihn mehr als wettmachen.« Er leckte Mary mit der Zunge über die Wange.

Das Mädchen stöhnte auf, und Solomon fing an, um sich zu treten, woraufhin ihm einer der Männer in den Magen boxte und anschließend seinen Stiefelabsatz in den verkrüppelten Fuß bohrte. Der Junge verdrehte die Augen und sackte zusammen.

Reinders erkannte blitzartig den Ernst der Lage. Wenn sie sie erst einmal auf den Karren gestoßen und unter einer Decke versteckt hatten, würden die Männer mit ihren Gefangenen in Richtung einer der unzähligen Straßen verschwinden, die nach Süden führten. Oder schlimmer noch: Sie würden so schnell wie möglich zum Hafen fahren und sie auf ein Schiff verladen, dessen Kapitän geflissentlich wegschaute, das Schmiergeld bereits in der Tasche. Es blieben ihnen nur wenige Minuten, um das Schlimmste zu verhindern.

»Wie viel?«, fragte er, nun hellwach. »Ich habe genug Geld.«

Die Männer ignorierten ihn und stießen erst Ruth und dann Lily auf den Karren.

»Ich gebe euch tausend Dollar.«

Verblüfft hielten sie inne.

»So viel Geld hast du doch gar nicht.« Der Kutscher spuckte Tabaksaft in den weißen Schnee.

»Vielleicht ja doch«, erwiderte Reinders ausweichend. »Ist es euch das wert?«

Der Hässliche kniff die Augen zusammen. »Wir kriegen allein schon tausend Dollar für die hier«, sagte er und deutete mit dem Kopf auf die drei, die noch in der Gasse standen.

»Kann sein. Aber es kostet euch auch was, sie da unten abzuliefern, stimmt's?« *Weiterreden, immer weiterreden*, ermahnte Reinders sich. »Ihr müsst Essen und Trinken besorgen, Schmiergelder zahlen, frische Pferde organisieren …«

Die Sklavenfänger sahen einander kurz an.

»Ich biete euch tausend Dollar. Hier und jetzt.«

Der Hässliche fuhr sich mit der Zunge über die Lippen und dachte angestrengt nach.

»Ihr könnt gleich von hier verschwinden, mit tausend Dollar in der Tasche. Schnell verdientes Geld, leichter geht's nicht.« Reinders schwieg einen Moment, damit sie es sich überlegen konnten. »Kommen wir ins Geschäft?«

»Ich will zuerst das Geld sehen«, rief der Kutscher.

»Es ist in meiner Jackentasche, auf dem langen Tisch beim Kamin.«

»Ich zähl bis zehn«, sagte der Hässliche. »Danach sind wir verschwunden.«

Reinders drehte sich um und rannte in den Schankraum, der jetzt dunkel vor ihm lag; das Feuer im Kamin war erloschen. Er tastete sich zum Tisch vor, nahm seine Jacke und wollte gerade zurückgehen, als er Grace entdeckte, die im Schatten der Treppe stand, ein Messer in der Hand.

»Legen Sie das weg«, zischte er und rannte weiter.

»Zehn!« Der Hässliche lachte. »Wo ist das Geld?«

»Hier.« Reinders griff in die Tasche und holte eine Lederbrieftasche hervor, die mit Geldscheinen gefüllt war. »Das sind tausend Dollar.« Er zeigte ihnen das Geld und steckte es dann schnell wieder ein. »Der Gewinn aus meinem letzten Geschäft.«

»Her damit«, befahl der Hässliche.

»Erst, wenn ihr sie losbindet.«

»In dem Fall nehmen wir es uns einfach.« Er lachte hämisch, und die anderen fielen ein. »Herrgott, was bist du dämlich.«

»Aber bewaffnet.« Reinders zog die Hand aus der Tasche und richtete eine Pistole auf die Männer. »Sie ist geladen, meine Herren, und ich habe überhaupt kein Problem damit, abzudrücken. Wie war das doch gleich? ›Nichts zu verlieren‹. Stimmt's?«

Ogue beobachtete die Szene und stellte sich wortlos neben Reinders.

»Wir machen das jetzt folgendermaßen«, verkündete der Kapitän, in dem Bemühen, noch etwas Zeit zu schinden. »Zuerst bindet ihr das kleine Mädchen und die Frau los und lasst sie gehen.«

Der Hässliche verschränkte abweisend die Arme, und Reinders zielte mit der Waffe direkt auf sein Gesicht.

»Du kannst heute Nacht sterben«, sagte er mit ruhiger Stimme. »Oder als reicher Mann nach Hause gehen.«

»Mach sie los«, rief der Hässliche über die Schulter.

Der Kutscher kletterte auf den Karren, schnitt Lilys und Ruths Fesseln durch und beförderte sie mit einem Tritt auf die Straße. Dann sprang er selbst hinterher.

»Jetzt er.« Reinders zeigte mit dem Kopf auf Solomon.

»Vielleicht bring ich ihn aber auch um.«

»Vielleicht bring ich *dich* aber auch um. Kein fairer Handel, doch ich würde mit Sicherheit besser schlafen.«

Reinders überlegte fieberhaft, was er als Nächstes machen sollte. Er spürte, wie ihm der Schweiß den Rücken hinunterlief. »Ogue«, rief er, ohne den Kopf zu wenden. »Nehmen Sie hundert Dollar aus meiner Börse und geben Sie sie dem Kutscher.«

Dugan tat wie ihm geheißen.

»Das ist ein Beweis meines Vertrauens. Jetzt mach ihn los!«

Der Mann, der Solomon festhielt, schob sein Messer zwischen die Handgelenke des Jungen und durchtrennte das Seil. Solomon humpelte zu Reinders und riss sich den Knebel aus dem Mund.

»Noch mal hundert Dollar«, kommandierte Reinders, und Dugan überreichte das Geld. »Jetzt das kleine Mädchen.«

Erneut starrten der Hässliche und der Kapitän einander an, als sich plötzlich am anderen Ende der Gasse etwas bewegte und beide Männer in die Richtung blickten. Im Schein der Laterne zeichneten sich zwei große Gestalten mit hoch erhobenen Waffen ab.

Dugan nutzte die kurze Ablenkung und schlug dem Sklavenfänger, der Ruth in seiner Gewalt hatte, ein, zwei, drei Mal ins Gesicht, wobei der Kopf des Mannes bei jedem Fausthieb nach hinten flog, bis er schließlich zu Boden ging. Blitzschnell schnappte Dugan sich das Mädchen und brachte es in Sicherheit, dann stürzte er sich auf den Kutscher.

Der Hässliche wich wütend in Richtung des Karrens zurück, sein Messer unter Marys Kinn. »Zurück!«, knurrte er. »Bleib zurück!«

»Hinter dir!«, schrie Reinders, und der Hässliche drehte tatsächlich den Kopf. »Dämlicher Bursche«, murmelte der Kapitän, während Dugan ihm das Messer entwand und Mary befreite.

Grace stürzte vor, packte das Mädchen, zog es ins Haus und schnitt ihm die Fesseln durch.

Die beiden großen Gestalten kamen nun durch die Gasse auf sie zugerannt. Ob Freund oder Feind – Reinders wusste es nicht, doch er stellte sich auf einen möglichen Kampf ein und war froh, den großen Iren an seiner Seite zu haben. Die Sklavenfänger sprangen auf den Karren, gaben dem Pferd die Peitsche und rasten in die andere Richtung davon, bis sie mit quietschenden Rädern um eine Ecke verschwanden.

Reinders und Ogue drehten sich um, bereit, die neuen Angreifer abzuwehren, doch dann ließ Dugan die Fäuste sinken und fing an zu lachen.

»Mein Gott, wenn das nicht Karl Eberhardt und Mister Marconi sind!«

Der Metzger und der Kaufmann blieben keuchend stehen; hinter ihnen kam Liam zum Vorschein.

»Ich hab Hilfe geholt!« Der Junge sprang auf und ab und zerrte an Dugans Arm. »Ich bin durch den Tunnel gelaufen! Grace hat mich geschickt!«

»Tunnel?«, fragte Reinders verwundert.

»Ja, der verläuft von meinem Keller zu Karl Eberhardts Haus«, erklärte Ogue schwer atmend. »Wir nutzen ihn eigentlich nie. Nur als Lagerraum.«

»Der Junge ist schreiend bei uns die Treppe hochgerannt, hat irgendwas von Mord gerufen und gegen die Tür gehämmert.« Eberhardt war immer noch ganz außer Atem. »Ich hab gedacht, ihr seid alle umgebracht worden.«

»Ich hab das Geschrei auch gehört«, mischte Marconi sich ein. »Ich war noch wach und hab gesehen, wie Karl aus dem Haus gerannt ist. Mit diesem Ding da.« Er zeigte auf das Hackbeil. »Ich dachte, der rutscht noch auf dem Eis aus und bringt sich selber um. Und den Jungen. Da bin ich ebenfalls los, hatte aber nur das hier.« Er hielt einen alten Hammer hoch. »Der ist noch von meinem Vater, aus Italien. Also, was war denn nun hier los? Seid ihr ausgeraubt worden?«

»Sklavenfänger«, sagte Dugan. »Sind einfach reinspaziert und wollten sie verschleppen.«

Erschrocken betrachtete Marconi die Kinder. »Ihr Ärmsten! Was für eine schreckliche Geschichte. Das sind böse Männer. Am besten rufen wir die Polizei!«

Niemand sagte ein Wort, und Marconi blickte von einem zum anderen.

»Vielleicht auch nicht«, verbesserte er sich. »Vielleicht sagen wir niemand etwas davon.«

»Ich glaube, die kommen bald wieder.« Karl Eberhardt wischte sich den Schweiß von der Stirn. »Das wird nicht lange dauern. Ihr müsst vorsichtig sein.«

Reinders sah zu Lily und den Kindern hinüber. »Woher wussten die, dass sie hier sind?« Er dachte einen Moment nach, dann verfinsterte sich seine Miene. »Wir müssen verfolgt worden sein. Die haben einen Hinweis bekommen.« *Boardham.*

»Das glaube ich auch«, pflichtete Grace ihm bei. »Lily kann unmöglich mit den Kindern nach Hause gehen, Käpt'n. Da sind sie nicht sicher. Doch hier können sie jetzt auch nicht mehr bleiben.«

»Ich weiß schon, wohin ich sie bringe. Aber wir müssen sofort los, solange es noch dunkel ist.« Er sah kurz zum Himmel hinauf. »Können wir Ihren Pferdekarren haben, Ogue?«

»Ja.« Der große Mann nickte. »Am besten, ich begleite Sie, Käpt'n. Falls sie noch in der Gegend sind und auf uns warten.«

»Ich komme auch mit.« Der Metzger verschränkte die muskulösen Arme vor der Brust.

Der Kaufmann schwenkte seinen Hammer. »Niemand legt sich mit Mister Marconi an!«

Grace holte rasch alle Decken aus dem Haus und warf sie über Lily und die Kinder, die sich auf den Boden des Karrens gelegt hatten. Dugan und Kapitän Reinders nahmen vorne Platz, Karl Eberhardt und Marconi hinten. Inzwischen hatte heftiger Schneefall eingesetzt. Vorsichtig machte sich die kleine Gruppe auf den Weg.

35

Abban und Barbara waren trotz widrigster Umstände immer weiter nach Westen gezogen, bis sie schließlich in Galway ankamen. Die Schulen, die Graf Strzelecki in den von der Hungersnot besonders betroffenen Gebieten entlang der Westküste eröffnet hatte, mussten nun eine nach der anderen schließen, da die Mittel der »Britischen Gesellschaft zur Linderung der größten Not in Irland und Schottland« zur Neige gingen. Doch es hatte sich eine Reihe von Freiwilligen gemeldet, die versuchten, den Betrieb aufrechtzuerhalten. Bei diesen »Schulen« handelte es sich im Grunde um Suppenküchen für Not leidende Kinder, die auf diese Weise wenigstens einmal täglich einen Teller heiße Brühe und ein Stück Roggenbrot bekamen. Die Kosten dafür wurden auf einen Drittel Penny pro Kind und Tag veranschlagt. Innerhalb eines Jahres hatte die Gesellschaft über sechshunderttausend Pfund ausgegeben, aber ein Ende der Not war nicht in Sicht. Strzelecki, der aus dem polnisch-russischen Grenzgebiet stammte, hatte es abgelehnt, für seine Arbeit bezahlt zu werden, und spendete sogar noch einen Großteil seiner bescheidenen Einkünfte. Barbara bewunderte den Einsatz des Grafen und war hierher gekommen, um sich für eine ehrenamtliche Mitarbeit zur Verfügung zu stellen. Abban, den nichts mehr in Dublin hielt, hatte sie trotz Krücken begleitet.

Es war der zweite Weihnachtstag, und Irland erlebte das vierte Jahr der Hungersnot. Mit der letzten Auswanderungswelle hatten Tausende von Bauern das Land verlassen, Besitzer etwas größerer Anwesen und kleiner Guthaben auf der Bank – eine Bevölkerungsgruppe, die zu verlieren Irland sich kaum erlauben konnte. Und trotzdem ermutigte man sie auszuwandern. Die Wirtschaftsplaner des neuen Irlands waren davon überzeugt, dass die Zusammenlegung kleiner Höfe die einzige Möglichkeit darstellte, die Grundbesitzer zur Veräußerung von Teilen ihrer Ländereien zu veranlassen – und zwar an Interessenten, die bereit waren, ihr Kapital in Irland zu investieren und so einen Neubeginn zu ermöglichen.

Doch auf ihrem Weg nach Westen hatten Abban und Barbara zahlreiche Beweise für das traurige Scheitern dieser Politik gesehen: Überall stand Land zum Verkauf. Meistens hatten es die Bauern einfach zurückgelassen – in dem verzweifelten Versuch, das Schlimmste zu verhindern und einfach nur wegzukommen. Niemand wollte in ein Land investieren, bei dem es sich im Grunde um ein riesiges Armenhaus handelte. Die großen Städte wirkten wie ausgestorben. Viele Geschäfte hatten geschlossen; selbst in den elegantesten Straßen Dublins sah man überall verriegelte Fensterläden und zerbrochene Scheiben, die nur notdürftig mit Lumpen geflickt waren. Der Handel war vollständig zum Erliegen gekommen. Zwar gab es Waren in Hülle und Fülle, selbst zu ermäßigten Preisen, aber die Armen konnten sie sich nicht leisten. Und es waren die armen Teile der Bevölkerung, die im Land blieben, denn inzwischen gab es keine preiswerten Schiffspassagen mehr, und eventuelle Wohltäter wanderten selbst aus.

In Dublin hatte Abban mit Erschrecken festgestellt, dass die Gefängnisse überfüllt waren. So viele junge Leute, auf die die Deportation wartete, hatte er geklagt. Doch Julia hatte ihm erklärt, dass das Gefängnis für viele die letzte Zuflucht darstellte. Menschen, die wirklich nichts mehr hätten, begingen eine Straftat, nur um erwischt und deportiert zu werden. Sie flehten förmlich darum, aus dem Land gebracht zu werden. Es erscheine ihnen immer noch besser, zusammengepfercht auf einem Seelenverkäufer nach Van-Diemen's-Land zu segeln, als in Irland zu bleiben, denn während der Überfahrt dürften sie wenigstens auf Verpflegung hoffen. Eine Freiheitsstrafe von sieben Jahren gelte inzwischen eher als Segen denn als Fluch. Mittlerweile würden sich die Gefängniswärter beschweren, weil in den letzten Monaten mehr Häftlinge deportiert worden waren als in den vergangenen drei Jahren zusammen. Sie wüssten nicht, was sie mit den Menschen machen sollten, die viel zu anständig, wohlerzogen und rücksichtsvoll waren, als dass man sie mit hartgesottenen Zuchthäuslern zusammen unterbringen konnte. Und was, fragten sie die zuständigen Behörden, sollten sie mit den *Kindern* anfangen, von denen einige kaum älter als zehn Jahre und mutterseelenallein waren? Darauf wisse niemand eine Antwort, hatte Julia erklärt, und so gehe der Exodus unaufhörlich weiter. Nach einer erneuten Missernte waren die Menschen in Irland niedergeschlagener denn je, und viele hielten das Land für verflucht. Abban fürchtete, dass sie womöglich Recht behalten sollten: An manchen Orten war bereits die Cholera ausgebrochen.

»Heute haben sie Martin Eadys Haus niedergebrannt«, berichtete er Barbara, als sie ihm einen Teller Suppe in den Schulhof hinausbrachte.

»Ja.« Sie ließ sich neben ihm auf der Bank nieder. »Schon das dritte Haus in dieser Woche. Die Bewohner waren sowieso schon alle gestorben – warum also das Risiko einer Ansteckung eingehen, wenn sie später ohnehin verbrannt werden?« Sie seufzte und schaute auf ihren Suppenteller. »Aber es ist trotzdem schwer mit anzusehen, wie sie alle in Flammen aufgehen.«

Abban hörte die Erschöpfung in ihrer Stimme. »Möchtest du zurück, Barbara? Zurück zu Julia und dem Jungen?«

Energisch schüttelte sie den Kopf. »Ich hätte Angst, die Cholera mitzuschleppen. Andererseits hat sie sich inzwischen ohnehin schon im ganzen Land ausgebreitet, und ich kann nur hoffen, dass Julia in London geblieben ist. So vernünftig ist sie doch, oder? Das Risiko würde sie nicht eingehen.«

»Nein«, stimmte er ihr zu. »Sie liebt den Kleinen, als wäre er ihr eigenes Kind. Meinst du denn, es funktioniert?« Er schaute sie an. »Glaubst du, sie können seine Augen heilen?«

»Allein die Tatsache, dass er noch lebt, ist für mich schon Wunder genug«, erwiderte Barbara. »Aber wenn er auch noch sehen könnte?« Sie dachte einen Moment nach. »Dann würde ich auf die Knie fallen und Gott jede Minute meines Lebens danken.«

»Vermisst du dein Leben im Kloster?«, fragte er sanft. »Zusammen mit den anderen Nonnen und so nah bei Gott?«

»Hier bin ich Ihm näher.« Ihre Stimme klang fest. »Ich frage mich zwar manchmal, ob ich zurückgehen soll, kann mich aber einfach nicht dazu durchringen.«

»Wenn es dein innigster Wunsch wäre, würde ich dich zurückbringen«, sagte Abban. »Auch wenn es mir das Herz brechen würde.«

»Mir auch.« Sie legte eine Hand auf sein Bein.

Er spürte die Wärme ihres Körpers neben sich und bedeckte ihre Hand mit der seinen. »Barbara«, setzte er zögernd an. »Barbara, meinst du nicht, wir sollten heiraten?«

»Du weißt, dass das nicht geht.« Sie runzelte die Stirn. »Ich mag zwar meine Berufung aufgegeben haben, aber Gott habe ich nicht aufgegeben. Ich bin doch schon Seine Braut.«

»Also, darüber habe ich lange nachgedacht.« Abban holte tief Luft. »Und ich bin zu dem Schluss gekommen, dass es Gott gar nicht so viel ausmachen würde. Ich meine, warum sollte es Ihn stören?«

»Ich bin von meinem Gelübde nicht entbunden worden! Von Gott kann man sich nicht scheiden lassen, Abban!« Bestürzt legte sie eine Hand auf ihre Brust. »Das ist eine Sünde, selbst der Gedanke daran.«

»Ich habe ja gar nicht von Scheidung gesprochen, oder?«, verteidigte er sich. »Aber ich habe sie letztens mal zusammengezählt, unsere Sünden, meine ich. Und aus Sicht der Kirche kommt da einiges zusammen. Also, ich glaube, unter diesen Umständen kommt es auf eine mehr oder weniger auch nicht an, oder?« Er suchte ihren Blick. »Jetzt mal im Ernst, Barbara. Leben wir nicht in schweren Zeiten? Zählen wir nicht zu den Menschen, die den Herrn trotz allem lieben, die Ihm mit Hingabe dienen? Vor allem du tust das!« Er drückte ihre Hand. »Also, wenn du keine Heilige bist, dann weiß ich es auch nicht. Gott wird uns bestimmt gnädig sein, wenn wir eines Tages vor Ihm stehen!«

»Abban …« Sie versuchte, ihre Hand wegzuziehen.

»Wenn ich einen Geistlichen finde, der uns trauen würde – natürlich in Kenntnis der ganzen Vorgeschichte –, würdest du mich dann zum Mann nehmen?«

»Kein Priester, der sein Amt ernst nimmt, würde so etwas tun.«

»Beantworte bitte meine Frage, Barbara. Und wenn du Nein sagst«, fügte er mit ruhiger Stimme hinzu und legte einen Arm um ihre Schultern, »fange ich nie wieder davon an. Dann machen wir einfach weiter wie bisher.«

Sie ließ ihren Blick über die trostlose Landschaft schweifen, ihr Atem dampfte wie Nebel in der kalten Nachmittagsluft. Die Sonne schimmerte blass am grauen Himmel, Krähen schwangen sich krächzend von ihren Nestern hoch oben in den nackten Bäumen herab und landeten auf den Stoppelfeldern. Im nächsten Moment kam eine Gruppe Kinder auf den Hof gerannt, zerlumpte, schmutzige, zum Teil sterbenskranke Kinder, die dennoch umherliefen, lachten und ganz für den Moment lebten.

»Ja«, flüsterte sie und spürte, wie er den Arm fester um sie schlang. »Ja, das will ich«, versprach sie und legte ihren Kopf an seine Schulter.

36

Reinders ging unruhig vor dem Kamin auf und ab. »Im Augenblick sind sie bei Florence, aber wir machen uns noch heute Abend mit ihnen auf den Weg nach Boston.«

»Florence hat doch eine ganze Armee von Leuten, die das für sie erledigen könnten«, protestierte Lars Darmstadt, der an seinem Schreibtisch saß. »Warum musst ausgerechnet du das übernehmen?«

»Weil es mein Fehler war.« Reinders blieb abrupt stehen. »Ich hätte diesen Dreckskerl nicht am Leben lassen dürfen. Er hat es eigentlich auf mich abgesehen.«

»Ein Grund mehr, dass jemand anderes Lily und ihre Familie nach Boston bringt«, verkündete Darmstadt. »Auch wenn ich durchaus der Meinung bin, dass es nicht schaden könnte, wenn du die Stadt für eine Weile verlässt.« Er schob Reinders einen Brief zu. »Der ist heute Morgen gekommen. Wurde von zwei Polizisten zugestellt.«

Reinders warf einen Blick auf die Unterschrift. »Wer ist dieser Callahan?«

»Ein gewissenloser Mistkerl. Hasst Italiener, Juden, Schwarze, Iren, Polen. Und Zigeuner ebenfalls.«

»Ist Callahan nicht ein irischer Name?«

»Er hasst *arme* Iren«, erklärte Darmstadt. »Anscheinend sind sie eine Zumutung für die alteingesessenen irischen Familien, die in der feinen Gesellschaft bereits Fuß gefasst haben.«

»Aha, einer von den Typen.«

»Einer von denen – mit Dienstmarke«, bemerkte Darmstadt

spitz. »Er betrachtet den ständigen Zustrom von Einwanderern als einen Fluss, den es einzudämmen gilt, und er verabscheut die Schwarzen, die er eher zu den Tieren als zu den Menschen zählt. Wenn es nach ihm ginge, würden sie allesamt Sklaven bleiben oder nach Afrika zurückgeschickt werden, wo sie seiner Meinung nach alle herkommen.«

»Woher weißt du so gut über ihn Bescheid?« Reinders ließ sich seinem Partner gegenüber am Schreibtisch nieder.

»Es ist meine Aufgabe, alles zu wissen. Wenn man in dieser Stadt Erfolg haben will, sollte man die Vertreter des Gesetzes kennen – wissen, welche ehrlich sind und welche bestechlich. Callahan ist einer der schlimmsten«, sagte Darmstadt. »Was sich übrigens auch auf unsere Hafengebühren auswirkt.«

»Warum hast du mir nicht schon vorher davon erzählt?«

Darmstadt zuckte die Achseln. »Es ist deine Aufgabe, das Schiff zu steuern, und meine, das Geschäft zu führen und die entsprechenden Räder zu schmieren. Allerdings haben wir jetzt seine Aufmerksamkeit auf uns gelenkt, und du solltest dir darüber im Klaren sein, was das bedeutet.«

»Aber ich habe kein einziges Gesetz gebrochen. Jedenfalls nicht hier.«

»Kein *geschriebenes* Gesetz«, korrigierte ihn Darmstadt. »Callahan ist einer von diesen Beamten, die mit den Sklavenfängern gemeinsame Sache machen. Was für ihn zweifellos sehr lukrativ sein dürfte.« Er steckte sich eine Zigarre an, zog mehrmals kräftig daran und schüttelte das Streichholz aus. »Er hat zu vielen Gesetzeshütern entlang der Küste enge Verbindungen aufgebaut, und die wären gar nicht glücklich, wenn sie erführen, dass eines ihrer zuverlässigsten Handelsschiffe auch Sklaven in den Norden schmuggelt.«

»Wo ist der Beweis?«, fragte Reinders.

»Lies den Brief, alter Knabe. Hier geht es nicht um Anschuldigungen, sondern um Einschüchterung. Ihm seien verdächtige Vorgänge an Bord der *Eliza J.* gemeldet worden. Und er erwähnt eine heftige Auseinandersetzung mit zwei Männern in einer Gasse.«

»Fünf Männern. Und woher will er das wissen, wo er doch überhaupt nicht in der Nähe war?«

»Eben. Das ist es ja gerade. Und jetzt rate mal, wer ihm diese verdächtigen Vorgänge gemeldet hat.«

Reinders schlug mit der Faust auf den Tisch.

»Genau. Das erklärt auch, warum Boardham mit einem Mord ungeschoren davonkommen konnte. Er arbeitet für Callahan.« Darmstadt beugte sich vor. »Wenn es nur um Geld ginge, wäre das alles überhaupt kein Problem. Doch hier steht viel mehr auf dem Spiel.« Er schwieg einen Moment. »Wenn Callahan die Hafenbehörden entlang unserer Route unterrichtet, wird man uns nirgendwo mehr vor Anker gehen lassen. Die Sklaverei ist bei ihnen per Gesetz erlaubt; sie nehmen es sehr übel, wenn man sich da einmischt. So dringend sind sie auf uns nicht angewiesen.«

Reinders verstand. »Es tut mir leid, Lars. Das Schiff ...« Er zögerte. »Du wirst einen anderen Kapitän für die *Eliza J.* finden müssen.«

Darmstadt hob abwehrend eine Hand. »Wir sitzen in einem Boot, und die *Eliza J.* segelt niemand außer dir. Außerdem – soweit ist es noch gar nicht. Deswegen will ich ja, dass du die Stadt verlässt. Mach dich eine Weile unsichtbar; vielleicht findet er in der Zwischenzeit ja einen größeren Fisch. Detra und ich verreisen ebenfalls«, fügte er hinzu. »Ich werde Mackley die *Eliza J.* anvertrauen; der kann sie eventuell ein Stück die Küste hinunter segeln und dort vor Anker gehen. In ein paar Wochen ist das wahrscheinlich alles längst vergessen.«

Reinders dachte nach. »In Ordnung«, sagte er schließlich. »Ich werde die Stadt verlassen. Es tut mir wirklich leid, dass ich dich da mit hineingezogen habe, Lars.«

»Wir beide leben ganz gut von unseren Geschäften mit Männern, die mit der Ausbeutung von Sklaven ein Vermögen machen«, erwiderte Darmstadt. »So kann ich mein Gewissen zumindest ein klein wenig damit beruhigen, dass zwei dieser armen Menschen mit Hilfe desselben Schiffs die Freiheit erlangt haben.«

»Dafür hat es sich in der Tat gelohnt«, pflichtete Reinders ihm bei. »Allein für den Anblick von Lilys Gesicht, als Mary und Solomon plötzlich vor ihr standen.«

»Halt dir das immer wieder vor Augen, solange du fort bist.« Darmstadt lächelte seinen Partner an. »Und verlier deine Seebeine nicht.«

»Niemals.« Reinders schnappte sich seine Mütze. »Ich muss noch mal los, und dann packe ich.«

»Ist das vernünftig? Muss das wirklich sein?«

Reinders schaute aus dem Fenster und betrachtete den Schnee auf den Bäumen. »Ja«, sagte er nach einer Weile. »Die Umstände machen es erforderlich.«

»Meinst du mit ›Umstände‹ die irische Witwe?«

Reinders starrte ihn verblüfft an.

»Ha!« Darmstadt grinste und drückte seine Zigarre aus. »Detra behauptet schon seit Monaten, dass du verliebt bist. Und wie immer hat sie Recht«, fügte er hinzu.

»Ich bin nicht verliebt!«

»Nun, wir Männer sind häufig die Letzten, die es erfahren.« Darmstadt lachte. »Erwidert sie deine, wie soll ich es nennen, deine Hochachtung?«

»Nein! Ich meine, ich weiß es nicht.« Er geriet ins Stocken. »Ich glaube, sie ist noch nicht über den Tod ihres Mannes hinweggekommen. Und sie hat andere Sorgen: eine Tochter hier in New York und einen kleinen Jungen, den sie in Irland zurücklassen musste, wegen … irgendwelcher Schwierigkeiten.«

»Viele Hürden, die es zu überwinden gilt«, räumte Darmstadt ein. »Nur jemand wie du würde sich für eine Ehefrau auf eine solche Herausforderung einlassen.«

»Ehefrau!«

»Weißt du eigentlich, wie oft du im Laufe des letzten Jahres von ihr gesprochen hast, Peter?« Darmstadt stand auf und ging um den Schreibtisch herum. »Wie oft das Thema Irland in deinen Gesprächen vorkommt? Und was ist mit dieser großzügigen Spende an die Irische Einwanderergesellschaft?«

Reinders sah ihn befremdet an.

»Vergiss nicht, dass ich die Bücher führe.«

»Aber bei ihr komme ich mir immer wie ein Idiot vor!«, protestierte Reinders. »Jedes Mal, wenn ich in ihrer Nähe bin, kriege ich keine zwei Sätze raus. Und wir scheinen uns dauernd misszuverstehen. Außerdem zieht sie mich auf. Ich hasse es, wenn man mich aufzieht.«

»Mir gefällt sie jetzt schon.« Darmstadt grinste.

»Wir passen einfach nicht zusammen. Es würde überhaupt keinen Sinn ergeben.« Reinders schüttelte den Kopf. »Allerdings ist sie ziemlich attraktiv«, gestand er zögernd. »Und sehr fürsorglich gegenüber ihren Kindern, ihrem Bruder, ihren Freunden. Und sie ist mutig«, fügte er hinzu, als er an die Überfahrt dachte. »Und liebenswürdig. Wirklich liebenswürdig.«

»Verstehe. Aber du bist nicht verliebt und verspürst auch nicht den Wunsch, dich zu vermählen.«

»Genau.«

»Sie ist nur eine Freundin. Eine gute Freundin.«

»Genau«, wiederholte Reinders matt.

Darmstadt betrachtete ihn amüsiert. »Ich glaube, du hast etwas zu viel Zeit auf hoher See verbracht, Peter.« Er schob Reinders eine Zigarre in die Jackentasche und klopfte freundschaftlich darauf. »Die kannst du rauchen, wenn du bei deiner Mutter bist.«

»Ich fahre nicht zu meiner Mutter.«

»Natürlich tust du das«, erwiderte Darmstadt. »Wo willst du denn sonst hin? Und wenn du dort bist, tu mir einen Gefallen: Stell dich in einer ruhigen Minute auf die Veranda, schau auf die trübe Winterlandschaft hinaus und sei dir selbst gegenüber einmal ehrlich in Bezug auf diese Frau. Du bist kein junger Mann mehr, mein Freund. Es wird Zeit, dass du an deine Zukunft denkst.«

Reinders runzelte störrisch die Stirn.

»Detra muss noch ein paar Besorgungen für unsere Reise machen. Fahr doch einfach mit und lass dich von ihr absetzen. Zurück findest du ja, oder?«

»Ich lebe schon seit Jahren in dieser Stadt!«

»Nein, Peter«, sagte Darmstadt freundschaftlich. »Ich glaube nicht, dass du hier wirklich lebst.«

Grace war erschöpft. Nach dem schrecklichen Vorfall in der vergangenen Nacht hatten sie und Tara nicht mehr schlafen können. Sie hatten den Kamin wieder angezündet und eine Tasse Kaffee nach der anderen getrunken, bis Dugan im Morgengrauen zurückgekehrt war.

Lily und die Kinder seien jetzt bei den Livingstons, hatte er berichtet. Miss Livingston, die sehr liebenswürdig und gütig sei – gar nicht wie ihr Bruder, dieser Hallodri –, habe sofort alles geregelt und die arme, verängstigte Familie in einen anderen Teil des Hauses gebracht, während er selbst und die anderen Männer mit einer Flasche Brandy zurückgeblieben seien, die sie bei der Rückkehr von Florence bereits zur Hälfte geleert hätten. Lilys Familie werde heimlich aus der Stadt gebracht, habe sie ihnen erklärt, nach Norden, wo sie in Sicherheit seien. Dort werde man sich um sie kümmern, solange es nötig sei.

Inzwischen war es später Nachmittag. Dugan hatte sich hingelegt, um vor Beginn des abendlichen Ansturms noch etwas zu schlafen. Er hatte sehr mitgenommen ausgesehen, über Schmerzen in der Brust geklagt, und an seinem Oberarm klaffte eine hässliche Schnittwunde vom Messer eines der Sklavenfänger.

Grace machte es nichts aus, dass sie allein im Schankraum war. Die Kinder schliefen ebenfalls, sogar Liam, der vor Aufregung ganz erledigt gewesen war. Obwohl auch sie die Erschöpfung spürte, schlug ihr Herz den ganzen Nachmittag wild, und vor ihren Augen flimmerten schwarze Punkte. Die Gefühle schienen sie zu übermannen; wohin sie sich auch wandte, nirgends fand sie Frieden, nur Aufruhr. Die Gewalttaten der vergangenen Nacht hatten sie schockiert, nicht zuletzt, weil sie sich erneut mit einem Messer in der Hand wiedergefunden hatte. Die Wut, die heiß in ihr aufgelodert war, erschreckte sie, und selbst Stunden später hatte sie noch das Gefühl, sie kaum zügeln zu können. Ihre Freude über Lilys Glück wurde von Eifersucht getrübt und von dem Zorn darüber, dass ihr eigenes Kind gestern Abend nicht angekommen, dass ihre eigene Familie heute nicht bei ihr war. Und sie hasste sich für diese Gefühle. Ihr Zorn richtete sich aber auch gegen Sean, weil er vergangene Nacht nicht da gewesen war, als sie ihn dringend brauchten. Er war noch immer nicht zurückgekehrt, wusste nichts von dem, was sie durchgemacht hatten. Wahrscheinlich würde er in ein oder zwei Tagen wieder auftauchen und sie dafür rügen, dass sie sich Sorgen gemacht hatte – schließlich war er doch ein freier Mann, der kommen und gehen konnte, wie es ihm gefiel, oder etwa nicht? Und sie war auf Kapitän Reinders wütend, auch wenn sie nicht wusste, warum. Welches Recht hatte er, ihr so ins Herz zu schauen, sie in seine Arme zu nehmen, wenn er doch wusste, dass sie nicht Herrin ihrer Sinne war?

Grace schüttelte den Kopf, wütend auf sich selbst und den Taumel ihrer Gefühle. Es gab Momente, in denen sie dachte, sie würde durch die ganze Warterei und Ungewissheit womöglich noch den Verstand verlieren. Darum hatte sie auch den Herrn um Beistand angefleht, doch Er schien sie nicht zu hören.

In diesem Moment stieß Jay Livingston die Eingangstür auf, stürzte förmlich in den Raum und riss sie aus ihren Gedanken.

»Grace! Was für eine unglaubliche Nacht haben Sie hier erlebt!« Er wischte den Schnee von seinem Hut und zog den Mantel aus. »Ich bin gekommen, um Ihnen mitzuteilen, dass alles in Ordnung ist. Florence kennt einen Kutscher, der sie heute Abend noch nach Boston bringt.« Er schaute sich im Schankraum um, der bis auf wenige Gäste im hinteren Teil leer war. »Wo ist Ihr abtrünniger Bruder? Ich kann es gar nicht erwarten, seine wundervoll ausgeschmückte Version der Ereignisse zu hören.«

»Er war nicht dabei«, erwiderte Grace knapp. »Nach dem Essen ist er mit zu den Osgoodes gegangen, und seitdem haben wir ihn nicht mehr gesehen. Er weiß noch nicht mal, was hier letzte Nacht passiert ist.«

»Wie langweilig von ihm! Was für ein tadelnswertes Benehmen, sich bei diesen Heiligen der letzten Tage aufzuhalten, anstatt hier dabei zu sein. Und noch dazu an Weihnachten! Ich muss wirklich mal ein Wörtchen mit ihm reden.« Er warf seinen Hut auf einen der Tische.

»Na ja, das ist schließlich seine Aufgabe, oder?«, erklärte sie. »Er arbeitet für die Osgoodes, organisiert den großen Planwagentreck und ...«

» ... und seine Vermählung mit Miss Osgoode«, ergänzte Livingston.

»Ach Jay, erzählen Sie mir doch nicht so etwas.«

Er hörte jetzt, wie müde sie war, sah die Erschöpfung in ihren Augen, die Anspannung in ihrem Gesicht. »Es tut mir Leid. Ich bin zu weit gegangen. Wie üblich.« Er legte eine Ledermappe auf den Tisch. »Ich bin aber noch aus einem anderen Grund gekommen. Hier in der Tasche ist etwas, worauf Sie gewiss schon dringend warten.«

Verwirrt sah sie ihn an.

»Seans Post. Die liegt bereits seit Wochen in der Zeitungsredaktion. Ich wollte mit Sullivan essen gehen – er ist ja ständig dort –, aber er hat mich stattdessen gebeten, Sean die Briefe zu bringen. Wenn Ihr Bruder nicht mehr für die Zeitung arbeitet, sollte er sie in Zukunft vielleicht direkt hierher senden lassen. Jedenfalls sind es …« – er wühlte in der Tasche – »Briefe aus Irland. Einer davon ist an Sie adressiert.«

Ihr Herzschlag setzte für einen Moment aus, und sie starrte wie gebannt auf die Briefe in seiner Hand. Plötzlich war sie ganz bleich im Gesicht.

»Moment, ich suche ihn heraus.« Er überflog die Adressen, bis er endlich den Brief fand, der weniger offiziell wirkte als die anderen und mit Wasserflecken und Schmutzspuren übersät war. Behutsam legte er ihn in ihre Hand.

Sie drehte den Umschlag um und las den Absender – das Kloster in Cork.

»Kommen Sie, wir setzen uns einen Moment.« Jay zog einen Stuhl heran. »Ich glaube, ich schenke uns schon mal einen Whiskey ein.« Er ging hinter die Theke und beobachtete aus den Augenwinkeln, wie sie den Brief langsam aus dem Umschlag nahm, ihn las, dann auf den Tisch legte und ins Leere starrte.

»Grace?«, rief er leise. Als sie nicht reagierte, trat er zu ihr an den Tisch und legte eine Hand auf ihren Arm. »Gracelin?«

Sie sah auf, blickte aber durch ihn hindurch.

»Darf ich?« Er nahm den Brief und überflog ihn, dann holte er tief Luft und setzte sich.

»Dieser Pater Sheehan schreibt, dass sie alle schon tot waren, als er beim Kloster ankam. Meint er Ihren Vater, Grace? Ihren Sohn?«

Sie sah ihn mit großen Augen an und nickte langsam.

Erneut studierte er den Brief. »Schwester James war offenbar die einzige Überlebende und bei seiner Ankunft bereits zu ihrer Mutter zurückgekehrt. Ihre Briefe lagen ungeöffnet auf einem Stapel mit Korrespondenz, den er mit nach Dublin genommen hat.« Jay schaute Grace an. »Er hat die Gräber der anderen Nonnen gesehen sowie das Ihres Vaters und eines Kindes.«

Grace stöhnte leise auf. Dann erhob sie sich, stieß ihren Stuhl nach hinten, der mit einem Poltern zu Boden fiel,und blickte sich wild im Raum um. Sie begann zu wimmern, dann zu heulen und schließlich laut zu kreischen, riss an ihren Haaren und zerkratzte sich das Gesicht. Jay sprang auf, packte sie und hielt ihre Hände fest, obwohl sie sich heftig widersetzte. Er hielt sie im Arm, schaukelte sie, bis die Schreie in ein Schluchzen übergingen und sie verzweifelt nach Luft rang. Nach einer Weile spürte er, wie sie die Arme um ihn legte, wie ihre Hände sich in sein Hemd krallten, an seiner Schulter festhielten, als drohte sie, in einem tosenden Meer zu ertrinken, und er wäre das letzte Stück Land. Und er gab ihr Halt und ließ sie nicht mehr los.

37

Am letzten Tag im Januar verließ Kapitän Reinders die warme Küche seiner Mutter und trat hinaus auf die Veranda, Darmstadts Zigarre zwischen den Lippen – allerdings hatte er sie noch nicht angezündet. Er stützte sich auf das Geländer und schaute über den leeren Innenhof zu der kleinen Scheune, dann wanderte sein Blick über den Schuppen, die Ställe und die frisch reparierten Zäune. Der Hof sah zwar noch immer nicht aus wie früher, aber er machte einen wesentlich besseren Eindruck als bei seiner Ankunft vor fünf Wochen. Reinders wusste, dass seine Mutter und seine Brüder ihm dankbar dafür waren. Sie hatten einen ziemlich überraschten Eindruck gemacht, als sie ihn nach seinem letzten Besuch so schnell wiedersahen, aber keine Fragen gestellt; und er hatte ihnen nur gesagt, die Geschäfte gingen zurzeit etwas schleppend, das Schiff müsse überholt werden und er brauche ein wenig Ruhe. Er lächelte reumütig, denn in den ersten Wochen nach seiner Ankunft hatte er alles andere als eine Ruhepause eingelegt: Er war früh aufgestanden, hatte mit einer Büchse bewaffnet stundenlang die Wälder und Felder durchstreift, und war mit Eichhörnchen und Kaninchen im Rucksack zurückgekehrt, die seine Mutter dann zum Abendessen zubereitete.

Nachdem er von der Jagd genug hatte, stürzte er sich voller Energie auf den Hof und reparierte, flickte und rodete, bis ihm trotz der Kälte der Schweiß den Körper hinunterlief, bis seine Glieder vor Erschöpfung zitterten und er abends kaum das Hemd über den Kopf streifen konnte.

Seine Mutter hatte nichts gesagt, ihn einfach nur machen lassen und hatte Hans und Josef aufgetragen, ihm Arbeit zu geben, ihn aber ansonsten nicht zu behelligen. Manchmal fing er ihren Blick auf, sah die Fragen in ihren Augen. Und dann hatte sie ihn schließlich doch angesprochen, eines Abends, als sie allein beim Kamin saßen, sie mit einer Strickarbeit, er mit seiner Büchse und Putzzeug.

»Heiraten Kapitäne zur See eigentlich, Peter?«, fragte sie ihn aus heiterem Himmel.

Er verzog keine Miene. »Nein, Mutter, Kapitäne heiraten nie.«

»Ach was. Natürlich heiraten sie, und sie gründen sogar eine Familie.«

»Tatsächlich?«

»Peter, ich meine es ernst. Ich möchte gerne wissen, warum du noch keine nette Frau gefunden hast.«

»Tja …« Darauf wusste er erst einmal keine Antwort. »Meistens bin ich nicht lange genug in einem Hafen, um jemanden kennen zu lernen. Und wenn doch, dann ist immer alles so schwierig. Ich komme und gehe, und jedes Mal müssen wir wieder von vorn anfangen.« Er spürte, wie sehr ihn das Thema frustrierte. »Ich bin an den Umgang mit harten Männern gewöhnt, Mutter, an eine raue Sprache und daran, Befehle zu erteilen. Es fällt mir nicht leicht, gepflegte Konversation zu machen. Ich werde häufig missverstanden. Offensichtlich.«

Sie unterbrach ihre Strickarbeit. »Ich verstehe.«

Er stellte die Büchse in den Ständer, in der Hoffnung, das Gespräch damit zu beenden, aber sie ließ nicht locker.

»Ich werd dir jetzt mal etwas verraten, Peter, was die meisten Männer nicht begreifen. Frauen hören eher hiermit …«, sagte sie und legte eine Hand auf ihr Herz, »als mit den Ohren. Verstehst du, was ich meine?«

»Im Prinzip schon, Mutter. Aber ehrlich gesagt verwirren mich die Frauen in letzter Zeit nur noch.«

Sie lachte. »Ach Peter, du bist ein guter Junge, aber genauso dickköpfig wie dein Vater. Du siehst nur, was du sehen willst, nicht das, was Gott dir zeigen möchte. Ich werde dir noch was verraten.«

»Also gut.« Er gab sich geschlagen und ließ sich auf einer Treppenstufe nieder.

»Eine Frau wird den Schatz ihres Herzens wie eine Löwin verteidigen. Aber eigentlich möchte sie diesen Schatz teilen – man muss nur das Vertrauen der Löwin gewinnen.«

»Mutter!« Er war überrascht. »Ich hatte ja keine Ahnung, dass du eine Philosophin bist.«

»Ich bin nur eine alte deutsche Bauersfrau, aber ich weiß das eine oder andere.«

»Das scheint mir auch so.« Er warf ihr eine Kusshand zu, was so ungewöhnlich für ihn war, dass sie ihn mit großen Augen erstaunt ansah.

»Du hast dich verändert«, verkündete sie. »Zu deinem Vorteil.«

Danach war er zu Bett gegangen, und sie hatten nicht mehr über dieses Thema gesprochen. Aber Kapitän Reinders fühlte sich seiner Mutter näher als je zuvor, und er wusste, dass sie genauso empfand.

Die letzten Tage waren wie im Flug vergangen, und er war dankbar, dass sie ihn nicht gebeten hatte, für immer nach Hause zu kommen, sich eine Frau zu suchen und zusammen mit seinen Brüdern den Hof zu bewirtschaften. Sie akzeptierte den Mann, zu dem er geworden war, und zeigte ihm dies durch ein Geschenk: vier Paar Wollsocken und eine warme Mütze, die er über die Ohren ziehen konnte, wenn er sein Schiff bei schlechtem Wetter durch Wind und Wellen steuerte.

Reinders wünschte, er könnte seinen Kurs hier auf der Veranda mit ebensolcher Leichtigkeit bestimmen wie an Bord. Dann zündete er die Zigarre an und dachte über den Rat seines Freundes nach. Er erinnerte sich an den Moment, als er Grace zum letzten Mal gesehen hatte: In der Dämmerung des verschneiten Nachmittags hatte er draußen vor dem Harp and Hound gestanden und beobachtet, wie Jay Livingston sie in den Armen hielt. Beinahe wäre er dennoch hineingegangen – der Mann war so ein Frauenheld –, doch ein Blick in dessen Gesicht ließ ihn innehalten. Die übliche blasierte Selbstzufriedenheit war einer fast schmerzlichen Zärtlichkeit gewichen, wie sie nur die Liebe zum Vorschein bringen konnte – und in diesem Augenblick hatte Reinders ihn beneidet. Schnell war er einen Schritt zurückgetreten und hatte sich auf den Heimweg gemacht.

Hier, fernab der Stadt, hatte Reinders versucht, Grace zu vergessen. Er war bedeutend länger geblieben als ursprünglich geplant, doch auch das hatte nichts genutzt. Er versuchte, sich einzureden, dass seine Gefühle für sie nichts mit Liebe zu tun hatten, keine Liebe sein konnten; aber in seinem tiefsten Inneren kannte er die Wahrheit. Sie hatte ihm ihre Freundschaft geschenkt und nie etwas vorgemacht; wenn er sich jetzt nicht wie ein Trottel benahm, konnte er diese Freundschaft womöglich retten, war er vielleicht weiterhin willkommen in ihrem Haus. Aber würde ihm das genügen? Ja, sagte er sich und drückte die Zigarre aus – es musste ihm einfach genügen.

Wenn sie das Thema überhaupt erwähnten, dann sprachen sie von ihrer »Krankheit«. Dugan und Tara hatten Grace ins Bett gebracht und dann Sean die schlechte Nachricht übermittelt. Er war sofort nach Hause geeilt und bis tief in die Nacht an der Theke sitzen geblieben. Es hatte sie alle sehr verwundert, als Grace am nächsten Morgen herunterkam, angezogen und bereit für die Arbeit. Es sei ein Schock gewesen, ein schwerer Schock, hatte sie eingeräumt, und es tue ihr leid, dass sie sich so habe gehen lassen. Aber jetzt fühle sie sich wieder gut, wirklich. Wahrscheinlich habe sie es tief in ihrem Herzen längst gewusst – kein einziges Wort in all den Monaten, der Kleine so krank, als sie ihn zurückließ, ihr Vater verletzt und auf sich allein gestellt. Sie habe unter diesen Umständen einfach zu viel erwartet, sagte sie. Die anderen blickten sie zwar ratlos an, erwiderten jedoch nichts und ließen sie gewähren.

Allerdings ahnten sie nicht, dass Grace ihr Herz für das hasste, was es offenbar schon so lange wusste, und es vollständig aus ihrem Leben verbannt hatte. Finsternis herrschte jetzt dort, wo ihr Herz geschlagen hatte, und in den Nächten wurde sie von Albträumen geplagt. Morgens erwachte sie mit einem Gefühl vollkommener Leere, von der sie nicht wusste, wie sie sie füllen sollte. Doch die Verbitterung bahnte sich einen Weg in ihr Innerstes und vergiftete bald jeden ihrer Atemzüge. Sie störte sich an den Gästen, die im Harp and Hound saßen und tranken, statt zu Hause bei ihren Familien zu sein, an Dugans Mitgefühl, seinem ständigen Drängen, sie solle die Arbeit ruhen lassen, nach oben gehen, sich hinlegen, und an Seans plötzlicher Anwesenheit nach Wochen, in denen sie ihn kaum gesehen hatte, an seinen Einladungen zu den Gebetsversammlungen. Doch am meisten störte sie Taras entschuldigender Blick, wenn sie ihren eigenen Sohn im Arm hielt oder Grace zu trösten versuchte – mit Worten, die diese mechanisch akzeptierte, die aber nicht zu ihr durchdrangen, weil für Gefühle kein Platz mehr in ihrem Leben war.

Langsam, schleichend verwandelte sich die Verbitterung in Ärger: Immer öfter hatte sie nur harsche Worte für die Kinder oder strafte sie durch eisiges Schweigen. Sie hantierte laut mit den Töpfen in der Küche, knallte den Kindern die Teller auf den Tisch, ohne zu fragen, ob sie die Hände gewaschen und das Gebet gesprochen hatten, und schickte sie nach dem Abendbrot sofort ins Bett. Nach einer Weile wurde aus Ärger Zorn: Sie rief Tara zu, sie solle ihren Schreihals nach oben bringen; das ständige Plärren sei ja nicht mehr zu ertragen. Sie stritt mit Sean über seine dämliche Religion und seinen fanatischen Glauben, über die ach so stolze Miss Osgoode und ihren selbstgerechten Vater, über Geld und Verpflichtungen, über Egoismus und Kinder. Er habe ja keine, kreischte sie – woher er dann wissen wolle, was gut für sie sei?

Der Zorn verwandelte sich in Raserei, als Liam eines Nachmittags spät nach Hause kam und nicht sagen wollte, wo er gewesen war. Sie packte ihn bei seinen schmalen Schultern, schüttelte ihn und schrie ihm ins Gesicht, dass er kein Deut besser sei als sein versoffener Vater und dort vielleicht ja doch besser aufgehoben wäre. Sie schrie ihn so lange an, bis er sich losriss und weinend aus dem Zimmer rannte.

In diesem Moment war sie wie besessen gewesen, ihrer heiß lodernden Wut vollkommen ausgeliefert. Sie hatte alles innerhalb ihrer Reichweite zu Boden gefegt, sich die Kleider vom Leib gerissen, Bücher zerfetzt, Stühle gegen die Wand geschleudert, den Tisch umgestürzt und die Bauklötze, die sie für ihren Sohn gekauft hatte, aus dem Fenster geworfen. Dugan kam genau in dem Moment in ihr Zimmer gestürmt, als sie sich das Messer in die Brust stoßen wollte, in das Herz, das sie so sehr hasste. Er wand ihr die Klinge aus der Hand und brach ihr dabei zwei Finger, so fest war ihr verzweifelter Griff. Daraufhin attackierte sie ihn, warf sich wieder und wieder gegen ihn, trat um sich, biss, schrie und wehrte sich wie toll, als er versuchte, sie davon abzuhalten, sich noch mehr Schaden zuzufügen.

Kurz darauf war der Arzt eingetroffen und hatte ihr Laudanum eingeflößt, während Dugan sie festhielt, einen Arm quer über ihrer Brust, die andere Hand an ihrer Stirn. Der Doktor hatte den Löffel mit der Flüssigkeit gewaltsam zwischen ihre zusammengepressten Zähne geschoben und laut geflucht, als sie nach ihm trat. Und dann endlich ließ die Spannung in ihrem Körper nach, und sie hing schlaff in den Armen des großen Mannes, der bitterlich weinte.

Mehrere Tage verbrachte sie im Opiumnebel. Wenn sie nachts erwachte, starrte sie in die Dunkelheit und hörte Stimmen aus der Vergangenheit, die ihr etwas zuflüsterten, aber so leise, dass sie es nicht verstehen konnte. Im Morgengrauen fielen ihr wieder die Augen zu, und sie versank in einen traumlosen Schlaf, der alle Stimmen, alle Erinnerungen, alle Verluste auslöschte.

Der Hausarzt der Livingstons hatte die Einweisung in eine Nervenheilanstalt empfohlen, doch Dugan drohte, er werde jeden umbringen, der versuche, ihre Grace an einen solchen Ort zu schaffen. Der Arzt hatte den Kopf geschüttelt und seufzend eine weitere Flasche Laudanum dagelassen, die Dugan jedoch ausschüttete, aus Sorge, Grace könne aufwachen und zu viel davon nehmen. Das Bild des Messers an ihrer Brust stand ihm noch deutlich vor Augen.

Die Kinder schliefen jetzt im Wohnzimmer der Ogues, wo Tara sich um sie kümmern konnte. Mary Kate sprach kaum noch, und die Anspannung in ihrem kleinen Gesicht ließ nur nach, wenn Tara ihr Caolon in die Arme drückte. Liam stand häufig in Graces Zimmer, betrachtete ihr Antlitz, flüsterte ihren Namen oder rüttelte sanft an ihrer Schulter. Doch sonst gab er sich mürrisch und weigerte sich, Erledigungen für Dugan zu übernehmen, oder er stritt sich lauthals mit Sean, der einfach nicht mehr wusste, wie er mit dem zornigen Jungen fertig werden sollte.

Sean ging weiterhin seiner Arbeit bei den Osgoodes nach, kam aber immer am späten Nachmittag zurück, um Dugan im Gasthaus zu helfen. Die Ogues hatten ein Küchenmädchen eingestellt, doch das von ihr zubereitete Essen schmeckte niemandem, und die alten Stammgäste flehten zu Gott, dass Missus Donnelly bald zurückkehren möge. Abends saß Sean manchmal an Graces Bett und las ihr etwas vor oder hielt einfach nur ihre leblose Hand – meistens eher zu seinem eigenen Trost als zu dem seiner Schwester.

Als das Küchenmädchen weitere Aufgaben übernahm, blieb Sean immer häufiger ganze Tage bei den Osgoodes. Es gab so vieles zu erledigen, sagte er sich, und er brauchte das Geld dringend, jetzt, da Grace zu krank zum Arbeiten war. Marcy hatte angeboten, sie zu besuchen, doch Sean meinte, dafür sei seine Schwester viel zu schwach. Tatsächlich fürchtete er jedoch, dass der Anblick der jungen Frau bei Grace einen neuerlichen Anfall auslösen könne, und das wollte er um jeden Preis verhindern. Marcy kümmerte sich unermüdlich um die Männer in ihrem Haus, servierte ihnen die Mahlzeiten im Arbeitszimmer, besorgte Tinte, Federhalter und Papier, brachte Seans Kleidung in die Wäscherei und besserte sie sogar selbst aus. Sean empfand es als große Erleichterung, dass ihn wieder jemand umsorgte.

Schließlich erwachte Grace ganz allmählich aus ihrem seltsamen Dämmerzustand. Allerdings war sie sehr erschöpft und konnte zunächst kaum aufrecht sitzen. Als ihr bewusst wurde, wie lange sie krank gewesen war und wie sehr das die Kinder mitgenommen hatte – vor allem Mary Kate, die Grace nun wieder schmerzlich an das kleine Mädchen erinnerte, das sie in Irland gewesen war –, zwang sie sich, erst das Bett zu verlassen und in einem Sessel am Fenster zu sitzen, dann aufzustehen und im Zimmer herumzulaufen, und nach einer Weile sich anzukleiden und nach unten zu gehen. Sie kam nun jeden Tag in die Küche, kümmerte sich um die Kinder und nahm nach und nach ihre Arbeit wieder auf. Die Anwesenheit von Una, der sauertöpfischen Aushilfe, war ihr unangenehm, doch Dugan versicherte ihr, dass sie die Stelle als Köchin sofort wieder übernehmen könne, sobald sie sich dazu in der Lage fühle. Allerdings wolle er Una noch ein Weilchen behalten, damit Grace nicht die ganze Arbeit allein erledigen müsse – sie solle sich ausruhen, riet er ihr, Zeit mit den Kindern verbringen, an die frische Luft gehen, im Park flanieren.

Grace befolgte seinen Rat gern und spazierte mit ihrer kleinen Familie zu dem Ententeich, wo sie im vergangenen Herbst einen so schönen Tag verbracht hatten. Sie hatte gedacht, die Kinder würden wieder spielen gehen, aber sie blieben schweigend neben ihr sitzen, drückten sich an sie und seufzten, als müssten sie sich von einer langen, anstrengenden Reise ausruhen. Zuhause nahm Liam manchmal ihre Hand und drängte sie, sich hinzusetzen, oder Mary Kate brachte ihr eine Tasse Tee oder etwas zu essen. Und sie schenkten Grace irgendwelche Kleinigkeiten, die sie gefunden hatten – eine Möwenfeder, einen glatten Stein, ein Blatt oder eine frische Blume. Schau mal, riefen sie, ist das nicht hübsch? Als wollten sie sie davon überzeugen, dass es immer noch schöne Dinge in der Welt gab, als wollten sie sie dazu überreden, nicht von ihnen zu gehen.

Und um ihnen zu beweisen, dass sie sie nicht mehr allein lassen würde, unternahm Grace jeden Tag kleine Ausflüge in die Welt, hinaus in das geschäftige Treiben New Yorks, in das Vergessen der Großstadt. Sie brauchte viele Leute um sich und schöpfte Kraft aus deren Unverwüstlichkeit, deren bloßem Menschsein. Sie musste sehen, dass das Leben weiterging. Allerdings wurde es ihr manchmal zu viel – zu laut und ausgelassen, zu festlich. Dann zog es sie an den Rand der Stadt, in die älteren Viertel, die Parks, auf der Suche nach Ruhe und Frieden. Dort saß sie dann ganz allein auf einer Bank und schaute mit leerem Blick vor sich hin – allerdings nicht, wenn Liam und Mary Kate sie begleiteten, und niemals, wenn Sean sie sehen konnte.

Aus diesem Grund riss sie sich auch zusammen, als sie seine Schritte nun auf der Treppe hörte; sie wollte nicht, dass er sie dabei ertappte, wie sie aus dem Fenster starrte. Sie schlug die Bibel in ihrem Schoß an der markierten Stelle auf, schaute dann hoch und begrüßte ihn freundlich. Er war so glücklich darüber, dass es ihr offenbar wieder gut ging, zog einen Stuhl heran und setzte sich neben sie. Nachdem sie fast eine Stunde lang miteinander geplaudert hatten und er zu der Überzeugung gekommen war, seine Schwester sei wieder ganz die Alte, schwieg er einen Moment und stellte dann die Frage, auf die sie die ganze Zeit gewartet hatte.

»Kannst du mir etwas erklären, Grace?«, fragte er und beugte sich vor. »Warum hat dich der Tod dieses Kindes so viel härter getroffen als der der anderen? Hast du den Jungen mehr geliebt, weil es Morgans Kind war?«

»Ich habe die beiden anderen Jungen, die ich zur Welt gebracht habe, genauso geliebt wie den kleinen Morgan«, sagte sie ohne Umschweife. »Aber ich habe Morgan mehr geliebt als jeden anderen Menschen. Sein Sohn war das Einzige, was mir von ihm noch geblieben war, und diesen Jungen habe ich zurückgelassen. Das konnte ich mir einfach nicht verzeihen.«

»Aber wenn er während der Überfahrt gestorben wäre, hättest du dir das auch niemals verziehen.«

»Ja.« Sie nickte. »Aber zumindest wäre er in den Armen seiner Mutter gestorben, die ihn über alles liebte.«

»Dad hat ihn geliebt. Barbara hat ihn geliebt.«

»Er war *mein* Sohn. Unser Junge. Und ich wollte ihn so gern wiedersehen, seinen Vater in ihm erkennen.« Sie verstummte; die Trauer schnürte ihr die Kehle zu. »Ich habe mir so sehr gewünscht, dass er lebt.«

»Grace.« Sean nahm ihre Hand. »Du wirst auch darüber hinwegkommen. Du bist stark, Grace. Stärker als wir alle.«

»Ich bin überhaupt nicht stark, Bruder. In dem Punkt irrst du dich. Ich bin lediglich stur.« Sie runzelte die Stirn. »Ich konnte nicht dankbar sein für das, was ich hatte. Stattdessen musste ich Gott einen Handel vorschlagen.«

»Was meinst du damit?«

»Ich war so wütend auf Gott«, gestand sie. »Wegen all der Dinge, die geschehen waren. Aber ich wusste, dass das eine Sünde war, und dachte, dass Er mich deswegen vielleicht nicht erhörte.« Sie zögerte. »Deshalb beschloss ich, einen Handel mit Ihm abzuschließen: Ich würde dir zu den Heiligen der letzten Tage folgen, wenn Er mir gab, was ich wollte.«

Sean ließ die Schultern hängen. »Doch stattdessen sind sie gestorben.«

»Und ab dem Moment habe ich Gott gehasst.«

»Aber so funktioniert das nicht, Grace! Das weißt du doch.«

»Ja, schon, aber ich war stur. Ich wollte so sehr, dass mein Wunsch in Erfüllung ging. Und dann wollte ich Gott hassen, also stieß ich Ihn so weit von mir, dass es keinen Trost mehr für mich gab. Da bin ich wahnsinnig geworden.«

»Das würde ich nicht als Wahnsinn bezeichnen, Grace«, widersprach Sean. »Du bist nur erschöpft gewesen. Es war ein schrecklicher Schlag für dich, nach so vielen Schlägen zuvor.«

»Nein, Sean«, sagte sie mit fester Stimme. »Es war Wahnsinn. Und ein Geschenk. Es war Gott, der zu mir sprach: ›Hör jetzt auf damit. Hör auf und erinnere dich an all die guten Dinge. Ich bin es nicht, der dir den Schmerz zufügt, doch ich helfe dir, das alles zu überstehen, wenn du nur endlich aufhörst vorzugeben, du bräuchtest mich nicht.‹«

Sean lehnte sich überrascht zurück. »Gott hat sich dir offenbart, Grace. Du musst den anderen davon berichten.«

»Nein, das erzähle ich nur dir und sonst niemandem. Das geht nur uns beide etwas an. Sean, ich …« *Bitte lass mich ihn nicht verlieren,* betete sie. »Ich werde dich nicht mehr zu euren Gottesdiensten begleiten.«

Bestürzt sah er sie an.

»Das ist für mich nicht der richtige Weg«, fügte sie so sanft wie möglich hinzu. »Ich möchte mich nie wieder so verirren, jetzt, da ich Ihn wieder gefunden habe.« Sie legte die Bibel aufgeschlagen auf den Tisch.

Sean warf einen Blick auf die Stelle, die sie angestrichen hatte. *»Ich bin die Auferstehung und das Leben. Wer an mich glaubt, der wird leben, auch wenn er stirbt.«*

»Das hast du mir eines Abends vorgelesen. Ich konnte den Klang deiner Stimme hören und dann … dann sind diese Worte zu mir durchgedrungen.«

»Ich erinnere mich.« Sein Gesicht war schmerzerfüllt. »Ich wollte dir nur Trost spenden, Grace, dir Hoffnung schenken.«

»Das ist dir auch gelungen.«

»Ich wünschte, du würdest es dir noch mal überlegen. Es sind so gute Menschen. Ich spüre, dass Er mitten unter ihnen ist, und ich könnte es nicht ertragen, das aufzugeben.«

»Das verlange ich auch gar nicht.« Sie blieb ganz ruhig.

Er nickte langsam, während er innerlich mit der Enttäuschung kämpfte. »Es tut mir leid, Grace. Ich war so sehr mit meinem eigenen Leben beschäftigt, dass ich dem deinigen kaum Aufmerksamkeit geschenkt habe.«

»Es ist an der Zeit, dass ich meinen eigenen Weg gehe, Sean«, erklärte sie mit ernster Stimme. »Du hattest Recht: Man muss die Vergangenheit loslassen und in die Zukunft blicken. Aber ich stand mit einem Fuß in Irland und mit dem anderen in Amerika – ein ziemlicher Spagat, der mir schließlich alle Kraft geraubt hat.«

Er nahm ihre Hände und küsste sie. »Meinst du denn, dass du es schaffen wirst?«

»Das werde ich.« Sie lächelte ihn an, ihren Bruder, den sie von Herzen liebte. »Ich bin nicht für nichts und wieder nichts so weit gereist.«

38

Auch wenn sie die Engländer noch so sehr verachtete, musste Julia sich doch eingestehen, dass London im Frühling einfach wunderschön war. Die Straßen waren übersät mit rosa und weißen Blütenblättern, die wie duftende Schneeflocken von den Bäumen rieselten; in den Parks leuchteten bunte Beete aus Primeln, Stiefmütterchen und Narzissen, und das Gras schimmerte grün. Die Luft war so betörend, dass Julia nach ihren langen Spaziergängen wie berauscht zum Hospital zurückkehrte. Ihr Vater wäre höchst zufrieden gewesen, dachte sie, wenn er hätte sehen können, wie sie selbst in den vergangenen Monaten ebenfalls aufgeblüht war. Die blasse, mutlose Frau, die kaum noch ihr Zimmer verlassen konnte, keinen Sinn mehr im Leben sah und die jämmerlichsten Entscheidungen getroffen hatte, war verschwunden. Wenn Julia jetzt in den Spiegel blickte, sah sie wieder das Mädchen, das sie einst gewesen war, die junge Frau, die nicht ruhte, bis sie eine Aufgabe erfolgreich erledigt hatte, deren Augen leuchteten und deren Verstand mit Freuden hundert Dinge gleichzeitig bedachte.

»Ah, Doktor Wilkes! Ist er aufgewacht?«

Der große Mann mit den rotblonden Haaren und dem weißen Arztkittel drehte sich um und lächelte die Vormundin seines kleinen Patienten an. Ihre Wangen glühten von der Sonne und der frischen Brise, und ihre Augen funkelten. Er mochte funkelnde Augen.

»Ja, er ist wach, und ich glaube, er wartet schon auf Sie.« Wilkes trat einen Schritt zur Seite, sodass sie den kleinen Jungen sehen konnte, der in seinem Bettchen stand, die Hände fest um das Gitter geklammert, hin und her schaukelte und krähte, als er ihre Stimme hörte.

»Hallo, mein Süßer.« Sie ging zu dem Bettchen hinüber und hob ihn heraus. Das beträchtliche Gewicht des kleinen, aber mittlerweile kräftigen Körpers erfreute sie immer wieder. »Zeit für deine Tropfen, und danach essen wir eine Kleinigkeit. Ich habe dir ein Nusstörtchen mitgebracht«, flüsterte sie ihm ins Ohr, und er kicherte. »Und Ihnen gleich drei, Doktor.«

»O je.« Wilkes lachte verlegen. »Anscheinend haben Sie meine Vorliebe für Nusstörtchen nicht vergessen. Eigentlich müsste mir das jetzt peinlich sein.« Er spähte in die Tüte, die sie ihm entgegenhielt. »Aber offensichtlich besitze ich keinerlei Schamgefühl.«

»Wollen wir Morgan auf den Tisch legen? Oder soll ich ihn auf dem Schoß halten?«

»Er macht das in letzter Zeit ziemlich gut.« Wilkes lächelte dem Kleinen freundlich zu. »Wir versuchen es auf dem Tisch.«

Julia legte Morgan ab, zog sein Unterhemd hoch und küsste ihn auf sein rundes Bäuchlein, sodass er zu kichern und zu glucksen begann – ein vergnügtes Kinderlachen, das zu hören sie niemals müde wurde.

»Also gut, junger Mann.« Wilkes strich dem Jungen die dunklen Haare aus der Stirn und löste den Verband. »Wollen doch mal sehen, wie es heute darunter aussieht, hm?«

Morgan blieb ruhig liegen; inzwischen war er an die Prozedur gewöhnt.

Nigel Wilkes ging niemals hastig vor, sondern zeichnete sich durch große Geduld aus. Seine Patienten mochten ihn, weil er so rücksichtsvoll und behutsam war, und sie schätzten seine persönliche Anteilnahme und seinen trockenen Humor.

Julia stand bei Morgans Füßen und stellte sich auf die Zehenspitzen, um etwas sehen zu können. »Was meinen Sie?« Sie biss sich auf die Lippe. »Irgendeine Verbesserung?«

»Ja. Die Augen sind heute weniger trocken, weniger gereizt. Kommen Sie hier herüber … « Er trat einen Schritt zur Seite. »Sehen Sie, die Rötung ist fast verschwunden, und in den Augenwinkeln hat sich etwas Feuchtigkeit angesammelt.«

Sie nickte.

»Die Tränenkanäle sind jetzt durchlässig, und er wird bald keine Tropfen mehr benötigen.«

»Aber wird er auch klar sehen können?«

»Wie gut seine Sehkraft sich entwickelt, erfahren wir erst, wenn er etwas älter ist und sprechen kann. Aber …« – Wilkes lächelte ermutigend – »er wird auf jeden Fall *etwas* sehen können, wenn auch vielleicht verschwommen. Wahrscheinlich muss er später eine Brille tragen, was aber kaum eine Belastung sein dürfte, angesichts der Alternative.«

Julia schüttelte den Kopf, und Tränen schossen ihr in die Augen. »Ich kann kaum fassen, dass es funktioniert hat.«

»Sie haben sich so rührend um ihn gekümmert, Miss Martin. Ehrlich gesagt, dachte ich, er würde die Lungenentzündung letzten Winter nicht überstehen. Aber er ist ein kleiner Kämpfer, nicht wahr? Und Sie haben es wunderbar verstanden, seine Lebensgeister bei Laune zu halten. Seine Mutter wäre Ihnen sehr dankbar, wenn sie wüsste, wie sehr Sie sich um ihn bemühen.«

Julia verspürte quälende Gewissensbisse, während sie zusah, wie Dr. Wilkes sich über das Gesicht des Jungen beugte und ihm behutsam die Lider anhob, um die Tropfen verabreichen zu können. Sie hatte ihm gesagt, Morgans Mutter sei tot und habe das Kind in ihre Obhut gegeben. Die gleiche Geschichte hatte sie auch den Krankenschwestern und allen anderen Hospitalmitarbeitern erzählt, bis sie sie fast selbst glaubte.

Weder von Grace noch von Sean hatte sie irgendwelche Nachrichten erhalten, und sie selbst hatte nicht schreiben wollen, weil immer die Gefahr bestanden hatte, dass der Junge den Winter oder eine der äußerst schwierigen Operationen nicht überlebte. Dr. Wilkes hatte Julia offen und ehrlich gesagt, dass viele Patienten die Eingriffe wegen der starken Schmerzen nicht überstanden. Deswegen verabreichte er die Betäubungsmittel sowohl oral als auch lokal – in Form einer Tinktur, die er direkt in das betreffende Auge träufelte. Dennoch blieb es ein riskantes Unterfangen, und Julia redete sich ein, dass es grausam wäre, Grace zu schreiben, ihr Junge lebe noch, nur um ihr dann kurze Zeit später mitteilen zu müssen, dass er gestorben war. Möglicherweise weilte Grace ja selbst nicht mehr auf dieser Welt, oder sie hatte drüben in Amerika mit ihrer Tochter ein neues Leben begonnen und vermisste den Jungen gar nicht so sehr. Julia sagte sich das wieder und wieder und versuchte, ihr Verhalten vor sich selbst zu rechtfertigen. Doch gestern hatte sie Aislinn getroffen, und all ihre Ausflüchte waren in sich zusammengefallen.

»Fertig.« Wilkes legte Morgan einen neuen Verband an, setzte ihn hin und fuhr ihm durch die Haare. »So ein hübscher Junge«, sagte er, hob ihn hoch und reichte ihn Julia. »Ich muss gestehen, Miss Martin, ich bin Ihnen sehr dankbar, dass Sie mir die Gelegenheit gegeben haben, ihn zu operieren. Diese Behandlung ist ziemlich neu und noch nicht oft durchgeführt worden. Nicht viele Angehörige wären dieses Risiko eingegangen.«

Überrascht sah sie ihn an. »Vermutlich habe ich über die Gefahren gar nicht richtig nachgedacht«, räumte sie etwas kleinlaut ein. »Nicht nach allem, was er schon durchgemacht hatte. Ich wollte nur, dass er die Gelegenheit bekommt, die Welt zu sehen.« Sie schenkte dem Kleinen ein liebevolles Lächeln.

»Genau das bewundere ich so an Ihnen, Miss Martin. Sie haben den Blick fest in die Zukunft gerichtet. Sie sind bereit, sich auf ein neues, besseres Leben einzulassen, und streben dies mit unerschütterlicher Zuversicht an.«

»Ach, tatsächlich?« Sie lächelte verschmitzt. »Das muss wohl die irische Kämpferin in mir sein.«

Er neigte den Kopf leicht zur Seite. »Ich vergesse immer wieder, dass Sie Irin sind.«

»Wie können Sie das nur vergessen, wo meine Sprechweise doch so viel poetischer ist als Ihre?«, sagte sie lächelnd und mit breitem Akzent. »Oder brauchen Sie vielleicht einen Ohrenarzt?«

Er drehte sich um und packte seine Arzttasche. »Also, ehrlich gesagt, glaube ich, dass ich eher einen Herzspezialisten benötige.«

Julias Augen weiteten sich, und sie spürte, wie sie rot anlief.

»Äh, ich nehme an, dies entspricht vielleicht nicht ganz den üblichen Gepflogenheiten …« Er wandte sich um und sah sie an, wobei er so tat, als bemerke er ihre feuerroten Wangen nicht. »Aber ich habe mich gefragt, ob Sie vielleicht heute Abend mit mir essen gehen würden? Fernab von all dem hier.« Er deutete mit der Hand auf das Zimmer. »Ich kenne eine freundliche Krankenschwester, die liebend gerne auf den kleinen Morgan aufpassen würde, und es gibt da ein Lokal, das ich Ihnen unbedingt zeigen möchte. Selbstverständlich ein seriöses Restaurant«, fügte er rasch hinzu. »Kein gedämpftes Licht oder dergleichen...«

»Ich habe nichts gegen gedämpftes Licht.« Die Worte waren schon aus ihrem Mund, ehe sie auch nur darüber nachdenken konnte.

»Tatsächlich?« Er lachte. »Also dann nehme ich an, wir ... äh ... wir könnten ... soll ich Sie dann um acht Uhr hier abholen? Ist Ihnen acht Uhr recht?«

»Das passt mir ausgezeichnet.« Julia biss sich auf die Lippe. »Aber ich muss Sie warnen, Dr. Wilkes: Ich bin Irin mit Leib und Seele, und ich werde mich weder für mich noch für meine Landsleute entschuldigen. Außerdem mag ich die Engländer nicht«, fügte sie hinzu und hätte sich am liebsten selbst geohrfeigt.

»Vielen Dank für die Warnung, aber ich glaube, ich gehe das Risiko trotzdem ein.« Er schloss die Tasche und versuchte, nicht zu lächeln. »Ich weiß es zu schätzen, dass Sie in meinem Fall eine Ausnahme machen, aber ich werde nicht versuchen, mich reinzuwaschen. Ich kann nur hoffen, dass Sie über meine offensichtlichen Unzulänglichkeiten hinwegsehen werden. Auf Wiedersehen, mein Junge.« Er klopfte Morgan auf den Rücken, beugte sich dann vor und flüsterte ihm ins Ohr: »Ich werde gut auf sie aufpassen.«

Julia gab vor, nichts zu hören.

Er wandte sich ihr wieder zu und sah sie gut gelaunt an. »Also dann, bis um acht, Miss Martin. Ich werde pünktlich sein.«

Julia drückte Morgan an sich und schaute Wilkes nach. Als er die Tür hinter sich geschlossen hatte, wirbelte sie den Jungen fröhlich im Kreis herum.

»Na, was hältst du davon?«, flüsterte sie ihm ins Ohr. »Deine Mam speist heute Abend mit dem gut aussehenden, wundervollen Arzt Dr. Wilkes! Nigel ...«, probierte sie seinen Namen. »Nigel Wilkes. Guten Abend, Nigel«, übte sie und brach dann in lautes Gelächter aus.

Auch Morgan lachte und streichelte ihre Wange. Sie nahm seine Hand und küsste sie, schaute ihn an und sah seinen Vater in jedem seiner Gesichtszüge, entdeckte überall Ähnlichkeiten mit seiner Mutter.

»Sie denken, ich bin eine Heilige, weil ich dich hierher gebracht habe«, sagte sie mit nüchterner Stimme. »Doch darin steckt kein Körnchen Wahrheit.«

Dann trug sie den Jungen zum Fenster und blickte hinaus auf den Rasen, der im sanften Licht der nachmittäglichen Frühlingssonne hellgrün schimmerte. Sie hatte etwas Unverzeihliches getan, indem sie Barbara hintergangen und Grace immer noch nicht geschrieben hatte. Sie liebte dieses Kind von ganzem Herzen, doch alle Liebe dieser Welt reichte nicht aus, um wieder gutzumachen, was sie getan hatte. Eines Tages würde Morgan erwachsen sein und nach seinem Vater fragen und nach seiner richtigen Mutter. Würde sie ihm dann in die Augen schauen und ihn belügen können, so wie sie alle anderen belogen hatte, vor allem sich selbst? Diese Frage hatte Aislinn ihr gestellt. Sie war freundlich zu ihr gewesen, überhaupt nicht vorwurfsvoll, wie Julia befürchtet hatte. Doch sie hatte sie gefragt, ob sie mit dieser Lüge auf Dauer würde leben können, und ob sie sie Morgan ebenfalls aufbürden wolle.

Julia blickte in das Gesicht des Kleinen, der glücklich und zufrieden lächelte. Nein, hatte sie Aislinn geantwortet. Nein, das möchte ich nicht. Und sie wusste, dass dies der erste Schritt auf dem Weg zur Wahrheit war. Auch wenn es bedeutete, dass sie ihn wieder hergeben musste. Sie schloss die Augen und legte ihre Wange an seine Stirn. Sie hatte Aislinn versprochen, Grace zu schreiben und ihr alles zu berichten. Und dieses Versprechen hatte sie gehalten. Nach einem Dutzend vergeblicher Anläufe hatte sie endlich einen langen Brief verfasst, der sich inzwischen auf dem Weg nach Amerika befand, auf dem Weg zu Grace, der Mutter des Jungen. Und sie konnte nur hoffen, dass Grace ihr verzieh.

39

Liam saß mit rotem Gesicht auf der Kante seines Betts und baumelte wütend mit den Beinen, wobei seine Stiefelspitze regelmäßig gegen Graces Stuhlbein stieß.

»Lass das«, befahl sie ihm. »Was hast du zu deiner Verteidigung zu sagen, junger Mann?«

»Ich war's nicht«, erwiderte er mürrisch.

»Mister Marconi behauptet aber das Gegenteil.«

»Das sagt er nur, weil er weiß, dass das meine Freunde sind«, beharrte Liam. »Aber ich war nicht dabei! Frag doch die andern! Marconi will mich nur drankriegen, weil …« Er verstummte.

Grace kniff die Augen zusammen. »Weil was?«

»Weil ich Ire bin und er ein stinkender Italiener!«, brüllte Liam und trat wieder gegen das Stuhlbein.

»Liam Kelley, in meinem Haus dulde ich eine solche Sprache nicht!«, fuhr sie ihn bestürzt an. »Wir haben nichts gegen Italiener. Mister Marconi ist ein guter Freund!«

»Er isst Knoblauch«, murmelte Liam. »Er ist ein Knoblauchfresser.«

»Und du bist ein Kartoffelfresser«, gab sie zurück. »Um Himmels willen, Liam, was redest du da für ein Zeug?! Ich traue ja kaum meinen Ohren!«

»Er beschmeißt uns mit verfaultem Gemüse!«

»Ihr klaut ja auch jeden Tag Äpfel von seinem Wagen und nennt ihn Knoblauchfresser oder Schlimmeres! Ihr beleidigt diesen Mann und stehlt seine Ware, da könnt ihr froh sein, dass er euch noch nicht die Polizei auf den Hals gehetzt hat! Solchen Ärger können wir nicht gebrauchen, Liam«, sagte sie warnend. »Ich weiß mir mit dir ohnehin keinen Rat mehr, Junge, und jetzt kommt auch noch Mister Marconi zu mir und erzählt mir, dass ihr seinen Stand umgestoßen und seine schönen Früchte ruiniert habt!«

»Er lügt!« Liam stampfte mit dem Fuß auf.

»Nein, Liam. Bei dieser ganzen Sache gibt es nur einen Lügner, und der sitzt mir hier genau gegenüber!«, verkündete sie. »Ich hab jetzt endgültig genug davon, dass du dich mit diesen Rüpeln rumtreibst. Du wirst so lange bei Marconi arbeiten, bis du jeden Penny zurückgezahlt hast! Hast du mich verstanden?«

»Das mach ich nicht! Er stinkt!«

»Liam!«

»Ich bin dir doch vollkommen egal.« Tränen schossen ihm in die Augen. »Du interessierst dich doch nur für Geld. Und für Mary Kate.«

»Ach, Liam, das stimmt doch gar nicht«, erwiderte sie matt.

»Warum schickst du mich nicht zu meinem Dad zurück? Ich bin doch genau wie er!« Der Junge begann bitterlich zu weinen.

Rasch setzte Grace sich neben ihn auf die Bettkante und legte einen Arm um seine Schultern.

»Liam, ach Liam. Es tut mir leid, dass ich das damals gesagt habe. Ich war nicht bei Sinnen. Kannst du mir noch mal verzeihen?«

»Nein«, sagte er, während die Tränen von seinem Kinn auf den dunklen Stoff seiner Hose tropften. »Nein«, wiederholte er und fing noch lauter an zu weinen. Dann schlang er die Arme um Grace und verbarg sein feuchtes Gesicht in ihrer warmen Halsbeuge.

Sie hielt ihn fest im Arm und krümmte sich innerlich bei der Erinnerung an ihre harten Worte und daran, wie sie ihn geschüttelt hatte, außer sich vor Wut. Kein Wunder, dass er jetzt so zornig und nicht zu bändigen war. *Verzeih mir, Herr,* betete sie, und Tränen stiegen ihr in die Augen. *Verzeih mir, dass ich mich nicht um den Jungen gekümmert habe, den Du in meine Obhut gabst, diesen kleinen Kerl, den Du mir anvertraut hast. Verzeih mir, dass ich nur an das Kind gedacht habe, das nicht bei mir war.* Sie hielt Liam fest, schaukelte ihn und murmelte ihm all die lieben Worte ins Ohr, die sie ihrem eigenen Sohn zugeflüstert hätte, bis Liam schließlich zu schluchzen aufhörte, bis er ruhig atmete und sein Körper sich entspannte, bis er vor Erschöpfung einschlief. Von nun an würde sie sich um ihn kümmern, versprach sie ihm, sie würde ihren Fehler wieder gutmachen. Sanft küsste sie ihn auf die heiße, verschwitzte Stirn, legte ihn dann in sein Bett, zog ihm die schweren Stiefel aus und stopfte die Decke um seine schmalen Schultern.

»Mam?«, murmelte er mit geschlossenen Augen. »Es tut mir leid, Mam.«

»Scht«, flüsterte sie. »Mach dir keine Sorgen. Schlaf jetzt.«

Sie blieb noch eine Weile bei ihm sitzen, strich ihm das Haar aus der Stirn, betrachtete sein müdes, tränennasses Gesicht und dachte, dass sie gleich hinuntergehen und sein Abendbrot zubereiten würde. Doch stattdessen blieb sie die ganze Zeit an seinem Bett: Sie konnte einfach nicht aufstehen und gehen; wenn er aufwachte, sollte er sehen, dass sie ihn nicht allein gelassen, sondern über ihn gewacht hatte.

Boardham zählte gerade sein Geld, als Callahan die Tür aufstieß und eintrat.

»Ah, bewahrst du das für mich auf?« Er nickte seinen zwei Handlangern zu, die daraufhin die Tür schlossen und sich davor postierten, sodass der Ausgang versperrt war.

»Ich weiß nicht, wovon Sie reden«, erwiderte Boardham und steckte die Münzen wie beiläufig in den Beutel zurück. »Das ist mein Geld. Was ich gespart hab.« Er warf einen raschen Blick auf die beiden Schlägertypen. »Von meinem Lohn.«

»Wie überaus fleißig.« Callahan setzte sich rittlings auf einen Stuhl an Boardhams Tisch. »Aber das glaube ich dir nicht. Was ist mit dem Geld passiert, das du gestern Abend bei Stookey abholen solltest?«

Boardham zuckte die Achseln. »Er hat mir nichts gegeben. Er …«

»Er behauptet aber, er hätte es dir gegeben«, unterbrach Callahan ihn.

»Nicht alles«, zog Boardham sich elegant aus der Affäre, doch allmählich brach ihm der Schweiß aus. »Den Rest kriege ich heute Abend; nur deswegen habe ich es Ihnen nicht sofort vorbeigebracht. Wäre doch sinnlos, den gleichen Weg zweimal zu machen.«

Callahan musterte sein Gegenüber in aller Ruhe; er bemerkte den Schweiß auf Boardhams Stirn und das Zittern seiner Hände. »Du hast mich betrogen.« Er schwieg einen Moment und ließ seine Worte wirken. »Du weißt ja, was ich mit Leuten mache, die mich betrügen.«

»Nein!« Boardham hob abwehrend die Hände. »Ich schwöre Ihnen ...«

»Stookey, Harriman, Jimmy Doyle, Big Dan.« Callahan zählte die Namen an den Fingern ab. »Offenbar haben sie mehr gezahlt, als du abgeliefert hast. Wie kann das sein?«

Boardham schaute erneut zu den Männern an der Tür. Er saß definitiv in der Falle, deshalb ging er jetzt von der Verteidigung zum Angriff über. »Sie kriegen doch Ihr Geld.« Er verschränkte die Arme. »Ich hab nicht einen Penny von Ihrem Anteil genommen. Wo ist das Problem, wenn ich mir was dazuverdiene?«

Callahan dachte nach. »Genau das mag ich an dir, Boardham.« Er lächelte freundlich. »Du bist ein hinterhältiger, falscher Hund, der sich bei niemandem entschuldigt.«

Boardham fuhr sich mit der Zunge über die Lippen, unsicher, ob das ein Kompliment sein sollte.

»Ich habe Folgendes beschlossen.« Callahan legte eine Hand auf den Tisch. »Du gibst mir die Hälfte von dem, was in dem Beutel ist, und ich lasse dir alle deine Finger dran.«

»Die Hälfte!« Empört riss Boardham den Beutel an sich.

»Jetzt sofort die Hälfte oder aber alles, inklusive Zinsen. Jungs?«

Die beiden Männer holten ihre Schlagringe und ein kleines Beil hervor, an dem offenbar noch Blut haftete.

Sofort öffnete Boardham den Beutel und schüttete die Münzen auf den Tisch.

»Kluges Kerlchen. Aber das warst du ja schon immer.« Callahan zählte sich die Hälfte des Geldes ab. »Und vergiss nicht, dass ich mich um Kapitän Reinders gekümmert hab, der dir so ein Dorn im Auge war.« Er zog eine Augenbraue hoch. »Ich schätze, den sind wir für immer los. Das Haus ist verriegelt, das Schiff verschwunden und sein Geschäftspartner ist auch weg.« Callahan steckte die Münzen in die Tasche und ließ Boardhams Anteil auf dem Tisch liegen. »Du solltest mir eigentlich dankbar sein statt mich zu bestehlen.«

Boardham nickte zerknirscht, obwohl er von dem Ergebnis irgendwie enttäuscht war. Er hatte so lange von blutiger Rache geträumt, dass ihn der Gedanke, dass Reinders lediglich aus der Stadt gejagt worden war, zutiefst deprimierte. Die Schiebereien hatten ihn auf andere Gedanken gebracht, waren eine willkommene Abwechslung gewesen.

»Komm nie wieder auf die Idee, mich zu hintergehen.« Callahan stand auf. »Übrigens habe ich noch eine Aufgabe für dich. Ich glaube, du kennst ihn schon – einen gewissen Doktor Draper. Der neue Hygieneinspektor für unsere Mietshäuser. Sieh zu, dass er auf unserer Seite ist. Und bezahl ihn von deinem Anteil hier.« Er lachte.

Boardham versuchte zu protestieren, gab sich dann aber geschlagen.

»Und mach deine Arbeit gut«, warnte Callahan ihn. »Meine Geduld ist nicht unendlich.«

Er gab seinen Begleitern ein Zeichen, und sie öffneten die Tür für ihn. Als seine Besucher gegangen waren, sackte Boardham über dem Tisch mit den Resten seiner Ersparnisse zusammen. Reinders hatte sich aus dem Staub gemacht, die Hälfte seines Geldes war weg und die verbliebene Summe auch schon so gut wie ausgegeben. Das Leben war so ungerecht, dachte er niedergeschlagen.

Doktor Draper war nicht nur opiumabhängig, sondern auch knapp bei Kasse, darum war ihm Boardhams Bestechungsangebot weniger zuwider als Boardham selbst. Er hatte das Geld genommen und im Gegenzug Callahans ekelerregenden, von Ratten verseuchten Elendsquartieren einen guten Hygienezustand bescheinigt. Eigentlich war das alles nur die Schuld seiner Frau, dachte Draper – sie war diejenige mit dem Geld in der Familie; er hatte Köpfchen, aber eine leere Brieftasche. Voller Begeisterung hatte sie einen aufstrebenden Arzt geheiratet, doch ihre Erwartungen waren leider nicht in Erfüllung gegangen; Draper schien auf der beruflichen Leiter immer weiter abzusteigen. Das Opium machte die Sache nicht besser, aber es konnte seiner Ansicht nach auch nicht schaden. Jedenfalls fühlte er sich nach dem Genuss angeregt, geistig inspiriert und zugleich entspannt. Ein

Mann in seiner Position, verheiratet mit einer Frau aus gutem Hause, brauchte einen Ort, an den er sich hin und wieder zurückziehen konnte.

Missus Changs Etablissement in der Mott Street war Dr. Drapers privates Refugium. In den unteren Räumen saßen Tag und Nacht die Mah-Jongg-Spieler und andere Glücksritter; doch im Obergeschoss befand sich die Pforte zum Nirwana. Er liebte das Ritual mindestens so sehr wie die Droge selbst: die klebrige Opiumkugel, die aufgespießt und über einer Kerzenflamme erhitzt wurde, bis sie fest genug für die Pfeife war. Anschließend hielt man die Pfeife vorsichtig über die Flamme; der richtige Moment war dann gekommen, wenn sich der Rauch mühelos durch das lange Mundstück aus Elfenbein ziehen ließ. Als erfahrener Raucher war Draper in der Lage, eine ziemlich große Opiumkugel mit einem einzigen Atemzug zu inhalieren. Das Ergebnis war die reinste Euphorie.

Dieses kleine Stückchen Himmel am Abend ließ ihn die Zeit in der Hölle des Alltags leichter überstehen – die ständigen Dienstbesuche in den schlimmsten Vierteln der Stadt, der Gestank des ungereinigten Abwassers, der Schlachtabfälle, der Leimherstellung und der menschlichen Ausscheidungen. Inzwischen brauchte er Missus Changs Trost täglich; er verordnete sich die Droge regelrecht. Doch dafür benötigte er Geld, viel Geld. Aus diesem Grund hatte er seine Dienste an Boardham verkauft, den Teufel in Person. Und jetzt wartete er nur noch darauf, dass man ihn erwischte und er seine Stellung verlor. Denn wie lange konnte das noch gut gehen? Wie lange konnte er diesen Häusern noch einen einwandfreien Hygienezustand bescheinigen, wenn in ihren Gemäuern tote Nagetiere verwesten, wenn sich der Müll meterhoch in den Gassen türmte, wenn die Elendsquartiere überfüllt waren mit zerlumpten, bettelarmen, halb wahnsinnigen Menschen? In dieser Hitze würde bald die Cholera ausbrechen, dessen war er sich sicher. Und dann würde er seine Stelle kündigen, falls man ihn bis dahin nicht gefeuert hatte, denn nicht einmal Missus Changs süßester Rauch konnte ihm dieses Schreckensszenario erträglich machen.

Über den damit verbundenen Einkommensverlust machte er sich keine Sorgen – Boardhams Auftraggeber Callahan hatte angedeutet, er habe andere Arbeit für den guten Doktor, jetzt, wo er schon so tief gesunken war und ihnen seine Seele verkauft hatte. Doch bis dahin machte er seine täglichen Runden, schrieb seine Berichte, holte seinen Lohn ab und dann seine Schmiergelder. Und abends ging er in die Mott Street – auf der Suche nach Erlösung.

40

Reinders schlüpfte durch die Hintertür des großen Hauses und schloss leise die Tür hinter sich.

»Also wirklich, Kapitän Reinders, Sie müssen sich doch nicht wie ein armer Verwandter ins Haus schleichen«, schimpfte die Haushälterin in der Küche. »Warum nehmen Sie denn nicht den Vordereingang?«

»Ich bleibe nur ein paar Tage, Missus Jenkins«, erklärte er. »Und möchte ungern Besucher empfangen.«

»Verstehe, Sir.« Sie presste die Lippen fest zusammen.

»Ist Post für mich gekommen?«

»Sie liegt auf Ihrem Schreibtisch, Käpt'n. Entschuldigen Sie die Frage, Sir, aber werden die Darmstadts bald zurückkehren? Ich müsste das nämlich rechtzeitig wissen«, sagte sie spitz. »Damit ich das Haus entsprechend vorbereiten kann. Mister Jenkins und ich haben uns nur in unseren Zimmern und in der Küche aufgehalten, und ich möchte nicht, dass sie nach Hause kommen und sämtliche Möbel noch zugedeckt vorfinden.«

»Es scheint ihnen in San Francisco gut zu gefallen, Missus Jenkins. Aber ich bin sicher, sie werden Ihnen ihre Rückkehr rechtzeitig ankündigen.«

Die Haushälterin runzelte die Stirn; das war eindeutig nicht die Antwort, die sie erwartet hatte. »Speisen Sie heute Abend zu Hause, Käpt'n? Oder gehen Sie aus?«

Reinders überlegte. Auf dem Elysian Field in Hoboken fand am Abend wieder ein Baseballspiel statt, das er sich gerne mit Liam Kelley angesehen hätte – der Junge war vollkommen vernarrt in diese Sportart, und in der Menge würde sie so schnell niemand erkennen. Aber er war mehrere Wochen nicht in der Stadt gewesen, und auf seinem Schreibtisch stapelten sich bestimmt die Briefe von Lars. Das Baseballspiel würde warten müssen, beschloss er.

»Ich werde das Abendessen oben zu mir nehmen, Missus Jenkins. Vielen Dank.«

Da die Fensterläden geschlossen und alle Möbel zugedeckt waren, wirkte das Haus zwar dunkel, aber trotzdem war es schön, wieder daheim zu sein. Reinders eilte ins obere Stockwerk, wobei er zwei Treppenstufen auf einmal nahm. Auch seine Räume waren noch abgedunkelt, doch er schob sofort die Vorhänge beiseite und riss die Fenster auf. Hier oben herrschte trotz der frühen Morgenstunde bereits drückende Hitze. Wenn das Wetter so blieb, würde jeder Mann in der Stadt aufgefordert werden, sich bei der freiwilligen Feuerwehr zu melden – vor allem in den Vierteln mit den Mietskasernen, die wie Zunder brannten und die meisten ihrer Bewohner mit in den Tod rissen. Reinders war froh, dass Lily und ihre Kinder dort nicht mehr hausen mussten, sondern jetzt bei Freunden von Florence in Boston wohnten. Lily verkaufte wieder Fisch am Hafen, zusammen mit Jakob Hesselbaum, was Reinders mächtig freute. Nachdem der Fischhändler die Geschichte gehört hatte, war er Lily sofort nach Boston gefolgt und hatte sie zu seiner Geschäftspartnerin gemacht; Solomon und Mary halfen den beiden, während Samuel und Ruth die Quäkerschule besuchten. Das war wesentlich besser als New York im Sommer, dachte er und sehnte sich nach einer frischen Meeresbrise.

Er ging hinüber zu seinem Schreibtisch, warf einen Blick auf die Post, zog die Jacke aus und knöpfte sich das Hemd auf. Wie zu erwarten, lag dort ein großer Umschlag von Lars. Er schlitzte ihn mit dem Brieföffner auf und holte eine Menge Papiere mit Informationen über den Transport von Nutzholz heraus, die Lars gesammelt hatte. Allein der Begleitbrief umfasste mehrere Seiten. Darin drängte Lars seinen Partner, sich zu beeilen, alle Konten aufzulösen und das Schiff an die Westküste zu bringen, denn dort könne man ein Vermögen mit dem Transport von Nutzholz verdienen. Diesmal war Reinders gut vorbereitet: In einer Woche würde er von Boston aus in See stechen, zusammen mit einer handverlesenen Mannschaft, zu der selbstverständlich auch Mackley gehörte. Er konnte es kaum erwarten, endlich wieder hinaus aufs Meer zu kommen und einen neuen Anfang zu machen. Er war bereit.

Allerdings bedeutete das auch ein Ende. Reinders lehnte sich auf seinem Stuhl zurück und dachte an Liam. Er hatte den Jungen so oft wie möglich besucht, jedes Mal, wenn er in der Stadt war. Grace hatte Liam mehr als einmal bei ihm abgeliefert, und sie hatte Reinders vom Tod ihres Vaters und ihres Sohnes berichtet. Eines Nachmittags hatte Liam dem Kapitän anvertraut, dass sie sehr krank gewesen sei und er Angst gehabt habe, sie könne sterben. Und was wäre dann, fragte er Reinders, was wäre, wenn sie sterben würde? Würde man ihn zu seinem Vater zurückschicken? Auf Reinders' Frage, ob er das denn wolle, hatte der Junge den Kopf geschüttelt. Er habe seinen Vater gern, und es mache ihm nichts aus, ihn hin und wieder zu besuchen, aber er wolle nicht mehr bei ihm leben. Der Kapitän hatte dem Jungen versichert, dass Grace ganz bestimmt nicht sterben würde. Aber falls jemals irgendetwas Unvorhergesehenes geschehen sollte und die Ogues keine Rechte an ihm anmeldeten, könne er jederzeit zu ihm aufs Schiff kommen. Liam hatte den ganzen Nachmittag gestrahlt; der Gedanke daran hatte ihn mehr erfreut als der Anblick der Zirkuselefanten, die schwerfällig die Straße hinunterstapften. Als Reinders Grace davon berichtete, war sie ihm sehr dankbar und bestätigte ihm aufs Neue, dass Liam ihn über alles verehre.

Reinders hatte sich Grace sehr vorsichtig wieder angenähert. Sie schien verändert, älter als zum Zeitpunkt seiner Abreise am Weihnachtstag, verlor aber über ihre Erkrankung kein Wort. Auch über ihre Beziehung zu Jay Livingston redeten sie nicht – Grace brachte das Thema nicht zur Sprache, und Reinders konnte unmöglich danach fragen. Er stellte fest, dass er Einladungen von Florence zu einem Abendessen regelmäßig ablehnte, aus Sorge, der Anblick von Grace und Jay würde das zarte Band zerstören, das gerade erst wieder zwischen Grace und ihm entstanden war. Er wusste, dass seine Entscheidung richtig war und dass auch er ein neues Leben beginnen musste. Er würde sie noch ein letztes

Mal besuchen und ihr dann Lebewohl sagen, allerdings mit dem Versprechen, dem Jungen regelmäßig zu schreiben. Alles andere ergab überhaupt keinen Sinn.

Reinders blickte aus dem Fenster auf die strahlende Morgensonne über den Dächern. In der Ferne hörte er die Alarmglocke eines Feuerwehrwagens. Es war der richtige Moment für seine Abreise, sagte er sich; der Sommer in der Stadt würde bestimmt unerträglich werden.

Sean warf einen Blick auf die wütende Menge auf der Straße vor dem Gerichtsgebäude. Dann sah er sich kurz nach Mister Osgoode um, der seine Kaution mit dem Geld bezahlte, das Sean für ihn geholt hatte, und jetzt gerade Mantel und Hut entgegennahm.

Bei der mündlichen Verhandlung war nicht alles so verlaufen, wie sie es sich erhofft hatten. Osgoode würde des Betruges angeklagt werden, weil er angeblich versucht hatte, unschuldige Familien unter dem Deckmantel der Religionsfreiheit um ihre Ersparnisse zu bringen. Das Ganze sei nur ein weiteres Beispiel für die Verfolgung, der sie sich ausgesetzt sähen, erklärte Osgoode, angezettelt von wütenden Familienmitgliedern, die nicht begreifen wollten, warum ihre Angehörigen der Kirche Jesu Christi der Heiligen der letzten Tage beigetreten waren. Und es sei ein weiterer Anlass für sie, eiligst nach Westen zu ziehen und ihre eigene Gemeinde aufzubauen, ihren eigenen Staat zu gründen. Doch zunächst einmal müsste er aus dem Gefängnis freikommen.

Sean hatte das Geld wie geheißen aus Osgoodes Safe geholt und Marcy versichert, er werde ihren Vater bald nach Hause bringen. Seit den frühen Morgenstunden war sie mit Packen beschäftigt; sie und ihr Vater würden nach seiner Rückkehr sofort nach Nauvoo aufbrechen, um sich dort dem Planwagentreck nach Westen anzuschließen. Sean dagegen ... Unter Tränen hatte Marcy ihn angefleht, sie zu begleiten, ein neues Leben zu beginnen. In diesem Moment hatte er sie geliebt – dafür, dass sie ihn liebte und ihn bei sich haben wollte. Doch Grace würde niemals mitkommen, sie würde es nicht einmal in Erwägung ziehen, und er hatte versprochen, sie nie allein zu lassen. Nein, hatte er Marcy antworten müssen, er könne nicht mitgehen. Aber zu gegebener

Zeit würde er einen Weg finden, ihnen zu folgen, das hatte er ihr geschworen.

Doch jetzt, in diesem Augenblick suchte er nur nach einem Weg durch die Menge, die johlend und mit erhobenen Fäusten vor dem Gericht wartete. Mehrere Leute trugen Schilder mit Aufschriften wie: HEILIGE ODER HEUCHLER?, oder OSGOODE IST EIN HOCHSTAPLER! Sean sah Franklin Osgoode an, der nun blass und zitternd neben ihm stand und durch die Glasscheibe der Tür spähte.

»Dort drüben ist Tom Bishop!« Sean zeigte auf eine Kutsche, die am Straßenrand gehalten hatte. »Er hat Richard und Harold mitgebracht. Sobald wir hinausgehen, bahnen sie sich einen Weg zu uns und geleiten uns zur Kutsche.«

»In Ordnung.« Osgoode wischte sich den Schweiß von der Stirn, beugte sich dann zu Sean hinüber und senkte die Stimme: »Hast du sie dabei?«

Sean öffnete seine Jacke gerade so weit, dass Osgoode den Knauf der Pistole sehen konnte, die er zusammen mit dem Geld aus dem Safe geholt hatte.

»Also los.«

»Ich geh als Erster.« Sean schob sich vor Osgoode. »Bleib direkt hinter mir.«

Er stieß die Tür auf, und ein wütender Aufschrei schlug ihm entgegen. Die Meute drängte nach vorne, als die Übeltäter die Treppe hinunterkamen. Kurz bevor sie in die Menschenmenge eintauchten, entdeckte Sean den hünenhaften Harold, der sich mit Ellbogeneinsatz zu ihnen durchschlug.

»Halt dich an mir fest«, brüllte Sean über das Geschrei hinweg Osgoode zu, der daraufhin einen Zipfel von Seans Jacke ergriff und ihn zurückzog.

»Schnappt ihn euch!«, rief ein Mann, und die Menge umzingelte die beiden Flüchtenden.

Seans Jacke riss, als mehrere Hände ihn packten, auf ihn einschlugen und ihn schüttelten. Ein Fausthieb traf ihn im Gesicht, sodass er seine Brille verlor und nur noch verzerrte Schemen wahrnahm. Er spürte eine Hand an seiner Hüfte, merkte, wie sie sich um die Waffe schloss und sie herauszog. In dem Moment umklammerte er das Handgelenk des Mannes und hielt es fest.

»Vorsicht!«, schrie eine Stimme, und dann löste sich ein Schuss.

Einen Moment lang herrschte vollkommene Stille. Die Blicke der Umstehenden wanderten von dem blutüberströmten Mann am Boden zu Sean, der eine Pistole in der Hand hielt, und zu Osgoode, der hinter ihm kauerte. Doch noch bevor sich die aufgebrachten Menschen auf die beiden stürzen konnten, hatten Richard und Harold sie gepackt und in Windeseile zu der wartenden Kutsche gebracht. Tom gab den Pferden die Peitsche, und sie rasten die Straße hinunter und ließen den wütenden Mob hinter sich.

»Um ein Haar hätten sie uns umgebracht!«, stieß Osgoode atemlos hervor. »Und die Polizei … die ist einfach im Gebäude geblieben und hat tatenlos zugesehen!«

»Dann haben sie es gesehen.« Sean sackte in sich zusammen. »Wie ich ihn erschossen habe. Und sie wissen, wer ich bin.«

Die anderen Männer schwiegen betreten.

»Du wirst mit uns kommen müssen«, verkündete Osgoode. »Eine andere Möglichkeit gibt es nicht. Wenn du hier bleibst, wird man dich wegen Mordes verhaften, und du weißt ja, welche Vorurteile sie gegen uns haben. Du hättest nicht die geringste Chance.«

Sean sah Harold an, dann Richard und schließlich Osgoode. »Ich kann nicht«, sagte er ohne Umschweife. »Ich kann meine Schwester nicht alleine lassen.«

Grace schlug mit der Faust gegen die Tür der Osgoodes, hämmerte immer wieder dagegen, bis sie schließlich einen schmalen Spalt geöffnet wurde und Marcys tränenüberströmtes Gesicht erschien.

»Wo ist er?«

»Schnell.« Marcy zog Grace ins Haus, schloss die Tür rasch wieder und verriegelte sie sorgfältig. »Hier entlang«, rief sie und führte Grace durch den Flur ins Arbeitszimmer, in dem Kleidung, Bücher und Papiere herumlagen, inmitten halb gefüllter Kisten und Koffer.

»Was ist passiert? Die Polizei war bei uns, Marcy. Ich will jetzt von dir wissen, was geschehen ist.« Grace packte die junge Frau an der Schulter und drehte sie zu sich herum.

»Wir verlassen New York«, stieß Marcy hervor. Ihre Augen waren rot geweint und zuckten nervös. »Außer der Haushälterin und mir sind alle schon weg. Ich fahre gleich zu den Bishops und reise morgen früh zusammen mit Tom ab.«

Graces Herzschlag setzte einen Moment aus. »Wo ist Sean, Marcy?«

Die junge Frau zögerte, bis Grace drohend einen Schritt auf sie zumachte.

»Er ist bei meinem Vater. Sie mussten schon vor Stunden weg. Die Polizei war hier! Sie haben das ganze Haus durchsucht!«

»Die Polizei hat auch unser Haus durchsucht«, erwiderte Grace finster. »Haben sie sich irgendwo in der Stadt versteckt?«

Marcy starrte sie mit großen Augen an, wie gelähmt.

»Er ist mein Bruder. Ich werde ihn bestimmt nicht bei der Polizei verpfeifen, falls du das denkst.«

»Du warst immer dagegen, dass er uns begleitet!«

»Ich will aber auch nicht, dass er ins Gefängnis kommt«, entgegnete Grace wütend. »Jetzt reiß dich endlich zusammen, Marcy, und sag mir, wo er ist! Ich hab seine Sachen mitgebracht.« Sie lüftete kurz das Tuch über dem Korb an ihrem Arm.

Marcy schüttelte den Kopf. »Er ist fort, Grace«, sagte sie. »Sie fahren nach Illinois, und von dort … ich weiß es nicht. Vater und ich gehen nach Utah. Wir wollen versuchen, uns dem Planwagentreck anzuschließen, aber Sean …« Sie zögerte. »Er hat gesagt, ich soll dir ausrichten, dass er in Nauvoo auf dich wartet, falls er dort sicher ist. Er wird dir auf jeden Fall von dort schreiben.«

Grace musterte das Gesicht der jungen Frau, in deren Stimme sie einen besitzergreifenden Unterton bemerkte.

»Ich liebe Sean«, erklärte Marcy. »Und er liebt mich. Wir möchten uns dort draußen in der Wildnis gemeinsam ein neues Leben aufbauen. Bisher wollte er nicht mitkommen, weil er dich nicht alleine lassen mochte. Aber jetzt kann er nicht länger hier bleiben, oder?« Sie stemmte die Hände in die Hüften.

»Nein«, räumte Grace ein. »Wohl kaum.«

»Das ist Gottes Plan!«, verkündete Marcy nun trotzig. »Gott wollte, dass dies geschieht, damit wir zusammen sein können!«

»Also, ich bezweifle, dass der Herrgott den Tod eines Mannes geplant hat, damit du mit meinem Bruder nach Utah durchbrennen kannst. Aber ich verstehe, was du mir sagen willst.«

Marcy entspannte sich ein wenig und ließ die Hände sinken. »Er wollte auf keinen Fall die Stadt verlassen, ohne sich vorher von dir zu verabschieden.«

»Wirklich?« Grace wurde das Herz schwer.

»Sie müssen die Polizei bei euch im Haus gesehen haben und wollten das Risiko nicht eingehen.«

»Nein. Ich bin froh, dass er entkommen konnte.« Sie hielt den Korb hoch. »Nimmst du diese Sachen bitte für ihn mit? Sein Schultergurt, den er nachts trägt. Er wird ihn brauchen. Und ein sauberes Hemd.«

Marcy betrachtete den Korb einen Moment und nahm ihn dann entgegen.

»Sag ihm bitte, dass ich ihn liebe, und dass … « – Grace biss sich auf die Lippe – »dass ich alles tun werde, was er sagt. Alles, was er will.«

»Ich richte es ihm aus, Grace.« Die junge Frau lächelte zaghaft. »Ich werde gut auf ihn aufpassen.«

»Das will ich auch hoffen«, sagte Grace, drehte sich um und verließ das Haus.

41

Als Reinders merkte, dass Missus Jenkins entweder nicht im Haus war oder das Klopfen an der Tür nicht gehört hatte, schlich er die Treppe hinunter und schaute vorsichtig durch das kleine Seitenfenster.

»Grace!« Rasch knöpfte er sein Hemd zu und steckte es in die Hose.

»Bitte entschuldigen Sie die Störung, Käpt'n. Aber ich wusste nicht, an wen ich mich sonst wenden sollte.«

»Ist etwas mit Liam?« Er trat zur Seite, damit sie hereinkommen konnte. »Hat er sich wieder mal in Schwierigkeiten gebracht?«

»Es geht um Sean«, sagte sie, immer noch wie betäubt. »Vor dem Gerichtsgebäude hat es heute einen Aufruhr gegeben, dabei wurde ein Mann erschossen. Die Polizei war bei uns und hat nach ihm gesucht.«

»O Gott.« Reinders starrte sie erschrocken an. »Wissen Sie, wo er ist?«

»Ich war eben bei den Osgoodes. Marcy packt gerade die Koffer und hat mir gesagt, dass Sean und ihr Vater schon vor Stunden nach Illinois abgereist sind. Sie selbst verlässt die Stadt morgen früh. Ihr Vater und sie wollen versuchen, den Planwagentreck nach Utah einzuholen.«

»Und Sean begleitet sie?«

»Ich weiß es nicht. Vielleicht.« Grace begann, in der Eingangshalle auf und ab zu gehen. »Er arbeitet seit Monaten für Mister Osgoode, verwaltet die finanziellen Mittel für die Leute, die nach

Utah wollen, veräußert ihre Besitztümer und macht sie zu Geld – Geld, das übrigens vollständig an die Kirche geht«, fügte sie hinzu.

»Verstehe.«

»Einige Familienangehörige haben sich beschwert, und Mister Osgoode wurde verhaftet. Sean hat ihm heute die geforderte Kaution gebracht, aber als sie das Gerichtsgebäude verlassen wollten, wartete draußen schon eine wütende Menge.«

»Ein Mann ist ums Leben gekommen?«

Sie nickte.

»Hat Sean ihn getötet?«

»Das behauptet zumindest die Polizei.«

Reinders hockte sich auf die unterste Stufe der breiten Treppe. »Ziemlich üble Geschichte. Was werden Sie nun tun?«

Grace ließ sich neben ihm nieder. »Marcy sagt, er will mir von Illinois aus schreiben.«

»Und dann?«

»Ich weiß es nicht«, gestand sie. »Ich weiß noch nicht einmal, wo Illinois liegt.« Sie verbarg das Gesicht in den Händen.

Er sah sie nachdenklich von der Seite an und stand dann auf. »Wir brauchen jetzt etwas Anständiges zu trinken«, verkündete er, nahm ihre Hand und zog sie auf die Füße. Er steuerte auf den Salon zu, doch dann fiel ihm ein, wie warm und stickig es dort war. »Das Haus ist vorübergehend unbewohnt«, sagte er entschuldigend. »Lars und Detra sind in San Francisco, und ich halte mich hauptsächlich in meinen Privaträumen im Obergeschoss auf. Dort ist es allerdings sehr angenehm«, fügte er hinzu. »Eine frische Brise weht durch die Fenster, und irgendwo habe ich auch noch eine Flasche Whiskey.«

»Eigentlich ist es nicht meine Gewohnheit, am frühen Nachmittag zu trinken.« Sie überlegte. »Aber der Herrgott weiß, dass ich nicht mehr geradeaus denken kann.«

»Kommen Sie.« Er reichte ihr die Hand.

»Also gut.« Sie ließ sich die elegante Treppe hinaufführen.

Er hatte Recht, hier oben war es wirklich angenehm, dachte sie und schaute sich in dem aufgeräumten Arbeitszimmer um. Auf dem Schreibtisch lagen Karten und Dokumente, in einer Ecke standen zwei bequeme Sessel, und durch einen Türbogen konnte man in sein Schlafzimmer sehen.

»Hier haben Sie mehr Platz als an Bord«, meinte sie.

»Stimmt, aber ich liebe meine kleine Kajüte. Bitte setzen Sie sich.« Er ging zu einem Schränkchen, holte eine Flasche Whiskey heraus und schenkte ein. »Trinken Sie das«, forderte er sie auf und reichte ihr ein Glas. »Danach fühlen Sie sich besser.«

Sie nahm einen Schluck und spürte fast sofort die Wirkung des Alkohols auf ihren leeren Magen. »Sind Sie gerade erst von einer Reise zurückgekehrt?« Sie lehnte sich in ihrem Sessel zurück. »Oder bereiten Sie sich bereits auf die nächste vor?«

»Ich plane die nächste.« Er setzte sich und fragte sich, ob dies der richtige Moment war, es ihr mitzuteilen. »Lars hat in San Francisco ein Transportunternehmen für Nutzholz gegründet«, hob er schließlich an. »Ich soll das Schiff mitsamt zuverlässiger Mannschaft an die Westküste bringen.«

Grace starrte ihn überrascht an. »Dann verlassen Sie New York für immer?«

»Nein, nur für ein oder zwei Jahre.« Er nahm einen kräftigen Schluck. »Es wird eine Weile dauern, bis ich in San Francisco ankomme, und dann sehen wir weiter.«

Da sie von den Ereignissen des Tages bereits bis ins Mark erschüttert war, besaß Grace keine Kraft mehr, ihre Gefühle zu verbergen. »Wir … wir werden Sie sehr vermissen, Käpt'n. Liam wird Sie vermissen. Wenn Sie weg sind, haben wir hier niemanden mehr.«

Verwirrt betrachtete Reinders sie über den Rand seines Glases hinweg. »Aber Sie haben doch noch die Livingstons«, erinnerte er sie.

»Ja, schon. Sie waren uns auch wirklich eine große Hilfe, aber eigentlich sind es eher Seans Freunde. Und ich glaube nicht, dass wir sie noch oft zu Gesicht bekommen werden, jetzt, wo er weg ist.« Sie nahm einen weiteren Schluck Whiskey, schloss dann die Augen und lehnte den Kopf zurück. »Vielleicht sollte ich wirklich mit den Kindern nach Illinois gehen«, sagte sie müde.

»Aber was ist mit Jay?« Diese Frage konnte er sich einfach nicht verkneifen.

Grace öffnete die Augen und sah ihn an. »Jay Livingston? Was hat er damit zu tun, ob ich nach Illinois gehe?«

»Ja, sind Sie denn nicht …« Er verstummte und runzelte die

Stirn. »Ich dachte, Sie und er wären …« Er stürzte den restlichen Whiskey in einem Zug hinunter. »Sind Sie Jay denn nicht verbunden?«

Graces Mundwinkel begannen zu zucken. »Was meinen Sie mit *verbunden?*«

»Also, äh …« Reinders fühlte sich nun schrecklich unbehaglich. »Na, zusammen. Ein Paar. Verlobt.«

»Haben Sie jetzt vollkommen den Verstand verloren, Käpt'n?« Sie musste lachen. »Können Sie sich vorstellen, dass jemand wie Jay Livingston eine Frau wie mich heiratet?«

»Ja«, erwiderte er hilflos und betrachtete ihr anmutiges Gesicht. »Das kann ich mir gut vorstellen.«

»Na, dann sind Sie ziemlich töricht. Ein rechter Dummkopf.« Sie trank ihren Whiskey aus und musterte stirnrunzelnd den Boden des leeren Glases. »Außerdem würde ich nie einen Mann wie Jay heiraten. Ihr alten Junggesellen seid doch die Schlimmsten«, verkündete sie. »So dickköpfig und eingefahren.«

»Und Sie sind das nicht?«, gab er verletzt zurück.

»Doch.« Grace schmunzelte. »Vermutlich schon. Aber wie um alles in der Welt sind Sie nur auf die Idee gekommen, zwischen Jay und mir bestünde mehr als nur Freundschaft?«

Reinders zuckte kleinlaut die Achseln. »Mir ist aufgefallen, wie er Sie ansieht«, log er. »Und er redet ständig von Ihnen. Und er trinkt nur noch irischen Whiskey.«

»Genau wie Sie.« Sie musterte die Flasche auf dem Schränkchen. »Vielleicht haben wir schon mehr getrunken, als gut für uns ist.«

»Oder noch nicht genug.« Er schenkte nach, während sich seine Gedanken überschlugen: Sie war hier, sie liebte Jay Livingston nicht, sie würde wahrscheinlich nach Illinois gehen, und er würde definitiv in ein paar Tagen nach San Francisco aufbrechen. Er kam zu einem Entschluss und kippte den Whiskey hinunter. »Kommen Sie mit mir«, sagte er. »Kommen Sie mit mir nach Westen. Sie und die Kinder.«

Sie starrte ihn an. »Was reden Sie denn da, Käpt'n? Ich kann doch nicht einfach meine Sachen packen und mit Ihnen aufs Meer hinausfahren!« Sie sprang von ihrem Sessel auf und lief unruhig im Zimmer hin und her. »Was ist mit Liams Dad? Auch wenn er ziemlich heruntergekommen ist, bleibt er doch der Vater des Jungen. Liam will zwar nicht mehr dort wohnen, aber er besucht ihn inzwischen fast jeden Samstag. Seamus Kelley würde mir nicht erlauben, Liam mitzunehmen, und ich könnte den Jungen niemals alleine hier zurücklassen! Außerdem, was ist mit meinem Bruder?«

»Er reist ebenfalls nach Westen. Das sagten Sie doch, oder?«

»Ja, schon, aber ich weiß es eben nicht genau! Ich weiß nicht, wo er ist und welche Pläne er hat! Ich weiß nur eins, hierher zurück kann er nicht ...« Sie schüttelte den Kopf. »Und wie könnte ich jemals Dugan und Tara verlassen, nach allem, was sie für uns getan haben? Sie haben mir das Leben gerettet! Und jetzt brauchen sie mich im Harp and Hound, und ich schulde ihnen eine Bootsladung Geld!«

»Schiffsladung«, verbesserte er sie, leicht angetrunken. »Ich habe Geld – das könnten Sie haben. Sie können alles haben. Und ihnen geben. Machen Sie damit, was Sie wollen. Es ist mir egal.« Leicht schwankend stand er auf. »Wenn Sie mir nur sagen, dass Sie mitkommen. Bitte, Grace.«

»Ach, Käpt'n.« Ihre Lippen bebten, und Tränen schossen ihr in die Augen. »Ich kann nicht.«

»Nein?«

Traurig schüttelte sie den Kopf, und da sah er sie mit einem solch verzweifelten Gesichtsausdruck an, dass sie sich bereitwillig umfangen ließ, als er die Arme ausbreitete.

»Es tut mir so leid«, flüsterte sie und schmiegte ihre Wange an seine Brust. »Gott weiß, wie leid es mir tut.«

»Mir tut es auch leid.« Er legte sein Kinn auf ihren Kopf. »Ich war ein Narr. Ein rechter Dummkopf, wie Sie es so treffend formuliert haben.«

In ihr Lachen mischten sich ein paar Tränen, und als sie den Kopf hob, um ihn anzusehen, küsste er sie behutsam. Sie wollte zurückweichen und etwas sagen, doch er küsste sie erneut, und dieser Kuss war so sanft und warm und zärtlich, dass er dachte, er würde darin ertrinken.

»Bleib bei mir«, murmelte er dicht an ihrem Ohr. »Ich brauche dich, Grace.«

Sie blickte ihm forschend in die Augen, nahm dann sanft seine

Hand und führte ihn ins Schlafzimmer. Noch ganz ungläubig sah er zu, wie sie an ihrer Kleidung nestelte, doch dann schob er ihre Hände fort, öffnete die obersten Knöpfe ihrer Bluse und streifte sie ihr über den Kopf. Behutsam drehte er sie um, küsste ihren Nacken, und als sie ihr Haar öffnete, verbarg er das Gesicht in ihren Locken und umfing ihre Brüste mit den Händen.

Erneut küssten sie einander, und er trug sie zum Bett und legte sie vorsichtig auf die kühlen Laken. Dann ging er zum Fenster und zog die Vorhänge zu, sodass der Raum in weiches, gedämpftes Licht getaucht wurde. Rasch streifte er Hemd und Hose ab, ließ sich neben ihr nieder und fuhr mit der Hand über die sanften Rundungen ihres Körpers, sehnsüchtig und voller Verlangen.

»Ist das gut?«, flüsterte er, strich ihr die Haare aus dem Gesicht und blickte ihr in die Augen – diese Augen, die ihn in sich aufnahmen wie das Meer.

»Ja.« Sie berührte seine Schulter und zog ihn zu sich hinunter.

Er küsste sie fordernder, drängte sich an sie und umfing ihren Körper. Vom Fenster wehte eine kühle Brise herein, bauschte die Vorhänge auf, und über den Dächern begann sich der Himmel zu verfärben, als die Sonne versank. *Frieden*, endlich fand er das richtige Wort – das war Frieden.

Später lag sie in seinen Armen, und er erzählte ihr, wie er nach dem Abschied von der elterlichen Farm zur Seefahrt gekommen war. Doch als sie ihm dann von ihrem Lebensweg berichtete, schwieg er kleinlaut, nahm sie nur noch fester in den Arm und kämpfte mit den Bildern, die ihre Worte heraufbeschworen – die junge, mit einem grausamen Mann vermählte Frau, die zwei kleine Söhne zu Grabe tragen musste, jahrelang ums Überleben kämpfte, Hunger und Krankheit überwand und schließlich die große Liebe ihres Lebens heiratete, nur um ihn bald darauf für immer zu verlieren. Und nun hatte sie auch noch den gemeinsamen Sohn verloren. Er küsste sie auf die Wange und schmeckte das Salz ihrer Tränen.

»Heirate mich, Grace«, flüsterte er mit klopfendem Herzen.

Sie begann noch bitterlicher zu weinen, drehte sich zur Seite und begrub ihr Gesicht an seiner Schulter. In dem Moment wusste er, dass sie es nicht konnte, dass ihr Herz immer noch McDonagh gehörte und dass sie zu ehrlich war, irgendetwas anderes vorzutäuschen.

»Schon gut«, murmelte er und strich ihr übers Haar. »Ich kann warten. Ich werde warten.«

Nach einer Weile schliefen beide ein, eng aneinander geschmiegt, und als er erwachte, saß Grace auf der Bettkante und kleidete sich an. Es sei schon spät, sagte sie, die Ogues machten sich bestimmt Sorgen. Rasch stand er auf, zog sich an und nahm sie am Fenster noch einmal in die Arme, küsste sie zärtlich und betrachtete ihr Gesicht, das vom Mondlicht beschienen wurde. Schließlich nahm er ihre Hand, führte sie die Treppe hinunter, durch die Küche und hinaus zum Stall, wo er eine Laterne anzündete. Sie wartete an der Tür, während er das Pferd sattelte. Dann stieg sie auf und nahm vor ihm im Sattel Platz; sein Arm umfing ihre Taille.

Gemächlich trug das Pferd sie durch die heiße Sommernacht, an Städtern vorbei, die aus den Fenstern lehnten oder auf Dächern saßen, wo eine leichte Brise wehte. Ihr Weg führte sie vorbei an Gasthäusern, aus deren offenen Türen laute Stimmen drangen, vorbei an dunklen Gassen und stillen Parks. Reinders wünschte, er könnte Grace für immer im Arm halten, ihren Duft einatmen, die Welt durch ihre Augen sehen. Er senkte den Kopf und küsste sie in den Nacken, verharrte einen Moment lang mit geschlossenen Augen.

Nachdem sie an der Metzgerei vorbeigekommen waren, bogen sie um die Ecke in die schmale Gasse. Vor dem Hintereingang des Harp and Hound brachte er das Pferd zum Stehen, stieg ab und half ihr hinunter. Er sah sie an, unfähig, sie gehen zu lassen.

»Willst du es dir nicht noch einmal überlegen?« Er bemühte sich, heiter zu klingen. »Um mich vor den Flammen der Hölle zu bewahren? Jetzt hast du die Gelegenheit.«

»Glaubst du denn an die Hölle, Peter?« Sie betrachtete sein Gesicht im Lichtschein, der durch die offene Tür fiel.

»Ich glaube schon«, sagte er nachdenklich. »Die Hölle ist das, was du in Irland durchgemacht hast. Und das, was Lily in Georgia erlebt hat. Hunger und Sklaverei und Krieg, das ist die Hölle.«

»Und was wäre dann der Himmel? Deiner Meinung nach?«

»Dich zu heiraten«, erwiderte er ohne Umschweife.

Sie schlang die Arme um ihn und legte ihr Gesicht an seine Brust.

»Du bist ein guter Mann, Peter«, flüsterte sie.

»Aber nicht gut genug.« Er küsste sie auf die Stirn. »Zwei Jahre sind eine lange Zeit; bis dahin kann sich vieles ändern.« Er löste sich aus ihrer Umarmung und sah sie an. »Wirst du mir schreiben, Grace?«

»Ja.«

»Und wirst du … darüber nachdenken?«

Sie zögerte kurz und nickte dann.

Er küsste sie ein allerletztes Mal, lange und leidenschaftlich, und dann nahm er sie fest in den Arm. *Ich werde diese Frau nicht verlieren*, sagte er sich, *egal, wie lange es dauert, egal, wie viele Briefe es braucht. Ich werde nicht aufgeben.*

Sie blickte ihm in die Augen und flüsterte: »Das hoffe ich sehr.« Dann ließ sie ihn gehen.

42

»Wohin bringst du mich denn, du alter Narr?«, beschwerte Barbara sich gut gelaunt.

»Das wirst du schon noch sehen.« Abban ging vor und bewegte sich mit seinen Krücken so geschickt über den schmalen Waldweg, als spazierte er jeden Tag hier entlang. »Hab ein bisschen Vertrauen, mein Mädchen.«

Es war ein wunderschöner Tag für einen Ausflug, das musste sie zugeben. Nach den vielen Stunden Arbeit in der heißen Sonne war die Kühle des Waldes eine Wohltat. Der Boden war bedeckt mit weichem Moos, und es wimmelte von Vögeln und Eichhörnchen – die Natur schien sich allmählich zu erholen.

Abban steckte immer voller Überraschungen, erfreute sie ständig mit neuen Dingen. Manchmal brachte er ihr ein Fundstück, irgendetwas, das ihr Herz schneller schlagen ließ, oder er bereitete ihr einfach eine Tasse Tee. Dann wieder holte er Wasser und erhitzte es über dem Feuer – was ihn viel Mühe kostete –, damit sie im Gemeinschaftszuber ein Bad nehmen konnte. Eigentlich verdiente sie das nicht – nicht nach allem, was sie getan hatte. Aber sie genoss die kleinen Gesten dieses Mannes, der ihr so ans Herz gewachsen war.

Endlich erreichten sie eine kleine Lichtung, liefen quer über ein Feld mit Wildblumen und gelangten zu einer verlassenen Hütte, deren Tür nur angelehnt war. Die Nachmittagssonne trieb Barbara die Schweißperlen auf die Stirn, und ihr Hemd klebte an ihrem Rücken.

»Ist es das, was du mir zeigen wolltest?«, fragte sie und blinzelte gegen die Sonne. »Wem gehört die Hütte?«

»Nun, uns«, sagte er augenzwinkernd. »Das heißt, wenn du willst.«

»Uns?« Sie starrte ihn an. »Bist du verrückt geworden? Wir haben doch gar kein Geld für eine Hütte oder ein Stück Land.«

»Da irrst du dich!« Er lachte. »Julia hat uns eine kleine Summe geschickt. Als Hochzeitsgeschenk«, fügte er schmunzelnd hinzu.

»Was?« Sie war sprachlos. »Hast du einen Sonnenstich? Wir sind doch gar nicht verheiratet!«

»Noch nicht.« Er legte einen Finger an ihre Lippen. »Sie können jetzt hervorkommen, Pater«, rief er über die Schulter, und im nächsten Moment trat ein Geistlicher aus der Tür der Hütte. »Das ist ein alter Freund von mir, Barbara. Darf ich vorstellen: Pater Brown.«

»Es freut mich, Sie endlich kennen zu lernen, Miss McDonagh.« Der Pater reichte ihr lächelnd die Hand. »Ich habe Ihren Bruder vermählt, mit Gracelin O'Malley. Zwei wundervolle Menschen – habe nie bessere gekannt. Ich war ein großer Bewunderer Ihres Bruders.« Für einen kurzen Augenblick trübte Kummer die Freude in seinem faltigen Gesicht. »Es ist mir eine Ehre, heute hier sein zu dürfen.«

»Aber sind Sie …« Sie wandte sich an Abban. »Weiß er, dass ich …«

»Ja.« Abban grinste. »Und du hast versprochen, meine Frau zu werden, wenn ich einen Geistlichen finde, der bereit ist, uns zu vermählen. Du hast deine Meinung doch nicht geändert, oder?« Er schlug sich mit der Hand auf die Brust, täuschte Bestürzung vor.

»Also, ich …« Sie sah den Priester an. »Sind Sie sicher, Pater?«

Pater Brown legte den Arm um ihre Schultern und führte sie zum Haus. »Ich nehme Ihnen zuerst die Beichte ab«, erklärte er vergnügt. »Und dann wird geheiratet.«

»Hier?«

»Dort unten an der Straße steht ein hübscher kleiner Marienschrein.« Er zeigte quer über das Feld. »Ich glaube, unser Herrgott wird sehr zufrieden sein.«

»Abban?«, wandte sie sich mit Tränen in den Augen an ihren Freund.

»Geh jetzt«, drängte er sie behutsam. »Du zuerst und dann ich.«

Barbara folgte dem Priester ins Haus, kniete vor ihm nieder und schüttete ihm ihr Herz aus, erzählte ihm all ihre Sorgen, ihre Zweifel, ihre Sünden. Aufmerksam hörte er zu und erteilte ihr dann die Absolution. Angesichts der besonderen Umstände und ihres jahrelangen Überlebenskampfes werde der Herrgott ihr mit Freuden ihre Schuld vergeben. Sie weinte vor Erleichterung, und als sie hinaustrat und ihre Tränen mit dem Ärmel fortwischte, legte Abban ihr einen Hochzeitsstrauß aus frisch gepflückten Feldblumen in den Arm.

Die Dämmerung brach bereits herein, als sie Hand in Hand vor dem kleinen Schrein standen und der Geistliche ihnen das Sakrament der Ehe spendete. Nach der Hochzeitszeremonie wischten beide ihre Tränen fort und lachten erleichtert. Ehe Pater Brown wieder in den Wäldern verschwand, wünschte er ihnen ein langes und glückliches Leben, viele Kinder, und dass der Friede des Herrn allzeit mit ihnen sein möge. Amen.

43

Unmittelbar nach dem Frühstück machten Grace und Liam sich auf den Weg zur Orange Street, um Seamus wie jede Woche das Geld zu bringen. Sie waren später dran als sonst, und die Sonne brannte bereits gnadenlos vom Himmel, was Grace jedoch nichts ausmachte. Trotz Seans ungewissem Schicksal und Reinders' bevorstehender Abreise fühlte sie sich innerlich so ruhig wie seit langem nicht mehr.

Als sie zwei Tage zuvor spätnachts nach Hause gekommen war, hatten Tara und Dugan sie bereits ängstlich erwartet, aus Sorge, ihr könne etwas zugestoßen sein. Grace hatte ihnen von dem Gespräch mit Marcy berichtet und ihnen dann zögerlich, aber ohne jede Scham von ihrem Nachmittag bei Kapitän Reinders und seinem Antrag erzählt. Dass sie ihn nun Peter nannte, verschwieg sie jedoch. Es war schwer zu sagen, ob die Ogues schockiert waren; jedenfalls ließen sie sich nichts anmerken. Dugan verkündete, Reinders sei ein ehrenwerter Mann, auf den man sich auch in schwierigen Situationen verlassen könne, und Tara meinte, sie habe es schon lange geahnt. Ob es nicht an der Zeit sei, dass die beiden es sich ebenfalls eingestünden? Grace beharrte jedoch darauf, dass sie und Reinders sich nichts versprochen hätten; sie wollten einander lediglich schreiben, solange er fort sei. Er werde noch einmal vorbeischauen, um sich von Liam zu verabschieden, sagte sie, und wehe ihnen, wenn sie bei der Gelegenheit auch nur einen Ton über Liebe und Hochzeit und dergleichen verlören. Sichtlich enttäuscht gaben die beiden Grace ihr Wort darauf.

Und dann hatte Grace sie gefragt, ob sie mit den Kindern bei ihnen bleiben dürfe, auch ohne Sean. Denn eines sei ihr klar: Seamus Kelley werde niemals erlauben, dass sie Liam mitnahm, weder nach Illinois noch nach San Francisco. Und sie könne den Jungen unmöglich allein zurücklassen. Tara und Dugan versicherten ihr sofort, dass sie selbstverständlich bleiben und den Rest ihres Lebens bei ihnen verbringen könne, wenn sie wolle – vor allem, da sie sich ja wohl nicht wieder vermählen werde, wie sie augenzwinkernd hinzufügten.

Als Grace jetzt daran zurückdachte, musste sie lachen. »Komm weiter«, rief sie Liam zu, der vor einem Süßwarengeschäft stehen geblieben war. »Vielleicht habe ich ja auf dem Rückweg einen Penny für dich übrig.«

Mit schnellen Schritten gingen sie die Straßen entlang, und je näher sie der Mietskaserne kamen, desto unerträglicher wurde der Gestank. Grace hielt sich ein Taschentuch vor die Nase und trieb Liam zur Eile an. In der Gasse kamen ihnen ein Hygieneinspektor und zwei Polizisten entgegen – wahrscheinlich versuchten sie, ein Gebäude zu räumen, oder sie holten verwahrloste Kinder aus einer Familie, die nicht mehr in der Lage war, sich selbst um sie zu kümmern. Grace hakte sich bei Liam ein und zog ihn schnell weiter.

Trotz des Unrats, der sich dort türmte, waren im Hinterhof mehrere behelfsmäßige Zelte errichtet worden – Unterkünfte für Einwanderer, die kein Zimmer fanden oder sich nicht einmal die heruntergekommensten Absteigen leisten konnten. Die Neuankömmlinge hockten über Kochstellen in der Nähe der Aborte, und ihre Kinder spielten barfuß in der grünlichen Flüssigkeit, die darunter hervorsickerte.

Grace und Liam stiegen die Treppe hinauf und ging dann den Flur entlang zu Seamus' Zimmer. Wie Liams Vater es an so einem Ort aushalten konnte, war Grace ein Rätsel, und sie hoffte, dass er eines Tages doch noch die Kraft aufbringen würde, hier wegzuziehen, mit der Trinkerei aufzuhören und sich seinem Sohn zuzuwenden.

Als er Missus Donnelly in einiger Entfernung auf der Straße entdeckte, löste Boardham sich aus der Gruppe von Drapers Begleitern und folgte ihr unbemerkt in die Holzbaracke, denn er wusste, dass sie Geld in der Tasche hatte. Die letzte Woche war für ihn katastrophal verlaufen. Er hatte keine zusätzlichen Aufträge bekommen – Callahan war dabei, ihm den Hahn abzudrehen, fürchtete er –, und den letzten Rest seiner Ersparnisse hatte er bei einer Hundewette verloren. Seit Tagen suchte er schon nach einer Möglichkeit, jemanden auszunehmen, aber die wenigen Pennys, die ihm die Leimsieder einbrachten, lohnten kaum die Mühe. Doch jetzt schien das Blatt sich zu wenden. Er stand im Flur vor Nummer 9, lauschte einen Moment auf die Stimmen, die zu ihm nach draußen drangen, und stieß dann die Tür auf.

»Hallo, alter Säufer«, sagte er gehässig. »Morgen, Missus Donnelly. Junge.«

Die drei sahen ihn erschrocken an, erwiderten jedoch nichts.

»Ich bin hier, um die Miete zu kassieren.« Boardham streckte die Hand aus. »Her damit.«

»Ich hab schon bezahlt.« Seamus' heisere Stimme bebte.

»Die Miete ist erhöht worden. Erstklassige Wohnungen sind knapp. Hast du die Zelte im Hof nicht gesehen?«

»Geben Sie ihm das Geld«, sagte Seamus müde. »Ich kann ja doch nichts machen.«

»Wir könnten die Polizei rufen«, drohte Grace.

Boardham sah sie an. »Nur zu. Der Hygieneinspektor steht unten vor dem Haus. Das ist übrigens Ihr alter Freund Doktor Draper. Sie erinnern sich doch sicher?« Er grinste. »Die Polizisten, die bei ihm sind, arbeiten ebenfalls für mich. Sie können also rufen, so laut Sie wollen – niemand wird sich darum kümmern.« Er dachte einen Moment lang nach. »Und es wird uns auch niemand stören.«

Grace schaute zur Tür, woraufhin Boardham sich umdrehte, sie verriegelte und sich dagegen lehnte.

»Komm her, Junge, bring mir mein Geld.«

Liam sah Grace an, die zunächst zögerte, dann aber nickte.

Als Liam in seiner Reichweite war, packte Boardham den Jungen und legte ihm den Arm wie einen Schraubstock um den Hals. Mit der anderen Hand zog er ein langes, dünnes Messer aus dem Gürtel.

»Jetzt wollen wir mal ein bisschen Spaß haben«, sagte er hämisch und leckte sich die Lippen. »Ist doch sicher schon 'ne ganze

Weile her, dass du eine Frau gesehen hast, was, Kelley, alter Säufer? Zieh das Kleid aus!«, fuhr er Grace an.

»Nein«, erwiderte sie, und das Herz schlug ihr bis zum Hals.

Boardhams Augen verengten sich zu Schlitzen. Er drückte die Spitze der Klinge an Liams Wange und machte eine rasche Bewegung. Der Junge stöhnte auf, und ein Paar Tropfen Blut rannen ihm übers Gesicht.

»Lass ihn los«, knurrte Seamus und ging auf Boardham zu.

Boardham setzte das Messer erneut an, und Liam schrie auf. Seamus blieb wie angewurzelt stehen.

»Wir wollen doch nichts Unvernünftiges tun, nicht wahr?«, sagte Boardham mit schmeichlerischer Stimme. »Was ist schon eine kleine Möse gegen dieses hübsche Gesicht?«

»Also gut«, rief Grace. »Ich mach's. Aber nicht vor dem Jungen. Lassen Sie ihn zuerst gehen. Er kann unten auf mich warten. Er wird kein Theater machen, das verspreche ich.«

»Oh, das *versprichst* du also?« Boardham zog die Klinge leicht über Liams Kehle. »Da bin ich aber ganz anderer Meinung. Macht doch viel mehr Spaß, wenn er zusieht. Und jetzt runter mit den Klamotten«, schnauzte er.

Mit zitternden Fingern knöpfte Grace ihr Kleid auf. Boardham lachte und steckte sich das Messer zwischen die Zähne; während er Liam mit dem linken Arm festhielt, öffnete er mit der anderen Hand seine Hose.

»Ich wär dann so weit«, schnaubte er und drückte dem Jungen das Messer wieder an die Kehle.

Tränen der Wut und der Angst schossen Grace in die Augen. Halbblind nestelte sie an dem letzten Knopf herum. Seamus beobachtete sie, warf einen Blick auf seinen Sohn und die Klinge und stürzte sich dann plötzlich mit einem lauten Schrei auf Boardham, sodass der gegen die Tür krachte und Liam freikam. Seamus umklammerte Boardham und zerrte ihn zu Boden, woraufhin der ehemalige Steward sich laut fluchend zur Wehr setzte.

»Lauf!«, brüllte Seamus seinem Sohn zu. »Lauf, Junge!«

Grace zögerte keine Sekunde, packte Liam, schob den Riegel zurück und riss die Tür auf. Aus den Augenwinkeln sah sie, wie Boardham Seamus das Messer wieder und wieder in die Brust stieß, und dann hörte sie den letzten, qualvollen Atemzug des alten Mannes.

Grace und Liam liefen los, die Treppe hinunter, quer über den Innenhof, durch die Gasse und hinaus auf die Straße, wo sie fast mit Draper und seiner Eskorte zusammenprallten.

»Mörder!«, schrie Boardham hinter ihnen her. »Haltet sie! Mörder!«

Grace zerrte Liam weiter, die Straße hinunter, in die entgegengesetzte Richtung des Harp and Hound. Sie liefen durch enge Gassen und kleine Straßen, ließen das verschlungene Labyrinth des Elendsviertels hinter sich und blieben keine Sekunde stehen, bis sie schließlich das Hafengebiet erreichten. Dort hockten sie sich in eine dunkle Toreinfahrt und versuchten, wieder zu Atem zu kommen. Grace sah an sich hinunter, merkte, dass ihr Kleid noch immer offen stand, und knöpfte es schweigend zu.

»Ich hab keine Ahnung, wo wir sind«, gestand sie. »Ist mit dir alles in Ordnung?« Vorsichtig berührte sie seine blutüberströmte Wange.

»Ja.« Er zuckte zusammen. »Ich weiß, wie wir von hier nach Hause kommen.«

Sie nickte, und dann führte er sie über die geheimen Wege, die er zusammen mit seinen Freunden auf ihren Streifzügen durch die Stadt erkundet hatte, bis sie gegenüber dem Metzgerladen von Karl Eberhardt herauskamen. Sie vergewisserten sich, dass die Luft rein war, dann rannten sie über die Straße und schlüpften durch die Tür.

»Wir müssen den Tunnel benutzen«, rief Liam Missus Eberhardt zu, wartete jedoch keine Antwort ab, sondern schob den Riegel der Kellertür zurück und rannte mit Grace die Treppe hinunter.

Im Keller schob er Kisten und Fässer beiseite, duckte sich und führte Grace durch den Tunnel auf die andere Seite, in Dugans dunkle, feuchte Kellerräume.

»Du bleibst hier«, befahl sie ihm unten an der Treppe. »Wir wissen nicht, wer uns da oben erwartet. Wenn ich schreie, rennst du, so schnell du kannst, zu Kapitän Reinders. Erzähl ihm, was passiert ist, und bitte ihn, dich zu verstecken.«

Sie tastete sich die dunklen Stufen hinauf und versuchte, die

Tür zu öffnen, doch sie war verriegelt. Es blieb ihr keine andere Wahl, als möglichst leise mit dem Handballen gegen die Tür zu hämmern und mit gedämpfter Stimme zu rufen. »Dugan! Dugan Ogue! Tara! Hallo!« Plötzlich wurde der Riegel zurückgeschoben, und die Tür flog auf.

»Allmächtiger Gott, was machst du denn hier unten, Grace?« Dugan sah sie erstaunt an. »Ich dachte, du wärst mit Liam bei seinem Vater?«

»Oh, Dugan!« Sie warf sich ihm an die Brust und begann zu schluchzen.

»Ist ja gut, Mädchen, beruhige dich doch!« Er klopfte ihr auf den Rücken. »Was ist denn los? Wie lange hockst du schon da unten?«

»Das ist es doch gar nicht.« Sie riss sich zusammen und schluckte heftig. »War die Polizei schon da?«

»Nicht, seitdem sie auf der Suche nach deinem Bruder alles durchwühlt haben.«

»Sie werden wiederkommen.« Verzweifelt blickte sie ihn an. »Seamus ist tot. Boardham hat ihn umgebracht, behauptet aber, Liam und ich wären es gewesen. Wir waren dort, als es geschah.«

»Warte einen Moment. Rühr dich nicht von der Stelle.« Dugan verschwand und kehrte kurz darauf mit Kapitän Reinders zurück.

»Peter!« Grace brach erneut in Tränen aus. »Gott sei Dank bist du hier!«

Er nahm sie in die Arme. »Ich wollte mich von euch verabschieden. Was ist passiert?«

»Liam ist verletzt. Und wir trauen uns nicht nach oben.«

Dugan holte eine Laterne, zündete sie an und folgte Grace in den Keller. Im Lichtschein entdeckte er den Jungen, der mit blutverschmierter Wange auf einem Fass hockte.

»Wer hat das getan?« Mit zwei Schritten war Reinders bei ihm und untersuchte die Wunde.

»Dieser gemeine Mister Boardham, vom Schiff«, erklärte Liam wütend. »Er hat Grace gesagt, sie soll das Kleid ausziehen, und als sie das nicht machen wollte, hat er mir mit seinem Messer die Wange aufgeschlitzt.« Liam verstummte, und plötzlich weiteten sich seine Augen. »Ich glaube, er hat meinen Dad getötet.«

Reinders blickte zu Grace hinüber.

»Boardham kam in Seamus' Zimmer, als wir ihm gerade das Geld brachten, und …« Sie wandte sich ab. »Der Junge hat Recht.«

»Wie habt ihr es nur geschafft, da rauszukommen?«, fragte Dugan fassungslos.

»Seamus hat sich auf Boardham gestürzt.« Sie legte einen Arm um Liams Schultern. »Er hat uns das Leben gerettet, dein Dad, nicht wahr?«

»Ja«, bestätigte Liam und blinzelte durch seine Tränen hindurch. »Er hat uns gerettet.«

»Es tut mir leid, Dugan, dass ich dir noch mehr Ärger beschere.« Grace rang die Hände. »Ich weiß, dass die Polizei hierher kommen wird. Boardham hat sie in der Tasche, und auch diesen Doktor Draper, der ebenfalls da war«, sagte sie, an Reinders gewandt. »Er ist der zuständige Hygieneinspektor.«

»Unfassbar.« Reinders schüttelte den Kopf. »Du hast Recht, was Boardham betrifft. Er ist einer von Callahans Männern.«

»Dann sind wir auf jeden Fall dran.« Dugan stellte die Laterne ab. »An dem Mistkerl kommt niemand vorbei.«

»Wenn wir weg sind, kann er nichts machen«, erklärte Grace. »Wir verstecken uns im Tunnel, bis wir wissen, wo Sean ist, und dann fahren wir zu ihm.«

»Oder ihr kommt mit mir«, meinte Reinders, um einen möglichst beiläufigen Tonfall bemüht. »Ich habe gehört, San Francisco soll eine sehr aufregende Stadt sein. Nicht wie New York, wo nie was passiert.«

»Ich bin dir sehr dankbar, Peter, aber wenn ich jetzt so überstürzt weggehe, sehe ich meinen Bruder vielleicht nie wieder.«

»Wirst du Liam mitnehmen?« Reinders legte dem Jungen eine Hand auf die Schulter.

»Natürlich! Ich lasse ihn doch nicht zurück.«

»Was ich eigentlich sagen will …« Er sah Liam an, der zu ihm aufschaute und plötzlich verstand.

»Würden Sie mich denn mitnehmen?«

»Ja, sehr gerne.« Reinders nickte ernst. »Aber die Entscheidung liegt nicht bei mir.«

Liam wandte sich mit flehenden Augen an Grace. »Darf ich mit ihm gehen? Bitte, Mam?«

Grace betrachtete sein kleines Gesicht. *So klein auch nicht mehr, in einem Monat wird er zwölf*, dachte sie.

»Soll das heißen, dass du dein Leben nicht bei den Heiligen der letzten Tage in der Wüste verbringen willst«, fragte sie in gespieltem Entsetzen, »sondern lieber mit Kapitän Reinders zur See fahren?«

»Ja«, flüsterte Liam atemlos.

»Willst du denn nicht mehr Präsident werden?«

»Nein«, erwiderte er mit fester Stimme. »Ich will Kapitän werden. Und außerdem …« – er schenkte ihr sein unwiderstehliches, schiefes Jungenlächeln –, »außerdem sagt Sean, dass man in Amerika geboren sein muss, um Präsident zu werden. Also wird mein Sohn das mal machen.«

Sie staunte über seine weise Voraussicht und dachte, dass er Recht hatte. Für die Kinder der Einwanderer war in Amerika nichts unmöglich.

»Also gut«, sagte sie, und Reinders ergriff ihre Hand. »Aber nicht für immer, wohlgemerkt. In ein, zwei Jahren musst du zu mir zurück.«

Liam schlang die Arme um ihren Hals und drückte sie. »Ich hab dich lieb.«

»Ich dich auch.« Die Worte schnürten ihr fast die Kehle zu.

»Grace …« Reinders zögerte. »Ich breche noch heute auf. Um genau zu sein, sofort. Meine Kutsche wartet draußen. Ich bin nur kurz vorbeigekommen, um …«

»Je eher, desto besser«, erwiderte Grace entschlossen. »Dugan, würdest du Liams Sachen holen? Und bitte auch Mary Kate?«

Beim Gedanken an das kleine Mädchen schwiegen sie einen Moment betreten, doch dann ging alles sehr schnell – aufgeregt und mit ein paar Tränen verabschiedete sich Liam von Mary Kate und Tara und Caolon, und dann waren sie auch schon verschwunden. Grace konnte es kaum fassen. Peter hatte ihr wieder und wieder versprochen, sich gut um den Jungen zu kümmern, ihn mit seinem eigenen Leben zu beschützen und zu einem jungen Mann heranwachsen zu lassen, auf den sie stolz sein konnte. Grace wusste, dass er ihr keine leeren Versprechungen machte. Außerdem war Liam nicht ihr, sondern Gottes Kind – und Gott gab den Jungen ein weiteres Mal in die Hände von Kapitän Reinders.

Der Mord an Seamus Kelley war Marcus Boardham vollkommen gleichgültig, doch der Gedanke, dass er sich wieder nicht rächen konnte, trieb ihn fast in den Wahnsinn.

Draper, diese Ratte, hatte zu Callahan gesagt, er wolle mit einem solch offensichtlichen Unrecht nichts zu tun haben; hier gehe es schließlich um Mord. Boardham konnte das heuchlerische Gejammer des Arztes förmlich hören. Er tat ja gerade so, als wäre es kein Mord, wenn er diesen rattenverseuchten Elendsbehausungen einen einwandfreien Zustand bescheinigte, sodass noch mehr Mieter einziehen konnten, statt diese Bruchbuden zu schließen und niederzubrennen. Er dagegen war zumindest ehrlich, was seine Arbeit betraf: Er marschierte hinein, tat, was zu tun war, und spazierte wieder hinaus; keine Fragen, keine Beschwerden. Wie ein richtiger Mann.

Der Mord an Kelley bereitete ihm genauso wenig schlaflose Nächte wie das Töten eines tollwütigen Hundes, dem er für fünfzig Cent den Schädel einschlug. Allerdings hatte ihn der alte Säufer ziemlich überrascht, mit seinem letzten Aufbäumen. Wirklich rührend, was ein Mann für seinen Sohn alles tat. Aber das war es auch nicht, was Boardham so maßlos ärgerte.

Die Tatsache, dass er den Mord nicht Missus Donnelly und dem Jungen in die Schuhe schieben konnte, ließ ihn nicht mehr zur Ruhe kommen. Da sie bereits in Irland wegen Mordes gesucht wurde, wäre es ein Leichtes gewesen, ihr auch dieses Verbrechen anzuhängen. Es hätte alles so einfach sein können: Reinders würde in die Stadt zurückkehren – ganz der Held, für den er sich hielt –, um für sie oder zumindest für den Jungen auszusagen. Es war wirklich perfekt. Doch Callahan wollte nichts davon hören. Er hatte Boardham von seiner Schlägertruppe in Stookeys Privaträume bringen lassen und dann seinem Ärger Luft gemacht: Diesmal sei Boardham entschieden zu weit gegangen und habe viel zu viel Aufmerksamkeit auf sich und alle anderen gelenkt. Er, Callahan, habe es im Leben nicht so weit gebracht, nur um sich jetzt von einem miesen kleinen Dieb reinreißen zu lassen. Es würden keine Polizisten zum Harp and Hound geschickt und auch keine Verhaftungen vorgenommen werden, hatte er dem ehemaligen Steward eingeschärft, denn Boardham sei von etlichen Zeugen mit dem blutigen Messer in der Hand gesehen worden! Am helllichten Tag! Dann hatte Callahan zwischen zusammengebissenen Zähnen hervorgestoßen, Boardham solle nach Hause gehen und auf weitere Anweisungen warten. Und er solle bloß keinen Ärger mehr machen, sonst werde er dafür büßen.

Gedemütigt war Boardham in sein kleines, stickiges Zimmer im obersten Geschoss desselben Gebäudes geschlichen und starrte nun schwitzend vor sich hin. Mit jeder Minute wuchs sein Zorn; der Gedanke an die Frau und den Jungen, die sich irgendwo in der alten Gaststätte versteckten, machte ihn rasend. Wahrscheinlich hockten sie in einem Wandschrank oder irgendeinem Vorratsraum, zitternd vor Angst, und trauten sich nicht heraus. Also leichte Beute für jemanden, der der ganzen Geschichte ein Ende bereiten wollte. Und das wollte er, ein für alle Mal. Aufgebracht lief er auf den morschen Holzdielen hin und her und blieb nur ein Mal stehen, um mit der Faust wutentbrannt gegen den bröckeligen Putz der Wand zu schlagen. Der beißende Geruch ungezügelter Wut stieg ihm aus seiner Kleidung in die Nase. Als die Dämmerung einsetzte, schaute er aus dem Fenster, beobachtete, wie ganze Familien auf Dächer und Mauervorsprünge kletterten, um der Hitze zu entkommen. Aus den Gassen drang das Lärmen der Nachtschwärmer zu ihm hinauf, ihr heiseres Krakeelen, nur unterbrochen vom schrillen Klang der Feuerglocke in der Ferne. Boardham neigte den Kopf und lauschte angestrengt, als der Feuerwehrwagen näher kam. Pferde wieherten, Männer riefen sich Kommandos zu und rannten den Hügel hinunter, um zum Brandherd zu gelangen. Ein Lächeln stahl sich auf Boardhams Gesicht; dann steckte er seine Mütze in die Tasche und machte sich auf den Weg.

Grace wurde durch ein lautes Knacken und Ächzen geweckt, das von oben zu ihr in den Keller drang. Plötzlich hörte sie das Klirren von splitterndem Glas. Sie richtete sich auf und schnupperte. Rauch! Mit zitternden Händen zündete sie die Laterne an und hielt sie hoch. Der Lichtschein erhellte Mary Kate, die noch in dem Feldbett neben ihr schlief, die Puppe fest im Arm. Grace leuchtete mit der Laterne in Richtung der Holztreppe, und dann sah sie es: schwarze Rauchschwaden, die unter der Tür durchdrangen. Oben hörte sie wieder Glas splittern, jemand schrie,

Holz krachte. Sie riss ihre Tochter an sich und stürzte die Treppe hinauf, doch die Tür ließ sich nur einen Spalt öffnen. Sofort drang dichter Qualm herein, und Grace sah, dass ein Holzbalken die Tür von außen versperrte. Inzwischen war Mary Kate aufgewacht und umklammerte den Hals ihrer Mutter.

»Blossom!«, rief sie, und Grace schnappte sich die Puppe, während sie an den Feldbetten vorbei zum Tunnel lief.

Mit nackten Füßen rannte sie durch die trüben Pfützen und schreckte Ratten auf, die hastig in Mauerspalten verschwanden, wobei ihre langen, nackten Schwänze im Lichtkegel zuckten. Der Tunnel erschien ihr endlos, aber schließlich erreichten sie den Keller der Eberhardts, und Grace stolperte fast, als sie die Treppe hochstürmte. Atemlos stemmte sie sich gegen die Kellertür, die mit einem Krachen aufflog, lief in den Laden und rief laut nach dem Metzger.

»Feuer!«, schrie sie, als Eberhardt am oberen Ende der Treppe erschien. »Im Harp and Hound brennt es!«

In der Ferne hörten sie das grelle Schrillen der Feuerglocke, die die Freiwilligen erneut aus den Betten schreckte und sie auf die Straße rief, wo sie auf die vorbeirasenden Feuerwehrwagen aufsprangen.

»Karl!« Missus Eberhardt stand in der Schlafzimmertür, ein Laken um die Schultern gelegt, und blickte ängstlich nach unten.

Mister Eberhardt rief ihr etwas auf Deutsch zu, und sie kam sofort herunter.

»Ihr bleibt hier«, befahl er, stürzte aus der Ladentür und rief nach Mister Marconi, während er schon die Straße hinunterstürmte.

Grace stand wie versteinert da und starrte ihm hinterher. Die Polizei würde dort sein. Aber Dugan … und Tara … Sie drückte Missus Eberhardt ihre Tochter in die Arme und zeigte auf die Stiefel, die in einer Ecke standen.

»Ich muss gehen.« Rasch schlüpfte sie in das Schuhwerk und gab Mary Kate einen Kuss. »Bin gleich zurück.«

Sie rannte um den Häuserblock, vorbei an der rauchschwarzen Gasse, bog um die Ecke und blieb wie angewurzelt stehen. Aus den unteren Fenstern schlugen grelle Flammen bis zu den Räumen im ersten Geschoss hinauf – den Zimmern, in denen Grace mit den Kindern gewohnt hatte. Schwarzer Qualm drang aus den zersplitterten Fensterscheiben.

Auf der Straße vor der Gaststätte hatte sich eine Menschenmenge versammelt, und mehrere Männer halfen den Feuerwehrleuten dabei, Wasser zu pumpen und mit Eimern weiterzureichen.

»Dugan!«, schrie Grace über das Toben des Feuers hinweg. »Dugan Ogue!«

Er drehte sich um, löste sich aus der Menge, rannte mit riesigen Schritten auf sie zu und umarmte und drückte sie, dass ihr förmlich die Luft wegblieb.

»Oh, Gott sei Dank, Gott sei Dank«, schluchzte er, am ganzen Körper zitternd. »Ich dachte schon, um euch beide wär's geschehen. Ich kam nicht bis zur Kellertür.«

»Was ist mit Tara?«, fragte Grace.

»Wir konnten uns alle in Sicherheit bringen.« Er zeigte auf seine Frau, die mit Caolon im Arm fassungslos auf das Flammenmeer schaute. In dem Moment drehte sie sich um, sah Grace, und Tränen der Erleichterung strömten ihr über die Wangen.

»Der Herr sei gepriesen.« Tara kam herübergelaufen und umarmte ihre Freundin. »Wie hast du es nur geschafft, noch rechtzeitig da rauszukommen, und wo ist Mary Kate?«

»Bei den Eberhardts. Wir sind durch den Tunnel geflüchtet.«

»Natürlich, der Tunnel! Dem Himmel sei Dank!« Dugan drehte sich um. »Karl! Marconi!«

Der Lebensmittelhändler erblickte ihn und bahnte sich zusammen mit dem Metzger einen Weg durch die Menge. »Wie schrecklich für dich, Ogue.« Traurig schüttelte er den Kopf. »Niemand verletzt?«

»Doch, Una«, sagte Dugan leise. »Unser Küchenmädchen.« Er wandte sich an Grace. »Sie hat in deinem Zimmer geschlafen. Weil deine persönlichen Sachen nicht mehr dort waren, dachte sie, du wärst fort. Ich habe es ihr erlaubt.« Seine Stimme brach.

»Sie dürfen sich nicht die Schuld geben, Ogue«, tröstete Karl ihn. »Das konnte niemand vorhersehen. Es ist ein so schrecklich heißer Sommer. Jede Nacht geht irgendein Haus in Flammen auf. Wie und wo ist das Feuer überhaupt ausgebrochen?«

»Ich glaube, in der Gasse.« Dugan und Grace wechselten einen Blick. »Dort wütet es am schlimmsten.«

In diesem Moment fuhr ein weiterer Wagen mit lautem Gebimmel vor, und mehrere Männer sprangen heraus.

»Polizei!« Dugan nickte Grace zu und wandte sich dann an den Metzger. »Würden Sie Grace bitte mit zu sich nehmen, Karl? Und auch Tara und Caolon?«

»Ich bleibe hier«, sagte Tara mit fester Stimme.

»Nein, meine Liebe.« Er legte den Arm um sie. »Das ist kein Ort für den Kleinen, mit all den Glasscherben und dem Qualm. Geh bitte mit zu Karl. Ich helfe beim Löschen. Sieh nur, Marconi ist schon nach vorne gelaufen.«

»Sei vorsichtig«, ermahnte Tara ihren Mann. »Du bist zu schwer, um diese dünnen Leitern hinaufzuklettern.«

Er sah die Sorge in ihren Augen. »Ich werde nirgendwo hinaufklettern. Versprochen.«

Karl brachte die erschöpften Frauen in seine Wohnung über dem Laden und kehrte dann zu den Feuerwehrleuten zurück, denen sich inzwischen sämtliche Nachbarn angeschlossen hatten. Ein solches Feuer konnte sich in Windeseile über die Dächer ausbreiten, und niemand wusste, was den Flammen dann noch alles zum Opfer fallen würde. Deshalb wurde jeder Mann gebraucht.

Missus Eberhardt legte Decken auf den Boden, und die Kinder schliefen rasch ein, während die Frauen sich leise unterhielten. Feuer war eine schlimme Sache – was würden sie am Morgen wohl noch vorfinden? Nach einer Weile fielen jedoch auch ihnen die Augen zu. Missus Eberhardt ließ den Kopf gegen die Stuhllehne sinken und schnarchte leise. Tara streckte sich auf dem Boden aus, den Kleinen im Arm. Nur Grace konnte nicht schlafen. Sie wusste, dass das alles ihre Schuld war, allerdings vermochte sie nicht zu sagen, was sie hätte anders machen sollen. Grübelnd schaute sie aus dem Fenster, hinter dem der orangerote Feuerschein den dunkelgrauen Himmel erhellte. Warum hatte sie nur immer geglaubt, das Leben ihres Bruders sei wichtiger als ihr eigenes? Warum hatte sie nicht verstanden, dass er seiner Wege gehen konnte und sie ihrer? Dass sie immer Bruder und Schwester bleiben würden, ganz gleich, an welchem Ort auf dieser Welt das Schicksal sie verschlagen mochte? Sie hatte ihm zwar gesagt, sie habe die Vergangenheit hinter sich gelassen, doch das stimmte nicht. Sie war nicht in der Lage gewesen, ihn loszulassen, hatte sich an ihn geklammert, selbst als er einen Weg einschlug, den sie nicht gehen wollte. Es hatte dieser schlimmen Feuersbrunst bedurft, damit sie endlich verstand, wie vergänglich das Leben war. Nur sie selbst konnte ihre Zukunft in die Hand nehmen. Als Karl, Dugan und Mister Marconi Stunden später die Treppe hinaufkamen, stand ihr Entschluss fest.

»Also, es sieht zwar schlimm aus«, berichtete Dugan, »aber es hätte viel mehr zerstört werden können. Der alte Dooley ist schon im Morgengrauen vorbeigekommen, hat die verbliebenen Stühle wieder hingestellt und gemeint, bei so schönem Wetter würde es doch bestimmt niemandem was ausmachen, wenn eine frische Brise durch die kaputten Fenster hereinweht.«

»Er hat nur Angst um seinen Platz an der Theke«, lachte Tara, die gerade Caolon stillte.

»Und ich will auch nicht, dass er ihn verliert. Wir werden den Harp and Hound wieder aufbauen«, verkündete Dugan. »Ich bin überzeugt, dass wir das schaffen. Natürlich nur, wenn du dir das auch zutraust, Tara.«

»Dugan Ogue, wann habe ich jemals Angst vor einem neuen Anfang gehabt?«, schimpfte sie, und er ging zu ihr, beugte sich hinunter und küsste sie vor allen Anwesenden mitten auf den Mund.

»Ich kann Ihnen helfen.« Karl wischte sich mit einem Handtuch den Ruß aus dem Gesicht. »Ich kenne da ein paar Jungs, die bestimmt gerne mit anpacken.«

»Und vergessen Sie Mister Marconi nicht!«, rief der Lebensmittelhändler. »Und den Hammer von meinem Vater, der den ganzen Weg von Italien bis hierher zurückgelegt hat!«

»Sie können alle hier wohnen, bis der Harp and Hound fertig ist«, bot Missus Eberhardt an. »Wir rücken einfach etwas zusammen.«

»Wo ist der Junge?« Besorgt schaute Marconi sich um. »Wo ist Liam?«

»Bei Kapitän Reinders.« Grace stand auf und nahm ihre Tochter bei der Hand. »Ich hoffe, du verzeihst mir, Dugan, aber wir können nicht hier bleiben, um euch zu helfen.« Sie schwieg einen Moment. »Mary Kate und ich brechen noch heute nach Boston auf.«

Ein breites Lächeln stahl sich auf Taras Gesicht. »So ist es recht!«

»Also, ich bin sprachlos …«, stammelte Dugan, grinste aber dabei. »Na gut. Wir müssen uns allerdings beeilen, wenn ihr sie noch erreichen wollt, bevor die *Eliza J.* in See sticht.« Im nächsten Moment verdüsterte sich jedoch seine Miene. »Grace, es tut mir Leid, aber ich weiß nicht, wie ich das anstellen soll. Der Wagen ist verbrannt und das Maultier …« Er sah zu Mary Kate hinüber.

»Sie können meinen Wagen und mein Maultier haben«, sagte Karl. »Aber das alte Ding schafft es niemals bis nach Boston.«

»Sie bräuchten uns nur zu den Livingstons zu bringen; Florence wird schon wissen, was zu tun ist«, meinte Grace dankbar.

»Marconi und ich holen deine Truhe durch den Tunnel«, übernahm Ogue das Kommando. »Und Karl fährt den Wagen vor.«

Als die Männer losliefen, berührte Mary Kate ihre Mutter an der Hand.

»Fahren wir dann mit Liam und dem Kapitän aufs Meer hinaus?«

»Ich denke schon.« Grace biss sich auf die Lippe. »Möchtest du denn wieder zurück auf das Boot?«

»Ja.« Mary Kate grinste. »Und übrigens, Mam – es ist ein *Schiff*.«

Boardham saß auf einem Stuhl am Fenster und wartete. Er war nervös, zügelte seine Aufregung aber mit dem einen oder anderen Schluck Whiskey. Callahan hatte ihm die Nachricht zukommen lassen, dass er einen Auftrag für ihn habe, was bedeutete, dass er den ehemaligen Steward mit dem gestrigen Feuer nicht in Verbindung brachte. Zufrieden mit seiner Leistung lächelte Boardham vor sich hin. Die Brandstiftung am Harp and Hound war einfach ein brillanter Schachzug gewesen. Callahan würde ihm nie etwas nachweisen können, denn er war äußerst schnell und umsichtig vorgegangen. Und falls Callahan es irgendwann doch rauskriegte, dann hatte es sich allein schon für die Freude gelohnt, die er empfunden hatte, als er sah, wie diese irische Spelunke in Flammen aufging, wie man Missus Donnellys Leichnam raustrug und auf den Wagen legte und wie dieser hässliche Riese vor seinem zerstörten Lebenswerk stand und schluchzte. Ja, das alles war es ihm wert gewesen, dachte er und leerte sein Whiskeyglas in einem Zug.

Noch vor dem Morgengrauen war er nach Hause geeilt und hatte seine Sachen gepackt, um notfalls sofort fliehen zu können. Doch wenige Augenblicke nach seiner Rückkehr hatte bereits der Bote an seiner Tür geklopft. Ein wichtiger Auftrag, hatte er gesagt. Wenn Boardham den zu Callahans Zufriedenheit erfülle, sei alles andere vergeben und vergessen. Und falls nicht, hatte Boardham beschlossen, würde er nicht hierher zurückkehren, sondern sich nach Süden absetzen und ein neues Leben beginnen.

An diesem Abend war es ruhig draußen; bisher hatte es noch keinen Feueralarm gegeben, und von den Straßen drang kaum Lärm zu ihm hinauf. Er schenkte sich ein weiteres Glas aus der fast leeren Flasche ein. Lautes Klopfen an der Tür durchbrach die Stille und ließ ihn zusammenzucken, sodass er einen Teil des Whiskeys verschüttete.

»Herein«, knurrte er und stellte das Glas ab.

Die Tür flog auf, und vor ihm stand einer der berüchtigsten *Bowery Boys* – Small John English, der härteste Bursche des gesamten Viertels. Anscheinend traute Callahan ihm doch mehr zu, als er gedacht hatte. Boardhams Stimmung stieg. English war sehr wählerisch; er arbeitete nur mit Männern, die einen Auftrag zu hundert Prozent erledigten.

»Whiskey?«, fragte Boardham freundlich. Der Druck in seiner Magengegend löste sich allmählich.

»Nein, danke.« Der Schläger hatte ein entwaffnendes Lächeln. »Vielleicht später.«

»Ich trink das nur noch eben aus.« Boardham kippte den Rest hinunter. »Hab heute eine etwas trockene Kehle.«

»Dann solltest du besser mit dem Rauchen aufhören.« English zog die Jacke enger um das Messer, das in seinem Gürtel steckte. »Das macht alles nur noch schlimmer.«

44

Jay ließ seiner Schwester die Botschaft ins Theater bringen, sie möge umgehend nach Hause kommen. »Sie verfügt über all die Verbindungen und Kontakte«, sagte er entschuldigend. »Ich bin nur für die Einladungen zuständig und kümmere mich um die Getränke. Wo wir gerade davon sprechen, darf ich Ihnen etwas anbieten?«

»Nein, vielen Dank.« Grace stand am Fenster und schaute hinaus. »Es ist besser, wenn ich heute Abend einen klaren Kopf behalte.«

Er bediente sich selbst. »Hatten Sie denn einen klaren Kopf, als Sie die sehr überstürzte Entscheidung trafen, mit dem langweiligen, leidenschaftslosen Kapitän Reinders durchzubrennen?«

»Jay«, rügte sie ihn geistesabwesend, während sie auf Mary Kates Lachen aus der Küche horchte, wo man ihr und den Ogues ein Abendessen bereitete.

»Ich meine es wirklich ernst, Grace. Er ist ein Seemann, Herrgott noch mal! Monatelang von Zuhause fort, segelt wer weiß wohin, fremde Länder, exotische Frauen, Rum in rauen Mengen …«

»Sagten Sie nicht gerade, er sei langweilig und leidenschaftslos?« Grace lachte.

»Sie hätten stattdessen mich nehmen können«, tadelte er sie leichthin. »Ich verstehe es wirklich nicht.«

»Jay!« Sie sah ihn an. »Sie wollten mich doch überhaupt nicht heiraten!«

»Und was wäre, wenn doch?«, fragte er herausfordernd. »Was

wäre, wenn ich jetzt um Ihre Hand anhielte? Würden Sie darüber nachdenken?«

Sie schüttelte den Kopf.

»Und warum nicht?«, fragte er.

»Weil …« Sie schwieg einen Moment. »Weil wir einander doch gar nicht lieben.«

»Nein?«, fragte er gereizt. »Ich war mir nämlich ziemlich sicher, dass wenigstens einer von uns den anderen liebt. Oh, da bist du ja.« Seine Schwester betrat das Zimmer. »Sie will mit Peter durchbrennen, und ich kann es ihr nicht ausreden.«

»Das geschieht dir recht.« Florence zwinkerte Grace zu.

»Ich geb's auf!« Jay ging zu seinem Schreibtisch in der Ecke und holte eine Ledermappe hervor. »Die ist für Ihren Bruder. O'Sullivan hat sie kürzlich vorbeigebracht; es sind hauptsächlich Dokumente und Briefe. Was soll ich jetzt damit machen?«

»Es hat jedenfalls keinen Zweck, dass Grace sie mit nach San Francisco nimmt«, erwiderte Florence. »Behalte die Sachen einfach, bis Dugan von Sean Nachricht erhält, und dann schicken wir sie ihm direkt.«

Jay zuckte die Achseln und legte die Mappe wieder weg. »Gut. Allerdings kann ich immer noch nicht glauben, dass Sie uns wirklich verlassen wollen, Grace.«

»Das ändert aber nichts an meinem Entschluss.« Grace reichte ihm die Hand. »Leben Sie wohl, Jay.«

»Ich sage niemals Lebewohl, und außerdem sind Sie bald zurück.«

»Fertig?«, fragte Florence.

Grace nickte, küsste Jay rasch auf die Wange und folgte seiner Schwester in die Küche.

Sofort erhoben sich alle, und Mary Kate streckte ihrer Mutter die Arme entgegen. Grace nahm sie hoch und trug sie durch die Hintertür zu der bereits wartenden Droschke. Der Kutscher verstaute noch die Truhe, und dann war es Zeit für den Abschied. Grace setzte Mary Kate ab, strich sich das Kleid glatt und drehte sich zu ihren Freunden um.

Tara hielt Caolon hoch. »Er will sich zuerst von seiner kleinen Freundin verabschieden.«

Mary Kate küsste seine kleinen Fäuste und seine runden Wangen. »Auf Wiedersehen, Caolon«, flüsterte sie und drückte ihr Gesicht an seins.

»Du wirst ihn bestimmt bald wiedersehen«, versicherte Tara ihr, doch Mary Kate nickte nur traurig. Sie hatte in ihrem kurzen Leben schon zu oft Abschied nehmen müssen.

Grace nahm Caolon, küsste ihn, gab ihn Tara zurück und umarmte sie beide.

»Schreib uns bald über deine weiteren Pläne und wie es euch geht. Und du weißt ja, Grace, bei uns ist immer Platz für euch.«

»Ich danke dir, Tara. Für alles.« Die beiden Frauen hielten einander umklammert.

»Jetzt reicht es aber, Weib. Sie sind eh schon spät dran, und es ist ja nicht für immer.« Dugan hob Mary Kate mit seinen starken Armen hoch. »Sei ein braves Mädchen«, sagte er streng, doch dann fuhr er mit sanfter Stimme fort: »Aber das bist du ja sowieso schon, nicht wahr?« Er küsste sie, setzte sie wieder ab, griff in seine Tasche und holte einen kleinen Beutel mit Bonbons hervor. »Für die Reise. Und gib Liam auch ein paar davon ab, wenn ihr sie eingeholt habt.«

»Ja, Dugan, danke.« Sie nahm den Beutel und biss sich auf die Lippe, genau wie ihre Mutter.

»Und dies gib ihm bitte von Mister Marconi.« Er reichte ihr ein kleines Taschenmesser.

Sie nickte ernst und steckte es in die Tasche.

»Jetzt zu dir, Grace. Ich habe auch etwas für dich.« Er gab ihr ein altes Bildnis von sich selbst: Dugan als junger Mann, mit vollem Haar, in Boxerhose und typischer Boxerhaltung. »Vergiss deinen alten Freund, Mighty Dugan Ogue, nicht, ja?«

Grace hatte große Mühe, die Fassung zu bewahren und sich nicht von ihren Gefühlen überwältigen zu lassen. »Niemals«, versprach sie. »Ich werde dich niemals vergessen.«

»Wir warten auf Seans Brief und teilen ihm dann mit, wo du bist. Auf Wiedersehen, mein Mädchen.« Er breitete die Arme aus.

Grace schmiegte den Kopf an seine breite Brust, hörte, wie sein Herz kräftig und gleichmäßig schlug. »Ich danke dir, Dugan.« Sie sah ihm in die Augen. »Für alles, was du für mich getan hast.«

»Dafür hast du unserem Caolon auf die Welt geholfen, und das werden wir dir nie vergessen.« Er küsste sie auf die Wange. »Jetzt aber los. Gott schütze dich«, sagte er und ließ sie gehen. »Wir werden uns wiedersehen.«

Sie nickte, schenkte ihm ein zittriges Lächeln und stieg dann zu Mary Kate und Florence in die Kutsche. Grace streckte die Hand aus dem Fenster, und Dugan ergriff sie ein letztes Mal.

»Hol ihn dir«, flüsterte er.

Die Kutsche fuhr los, und die Ogues sahen ihr hinterher, bis sie um die Ecke bog und verschwand. Dugan hatte den Arm um Taras Taille gelegt, und Tara drückte den kleinen Caolon fest an ihre Brust.

»Ich liebe dich«, sagte sie und schmiegte sich an ihren Mann.

»Ich dich auch«, erwiderte er und küsste sie auf den Mund.

Jay stand am Fenster im ersten Stock und sah zu, wie die Kutsche anrollte. Dann blickte er zu Dugan hinunter, der mit seiner Frau und ihrem gemeinsamen Kind im Schein der Laterne dastand, und in diesem Moment beneidete er sie mehr als irgendjemanden zuvor.

45

Er ist weg!«, rief Lily, als sie die Tür öffnete. »Allmächtiger Gott, er ist gestern losgefahren!«

Grace starrte sie an und sackte dann in sich zusammen. Florence und Lily konnten sie gerade noch auffangen, ehe sie den Boden berührte. Die beiden Frauen griffen ihr unter die Arme und führten sie ins Haus.

»Setzen Sie sie hier auf den Stuhl«, sagte Lily. »Ich kümmere mich darum, dass sie eine Tasse Tee bekommt. Mary!« Ihre Tochter kam herein und wischte sich die Hände an der Schürze ab. »Wir haben Besuch. Kannst du unseren Gästen eine Erfrischung bringen?«

»Ja, Mama.« Das Mädchen lächelte, als sie die Besucherinnen erkannte.

Florence tätschelte Graces Hand, und Lily fächelte ihr mit einer Zeitung Luft zu.

»Hört auf.« Grace blinzelte und richtete sich auf. »Es geht mir gut.« Sie sah sich nach Mary Kate um, die ängstlich neben ihrem Stuhl hockte, zog sie hoch und nahm sie auf den Schoß.

»Ich kann es einfach nicht glauben!« Lily ließ sich auf einem anderen Stuhl nieder.

»Ich wusste, dass wir vielleicht zu spät kommen würden«, sagte Grace kläglich. »Aber ich wollte einfach nicht daran denken.«

»Er hat nicht geahnt, dass du kommst, sonst hätte er bestimmt gewartet. Ich weiß, dass er gewartet hätte.« Lily schüttelte den Kopf.

»Es ist nicht seine Schuld. Er hatte mich gebeten, mitzukommen, aber ich habe sein Angebot abgelehnt. Ich habe ihm gesagt, ich würde zu meinem Bruder nach Illinois fahren.«

Lily musterte sie. »Du hast Nein gesagt, obwohl du ihn liebst?«

»Ich weiß nicht, was ich empfinde«, bekannte Grace. »Ich traue mir selbst nicht mehr. Aber ich war bereit, das Risiko einzugehen. Liam ist bei ihm, richtig? Und ich glaube, er liebt mich wirklich.«

»Ja, das tut er.« Lily beugte sich vor. »Und er hat den Jungen sehr ins Herz geschlossen. Dich übrigens auch, Mary Kate. Das hat er mir erzählt.«

»Sind sie denn schon weg?«, fragte Mary Kate bestürzt.

Die Frauen sahen einander an.

»Ja«, gestand Grace, obwohl sie es selbst noch immer kaum fassen konnte. »Wir haben sie verpasst.«

Mary Kate verzog das Gesicht und brach in Tränen aus. Grace umarmte sie, so fest sie konnte, und versuchte, die eigene bittere Enttäuschung hinunterzuschlucken.

»Ach, nicht doch, mein kleines Mädchen. Es tut mir so leid. Das ist alles meine Schuld. Aber wir werden einen Weg finden. Wir müssen uns nur überlegen, was wir jetzt machen.« Hilfe suchend blickte sie zu Florence und dann zu Lily.

»Ruth!«, rief Lily, und sofort erschien das schüchterne kleine Mädchen an der Tür. »Mary Kate ist zu Besuch gekommen. Nimm sie doch schon mal mit in die Küche und zeig ihr unsere Hundemutter, ja?«

Als sie das Wort Hund hörte, hob Mary Kate das tränenüberströmte Gesicht, rutschte von Graces Schoß und ließ sich bereitwillig in die Küche führen.

»Was sollen wir nur tun?«, fragte Grace ratlos. »Ich kann nicht alleine nach San Francisco reisen, und ich kann auch nicht zurück nach New York. Außerdem habe ich nicht die geringste Ahnung, wo Illinois liegt oder wie ich meinen Bruder dort finden soll.« Das Ganze klang so verworren, dass sie lachen musste.

»Du könntest hier bleiben«, sagte Lily. »Ihr könnt eine Weile bei uns wohnen. Platz haben wir genug.«

»Kann ich denn hier unseren Lebensunterhalt verdienen? Gibt es Arbeit?«, fragte Grace zögerlich.

»Mehr als genug«, erwiderte Lily aufgeregt. »Wir haben hier

Gaststätten und Geschäfte, Fabriken und einen großen Bedarf an Dienstboten … also jede Menge zu tun. Du könntest sogar mit mir und Jakob arbeiten, wenn dir der Fischgeruch nichts ausmacht. Es geht uns hier wirklich gut. Ich könnte ihn fragen.«

»Das ist keine schlechte Idee.« Florence nickte. »Dann müssten Sie nicht sofort eine Entscheidung treffen. Die Ogues können Ihnen Bescheid geben, sobald sie etwas von Ihrem Bruder gehört haben …« Grace sah die Trauer in Florences Augen, als sie Sean erwähnte. »Und Peter wird sofort schreiben, wenn er in San Francisco angekommen ist. Sie können sich ein wenig Zeit lassen, eine Weile ein ruhiges, friedliches Leben führen, jetzt, wo Sie schon so weit gekommen sind.«

Grace berührte ihre Hand und dachte nach.

Noch lange saßen Grace, Florence und Lily zusammen und schmiedeten Pläne – drei Frauen, die äußerlich ein so unterschiedliches Leben führten, aber innerlich so viel gemeinsam hatten: Jede von ihnen hatte geliebt und den Geliebten verloren, und sie alle hatten tapfer weitergekämpft, weil sie wussten, dass hinter jeder Wendung des Schicksals ein neues Leben begann.

Zu vorgerückter Stunde zündete Lily die Lampen an und brachte Grace in das Schlafzimmer ihrer Töchter, die ihr Reich nur allzu gerne mit der irischen Freundin ihrer Mutter teilten, der Frau, die der Kapitän liebte.

»Alles wird gut«, tröstete Lily Grace. »Du bist nicht allein. Es gibt eine ganze Reihe von Menschen, die an deinem Leben Anteil nehmen und für dich beten.«

Grace stiegen Tränen in die Augen. Lily löschte die Lampe und nahm die tapfere junge Frau in die Arme. »Jetzt versuch erst mal zu schlafen. Morgen früh weißt du dann, was zu tun ist.«

Grace dankte ihr, küsste sie auf die Wange, legte sich ins Bett und wartete auf Mary Kate, die im selben Moment hereingehüpft kam, mit sauberen Händen und frisch gewaschenem Gesicht in einem viel zu großen Nachthemd, die Haare zum Zopf geflochten.

»Wie geht's dir?«, flüsterte Grace.

»Gut.« Mary Kate kuschelte sich an sie. »Sie haben ganz viele kleine Hündchen.«

»Und sind sie süß?«

»O ja«, seufzte das Mädchen. »Ruth sagt, ich kann eins haben, aber ich hab Nein gesagt.«

»Möchtest du denn keinen kleinen Welpen?« Grace strich ihrer Tochter über die Haare und sog ihren kindlichen Geruch ein.

»Doch.« Mary Kate sah ihre Mutter an. »Aber wo wohnen wir denn jetzt?«

Grace brach diese Frage fast das Herz, und sie wusste nicht, was sie ihrem viel zu weit gereisten Kind antworten sollte.

»Erinnerst du dich noch an unser Haus in Irland?«

»Es war sehr groß«, flüsterte Mary Kate. »Aber mir hat das von Großvater besser gefallen.«

»Ja.« Grace hatte die Hütte deutlich vor Augen. »Dort war es am schönsten.«

»Warum sind wir dann da weggegangen?« Mary Kate strich mit dem Finger über Graces Kinn.

»Dort gab es nichts zu essen und auch keine Arbeit«, erklärte Grace ihr. »Wir sind hierher gekommen, um ein neues Leben zu beginnen.«

»Und haben wir jetzt ein neues Leben?«

Grace dachte einen Moment nach. »Ich glaube schon. Fast jedenfalls.« Sie sah Peters Gesicht vor sich und lächelte. »Mary Kate«, flüsterte sie. »Wir sind schon einmal nach Westen gezogen, wir zwei. Sollen wir das noch mal machen?«

»Was sagt denn Gott dazu?«, fragte Mary Kate schläfrig.

»Ich habe Ihn noch nicht gefragt«, gestand ihre Mutter. »Gute Nacht, mein Schatz, und träum was Schönes.«

Mary Kate schlief sofort ein, doch Grace lag die ganze Nacht wach und beobachtete, wie das Mondlicht von einer Zimmerecke in die andere wanderte. Nach mehreren schlaflosen Stunden stahl sie sich leise aus dem Bett, zog sich rasch an, schlich die Treppe hinunter und durch die Tür nach draußen in die frische, kühle Nachtluft, das sanfte Dunkel kurz vor Anbruch der Morgendämmerung.

Sie lief in Richtung Hafen. Es tat gut, sich die Beine zu vertreten, allein zu sein und mit jedem Schritt wacher zu werden. Schließlich erreichte sie den Pier und ging hinaus bis an die äußerste Spitze; dort blieb sie stehen und schaute zum Horizont, an dem ein schmaler Lichtstreifen zu sehen war. Osten, sie blickte nach Osten – in Richtung Irland, in Richtung all der Menschen und Dinge, die sie zurückgelassen hatte.

Wohin, fragte sie sich schließlich, und im selben Moment kam die Sonne zum Vorschein, breitete ihre Strahlen wie Engelsschwingen über dem Wasser aus und erleuchtete die Welt. Die Sonne würde über den Himmel ziehen, dachte Grace und beobachtete, wie sie langsam höher stieg. Wenn sie den ganzen Tag hier stehen blieb, würde sie die Sonne von Osten nach Westen wandern sehen – von all dem, was hinter ihr lag, zu all dem, was vor ihr lag.

Grace holte tief Luft, atmete die klare, salzige Seeluft ein, die ihren Körper durchdrang und ihr Kraft verlieh. Dann drehte sie sich um und ging zurück, über den Pier zum Kai, zwischen den Hafengebäuden hindurch, den ganzen Weg zurück nach Hause, mit großen Schritten, die Sonne und den Wind im Rücken. Sie öffnete das Gartentor, lief den Weg hinauf, drückte die Türklinke hinunter und lauschte. Die anderen waren inzwischen aufgestanden und saßen vergnügt schwatzend in der Küche, und als sie eintrat, verstummten sie und schauten Grace erwartungsvoll an.

Mary Kate stand auf ihrem Stuhl. »Jay ist hier!«, verkündete sie, und Livingston erhob sich von seinem Platz. Seine Kleidung und sein Gesicht waren nach dem anstrengenden, schnellen Ritt staubbedeckt.

»Dieser Brief war in der Mappe für Sean.« Er hielt einen zerknitterten Umschlag hoch. »Er ist für Sie, Grace – von Julia Martin.«

Grace starrte ihn sprachlos an.

»Ich habe ihn gelesen«, sagte Jay mit leiser Stimme, trat einen Schritt vor und legte den Brief in ihre Hand. »Er lebt, Ihr Sohn. Er ist bei Julia.«

»Es stimmt wirklich«, bestätigte Florence und berührte sanft Graces Arm.

Auch Lily, die Mary Kates Hand hielt, nickte und strahlte sie mit leuchtenden Augen an.

Grace zog den Brief aus dem Umschlag und las ihn. Dann drückte sie ihn an ihre Brust, betrachtete verwundert die Gesichter um sich herum und suchte das Antlitz, das ihr am meisten bedeutete. Das kleine Mädchen streckte bereits beide Hände nach ihr aus. Sie nahm sie hoch und schlang die Arme um sie.

»Er lebt«, flüsterte Grace. »Dein Bruder lebt.«

»Ich bin so schnell gekommen, wie ich nur konnte.« Jay lächelte sie müde an. »Gott sei Dank sind Sie noch hier.«

»Ja.« Grace nickte, immer noch wie verzaubert.

»Hurra!«, rief Mary Kate und warf die Arme in die Luft. Sofort stimmten alle in ihren Jubel ein.

Grace lachte und blickte in das geliebte, strahlende Gesicht ihrer Tochter, bedeckte es mit Küssen, lachte erneut und wirbelte sie fröhlich im Kreis herum. Dann lief sie mit ihr und allen anderen aus dem Haus, die Stufen hinunter, über das Gras mitten hinein in den wunderschönen Garten, wo die Luft vom Duft der Blüten erfüllt war und Vögel von den Freuden des Lebens sangen, wo die Sonne auf sie alle herabschien und ein wahrhaft neuer Tag begann.

Danksagung

Mein Dank gilt der Bellingham Public Library und der Western Washington University's Wilson Library für das mir zur Verfügung gestellte Quellenmaterial; den zahlreichen Historikern, die sich auf diese Zeit spezialisiert haben, wie Cecil Woodham-Smith, Thomas Keneally, Tyler Anbinder, Edwin G. Burroughs und Mike Wallace; der Band U2 für die Inspiration, die sie mir mit ihrer Musik und ihrem politischem Engagement geschenkt haben; den umtriebigen Mitarbeiterinnen und Mitarbeitern der Jean V. Naggar Literary Agency; meiner Lektorin Genny Ostertag für ihre Zuwendung und ihre klugen Ratschläge bei der Arbeit an diesem Buch; Teri Smith, Yolanda Calderon, Tony Robles und Sarah Vautaux – eure unermüdliche Unterstützung bedeutet mir mehr, als ihr euch vorstellen könnt; Randall Reinders, Peter Smith und dem verstorbenen Walt Sheldon dafür, dass sie ihre Liebe zu guten Büchern und zum Meer mit mir geteilt haben. Und schließlich danke ich meinem Mann Rick, der mir immer alle Steine aus dem Weg räumt, damit ich dieses Leben führen kann.